AF815509

Made in United States
Orlando, FL
04 November 2026

90204438R00212

مشروع لبنان الاقتصادي

بين دروس الماضي وتحديات المستقبل

مشروع لبنان الاقتصادي

بين دروس الماضي وتحديات المستقبل

مازن سويد

الدار العربية للعلوم ناشرون ش.م.ل
Arab Scientific Publishers, Inc. S.A.L

بسم الله الرحمن الرحيم

الطبعة الأولى

1432 هـ - 2011 م

ردمك 978-614-01-0178-4

الدار العربية للعلوم ناشرون
Arab Scientific Publishers, Inc.

عين التينة، شارع المفتي توفيق خالد، بناية الريم
هاتف: 786233 - 785108 - 785107 (1-961+)
ص. ب: 5574-13 شوران - بيروت 2050-1102 - لبنان
فاكس: 786230 (1-961+) - البريد الإلكتروني: asp@asp.com.lb
الموقع على شبكة الإنترنت: http: //www.asp.com.lb

التنضيد وفرز الألوان: **أبجد غرافيكس**، بيروت - هاتف 785107 (9611+)

الطباعة: **مطابع الدار العربية للعلوم**، بيروت - هاتف 786233 (9611+)

المحتويات

القسم الرابع

نحو نموذج اقتصادي لبناني للمستقبل

تقديم وإهداء

أتاح لي تعاوني مع الرئيس فؤاد السنيورة على مدى السنوات الثلاث الماضية، فرصة نادرة، راجعت خلالها بتعمق وروّية وتفصيل، التجربة الاقتصادية التي قادها الـــرئيس رفيق الحريري، وتابع الرئيس السنيورة، ومن بعده الرئيس سعد الحريري، في تحمـــل مسؤولية تنفيذ مراحل أخرى منها. وقد أتيح لهم جميعاً النجاح أحياناً، وحالت الظروف السياسية والأمنية- ولا تزال- دون ذلك في كثير من الأحيان.

عكفـــت على دراسة هذه التجربة في مكانها وزمانها وظروفها. وسعيت إلى قراءتها وتحليلها في سياق التجارب الاقتصادية لبلدان عديدة أخرى، أتيح لي درسها في نطاق مهماتي المتعددة في صندوق النقد الدولي على مدى ست سنوات في آسيا وأوروبا وأميركا اللاتينية، مع الحرص الدائم على وضع التجربة الاقتصادية اللبنانية في إطارهـــا وظروفها الخاصة وسياقاتها وإعاقاتها، التي قلّما عرفتها بلدانٌ أُخرى في منطقتنا أو في العالم.

والواقـــع أن فكـــرة هذا الكتاب ليست جديدة، إذ إنني أردت دائماً أن أقيّم التجـــربة الاقتـــصادية للرئيس الحريري وأن أشرحها للرأي العام، بتبسطٍ لا يخل بمقايـــيس الـــبحث العلمي أو بقواعد العمل الأكاديمي الجاد الذي يضعها في إطار اقتـــصادي متماســـك. ويتزامن نشر هذا الكتاب مع حملة متجددة، تتناول هذه التجـــربة الاقتـــصادية بطـــريقة كيدية، فلا تضعها في سياقها التاريخي والسياسي، وتتناســـى حرباً أهليةً طاحنةً ومتماديةً دامت لعقد ونصف، واستمرت من الخارج عـــبر الاعتداءات الإسرائيلية المتلاحقة، ومن الداخل بأشكال غير عسكرية، عندما فرضـــت التسوية أن يقود مرحلةَ السلم أُمراءُ الحرب أنفسهم، بالحمولة والأعباء، وبالمسلّمات غير المنطقية وغير الموضوعية ولاعتبارات لا تمتُّ للاقتصاد بصلة.

لكـــنّ الأمـــر الذي يدهشني بالفعل، هو الغيَاب الكلي للمنطق الاقتصادي الـــسليم عند تناول التجربة الاقتصادية الحريرية، وهي التجربة المستمرة حتى اليوم.

كما يدهشني التقصير من قبل الجميع، سواء أكانوا موالين أم معارضين لهذه التجربة القــيِّمة، في وضعها ضمن إطار اقتصادي تحليلي وعلمي، يسعى إلى شرحها وتبيان ميــزاتها وكلفتها ويقارنها بأسلوب يسعى إلى الإفادة منها والانطلاق من دروسها، نجاحاتها وإخفاقاتها، نحو المستقبل لمواجهة التحديات العديدة والكبيرة التي تواجهنا لبنانيين وعرباً.

في هذه الصفحات، جهدت لتحليل المشروع الاقتصادي الذي طرحه وعمل على تنفيذه الرئيس رفيق الحريري وبعده الرئيس فؤاد السنيورة خلال فترة 1992-2009 بموضوعية، وسعيت لتقديم رؤية للمستقبل تبني على هذه التجربة وتسعى إلى تطويرها بما يتلاءم مع المتغيرات الكبرى التي يشهدها العالم.

كــان رفيق الحريري عاشقاً مولهاً بلبنان وبفرادته، فصبر على جبال وعرة من الــصعوبات والعراقيل، وأحياناً حافلة بالإذلال والقهر المتعمد وضعت في طريقه. لكــن حــبه الهائل للتجربة اللبنانية وإيمانه الراسخ بقدرته على إنقاذ لبنان، حصّنا صــموده فاســتمرّ علــى ثباته وصبره، وأنجز في عقد ونيّف ما يصعب إنجازه في الظروف الاستثنائية كالتي شهدناها وحتى في الظروف العادية في عقود.

فــإلى رفــيق الحريري: الإنسان، الرئيس، والمشروع- أُهدي هذا الكتاب، وهــدفي الإســهام في الإنــصاف، ورعايــة الحقّ، والدفاع عن حاضر اللبنانيين ومــستقبلهم، وهــم الــذين أراد الــرئيس الحريــري خدمتهم بمشروعه وبعمله واستودعهم الله، هم ولبنان، قبل اغتياله بقليل، رحمه الله.

م. س.

مدخل

"فبالحقيقة تكونون أحراراً"

إنجيل يوحنا 36:8

أن تحتل القضايا والمسائل الاقتصادية الصدارة في سلم اهتمامات الناس والرأي العام، فهذا أمر طبيعي في قرية كونية أصبح إفلاس مصرف في نيويورك يهدد الأمن الاقتصادي والاجتماعي العالمي، وأصبحت أزمة في بلد أوروبي صغير نسبياً كاليونان تهدد الوحدة الأوروبية التي عمل مؤسسوها منذ ستين عاماً على صقلها وتطويرها وتدعيمها.

فالإدراك المتنامي لدى المواطنين في كل دولة من الدول بمدى أهمية المواضيع الاقتصادية وانعكاسها عموماً لا على أوضاعهم الاقتصادية ومستوى ونوعية معيشتهم فحسب، بل على تفاصيل وجوانب حياتهم اليومية، أصبح يدفع بالقضايا والمسائل الاقتصادية إلى المقدمة عند النظر في مسألة أولويات الناس واهتماماتهم.

إن الوقت الذي يُخَصَّصُ في هذه الآونة لمعالجة الشؤون الاقتصادية والمالية في المناظرات التي تحصل، ولاسيما في إطار الانتخابات، في الكثير من البلدان الديمقراطية والمتقدمة اقتصادياً، من الولايات المتحدة الأميركية إلى فرنسا وبريطانيا وصولاً إلى اليابان واستراليا يأتي في المقام الأول. كما أن الوقع الذي تحققه الحجج والبراهين الاقتصادية التي يستخدمها المرشحون المختلفون، ناهيك بالشروحات التي يقدمونها حول مفهومهم للمسائل وللتحديات الاقتصادية وكيفية مقاربتهم لها واقتراحاتهم لسبل معالجتها، وتأثير ذلك كله على صعيد نتائج الانتخابات، ما هي إلاّ دليل على محورية هذه الأمور وأهميتها في عالمنا المعاصر.

ينطبق هذا الأمر أيضاً في لبنان، تماماً كما هو الحال في الكثير من البلدان. وهذا في الواقع دليل وعي يزداد وضوحاً وتجذراً، ويعبر عن ذاته عن طريق الرغبة المتزايدة لدى المواطنين في ضرورة مبادرة المسؤولين للإفصاح عمّا يجري من أمور. ويدعم هذا التوجه توسع الوسائل الإعلامية وانتشارها بمختلف أشكالها ومدى تغطيتها، مزيلةً بذلك حدود الزمان ومخترقةً تخوم المكان. ذلك ما أصبح يتيح للمتابعين أينما كانوا وفي اللحظة ذاتها الإطلاع وفهم ما يجري من حولهم من أمور ومتغيرات وتداخل تلك الأحداث فيما بينها. وهذا من شأنه أن يجعل مواطني أي

بلـــد أكثـــر قدرة على المقارنة وبالتالي على المطالبة والمساءلة، والمحاسبة لمن يتولى شؤونهم العامة.

لكـــن مـــا يُفـــرِّقُ لبنان عن بعض الدول الأخرى، لاسيما الدول المتقدمة اقتصادياً، حيث تحتل الشؤون الاقتصادية العامة موقعاً مهماً في الحياة السياسية، هو أن الإلمـــام الاقتصادي العام لدى المواطن اللبناني ومدى متابعته أو قدرته على ربط المعطـــيات والوقائـــع الاقتصادية والمالية على الصعيد الكلي بعضها ببعض، تبقى متأخرة عموماً في لبنان عمّا هي عليه في الدول المتقدمة اقتصادياً. ويعود السبب في ذلـــك إلى حد بعيد إلى الخلفيتين الثقافية والعلمية لدى اللبنانيين الذين تجد لديهم نـــزعة متأصلة للفهم والتميز في مجـــال الاقتصاد الجزئي (Micro Economics)، في مقابـــل قـــصور نـــسبـــي عـــن فهـــم العوامل التي تتحكم بالاقتصاد الكلي (Macro Economics). وإحدى أسباب ذلك- على سبيل المقارنة- هي أن مادة الاقتـــصاد، ولاســـيما الاقتصاد الكلي، أصبحت مادة إلزامية في كثير من المعاهد والجامعات الغربية، بغض النظر عن الاختصاص، في حين أنها لم تندرج بعد ضمن المقررات الإلزامية في لبنان.

كمـــا يعود ذلك أيضاً إلى ان النخب الاقتصادية في لبنان، كما هو الحال في العالم العربـــي، لم تولِ العملَ التثقيفي الاقتصادي للمواطن الاهتمامَ الكافي. وهذا الأمر يتطلب تقديماً مفصلاً ومبسطاً، يشرح المكونات الاقتصادية الكلية الأساسية، بطـــريقة تبـــيّن للمواطنين تداخلها وترابطها وتأثيرها بعضها على بعض، وكذلك الأمـــر تأثيرهـــا على حياة المواطن وظروف ومستوى ونوعية عيشه وفرص تقدمه وتطوره والقيود والعقبات التي تعترض ذلك.

كمـــا أنـــه مـــن الملاحظ، من جهة أخرى، أن الانقسام السياسي وحالات اللااستقرار المديدة والممارسات الشعبوية وبالتالي التعبئة السياسية المستمرة في لبنان، تقـــوم وتـــتجذر على أساس الهويات الأولية وليس على أساس المصالح الاقتصادية والاجتماعـــية، علـــى خلاف ما يحصل في البلدان الديمقراطية والمتقدمة اقتصادياً. ويـــؤدي ذلـــك في لبـــنان إلى تهميش النقاش الاقتصادي الموضوعي، وتفريغه من مـــضامينه التنموية الحقيقية، أو تشويهه، بهدف توظيفه خدمة لأغراض سياسية أو مادة للتقاصف السياسي.

والواقع أن اتساع الفجوة ما بين مدى وطريقة توظيف القضايا والمسائل الاقتصادية في الخطاب السياسي اللبناني من جهة، وعدم إلمام معظم المواطنين بالمعطيات العديدة المطروحة، أو بأغلب جوانبها، وعدم توفر المعلومات والإحصاءات الموثوقة والكافية ولا الأدوات العملية التي تمكنهم من فهم تلك القضايا والمسائل ومدى ترابطها وتشعبها من جهة ثانية، أدت بالبعض إلى الوقوع في فخ الكثير من المغالطات. ويسهم في ذلك الافتقاد للمعرفة العميقة بالمعطيات أو عدم الإحاطة بكافة جوانب المسائل المطروحة، وهي غالباً ما تكون معقدة ومتداخلة. وهذه المسائل يجري أحياناً أخرى تعقيدها عن عمد، حيث يلجأ البعض إلى أسلوب التحوير أو حتى التزييف للمعطيات الاقتصادية أو تناولها بطريقة غير موضوعية ومفتعلة. ويتم ذلك في غالب الأحيان خدمة لغايات سياسية بحتة وهو مما يزيد من مدى الإرباك لدى المواطنين وضياعهم وعدم قدرتهم على تركيز انتباههم وجهودهم على المسارات المؤدية إلى الحلول الصحيحة والواقعية للمشاكل التي يعانون منها.

إن الهدف من هذا الكتاب، هو الإسهام في تسليط الضوء على عدد من المسائل الاقتصادية التي شغلت الرأي العام اللبناني على مدى عقدين من الزمن ولا تزال. ولذلك فإن هذا الكتاب يسعى إلى تزويد المواطنين بشرحٍ وافٍ عن المشهد الاقتصادي العام للبلاد، بما في ذلك الوقائع والاستحقاقات ناهيك بالمعطيات الاقتصادية والمالية المختلفة ضمن تسلسلها وسياقها التاريخي، وربط ذلك كله بالأحداث السياسية التي رافقتها، أو أدت إليها، وشرح مدى ترابطها وتداخلها، وذلك بطريقة مبسطة بعيدة عن التعقيد الذي تفرضه عادة طبيعة تلك المعطيات والأحداث التي رافقتها أو مهدت لها.

لذلك فإن هذا الكتاب ليس موجهاً بشكل أساسي إلى النخب الاقتصادية، والتي قد تجد فيه أحياناً شرحاً مفصلاً لمبادئ أساسية قد تكون معروفة من قبلها. لكنه في الأساس موجه إلى المواطن الباحث عن المعرفة، والذي غالباً ما تُستَعمَلُ ظروفه الاقتصادية والاجتماعية الصعبة حجةً بل وقوداً في الحملات أو السجالات السياسية. وهي حملات لا تساعد هذا المواطن أو تدفعه إلى التفكير والنظر في هذه الأمور الاقتصادية والمالية والاجتماعية الأساسية بطريقة موضوعية وواقعية بما يمكنه

من الإسهام بشكل عملي في إيجاد الحلول التي يبحث عنها أو تأييد أو تبني السياسات أو الإجراءات الملائمة أو الاعتراض المشروع على أخرى بالطريقة التي تسهم في محصلة الأمر في تحسين ظروف حياته ومستوى ونوعية معيشته.

هذا الكتاب يتوجه إذاً إلى المواطن الذي يريد أن يعرف، وأن يمارس دوره أولاً وأخيراً كمواطن مسؤول، مدرك لواجباته ولكن أيضاً لحقوقه في العيش الكريم في وطن يستطيع أن يؤمن له ظروفاً متكافئة للتقدم والتطور والازدهار. الأمر الذي يمكنه من المشاركة الحقيقية في عملية المحاسبة الواعية والرصينة لمن ولّاهم مسؤولية إدارة الشأن العام على شتّى مراتبهم.

يقدم هذا الكتاب قراءة جديدة وشاملة قدر المستطاع ولكن أيضاً مبسطة قدر الإمكان للمشروع الاقتصادي الذي حاولت الحكومات اللبنانية تحقيقه على مدى العقدين السابقين، كما يسلط الأضواء في آن واحد على العقبات الكثيرة التي واجهتها والضغوط التي تعرضت لها. وبالتالي فإن هذا الكتاب يركز حكماً على فترات تولي الرئيس رفيق الحريري رئاسة الحكومة، ومن ثمّ الرئيس فؤاد السنيورة، حيث أنها الفترة التي تم فيها طرح هذا المشروع الاقتصادي الطموح للبنان بطريقة واضحة، وجرى العمل على تنفيذه وتطويره بطريقة تتلاءم مع الأسس الليبرالية التي قام عليها اقتصاد لبنان منذ الاستقلال. ولا يقتصر الأمر على هذه الأهداف فحسب، فالكتاب يتطرق كذلك إلى الخطوات المتبعة والإجراءات المنفذة لدى تلك الحكومات من أجل تحديث ذلك المشروع الاقتصادي بما يمكنها من الاستفادة من الدروس المستخلصة من الاخفاقات الماضية، والتلاؤم أيضاً مع المتغيرات العالمية المعاصرة والمتسارعة على أكثر من صعيد. ومن نافل القول الإشارة إلى أن هذا المشروع الاقتصادي كان ولا يزال موضعاً للكثير من التجاذبات أكان ذلك تأييداً أم تشكيكاً أم اعتراضاً أم اتهاماً، وذلك بطريقة مباشرة وغير مباشرة.

وليس بخاف على أحد بأن الكاتب ينتمي في مقاربته وفي تحليله إلى مدرسة اقتصادية تتشارك وإلى حد بعيد الإيمان بالأسس الاقتصادية الليبرالية التي قام عليها اقتصاد لبنان، والتي حاول مشروع الرئيس الحريري العودة إليها وتدعيمها وتطويرها. وبالرغم من ذلك فإن هذا الكتاب لا يندرج في إطار الدفاع المطلق عن هذا المشروع، وهو مشروع كانت له على أي حالٍ حسناته الكثيرة، وأيضاً

إخفاقاتـــه وشوائبه، بل يندرج في إطار تحليله وفهمه واستخلاص الدروس منه بغية التحضير لمواجهة تحديات المستقبل.

على هذا، فإن الأمل، كل الأمل، أن ينجح هذا الكتاب في أن يوضح للقارئ المهـــتم أموراً ومسارات لا بد لنا في محصلة الأمر من أن نتفق عليها كلبنانيين حتى نـــنطلق ســـوياً وبـــثقة نحو المستقبل. عندها فقط نستطيع كلبنانيين أن نجابه معاً الـــتحديات التي تواجهنا جميعاً، ونحقق سوياً الأهداف التي نصبو إليها، وذلك من دون أن نكون أسرى عدم معرفتنا أو عدم فهمنا لماهية الأمور والحقائق والمعطيات، أو عـــدم مبادرتنا للإطلاع، أو نتيجة الانغلاق الذي يفرضه البعض على نفسه أو عـــدم رغـــبة لدى البعض الآخر في الخروج من أفكار جامدة وشرانق إيديولوجية درج على اعتمادها أو تبنيها أو الانكفاء داخلها.

بيروت- 2010

مقدّمة

"Le seul véritable voyage...

ce ne serait pas d'aller vers de nouveaux paysages, mais d'avoir d'autres yeux"

Marcel Proust

"إنّ رحلة الاكتشاف الحقيقية والواحدة لا تكمن في البحث عن مناطق جديدة، بل في اعتماد نظرة جديدة"

مرسيل بروست

طبعت تجربة لبنان الاقتصادية العديد من التحولات والتغيرات الكبيرة، خلال العقــود الماضية، بدءاً من مرحلة ما قبل الحرب العالمية الأولى، ثم ما بعد الاستقلال وانــدلاع الحــرب الأهلــية في العام 1975 وهي الحرب التي قوضت الكثير من مقومات الاقتصاد اللبناني، وصولاً إلى الفترة ما بين العام 1992 والعام 2010. ولقد طــبعت تلــك السياسات الاقتصادية التي اعتمدها الرئيس رفيق الحريري، ولاحقاً الرئيس فؤاد السنيورة، هذه التجربة اللبنانية ببصمات واضحة في العقدين الفائتين، إذ كانت هي المرة الوحيدة في تاريخ لبنان منذ الاستقلال التي يتم خلالها وبوضوح طرح مشروع اقتصادي يشكل الأساس للشرعية الشعبية والسياسية لزعيم أو لتيار سياسي.

شــكّل هــذا المشروع، والسياسات التي نتجت عنه، وما تزال، مادة دسمة للــنقاش والجــدل الاقتــصادي والسياسي والاجتماعي. وقد تكوَّن هذا الجدل الاقتصادي في بعض الأحيان ضمن أطر اقتصادية تحليلية مفيدة وبناءة، ولكنه غالباً مــا أصبح يكوِّنُ الذخيرة الأساس للتوظيف السياسي حيث يتم استعماله لأغراض سياســية بحتة، بعيدة أحياناً عن القراءة الواقعية لواقع الاقتصاد اللبناني والإمكانات والفــرص الــتي أتــيحت لــه في هذه المرحلة وحجم التحديات الحقيقية وعمق الــصدمات الأمنية والسياسية التي كانت تواجهه على أكثر من صعيد. وكثيراً ما كانــت منطلقات هذا الجدل ولا تزال حتى اليوم بعيدة كل البعد عن التزام قواعد الحقائــق الاقتــصادية والمالية والأهداف المرتبطة بالمصلحة الاقتصادية والاجتماعية للمواطــنين علــى المديين القصير والمتوسط، بل كان هذا الجدل يقع في كثير من الأحيان أسير الأهواء السياسية للأفرقاء المختلفين.

يستعرض هذا الكتاب ويناقش المشروع الاقتصادي للبنان الذي طُرِحَ وبوشِرَ بتنفيذه مع تسلم الرئيس الحريري رئاسة الحكومة اللبنانية في نهاية العام 1992. وهو يبين أن هذا المشروع الاقتصادي والسياسات المالية والنقدية التي تم اتباعها بموجبه، كانــت بمعظمها منسجمة في جوهرها ومطوِّرة في أهدافها للنظام الاقتصادي الذي

تبــناه لبنان رسمياً منذ الاستقلال، وفعلياً قبل ذلك بكثير. تلك السياسات التي جنى لبنان منها إيجابيات هامة ومنافع كبيرة، وذلك من دون إغفال بعض الشوائب التي ســادت أو طبعت بعض الممارسات والإجراءات مما حدّ من قدرة لبنان واللبنانيين علــى مــضاعفة مكتسباتهم منها، سيما وان تلك السياسات ظلت وإلى يومنا هذا أســيرة للواقع السياسي والأمني والإقليمي الذي نتج أيضاً عن الحرب الأهلية وما بعدها أو تعمق بسبب منها أو من تداعياتها.

لقد حاولت السياسات الاقتصادية والمالية التي اعتمدت في تلك الآونة، إعادة الاعتــبار والــتمحور قدر الإمكان حول ركائز أربع أساسية قام عليها الاقتصاد اللبناني منذ الاستقلال:

1. الاعتماد بشكل كبير على مبادرات القطاع الخاص؛
2. الــسعي إلى الالتزام بمبدأ التوازن في الموازنة العامة مع الأخذ بعين الاعتبار القــيود الــتي فرضتها فترة ما بعد العام 1992 لمعالجة آثار الحرب الأهلية المدمــرة ومتطلبات إعادة البناء والإعمار والمتطلبات التي أملتها الأوضاع الاجتماعية والإنسانية الصعبة التي سادت في أعقاب الحرب؛
3. التــزام حرية التبادل التجاري وحرية الملكية الفردية، والحفاظ على حرية تنقل رأس المال؛
4. العمل على الحفاظ على القيمة المستقرة لسعر صرف الليرة اللبنانية.

لقــد تكونت هذه الأسس الأربعة للاقتصاد اللبناني وتعزز الالتزام بها نتيجة ظروف تاريخية وجغرافية وثقافية سيصار إلى استعراضها بشيء من التفصيل في هذا الكــتاب، وهــي في الحقيقة الأسس التي جعلت من اعتماد النظام الليبرالي الخيارَ الأمثلَ، وربما الوحيد المتاح عملياً للبنان. ومما تجدر ملاحظته أن الجانب الاجتماعي بأهدافــه ومحدداتــه لم يطرح وبشكل كاف في المعادلة الاقتصادية التي سادت في معظــم تلــك الفترات من تاريخ لبنان بعد الاستقلال، وهو الأمر الذي كانت له نتائجه السلبية الخطيرة على الاستقرار الاجتماعي وبالتالي على الاستقرار السياسي في لبــنان. ولكــن هذا لا ينفي أن العديد من المبادرات المتعددة التي اعتمدت في المرحلة الأخيرة (1992– 2009) تم اتخاذها من أجل معالجة هذه الشوائب ومقاربة الــشأن الاجتماعــي والمعيشي بشكل مباشر وعملي. ويبدو ذلك أولاً من خلال

تخـصيص المزيد من الإنفاق العام في هذه المجالات، وثانياً من خلال عصرنة وأنسنة هذا النظام الليبرالي. وعلى ذلك فقد جرى التقدم على هذا المسار من خلال السعي الحثـيث لتحديد دور الدولة الحديثة الناظمة والمحفزة لحركة الاقتصاد وتعزيز النمو وفُـرَص التنمـية المناطقية بما يأخذ بعين الاعتبار الظروف الاجتماعية التي نشأت والـتجارب القاسية والمرّة التي عانى منها لبنان خلال الحروب المتعاقبة وما بعدها. والحقـيقة أن هـذه التجـربة الـتي خاضها الرئيس الحريري، ومن بعده الرئيس الـسنيورة، على الصعيد الاجتماعي، لم تكن المحاولة الأولى، بل كانت قد سبقتها أيضاً التجربة الشهابية في الستينيات من القرن الماضي.

يسعى هذا الكتاب إذاً إلى وضع المعطيات الاقتصادية والمالية في إطارها العام وهـو إطارٌ بالغ التعقيد في لبنان. وهو بذلك يهدف إلى توضيح حقيقة العديد من الأفكـار والاتهامـات التي لكثرة تردادها في سياق الحملة المتكررة على مشروع الـرئيس الحريري الاقتصادي، أصبح يُنظر إليها كحقائق ومسلّمات لا تقبل الشك أو حـتى الـنقاش بينما لم تكن في الحقيقة كذلك. ونورد على سبيل المثال المقولة الشائعة ومفادها أن السياسة الاقتصادية التي اتبعت في تسعينيات القرن الماضي هي الـتي أدت إلى ارتفـاع مجمـوع الدين العام في لبنان، وأعاقت تطور القطاعات الاقتـصادية المنـتجة وفاقمت من معدلات البطالة والهجرة ولاسيما لدى الفئات الشابة.

ممـا لا شك فيه أن هذه الحقبة شهدت بالفعل ارتفاعاً كبيراً في عجز الموازنة وتـراكماً كـبير في حجم الدين العام وكذلك نسبتهما إلى الناتج المحلي الإجمالي، واللذين وصلا في فترة غير بعيدة إلى مستويات لم يعرفها لبنان سابقاً ولا الكثير من دول العالم. كما أنه مما لا شك فيه أن ثنائية المالية العامة- الدين العام أضحت هي والنـتائج الـتي ترتبت لاحقاً لناحية تأثيرها على عامل الثقة، إحدى العوائق أمام تحقيق النمو المستدام في الاقتصاد اللبناني بمعدلات تعكس قدراته وإمكاناته الحقيقية.

وقـد يـنطوي هذا الكلام على شيء من الصحة، ولكنه يبقى منقوصاً وغير معبّـرٍ عن الحقيقة بكاملها، إذ أنه لا يأخذ بعين الاعتبار الكثير من المعطيات الثابتة ومـنها الواقـع المـأزوم الذي كان عليه الوضع الاقتصادي والاجتماعي والمالي والنقدي ووضع المالية العامة الذي انطلقت في ظلّه حكومة الرئيس الحريري الأولى

في نهايـــة العام 1992. ونخصّ بالذكر هنا الواقع المتمثل بالعجز المالي المحقق آنذاك، وهو الذي بدأ وتراكم معه الدين العام منذ العام 1975.

وثمّـــة معطـــىً آخر لا يقلّ أهميةً عمّا سبقه وهو الأحوال المتأزمة التي كانت عليها الإدارة اللبنانية بظروفها وأساليبها آنذاك. فقد أسهمت الأوضاع الصعبة لهذه الإدارة، التي ورثها الرئيس الحريري وكان عليه أن يتعامل معها وبعده جميع رؤساء الحكـــومات المتعاقـــبة (وهـــي الأوضـــاع التي فاقمتها ظروف الحروب الداخلية وتعقـــيداتها وإشـــكالاتها وتداعياتها السياسية) في إبطاء حركة التطوير والاستجابة للـــتوجهات الإصـــلاحية التنفـــيذية. كما جعلتها عصية أكثر وأكثر، ولأسباب متعددة، عن التلاؤم مع حاجات الاقتصاد اللبناني ومجالات وفرص تطوره مع مطلع الألفية الثالثة والتحديات الجمة التي تطرحها.

كـــذلك فإن تلك المواقف والانتقادات التي كانت توجه بشأن العجز والدين العام، وتأثيرهما على مستويات البطالة والهجرة، كانت في الحقيقة تتجاهل الخضات والصدمات والصعوبات السياسية والأمنية الداخلية والخارجية التي تعرّض لها لبنان. كما أنها أغفلت آثارها المدمرة على الاقتصاد ومعدلات نموه وانحسار فرص التنمية المناطقية، وخاصة بسبب تلك الصدمات التي تسببت بها الاعتداءات والاجتياحات الإســـرائيلية المتكررة والمدمرة وتداعياتها ولاسيما في الأعوام 1993، 1996 و1999 و2006 وقبل ذلك في العامين 1978 و1982.

كمـــا تتغاضـــى تلـــك المواقف والانتقادات عن الأوضاع التي تردت إليها البنى التحتـــية العامـــة كالكهرباء والاتصالات والمياه والطرقات، وحال ومستوى الخدمات الاجتماعـــية في مجـــالات التربية والصحة والضمان الاجتماعي. تلك الخدمات التي لم يكـــن علـــى حكـــومات الرئيس رفيق الحريري معالجة الآثار المدمرة التي تسببت بها الاحـــتلالات والحروب المتكررة الداخلية والخارجية التي تعرض لها لبنان فحسب، بل أيضاً العمل على تلبية الحاجات المتزايدة لدى المواطنين لهذه الخدمات ولاسيما في ضوء التراجع النسبـــي لدور القطاع الخاص وخدماته واضطرار الدولة لملء الفراغ الناتج في هـــذا المجال. هذا فضلاً عن اضطرار الدولة إلى الإعداد للحاجات المستقبلية للمواطنين ولتلبية توقعاتهم المتزايدة وكذلك تلبية حاجات الاقتصاد للنمو والتنمية في ظل استتباب الأمن وعودة الاستقرار وانفتاح المناطق بعضها على بعض وتنامي عدد السكان.

والأهـــم من ذلك، فإن تلك المواقف والانتقادات تتغاضى عن طبيعة النظام الـــسياسي اللبـــناني القائم على الطائفية والزبائنية منذ ما قبل الاستقلال فضلاً عن تفـــاقم هـــشاشة أوضاعه مع بدء الحرب الأهلية واستعار لهيبها. ذلك مما أدى إلى ممارســـات تنامت وتجذرت لأسباب أملتها الظروف السياسية والأمنية والاقتصادية الـــتي سادت في تلك الفترة الاستثنائية من تاريخ لبنان. تلك الأوضاع والممارسات فرضـــت علـــى الرئيس الحريري القبول بالمساكنة داخل الحكومة مع أمراء الحرب ورؤساء الميليشيات الذين لم يكونوا بالضرورة يتفقون معه في فهمه لحقيقة وطبيعة دور الدولـــة في الحياة السياسية والاقتصادية والاجتماعية الحديثة، ولا في إدراكهم لماهـــية أدوارهم المرتقبة فيها. وقد تفاعلت هذه المساكنة مع مرحلة ما بعد الحرب الأهلـــية والتي شهدت زيادة في مناسيب الطائفية والمذهبية والزبائنية. وقد فرضت هذه المساكنة على الرئيس الحريري سقفاً في العمل السياسي، ولكن أيضاً، وبخلاف ما هو شائع، سقفاً في العمل الاقتصادي والاجتماعي كما سيفصل هذا الكتاب.

يـــضاف إلى ذلـــك كلـــه أن تلك المقولات تغفل حقيقة الأوضاع السياسية والأمنـــية المـــتأزمة في المنطقة، ولاسيما في أعقاب وتداعيات اتفاقية كامب دافيد وتراجع فرص السلام الحقيقي بعد عدم التوصل إلى أي نتيجة لمؤتمر مدريد ووقوع المـــنطقة بـــرمتها في فـــلك تجاذبات أملتها أحداث خطيرة كحرب الخليج وبعدها تداعيات الحادي عشر من أيلول عام 2001 والحرب على الإرهاب واجتياح العراق وآثار وتداعيات ذلك كله على الساحة اللبنانية.

أمـــا المغالطـــة الأخرى التي يقع فيها البعض ويتناولها على أنها حقيقة، فهي التركيـــز علـــى اتهام السياسات الاقتصادية التي اتبعت في مرحلة الأعوام 1992-2009 بأنها أغفلت الجانبين الاجتماعي والإنساني، إلى حدّ وصمها من قبل البعض بأنها السياسة "التي ركزت على الحجر وأهملت البشر"، ناسين أو متناسين بذلك أن الحجر إنما يُشاد لخدمة البشر!

ممـــا لا شـــكّ فيه أن ذلك القول المُستغرب يخالف المنطق الاقتصادي السليم وتدحـــضه الإحصاءات الدامغة حيث أنه لا يأخذ في الاعتبار الحقائق بشأن ما عملت على تحقيقه تلك السياسات من استثمارات غير مسبوقة في حجم وطبيعة ومستوى التعليم ومجالاته وشموله المناطق اللبنانية كافة، ناهيك بالضمانات والخدمات الصحية

التي تم توفيرها، والتي تضاهي بل تسبق المستوى الذي تؤمنه العديد من الدول المتقدمة اقتصادياً. كذلك الأمر فإن هذا القول المجانب للحقيقة لا يأخذ بالاعتبار حجم التقديمات الاجتماعية الإضافية التي تم تأمينها، حيث تجاوز مجمل الإنفاق الاجتماعي بين العام 1994 والعام 2010 ما يفوق 22 مليار دولار أميركي (د.أ.) هو مجموع موازنات وزارات التربية والتعليم العالي والثقافة، والصحة العامة، والشؤون الاجتماعية، بالإضافة إلى معاشات التقاعد وتعويضات نهاية الخدمة وهو ما سنفصله لاحقاً في سياق الفصل الأخير. ويكون بذلك قد ارتفع الإنفاق الاجتماعي في فترة تولي الرئيسان رفيق الحريري وفؤاد السنيورة رئاسة الحكومة بنسبة حوالي 4% من الناتج المحلي الإجمالي. ذلك ما أدى إلى حصول تحسن ملحوظ على مستوى ونوعية عيش اللبنانيين خلال هذه الفترة. وعلى سبيل المثال لا الحصر نورد بعض الأرقام والمؤشرات ومنها ارتفاع عدد طلاب المدارس من حوالي 770 ألف في العام 1992 إلى حوالي 943 ألف في العام 2009، وارتفاع عدد طلاب الجامعات من حوالي 85 ألف في العام 1992 إلى حوالي 180 ألف في العام 2009، وارتفاع عدد أسرّة المستشفيات من 7690 سريراً في العام 1992 إلى حوالي 13200 سرير في العام 2007. طبعاً عندما يجري الرد على تلك المقولات بهذه الطريقة لا يجوز إغفال بعض الشوائب التي طبعت تنفيذ هذه السياسة الاجتماعية والتي سنتعرض إليها بالتفصيل في أقسام هذا الكتاب.

ومن جهة أخرى فإن هذه الآراء المتجنّية تتجاهل العوامل الاقتصادية الأساسية التي تؤثر على معدلات الدخل ومستويات المعيشة وأهمها مستويات الإنتاجية في الاقتصاد المرتبطة ارتباطاً مباشراً بتوافر البنى التحتية الكفوءة والملائمة. ذلك ما عمل مشروع الرئيس الحريري على تعزيز مستويات الاستثمارات فيها، أملاً بتحقيق نقلة أساسية ونوعية في مستويات ونوعية عيش اللبنانيين. ولقد حصل ذلك كله في فترة زادت فيها الضغوطات والتحديات والصدمات الداخلية والخارجية، وقلّت فيها الإمكانات، وكثرت فيها التوقعات لدى المواطنين التي لم تكن متلائمة مع ما كان الاقتصاد الوطني قادراً على تلبيته. كذلك الأمر فإن تلك الآراء تتجاهل التراجع الكبير الذي عانت منه الدولة ولاسيما لجهة تدهور هيبتها وقدرتها على القيام بالمبادرات اللازمة واعتماد الحلول الشجاعة الناجعة للكم الكبير من المشاكل

المتفاقمة والمترابطة والمتأثرة بالأوضاع الأمنية والسياسية المتفاقمة داخلياً وفي المنطقة العربية ككل.

وللحقيقة، فالكثير من الاتهامات التي ساقها البعض انطوت على أغراض سياسية. إلا أنه لا بد من الإشارة أيضاً وإنصافاً للحقيقة إلى أن جزءاً لا بأس به من تلك الاتهامات، كان ينطلق أحياناً كثيرة من عدم معرفة دقيقة بالوقائع والحقائق، أو عدم فهم عميق وحقيقي للخيارات الاقتصادية المتاحة أمام لبنان والتداعيات التي يمكن أن تنجم عن اعتماد أي من الخيارات المتاحة، او من جهة أخرى عن عدم استيعاب للقواعد الأساسية التي يقوم عليها علم الاقتصاد.

هذه الصورة المشوّشة وغير الدقيقة لما كان يجري في لبنان على الصعد الاقتصادية والمالية وكذلك الاجتماعية، والتطورات التي أملتها ظروف داخلية وخارجية شديدة الحساسية والتأثير، هي جميعها ما يسعى هذا الكتاب إلى تناولها وتصويب النقاش حولها وإدراك مختلف تداعياتها، وذلك من خلال عرض علمي للوقائع والحقائق، وشرح وتحليل للخيارات الاقتصادية المختلفة التي كانت متاحة أمام لبنان وما يتأتى عنها من فرص ومكتسبات وأكلاف وتداعيات في آن واحد.

ولدى القيام بمراجعة موضوعية لمشاريع الموازنات المقدَّمة وتلك التي تمّ إقرارها والفذلكات التي تمّ تقديمها، فضلاً عن دراسة الأوراق المقدّمة إلى المؤتمرات الإقليمية والدولية المختلفة ونتائجها، يمكن استخلاص الاستنتاج التالي: أن المشروع الاقتصادي الذي تم طرحه وجرى العمل على تنفيذه، سعى في الحقيقة إلى الاستفادة بالقدر الأقصى من الفرص القليلة المتاحة أمام لبنان، وظل في آنٍ واحد وفياً، في جوهره، للأسس الليبرالية التي قام عليها الاقتصاد اللبناني.

من جهة أخرى تميزت هذه الفترة أيضاً بمحاولات دؤوبة وجدية لتطوير دور الدولة في الاقتصاد من خلال العمل على تطوير وأنسنة هذا النظام الاقتصادي الليبرالي اللبناني بشكل يحافظ على حريته وميزة مبادراته، ويسعى في الوقت ذاته إلى تأمين قدر متزايد من العدالة الاجتماعية. هذا الدور الذي اضطلع به الرئيس الحريري على الصعيد الاجتماعي، لا تتم رؤيته أو تقييمه من قبل البعض بالقدر الكافي من الموضوعية، ربما بسبب بعض الشوائب التي سادته، ولكن أيضاً بسبب الاحتقانات السياسية الكثيرة التي طبعت البلاد في تلك الآونة، ولا تزال، والتي

تؤدي إلى دفع الكثيرين إلى عدم رؤية الأمور بموضوعية وتجرد من جهة أولى، وإلى عـــدم القدرة على القيام أو الإسهام بعملية الإصلاح الجذرية الضرورية للتلاؤم مع ما آلت إليه حالة البلاد واقتصادها والإصلاحات المنشودة من جهة اخرى.

بالإضـــافة إلى مـــا تقدم سيجري في هذا الكتاب تناول مسائل المالية العامة بإســـهاب. فقـــد انصبّ الجهد في تلك المرحلة على التوفيق ما بين تلبية الحاجات الملحة للمواطنين من تحسين في مستويات ونوعية المعيشة ومعالجة آثار فترة الحروب الداخلـــية والخارجـــية الطويلة والمديدة وإعادة بناء البنى التحتية المدمرة ومتطلبات اســـتعادة نشاط اقتصادي دينامي ومنتج ونامٍ يقوده القطاع الخاص من جهة أولى، وبين الإمكانات المحدودة المتوافرة وضرورة المحافظة على احترام الأطر المحدِّدة لدور الدولة في الاقتصاد واستقرار الاقتصاد الكلي وسلامة أوضاع المالية العامة من جهة أخرى. وقد تضافرت هذه الجهود منعاً لانـــزلاق الاقتصاد إلى ما يخالف توجهاته الأساســـية وإلى حـــيث يـــؤدي به إلى تراجع كبير في النمو والوقوع في متاهات اللاستقرار النقدي والتضخم.

وقـــد ظهـــر ذلك كله جلياً على صعيد العملية الإصلاحية التي قادها وزارة المالـــية، وبالأخص على صعيد الإصلاح الضريبـــي والإداري في تسعينيات القرن الماضـــي، ومن ثمّ في المرحلة الثانية من عملية الإصلاح الاقتصادي والمالي والإداري الـــتي قادها وزارة المالية أيضاً وبالتعاون مع وزارة الاقتصاد في العقد الأول من هذا القرن، وهي المرحلة التي تميزت بدعم المجتمع الدولي المانح للحكومة اللبنانية. وهذه الإصلاحات هي تلك التي تمّ التأكيد على تبنيها خلال مؤتمرات باريس الثلاث في العقد الأول من القرن الحادي والعشرين.

طبعاً، لقد تمّ كل ذلك في إطار نجاح نوعي حققه مصرف لبنان بقيادة الحاكم ريـــاض سلامة في تثبيت وتدعيم إحدى الأسس التي قام عليها النظام الاقتصادي اللبـــناني مـــنذ الاستقلال، وهي استقرار سعر صرف العملة الوطنية والمحافظة على القيمة الشرائية للمواطنين وتعزيز نمو القطاع المصرفي وتمكينه من الصمود والنمو بما يخدم تمويل الحاجات المتزايدة للاقتصاد اللبناني.

تأسيساً على هذه المسارات المختلفة، شكل انعقاد مؤتمر باريس-III والنتائج التي تمخض عنها والتي جاءت متآلفة مع النتائج التي تحققت في المؤتمرين السابقين باريس-I

وبـــاريس-II، فرصـــةً لـــتظهير برنامجٍ إصلاحيٍ بجوانبه الاقتصادية والمالية والنقدية والاجتماعـــية فكان عصارة هذه التجربة بنجاحاتها وإخفاقاتها. وقد استند هذا البرنامج في الكثير من جوانبه إلى الموازنة الإصلاحية الشاملة التي قدمها الرئيس السنيورة، عندما كـــان وزيراً للمالية، في مشروع موازنة العام 2005، نتيجة ما اختزنته المرحلة السابقة من تجارب حفلت بالكثير من الإنجازات والمحاولات الدؤوبة لمتابعة مسيرة الإصلاح بما في ذلـــك العمـــل على تجنب الإخفاقات التي حصلت. وفي المحصلة فإن ما توصل إليه ذلـــك الجهد الإصلاحي والعملية التحديثية للاقتصاد شكل رافعةً لجهة إقدار الاقتصاد اللبـــناني على التلاؤم مع المتغيرات العالمية والإقليمية. لكنه وللأسف تمت لاحقاً عرقلة هذا البرنامج الطموح المنبثق عن باريس- III في خضم الظروف السياسية والأمنية التي مـــرت بها البلاد. تماماً كما تمت عرقلة الكثير من المسارات الإصلاحية، أكان ذلك في فترة 1992- 1998 أم بعدها في فترة 2001-2004.

بـــناءً على ما تقدّم، فإنّ هذا الكتاب يقدم قراءة اقتصادية ومالية لهذه التجربة الاقتـــصادية اللبنانـــية الحديـــثة واضعاً إياها في سياقيها التاريخي والجغرافي وضمن ظـــروفها الـــسياسية، محاولاً شرحها وتوضيحها ومناقشتها ونقدها، ولكنه يسعى أيـــضاً لاستخلاص الدروس والعبر منها. كما يقترح هذا الكتاب إطاراً لتحديث وتطويـــر المـــشروع الاقتصادي اللبناني بما يتناسب مع المتغيرات الاقتصادية العالمية ولاسيما في ضوء الدروس المستخلصة من الأزمة المالية والاقتصادية العالمية الأخيرة ومـــا ســـبقها من تطورات اقتصادية عالمية ومنها الارتفاع الكبير في أسعار المواد الأولـــية والمنتجات الزراعية وصعود اقتصادات ضخمة كالصين والبرازيل وروسيا والهـــند (مجموعة BRIC: Brazil, Russia, India, China). ويشكل هذا الإطار محاولـــة للتوصـــل إلى تقـــديم تصور اقتصادي اجتماعي يحافظ على نموذج لبنان وفـــرادة تجـــربته الاقتـــصادية بمـــا يعزز قدرته على الاستمرار في اعتماد الليبرالية الاقتصادية. كما يسعى أيضاً لتطوير مفهوم الدولة الراعية على الصعيد الاجتماعي (Welfare State). وهذا المنحى الأخير هو ذلك الذي لم توفق الدولة بتحقيقه حتى الآن بالقـــدر المنـــشود. ويعود السبب في ذلك، وفي الأعم الأغلب، إلى الظروف الـــسياسية والأمنـــية التي منعت أن يكون التمكين الاقتصادي لشتى فئات المجتمع اللبـــناني وفي شتى المناطق فيه مكملاً للجهد الذي تم بذله من قبل مؤسسات الدولة

وإدارتها على صعيد الخدمات الاجتماعية وزيادة الاستثمارات العامة كما سيفصل هذا الكتاب.

في هذا الإطار، سيتم اقتراح خطة تسعى إلى العودة إلى الأسس التي قام عليها اقتصاد لبنان ومنها التوازن في الموازنة العامة وذلك من خلال إعادة صياغة دور الدولة في القطاعات الحيوية وتفعيل هذا الدور بالتعاون مع القطاع الخاص والعمل على تعزيز الإدارة الكفوءة وتمكين المستويات الإدارية وتعزيز دور الهيئات الناظمة والهيئات الرقابية. ذلك كله بهدف ترشيد إدارة الاقتصاد الكلي وتحقيق النمو المستدام والتنمية المناطقية المستدامة والعادلة وهو ما يضمن الاستقرارين الاقتصادي والاجتماعي على المديين المتوسط والطويل.

يشتمل هذا الكتاب على أربعة أقسام:

القسم الأول يشرح الركائز الأساسية التي قام عليها الاقتصاد اللبناني فعلياً منذ الاستقلال، والتي كانت نتيجة تجربة امتدت على مدى عقود حصلت فيها جملة من الأحداث والتطورات الاقتصادية. ويمكن هنا مراجعة كيفية تزامن عملية ترسيخ هذا النظام وتطويره ليتفاعل ويتلاءم مع محيطه وذلك خلال فَتَرَة سميت "بالمرحلة الذهبية" في تاريخ الاقتصاد اللبناني بالرغم مما ساد تلك الفترة من بعض الشوائب. ويعرض هذا القسم أيضاً لدور التجربة الشهابية في محاولتها معالجة وتصويب تلك الشوائب. كما يتناول هذا القسم أيضاً باختصار كيف أدت الحرب الأهلية في فترة السبعينيات والثمانينيات إلى اهتزاز الركائز التي لطالما استند إليها الاقتصاد اللبناني. وهو يتناول كذلك النتائج الاقتصادية والمالية والنقدية التي نتجت عن الصدمات الأمنية والسياسية والديمغرافية ومنها الانهيار النقدي الذي اشتد في منتصف الثمانينيات، ولم يتوقف في فترة ما بعد الطائف، وذلك بسبب عدم تلاؤم السياسات الاقتصادية والمالية والنقدية المتبعة آنذاك مع قدرة الاقتصاد والمالية العامة على مقاومة الصدمات المتلاحقة التي أصيبت بها البلاد واقتصادها.

ويتناول القسم الثاني المرحلة الأولى من المشروع الاقتصادي اللبناني الذي طرحه الرئيس الحريري وهي مرحلة إعادة الإعمار وإعادة الاستقرار الاقتصادي أي مرحلة ما بين العام 1992 والعام 1998. وقد جرت خلال هذه المرحلة محاولات عديدة لإقرار عدد من الإصلاحات التي تم إنجاز بعضها أو الدفع باتجاه التقدم على

مسارات بعضها الآخر. ويشرح هذا القسم كيف أدى ذلك المشروع إلى تحقيق عدة أهداف هامة على صعيد إعادة تثبيت الركائز التي قام عليه الاقتصاد اللبناني كتفعيل دور القطاع الخاص وتعزيز استقرار سعر الصرف وتنشيط التجارة وتعزيز الحريات الاقتصادية والعودة إلى تحقيق النمو. ومن المؤسف أن تلك الإنجازات لم تترافق مع نجاح متلائم على صعيد إعادة الاعتبار إلى اعتماد مبدأ التوازن في الموازنة لأسباب سيصار إلى شرحها بإسهاب. كما يتعرض هذا القسم أيضاً وباختصار لجهة ما حصل من جمود وتراجع أديا إلى مزيد من التدهور في الوضعين المالي والاقتصادي خلال العامين 1999 و2000.

يتناول القسم الثالث المرحلة الثانية من المشروع الاقتصادي اللبناني وهي مرحلة التقدم على مسارات الإصلاحات الاقتصادية والمالية التي تزامنت مع انعقاد مؤتمرات باريس الثلاث. كما يبين أيضاً دور تلك المؤتمرات في إتاحة الفرصة الحقيقية لعودة لبنان التدريجية إلى الالتزام بالأسس والقواعد الاقتصادية الليبرالية، ولاسيما تحقيق التحسن في مستويات العجز في الموازنة العامة، وتعزيز حجم الفائض في الميزان الأولي، وخفض نسبة الدين العام إلى الناتج المحلي. كما يتناول هذا القسم أيضاً بإسهاب مشروع موازنة العام 2005 الشهير الذي قدمه الرئيس السنيورة حين كان وزيراً للمالية قبل عزوف الرئيس الحريري عن تأليف الحكومة آنذاك، ومن ثمّ اغتياله في غمرة الإعداد للانتخابات النيابية في العام 2005. هذا الاغتيال الذي أحدث زلزالاً سياسياً واقتصادياً وأمنياً، استتبع لاحقاً بتكليف الرئيس السنيورة بتأليف حكومته الأولى، ومن ثمّ حصول العدوان الإسرائيلي في العام 2006، وانعقاد مؤتمر باريس-III. كما يعرض هذا القسم لما تمّ تحقيقه بعد انعقاد مؤتمر باريس-III من نمو اقتصادي غير مسبوق في ظل ظروف محلية وعالمية بالغة الصعوبة والدقة على أكثر من صعيد أمني وسياسي واقتصادي واجتماعي.

أما القسم الرابع فيطرح تصوراً اقتصادياً متقدماً وعصرياً يستند إلى الأسس الاقتصادية التي قام عليها لبنان، ومن ثمّ قام عليها مشروع الرئيس الحريري الاقتصادي، ويدعّمها بشرح وتوضيح لمتطلبات المرحلة الجديدة التي يمر بها حالياً العالم اقتصادياً ومالياً. وينطلق هذا التصور أيضاً من خلال الأخذ بالاعتبار تجربة لبنان الاقتصادية والمالية والاجتماعية قبل الحرب وخلالها وبعدها، والتي تقود إلى

حقيقة أساسية ألا وهي ضرورة إيلاء الجانب الاجتماعي بمختلف أوجهه رعاية واهتماماً بشكل مكثف بما يُكَوِّنُ جزءاً من خطة اقتصادية واجتماعية متكاملة. كما يقترح هذا التصور أيضاً تطوير وتحديث وتفعيل دور الدولة وكيفية تنظيم تدخلها في إدارة الشأن الاقتصادي، وتعزيز قدرتها على الدفع قدماً بمفاهيم خلاقة وحديثة تتماشى مع متغيرات العصر ومع الواقع اللبناني ومقومات اقتصاده وبما يؤمن تحقيق النمو الاقتصادي والتنمية المناطقية وتقليص معدلات الفقر، وبما يحسّن من مستويات ونوعية عيش اللبنانيين.

وتركز الخاتمة على ضرورة العودة إلى الالتزام بالأسس الليبرالية التي قام عليها الاقتصاد اللبناني وتدعيمها استناداً إلى ما علمتنا إياه تجربة الحروب والصدمات الداخلية وما قبلها وكيفية العمل على تجنب مثيلاتها. كما تركز على ضرورة إطلاق ورشة الإصلاح الاقتصادي والاجتماعي الشامل بدون تأخير أو تلكؤ، من أجل السير قدماً نحو تحقيق مستقبل مزدهر اقتصادياً ومستقر وعادل اجتماعياً.

القسم الأول

النظام الاقتصادي اللبناني:
الصعود، الاهتزاز والتداعي

"The fault, dear Brutus, is not in our stars, but in ourselves"

William Shakespear,
Julius Caesar

" عزيزي بروتس، لا يكمنُ العيبُ في نجومنا بل فينا نحن".

وليم شكسبير،
يوليوس قيصر

يتميز لبنان بين مجموعة الدول العربية التي ينتمي إليها بكونه يتمتع بنظام سياسي ديمقراطي حرّ قائم على احترام مبدأ تداول السلطة، وعلى مبدأ فصل السلطات واحترام الحريات العامة. ولقد حصّن النظام الاقتصادي الليبرالي الذي لطالما اعتمده لبنان هذه الحرية السياسية وتحصّن بها، وهو قد قام على احترام الحقوق والملكية الخاصة والمبادرة الفردية. ونتيجة لذلك شكّل لبنان بالفعل نموذجاً لبلد صغير قائم على التنوع أدى انفتاحه واعتداله وتحرره السياسي والاقتصادي والاجتماعي إلى إقداره على أن يلعب دوراً مؤثراً وأكبر من حجمه في محيطه العربي والدولي.

بناءً على ما تقدّم، يحسن القول إنّ لبنان تحول إلى مركز ضمن محيطه للكثير من الميزات والخصائص والخدمات المتميزة بحيث أصبح مصرف العرب ومدرسة وجامعة العرب ومستشفى العرب وواحة العرب. وبات أيضاً الرئة التي يتنفس منها العرب هم وأنظمتهم السياسية. لكن هذا الدور المنفتح والمنكشف أحياناً كثيرة هو ذاته الذي سمح بأن تفتك به معاناة المنطقة وهزاتها ومشكلاتها وأزماتها والمتأثرة بشكل أساسي بالقضية الأساس وهي المشكلة الفلسطينية والصراع العربي الإسرائيلي. وقد تفاعلت هذه المشكلات مع مشكلات راسخة ومتجذّرة في جسد لبنان الصغير والمعرّض أصلاً للاهتزاز بحكم تنوعه وتكوينه الطائفي- المذهبي.

إلى أيّ حد دفع لبنان ثمن حريته وليبراليته؟ وهل كان لنظامه الاقتصادي دور في ذلك؟ وعلى ماذا قام هذا النظام وكيف تطور؟ وهل كان لبنان يمتلك الخيار في اعتماد أي نظامٍ آخر؟

أسئلة كثيرة يحاول هذا القسم طرحها ومعالجتها بدءًا من عرض الخيارات الاقتصادية التي كانت متاحة من أمام لبنان منذ الاستقلال وصولاً إلى مرحلة ما بعد اتفاق الطائف والانهيار النقدي الذي تسارع بفعل السياسات المالية والنقدية غير المتلائمة مع واقع البلاد خلال فترات ما بعد الحرب. وهذه جميعها أسئلة محقّة وشائكة ومعقدة، وتحتمل أكثر من رأي. على هذا، فإن هذا الكتاب يسعى تحديداً

إلى تقديم وجهة نظر مبنية على ما توفّر من إحصاءات وأبحاث ومعطيات عن تلك الفترة.

الفصل الأول

ليبرالية النظام اللبناني: ظروفها، مقوماتها وشوائبها

نبدأ من فجر الاستقلال في محاولة منّا لفهم الظروف التاريخية والجغرافية والسياسية والثقافية التي أدت إلى اعتماد لبنان النظام الاقتصادي الليبرالي. هذا الأمر يوجب علينا بداية أن نضع الأمور في سياقها التاريخي الصحيح، انطلاقاً من قراءة متفحّصة للأوضاع الاقتصادية القائمة في تلك الفترة.

لقد تميزت فترة الأربعينيات والخمسينيات من القرن الماضي بانضمام العديد من البلدان في العالم إلى نادي الدول المستقلة. ولقد كان ذلك نتيجة ما آلت إليه نهاية الحرب العالمية الثانية وقيام النظام السياسي والاقتصادي العالمي الجديد الذي بدأت معالمه تظهر بوضوح نتيجة اندحار القوى الاستعمارية التقليدية وفي مقدمها بريطانيا العظمى وفرنسا، وبروز مراكز القوى العالمية الجديدة المتمثلة بالولايات المتحدة الأميركية والاتحاد السوفياتي.

وضمن هذه التوجهات، أعلنت بلدان عديدة في منطقة الشرق الأوسط، وإفريقيا وبعض أوروبا الشرقية، وكذلك في آسيا وأميركا اللاتينية، استقلالها، في ظل انسحاب وتراجع القوى الاستعمارية التقليدية، واضطرارها إلى مواجهة التداعيات والتحديات الكبرى التي أحدثها الدمار والتدهور الاقتصادي والمالي والاجتماعي الكبير الذي أصابها خلال الحرب العالمية الثانية.

كان على الدول المستقلة الجديدة أن تواجه خيارات مهمة على صعيد بناء قواعد نظمها السياسية والاقتصادية والاجتماعية الجديدة، ابتداءً من عملية صوغ الدساتير الجديدة، مروراً بإنشاء المؤسسات السياسية والقضائية والأمنية والاقتصادية والاجتماعية، وصولاً إلى اختيار النظام الاقتصادي الذي كانت

ترغب باعتماده والذي كان سيحدد بدوره السياسات المالية والنقدية والتجارية التي سيصار إلى إتباعها. وفي حين تُركّز معظم التوصيفات لهوية أي نظام اقتصادي على التمييز بين النظام الرأسمالي والنظام الشيوعي أو الاشتراكي، فإن عملية تحديد هوية النظام وأسسه هي في الحقيقة أكثر تعقيداً من مجرد الاختيار بين هذا النظام أو ذاك.

فالحقيقة أن هنالك أكثر من مقاربة واحدة لموضوع تحديد هوية النظام الاقتصادي. وبالطبع، فإحدى المقاربات لهذه المسألة تكمن في تحديد مسألة أساسية وهي لمن تعود ملكية عناصر الإنتاج (Factors of Production) أي الأرض ورأس المال. ولكن المقاربة لتحديد هوية النظام الاقتصادية هي في الواقع، وكما سنشرح بالتفصيل، أكثر تعقيداً من مسألة ملكية عناصر الإنتاج فقط. إذ تشمل أيضاً قدرة الدولة في أي بلد عموماً على تحديد الخيارات الاقتصادية الإستراتيجية وأيضاً مدى انفتاح أو انغلاق النظام الاقتصادي المتبع على العالم تجارياً واقتصادياً ومالياً. وهي جميعها أمور مرتبطة أيضاً بحجم البلد وتاريخه وعلاقته السابقة مع المستعمِر وقوة الدولة المركزية ومدى فعاليتها.

وتُحدِّد مسألة مقاربة ملكية عناصر الإنتاج إذا كان النظام الاقتصادي المُتّبع شيوعياً أو اشتراكياً من جهة أو رأسمالياً من جهة أخرى. فالنظام الشيوعي أو الاشتراكي يعتبر أن حق ملكية عناصر الإنتاج يعود للقطاع العام وليس للفرد. هذا ما يستدعي أن تكون الملكية حكراً على الدولة. بينما يعتبر النظام الرأسمالي أن حق الملكية يعود للفرد وبالتالي يتولى القطاع الخاص عملية الإنتاج وتوزيعه وفقاً لقواعد السوق دون إغفالٍ لدور الدولة كناظم للحركة الاقتصادية وللعلاقة ما بين الأطراف المعنية بها بما يؤمن النمو الاقتصادي والاستقرار الاجتماعي.

وعلى هذا الأساس فقد تم اختيار النظام الاقتصادي في بلدان عديدة كتلك التي تقع في أوروبا الشرقية، بفعل الأمر الواقع الذي فرضه النظام السياسي والعسكري القائم، أي بحكم وقوع تلك البلدان في فلك سيطرة الاتحاد السوفياتي. بينما كان الكثير من البلدان الأخرى، ومن بينها لبنان، يملك نظرياً القدرة على اختيار النظام الاقتصادي الذي يتلاءم مع أوضاعه وأهدافه ورؤيته وطبيعة تكوينه السياسي والاجتماعي.

إن استعمال عبارة (القدرة نظرياً على الاختيار) مقصود منها هنا التمييز بين ما هو مطروح في المطلق وبين ما هو ممكن في الواقع. فالواقع الذي سنشرحه بإسهاب هو أنه إذا كان العامل السياسي أو الجيوستراتيجي قد حَدّد لبعض البلدان كتلك الواقعة في أوروبا الشرقية هويتها الاقتصادية في بعض جوانبها، فإن عوامل أخرى تاريخية وجغرافية راسخة ومتجذرة حددت لبلدان أخرى هويتها الاقتصادية في جوانب مختلفة لا تقل أهمية عن تلك. أي بمعنى آخر: إن ما يبدو اختياراً للبعض، كان في الأعم الأغلب من الحالات نتيجةً لسياق تاريخي وجغرافي وديموغرافي، ومتأثراً بعوامل أخرى كانت حقيقة خارج القُدرة على تغييرها جذرياً.

تشكل هذه النقطة محوراً مركزياً لفهم الأسس التي قام عليها النظام الاقتصادي اللبناني، ولفهم تاريخ تطوره الاقتصادي، وبالتالي لفهم الخيارات الاقتصادية والمالية والنقدية التي جرى اتباعها منذ فترة الخمسينيات، والتي ارتكز عليها بعد ذلك مشروع الرئيس الحريري لاحقاً في تسعينيات القرن الماضي.

وكما ذكرنا في السابق، تشكل ملكية عناصر الإنتاج إحدى المقاربات الأساسية لفهم النظام الاقتصادي القائم، بينما يشكل مدى انفتاحه مقاربة أخرى لا تقل أهميةً عنها.

فالنظام الاقتصادي المغلق يعتمد فلسفة قائمة على فكرة "الاكتفاء الذاتي" (Autarky)، أي الحدّ من التجارة مع الخارج واستبدال المنتوجات المحلية الصنع بالمستوردات (Import-Substitution) وذلك في معظم إن لم يكن في جميع القطاعات، حيث تتم رعاية الصناعات المحلية ويجري تشجيعها وتوفير الحماية لها حتى بما يفوق مستويات الحماية الواجبة للصناعات الوليدة أو لما توجبه القيمة المضافة التي تولدها تلك الصناعات المحلية في الاقتصاد. وفي المقابل، تستند فلسفة النظام الاقتصادي المنفتح على الإيمان بأن تحرير التبادل التجاري والاقتصادي بين البلدان المختلفة هو في محصلة الأمر، وعلى المدى البعيد، يكون لمصلحتها جميعها وليس لمصلحة البلدان المتقدمة فحسب. وتعتمد هذه الفلسفة على نظرية دايفيد ريكاردو التي تمّ تطويرها لاحقاً والتي تعتبر أن أي اقتصاد، وبغض النظر عن حجمه أو مستويات الدخل فيه، قادر على الاستفادة من حرية التجارة وذلك من خلال تخصّصه وكفاءة إدارته

واســتعماله الأمثل لما يملك من ميزات تفاضلية (Comparative Advantage)، مما يــؤمن للــسلع والخــدمات التي ينتجها القدرة على المنافسة الناجحة في الأسواق الخارجية.

تعدّدت العوامل التي أثرت في عملية اختيار بعض البلدان بعد استقلالها لخيار الاقتــصاد المغلــق، وكان منها الظروف التاريخية والاقتصادية والدور الذي لعبته القوى الاستعمارية في فترة ما قبل حصول تلك البلدان على الاستقلال.

في هــذا الإطــار، اعــتمد الكثير من البلدان العربية كمصر وسوريا نظاماً اقتــصادياً تميــز بدرجة عالية من الانغلاق والحدّ من التجارة والسعي إلى تشجيع الإنــتاج المحلي بهدف تحقيق نسبة مرتفعة من "الاكتفاء الذاتي". وكان ذلك يعود، خــصوصاً في حــال مصر، إلى عوامل عدة أهمها التجربة الاقتصادية السلبية التي عانــت منها مصر خلال مرحلة الاستعمار البريطاني. فقد كان الاقتصاد البريطاني آنذاك يستورد من اقتصادات الدول المستعمَرة ومنها مصر، المواد الأولية ليستعملها في تصنيع الإنتاج، الذي كان يتمّ ضمن منظومة الاقتصاد البريطاني، ثم يصار بعدها إلى تــصدير الــسلع المصنّعة إلى الدول المُستعمَرة ومنها مصر، وذلك على شكل منــتوجات ذات قــيمة مضافة مرتفعة. وقد أدى هذا الأمر إلى انخفاض الإنتاجية والــتحول عن الاستثمار في الاقتصاد المُستَعمَر. وقد أدى ذلك إلى انخفاض مستمر في أســعار المواد الأولية بالمقارنة مع أسعار المنتجات المصنّعة (Terms of Trade) وإلى تدهور ميزان المدفوعات في البلدان المُستعمَرة ووقوعها في فخ مديونية متزايدة تجاه البلدان الاستعمارية الصناعية.

أثّــرت هذه التجربة في الخيارات الاقتصادية التي اتبعتها بلدان كثيرة كمصر وغيرهــا. وكــان يجمــع فيما بين هذه البلدان التجارب الاقتصادية القاسية مع المُستعمِر. ولكن القاسم المشترك فيما بينها تمثّل أيضاً بامتلاكها بعض المواد الأولية الــتي كانت تخوّلها الخوض في تجربة الإنتاج بهدف تحقيق نوعٍ من الاكتفاء الذاتي، بغض النظر عن الصوابية الاقتصادية لبعض جوانب هذه السياسة.

في الظاهــر هــنالك الكثير من التداخل ما بين ملكية عناصر الإنتاج ومدى انفــتاح الاقتــصاد. فمعظــم البلدان التي اعتمدت النظام الشيوعي أو الاشتراكي عمــدت إلى الحدّ من التبادل التجاري مع البلدان الأخرى. لكن ما يجب الإضاءة

عليه هنا أيضاً، هو أن مدى انغلاق تلك الدول كان مرتبطاً بحجمها. أي أن البلدان التي كانت تتمتع بحجم كبير كالاتحاد السوفياتي والصين مثلاً كانت أكثر انغلاقاً من البلدان المتوسطة أو الصغيرة الحجم كيوغسلافيا وبولونيا وفيتنام. ويعود ذلك إلى كبر حجم السوق الداخلي في البلدان الكبيرة، ما كان يؤهلها لأن تعتمد على حجم الاستهلاك المحلي القادر على استيعاب الإنتاج المحلي والذي كان بإمكانه نوعاً ما الاستفادة من وفورات الحجم الكبير للإنتاج. ذلك ما شجع ومكّن تلك البلدان بالتالي من الدفع قدماً باتجاه استبدال سلة أكبر من المستوردات، وذلك من خلال تشجيع الإنتاج الوطني على أكثر من صعيد وفي أكثر من قطاع.

أما البلدان المتوسطة الحجم والصغيرة فقد اعتمدت على إنتاجها المحلي في بعض القطاعات. ولكنها وبحكم أنها لم تكن تملك الأسواق الداخلية الكبيرة التي تمكنها من تشجيع الاستثمار في قطاعات إنتاجية محددة تستوجب إنتاج كميات ضخمة حتى تحقق عائداً يمكّنها من الاستمرار كقطاع السيارات مثلاً. لذلك فهي قد اضطرت إلى أن تفتح اقتصادها بنسبة أكبر من انفتاح اقتصاد البلدان الأخرى الكبرى التي كانت تتشارك وإياها في اعتماد فلسفة اقتصادية تقوم على حصرية ملكية عناصر الإنتاج بالدولة.

يشكل الحجم إذاً عاملاً أساسياً، في تحديد المدى المتاح لاعتماد سياسة اقتصادية منفتحة أو منغلقة تجارياً إذا ما كان الهدف تحقيق مستوى معين من الاكتفاء الذاتي.

وفي واقع الأمر، فالحجم يشكل أيضاً عاملاً أساسياً في تحديد كيفية ومدى الانفتاح الاقتصادي. فالانفتاح الاقتصادي لا يعني الأمر ذاته في جميع البلدان: فعلى سبيل المثال، فإنّ هونغ كونغ وقبرص هما من البلدان المنفتحة اقتصادياً ولكنهما يعتمدان أكثر على تصدير الخدمات لا السلع، وذلك بخلاف اليابان وألمانيا اللذان هما أيضاً من البلدان المنفتحة اقتصادياً، ولكنهما يعتمدان أكثر على تصدير السلع التي تحتاج إلى وفورات الحجم الكبير (Economies of Scale) كصناعة السيارات والصناعات الضخمة أو الثقيلة.

والإضاءة الأخرى المهمة هنا، هي أنه كما وجّهت الدولة في بعض البلدان إنتاجها المحلي نحو استبدال المستوردات (Import-Substitution Industrialization)،

وذلــك في ظل اقتصاد منغلق، وجّهت الدولة في بلدان أخرى، إنتاجها المحلي نحو التصدير (Export-Oriented Industrialization) في ظل اقتصاد منفتح.

وقد استفادت البلاد التي اعتمدت على سياسة تعزيز التصدير من حجمها الكبير ومــن انفتاحها على العالم لتشجيع صناعات محلية، ووفرت الحماية لها حتى تستطيع أن تــنافس عالمياً. ولكنها في الوقت ذاته كانت تملك الحجم الكافي في السوق الداخلي، وهــو مــا شكل بالنسبة إليها ضمانةً لوجود سوق قادرة على استيعاب جزء كبير من الإنــتاج المحلي في حال تغيرت ظروف الأسواق الخارجية. وهنا تماماً أي في موضوع الحجــم، كان يكمن الفرق بين اليابان وهونغ كونغ وبين ألمانيا وقبرص، وهو ما أتاح القدرة لليابان وألمانيا على تعزيز الإنتاج السلعي الموجه للتصدير.

هــنالك قاسم مشترك ثانٍ يجب تسليط الضوء عليه بين البلدان التي توجهت نحو الاكتفاء الذاتي وتلك التي توجهت نحو التصدير الكثيف. فبالإضافة إلى الحجم الكــبير نسبياً، تأتي مسألة أخرى أو بالأحرى فكرة الدولة القوية بعد الاستقلال، والــتي كانت عملياً تملك القدرة على فرض خيارات اقتصادية يستوجب تنفيذها وجــود قوي وفاعل لهذه الدولة المركزية. هذا ما يمكّن أي بلد من أن يكون قادراً علــى توجيه الاستثمار نحو صناعات لا تتوفر لها لديه بالضرورة الميزات التفاضلية اللازمــة. ولكن وجود هذه الدولة القوية كان يسمح لمنتجات بلدها من المنافسة محلــياً وحــتى عالمياً بسبب نفوذها ومَنعَتِها. وقد عمدت تلك الدول، ومنها على ســبيل المــثال مــا عُرِف بالنمور الآسيوية ككوريا الجنوبية وماليزيا واندونيسيا، لتحقــيق ذلــك عــبر سياسة فرض تعرفات جمركية عالية وحواجز تجارية تحمي صــناعاتها الوطنــية. كذلك فإن تلك الدول اعتمدت أسعار صرف مختلفة تشجع علــى التصدير وتجعل كلفة المستوردات مرتفعة. وأخيراً وليس آخراً عمدت تلك الدول إلى توفير الاعتمادات المصرفية اللازمة والميسّرة (التسليف الموّجه) عبر تأثيرها ونفوذها على الجهاز المصرفي لديها في تمويل وتطوير الصناعات المحلية، وكان ذلك ممكناً بفضل ملكية الدولة للقطاع المصرفي أو لجزء كبير منه.

نعــود هــنا إلى المقاربة الثالثة لماهية النظام الاقتصادي وهي قدرة الدولة أو رغبتها في تحديد الخيارات الإستراتيجية على الصعيد الاقتصادي وذلك بغضّ النظر عن ملكيتها أو عدم ملكيتها لعناصر الإنتاج.

والواقـع أن البلدان التي اعتمدت على سياسة تشجيع التصدير في منتوجات معينة ذات قيمة مضافة مرتفعة، لم تكن دائماً دولٌ تتمتع بالحجم الضخم، ولكنها كانت دائماً تتميز بوجود دولة مركزية قوية قادرة على توفير جميع العوامل اللازمة لـذلك وقـدرتها علـى فرضها في آن واحد، كبلدان جنوب شرق آسيا (النمور الآسيوية). وهذه البلاد جميعها لم تكن تملك الموارد الأولية الكافية التي مكنت عدداً من البلدان الأخرى من أن تميل نحو الاقتصاد المغلق واعتماد سياسة الاكتفاء الذاتي. ولكنها كانت في المقابل تتميز بقيادات سياسية قوية قادرة على فرض نظام صارم، وإجـراءات اقتصادية تشجع على تصنيع منتوجات محددة وتقديم الدعم والتمويل اللازم لها بسائر الوسائل والطرق وتعزيز الميزات التفاضلية لديها في عمليتي الإنتاج والتصدير إلى سائر بلدان العالم.

يحـاول هذا العرض شرح أمر مهم ألا وهو مدى تداخل العوامل التي تحدد الهوية الاقتـصادية في بلد معين، وتلك التي تدفع قيادته السياسية إلى اعتماد سياسةٍ اقتصادية محـددة دون سـواها. فمن ناحية هناك ملكية عناصر الإنتاج وهو ما تحدده قناعات إيديولوجـية او عوامل جيوستراتيجية وسياسية أو حتى خيارات خاطئة كحال العديد مـن الدول العربية التي اتجهت إلى النظام الاشتراكي من دون أي ضغط من أي قوىً عظمـى، لـتدرك لاحقاً بأنه لم يكن الخيار الأكثر صوابيةً لاقتصاداتها ومجتمعاتها. ثم هـنالك مـدى الانفتاح وهو ما تحدده عوامل تاريخية كالعلاقة مع المُستعمِر، وعوامل جغـرافية كالحجم وتوافر المواد الأولية والقدرة على اقتناء واستيعاب التقنيات اللازمة. ثم هنالك ماهية الانفتاح وإذا ما كان مرتكزاً على تشجيع التصدير، وهو بدوره مرتبطٌ من جهة بالحجم ولكن أيضاً بمدى مركزية الدولة وقوتها وقدرتها على فرض سياسات محددة صارمة على الصعد التجارية والنقدية والمصرفية.

في هـذا الإطار، يعتقد العديد من السياسيين والاقتصاديين اللبنانيين أن هوية النظام الاقتصادي اللبناني والأسس التي قام عليها كانت نتيجة خيار بسيط أدى إلى اعتماد لبنان النظام الاقتصادي الليبرالي، وبالتالي فهم يعتقدون أن الاقتصاد اللبناني كان ليتطور بشكل مخالف لو كان هذا القرار مغايراً.

وبما أن مقومات هذا النظام تم شرحها وإظهار محاسنها من قبل المفكر ميشال شـيحا، فهـم يقومون بتوجيه اللوم إلى "الشيحية" على الكثير من الشوائب التي

اعترت هذا النظام. والواقع أن في هذا الموقف الكثير من التبسيط لعوامل هي حقيقةً في غاية التعقيد والتداخل والتشابك.

من هنا كان قولنا سابقاً إنّ بعض الدول كانت تمتلك، نظرياً ماهية القدرة على تحديد النظام الاقتصادي الذي اعتمدته بعد استقلالها. ولكن الظروف التاريخية والجغرافية والديموغرافية والثقافية كان لها في واقع الأمر دورٌ مهم في عملية اختيار النظام الاقتصادي وتحديد هويته والأسس التي يقوم عليها.

لقد اختلفت تجربة لبنان في الكثير من جوانبها عن تجربة البلدان التي اعتمدت النظام الاقتصادي الموجّه أو المغلق ولاسيما في سائر البلدان العربية. ويعود ذلك إلى عوامل عدة منها افتقار الاقتصاد اللبناني للمواد الأولية، وصغر حجمه، وكذلك إلى طبيعة التجربة المميزة التي كانت لديه مع المُستعمِر الفرنسي. والأهمّ من هذا كله طبيعة تركيبته السكانية وتنوعها وتكوينه الطائفي والتوازنات الدقيقة التي حكمته منذ ما قبل الاستقلال، والتي نتجت وأدت معاً إلى نشوء دولة مركزية ضعيفة. فقد قام لبنان (الميثاق الوطني 1943) على تسوية إقليمية في محيط ضعيف كان يجعله دائماً عرضة للتأثر بمجموعة من الصدمات الداخلية والخارجية التي توالت عليه بعد استقلاله. ومن جهة أخرى بنى لبنان استقلاله ونظامه السياسي معتمداً على أساليب ومقاربات مختلفة عمّا اعتمدته سائر البلدان العربية. وتأسيساً على ذلك اعتمدت الدولة الحديثة في لبنان وبشكل عام على سياسةَ "اليد المرفوعة" (Laissez Faire). إذ أن اعتماد سياسة اقتصادية داعمة للصادرات والإنتاج المحلي، أو اعتماد سياسة الاكتفاء الذاتي، كان في المبدأ وفي الممارسة يحتاج إلى إمكانات كبيرة وإلى دولة قوية تكون قادرة على أن تركز إمكاناتها وتوجّه مواردها نحو صناعات محددة أو قطاعات معينة. وبالتالي يفترض أن تكون الدولة بموجب ذلك قادرة على أن تؤمن لتلك القطاعات وسائل ومصادر وإمكانات التمويل وكذلك إمكانات الدعم والحماية وبالتالي الاستمرارية في إتباع تلك السياسات.

لا بدّ من الإشارة في هذا المجال إلى أن لبنان كان يمتلك تجربة مع صناعة الحرير في القرن التاسع عشر وذلك بتشجيع من المؤسسات الفرنسية؛ وهي الصناعة التي شكلت في أوجها ما نسبته حوالي 50% من الناتج المحلي لمنطقة جبل لبنان، الذي لطالما تميّز بحيثية خاصة منذ عهد المتصرفية، أتاحت لاحقاً للبنان المستقل،

البناء عليها والاستفادة من ميزاتها وفرادتها وانفتاحها. إلاّ أن تلك التجربة المتعلقة بصناعة الحرير، ما لبثت أن باءت بالفشل لأسباب عديدة كان أولها تصاعد حدة التنافس الخارجي مع بروز بلدان جنوب شرق آسيا التي انطلقت وأصبحت المصدر الأساسي للحرير الصناعي وبكميات كبيرة وتنافسية. ولقد ترتب على ذلك انخفاض كبير في أسعار الحرير الطبيعي مما جعل إنتاجه في لبنان غيرَ مجد اقتصادياً. ثمّ أتت بعدها التداعيات التي أملتها عقب ذلك الحرب العالمية الأولى والركود الكبير الذي أصاب الاقتصاد العالمي وانهيار الطلب على تلك المنتجات في البلدان المتقدمة. وعلى الرغم من ذلك لا يجوز أن نقلل من أهمية تلك التجربة التي أسهمت من جهة أخرى في تراكم رأسمالي أدى في أحد وجوهه إلى نشوء البورجوازية اللبنانية الحديثة، وفي تطور الصناعة المصرفية وقطاعات النقل والتجارة خاصة في بيروت وجبل لبنان وذلك لارتباطها جميعاً بإنتاج الحرير وتصديره، ثم استمرار تلك القطاعات والخدمات الجديدة والمتميزة بعد ذلك على الرغم من فشل تجربة التوسع في إنتاج الحرير في لبنان.

ومن جهة أخرى فإن موازين القوى الاقتصادية لعبت دوراً مهماً في تحديد السياسات التي غالباً ما تكون أيضاً نتيجةَ الظروف التاريخية والجغرافية والثقافية. فبينما كانت موازين القوى تميل لمصلحة الصناعيين في الكثير من البلدان النامية التي اعتمدت توجيه الاقتصاد نحو زيادة الصادرات الصناعية، كان تحوّل لبنان إلى مركز تجاري ومصرفي وخدماتي إقليمي يهيئ المناخات والظروف الملائمة لكي تبرز وتتطور ميزات لبنان التفاضلية في هذه المجالات. ذلك ما أدى بالفعل إلى نشوء وبروز فئات اقتصادية جديدة من المصرفيين والتجار ذات مصالح مترسخة ومترابطة مع وفي هذا النظام. ولقد لعبت تلك الفئات دوراً هاماً في اعتماد لبنان طريقاً ثالثاً بعيداً عن هذين النظامين: النظام الاقتصادي المغلق والنظام الاقتصادي الموجّه نحو تعزيز الإنتاج الصناعي وتعزيز الصادرات. أي بعيداً عن النظامين اللذين اتبعهما الكثير من البلدان الناشئة القريبة والبعيدة التي نالت استقلالها في فترة الأربعينيات والخمسينيات من القرن الماضي. ولقد قام هذا النظام الاقتصادي اللبناني على الأسس الليبرالية الكلاسيكية التي تؤمن بحرية التجارة وبأهمية الانفتاح ولاسيما على الاقتصادات العربية النفطية الناشئة. ولقد برزت نتيجة لذلك

ضرورة اعتماد سياسة الانفتاح الاقتصادي كوسيلة لتطوير الاقتصاد وخلق فرص العمـــل الجديدة في هذه المجالات، وكوسيلة لرفع مستوى الدخل والمعيشة لدى شرائح كبيرة ومتزايدة من اللبنانيين مع السعي إلى توجيه ما امكن من المقدرات الاقتـــصادية لإنـــتاج ما يستطيعه الاقتصاد اللبناني من سلع وخدمات من خلال ارتكـــازه وتأكـــيده علـــى الميزات التفاضلية التي يتمتع بها أو كان قادراً على تطويرها.

وللحقيقة فأولى السياسات الاقتصادية التي اتبعتها حكومات الاستقلال الأولى كانت سياسة التحرير المتدرج للتجارة وتحرير نظام سعر الصرف ما أدى في محصلة الأمر إلى الفصل الجمركي مع سوريا التي كانت قد اعتمدت سياسة وضع الحواجز الـــتجارية والجمـــركية المرتفعة وسياسة تعدد أسعار الصرف وذلك بهدف تشجيع سياسة "الاكتفاء الذاتي".

ولقـــد أدت تلـــك الـــسياسات حكمـــاً إلى تراجع دور وأهمية الصناعات والخـــدمات المحلـــية اللبنانية غير القادرة على المنافسة أو التي ليس لدى لبنان فيها ميزات تفاضلية حقيقية. وأدت أيضاً إلى التحول بالتالي نحو التركيز على الصناعات والخـــدمات القـــادرة على التكيف مع الظروف العالمية والإقليمية المستجدة والتي تـــنطلق مـــن البناء والاعتماد على الميزات التفاضلية القابلة للتعزيز والقادرة على المنافسة في ظل اقتصاد منفتح.

وبما أن ميزة لبنان التفاضلية بحكم طبيعته وموقعه وتنوع مكونات شعبه وغنى ثقافـــته كانـــت في قطاع الخدمات تحديداً، فهو، أي قطاع الخدمات، استفاد من الانفتاح الاقتصادي والتجاري للبنان. فأصبح لبنان بنتيجة ذلك مُصَدِّراً للخدمات والمهـــارات المتميـــزة ولاسيما إلى الدول العربية النفطية الناشئة مستنداً إلى مرونة وكفـــاءة المتخرجين اللبنانيين من المدارس المهنية والجامعات وقدرة تلك المؤسسات التعليمـــية علـــى تزويد الأسواق العربية الناشئة بما تحتاجه من كفاءات ومهارات. وعلـــى ذلك فقد تعززت أهمية ودور لبنان كمصدّر لليد العاملة الماهرة ولأصحاب الكفـــاءات الجامعية المتميزة في تلك المرحلة، وذلك في الوقت الذي لم تكن العديد مـــن قطاعاته الصناعية والزراعية قادرة على النمو وعلى توفير فرص العمل الجديدة بسبب عدم قدرتها على المنافسة بمنتجاتها إقليمياً أو عالمياً.

وقد أدت الهجرة المستمرة إلى الدول العربية النفطية وإفريقيا، والتي كانت بطبيعتها هجرة مؤقتة، إلى زيادة حجم التحويلات المالية من المغتربين. ولقد ساهمت هذه النتائج في تعزيز مسألة بقاء سعر صرف الليرة اللبنانية مستقراً. وقد استتبع ذلك قيام السلطات النقدية ومصرف لبنان منذ العام 1964 بالتدخل مراراً لمنع تحسن سعر الصرف أكثر مما ينبغي. وهذا ما أدى بالتالي إلى نجاح مصرف لبنان في تكوينه احتياطاً محترماً من الذهب والعملات الأجنبية، بحيث أصبح لبنان يصنّف اليومَ في المرتبة الثامنة عشر عالمياً لجهة مخزون الذهب المتوافر لديه والبالغ حوالي عشرة ملايين أونصة. ذلك أيضاً ما أدى إلى تحسين مستمر في مستويات النمو وفي مستويات الدخل لدى الكثير من عامة اللبنانيين ولاسيما أولئك المستفيدين من تلك التحويلات المالية الكثيفة الآتية من العاملين في الدول النفطية العربية ومن إفريقيا والتأثيرات الإيجابية لكل ذلك على مجموعات متزايدة من اللبنانيين وفي أكثر من منطقة في لبنان.

كذلك فقد أدت هذه العوامل مجتمعة إلى قيام نظامٍ اقتصادي متكاملٍ مرتكزٍ على أربع ركائز أساسية، أغنت كل واحدة منها الأخرى، ودعمتها ضمن تضافرٍ إيجابي (Synergies). وكانت هذه الركائز الأربع متمثلة أولاً بالدور الأساسي والمحوري للقطاع الخاص والتدخل المحدود للدولة في الاقتصاد، وثانياً حرية التجارة وحرية الملكية الفردية وحرية انتقال رأس المال، وثالثاً اعتماد مبدأ التوازن في الموازنة، ورابعاً الحفاظ على استقرار سعر الصرف.

وقد أدت تلك الركائز والأسس من خلال تداخلها وتفاعلها وتكاملها مع بعضها بعضاً إلى توليد معدلات مرتفعة من النمو والاستقرار في الأسعار، وارتفاع حقيقي في مستويات الدخل وتحسين في مستوى ونوعية العيش لدى اللبنانيين بالمقارنة مع دول المحيط ومع دول كثيرة أخرى. ولقد عرفت تلك الفترة "بالمرحلة الذهبية" من التاريخ الاقتصادي اللبناني وذلك على الرغم من الشوائب التي شابتها والتي سنعرض لها لاحقاً.

كما أسهمت حالة الاستقرار في سعر الصرف في تحفيز القطاع الخاص المقيم وغير المقيم من جهة، وتشجيعه من جهة ثانية على المبادرة والاستثمار والتوسع. وكذلك الأمر، فقد أسهمت مراحل حالات الاستقرار السياسي والأمني وحرية

التحويلات المالية واستقرار سعر الصرف في كونها عوامل أساسية جعلت من لبنان بلداً جاذباً لرأس المال وموئلاً لتلك الرساميل الوافدة من فلسطين بعد النكبة وأيضاً من بعض البلدان الاشتراكية والبلدان المضطربة سياسياً، ولاسيما في العالم العربي، حيث كانت بعض البلدان العربية تفرض سياسة التأميم وتمارس رقابة صارمة على المعاملات التجارية وقيوداً على حركة انتقال الرساميل. وقد أدى ذلك بدوره إلى مزيد من التدفقات المالية إلى لبنان من جهة وإلى استقرار أكثر ثباتاً في سعر الصرف من جهة ثانية. كما أدى إلى تطور القطاع الخاص مما جعله أكثر حيوية في ظل اقتصاد منفتح، وسمح له بالتفاعل والتلاؤم المستمر مع ما كان يجري من متغيرات في العالم الخارجي.

وكانت السلطات اللبنانية تدرك، على الأقل، أن المحافظة على هذه المعادلة الإيجابية والمكوّنة من القطاع الخاص المبادر، ومن حرية التجارة والتحويلات المالية، ومن استقرار سعر الصرف، كانت تستوجب اعتماد مبدأ التوازن في الموازنة. إذ أن أي عجز مالي في الموازنة كان ليفاقم عجز الميزان التجاري (أي ميزان الصادرات ناقص المستوردات) المزمن الذي يعاني منه لبنان بحكم ضعف قدرته الزراعية والصناعية بشكل كبير واعتماد الاستهلاك المحلي على المستوردات من الخارج. وكان لبنان يعوض عن هذا العجز المزمن والكبير في ميزانه التجاري من خلال اعتماده على التطور الكبير والإيجابي في تصدير الخدمات المتميزة إلى محيطه العربي وعلى التحويلات المالية من المغتربين والمستثمرين العرب. ذلك ما كان يشير إليه الفائض الدائم في ميزان المدفوعات. ولقد تعززت تلك التوجهات بفضل استقرار سعر الصرف وتحسن عامل الثقة الذي عززه الفائض المستمر في الموازنة العامة، وهو الأمر الذي كانت له انعكاسات إيجابية على مخزون البلاد واحتياطها من الذهب والعملات الأجنبية.

وقد أراح التوازن الدائم، بل وأحياناً كثيرة الفائض في الموازنة، القطاعَ الخاص اللبناني، ومكّن لبنان من المحافظة على مستويات مرتفعة من الاستهلاك والاستثمار، معتمداً على الاستيراد الكثيف، من دون أن يؤثر ذلك سلباً على ميزان المدفوعات الذي كان يسجل حينها فوائض كبيرة. كما مكّنه أيضاً من تحقيق وتعزيز الاستقرار في سعر الصرف والانخفاض النسبي في معدلات التضخم. وقد شجع ذلك أيضاً على

اجتذاب المزيد من التحويلات المالية وعلى تطور قطاع الخدمات بشكل عام والسياحة بشكل خاص وكذلك على نمو مطرد في القطاع المصرفي والاستقرار في معدلات الفوائد. وبالتالي فقد تحقق المزيد من الاستثمار والتحسن في معدلات النمو. وقد أسهم ذلك كله في إيجاد جو عام من الاستقرار والهدوء السياسي والأمني في البلاد. في المقابل كانت الأوضاع في الجوار العربي القريب تشهد توترات حادة وتغيرات سياسية واقتصادية واجتماعية عميقة أسهمت أيضاً في معدلات نمو منخفضة لدى تلك البلدان وتحول جزء من الأموال لديها للاستثمار في لبنان الذي نجح في تجنيب نفسه وإلى حد مقبول نسبياً من الوقوع أسيراً لتلك الصدمات العنيفة.

وقد خَدمَ التوازن والتفاعل المبني على احترام دقيق وثابت لهذه الركائز الأربع للاقتصاد، لبنانَ إلى حد بعيد، حيث استطاع هذا البلد الصغير تحقيق معدلات نمو مرتفعة رافقها استقرارٌ في الأسعار ونسبُ تضخمٍ منخفضة خلال تلك الفترة، والتي أدى تضافرها جميعاً إلى تسارع ارتفاع نسبة نمو الناتج المحلي الإجمالي للفرد ليصبح واحداً من أعلى المعدلات بين البلدان النامية. كما أدّت هذه العناصر الإيجابية إلى ارتفاع حقيقي في مستوى ونوعية معيشة اللبنانيين بالمقارنة مع جميع دول المحيط العربي باستثناء الدول النفطية وبالمقارنة أيضاً مع غيره من البلدان النامية. لكنّ هذا التقدم والنمو والازدهار لم يشمل جميع المناطق اللبنانية بمستويات متكافئة، الأمر الذي كان يمهد لتجمع السحب السوداء في الأفق. على أي حال فإن هذا التحسن الذي نجح لبنان في تحقيقه، جعل العديد من البلدان الأخرى تسعى لمجاراة هذا النموذج اللبناني والعمل على اعتماده، ومنها سنغافورة حيث كانت تسعى في مطلع الستينيات من القرن الماضي لأن تكون لبنان الشرق الأقصى والتي تحولت فيما بعد إلى مركزٍ ماليٍ وصناعيٍ متميز وكذلك إلى مركز خدماتي مهم للنقل البحري والجوي بين بلدان آسيا.

ويبين الرسمان البيانيان أدناه كيف كان عليه وضع الناتج المحلي للفرد في لبنان بالمقارنة مع ما كانت عليه الحال في بعض البلدان النامية، بما فيها سنغافورة، وكيف تطورت تلك المقارنة ما بين لبنان وسنغافورة بما في ذلك ما آلت إليه الأوضاع الاقتصادية في لبنان في العام 1990 بعد الحرب الأهلية وذلك بالمقارنة مع ما أصبحت عليه في سنغافورة.

رسم بياني 1 - 1: الناتج المحلي الإجمالي للفرد في بعض البلدان النامية في العام 1974 (بالدولار الأميركي- سنة الأساس 2005*)

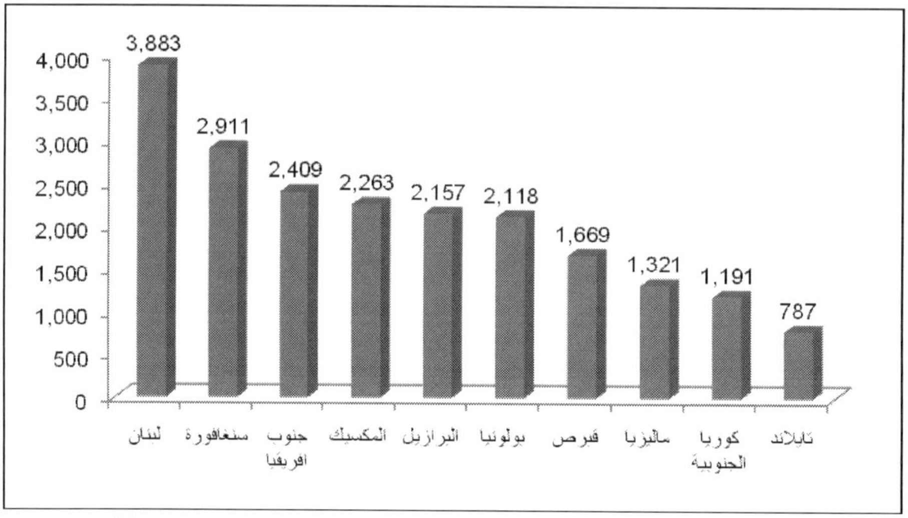

المصدر: Penn World table, Center for International Comparisons of Production, Income and Prices

* سنة الأساس تحدد الأسعار التي تم على أساسها قياس الناتج المحلي الإجمالي

رسم بياني 1 - 2: تطور الناتج المحلي الحقيقي للفرد في كل من لبنان وسنغافورة 1970 - 2007 (بالدولار الأميركي- سنة الأساس 2005)

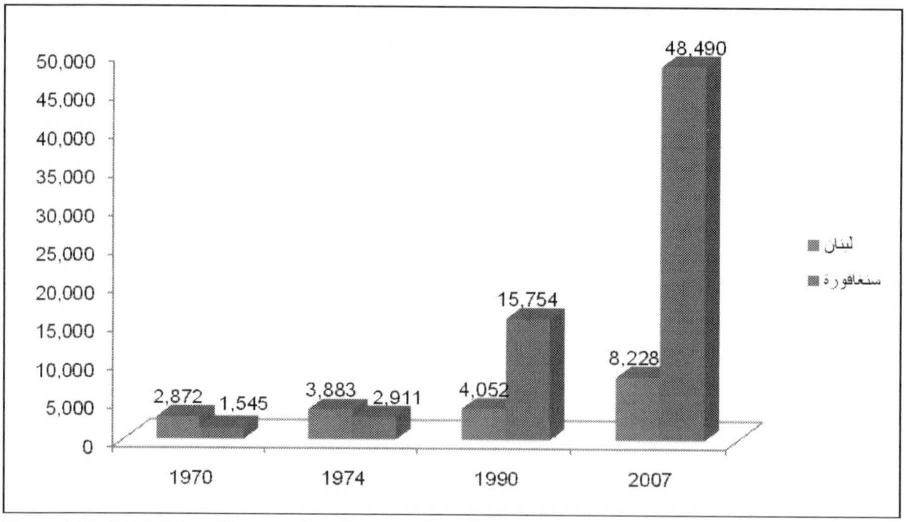

المصدر: Penn World table, Center for International Comparisons of Production, Income and Prices

تفـــيد التقديرات والإحصاءات الرسمية وغير الرسمية في لبنان إلى أن لبنان نجح في تحقيق معدل نمو حقيقي بلغت نسبته حوالي 7.5% سنوياً في فترة الخمسينيات و 6.6% في فترة الستينيات و6% في النصف الأول من فترة السبعينيات. وبالطبع فقد شكل قطاعا التجارة والخدمات في تلك الفترات العماد والعصب الأساس للاقتصاد اللبـــناني. و لم تقتـــصر تلك الخدمات على الخدمات المصرفية والمالية بل تعدتها إلى الخـــدمات التعليمية والاستشفائية والهندسية والإعلامية. وعلى ذلك كانت مدارس لبـــنان وجامعاتـــه تجتذب عدداً كبيراً من الطلاب العرب والآسيويين والإفريقيين عمـــوماً. كما كانت مستشفياته تجتذب طالبـــي الاستشفاء من البلدان المجاورة. وقـــد أدى هذا الاستقطاب ذو الطابع التربوي والاستشفائي إلى تحسن مستمر في نوعية الخدمات التعليمية والطبية والهندسية والسياحية في لبنان وهو ما أدى بدوره إلى تزايد الطلب الإقليمي والعربـــي عليها وبالتالي إلى نمو مستمر فيها وفي الحركة الاقتصادية عموماً.

في الجانـــب الآخر انخفضت حصة الزراعة من 12% من الناتج المحلي في العام 1964 إلى 9% من الناتج المحلي في العام 1974. وفي المقابل ارتفعت حصة الصناعة مـــن الناتج المحلي من 13% في العام 1964 إلى 17% في العام 1974. ولقد نشأت، ونتـــيجة لتوســـع الاقتصاد اللبناني ونموه المستدام بمعدلات عالية نسبياً، صناعاتٌ جديـــدة كـــصناعة الورق والصناعات الكيمائية والمعدنية المستندة إلى كون تلك الـــصناعات تتمتع بمرونة عالية وميزات تفاضلية نسبية مدفوعة بزيادة حجم الطلب الإقليمـــي المتنامي عليها وانخفاض كلفة النقل من لبنان إلى الأسواق العربية مقارنة مع كلفته من البلدان الأوروبية إلى تلك الأسواق.

وعلى سبيل المقارنة، نذكّر بأن الاستثمار في البنى التحتية والمرافق العامة الذي تم في عهـــد الرئيس فؤاد شهاب (1958 - 1964) أدى إلى تعزيز قدرة لبنان على تطويـــر ميزاته التفاضلية لتشمل بعض القطاعات الإنتاجية في المجال الصناعي. ولقد عمـــد لبـــنان إلى تشجيع تصدير تلك المنتجات عبر الحوافز الضريبية التي قدمتها الحكـــومة اللبنانية وشكلت عاملاً أساسياً لاندفاع الصناعيين اللبنانيين في الترويج لنـــشاطهم التسويقي، من دون أن يؤثر ذلك في حركة الاستيراد ولا على مستوى احترام حرية التجارة في لبنان عموماً.

ولا يسعنا هنا إلا الملاحظة أن تلك الفترة كانت الأكثر مساندةً ودعماً للإنتاج المحلي، حيث تميزت تلك المرحلة ببروز لبنان كدولة أكثر قدرة وأكثر مركزية واستقراراً وأقل تأثراً بالمناخات الإقليمية المجاورة، ولاسيما خلال عهد الرئيس فؤاد شهاب. ولقد ساعد على ذلك استقرار وضمور العوامل الإقليمية المؤثرة فيما خص لبنان. وهذه الحقيقة تؤكد ما جرت الإشارة إليه آنفاً فيما خصّ مقارنة المعطيات والعوامل المتداخلة التي تؤثر في الخيارات والتوجهات الاقتصادية في الدول المختلفة.

هذا طبعاً كله لا ينفي أمراً أساسياً ألا وهو أن الإصلاحات الإدارية التي قام بها الرئيس شهاب، ومنها إنشاء هيئات إدارية جديدة مثل مجلس الخدمة المدنية، لجهة تحسين مستويات الأداء فيما خص إدارة الشأن العام والتأكيد على إيلاء عنصري النزاهة والكفاءة الأهمية اللذان يستحقاهما في اختيار العاملين في الإدارة اللبنانية. من جهة أخرى تركز المزيد من اهتمام الدولة الإنمائي والتعليمي على المناطق النائية، وجرى وضع قانون الضمان الاجتماعي، وهي كلها شكّلت خطوات اعتبرها البعض في حينها "ثورة" على نظرية "Laissez Faire". ولكن الواقع أن الإصلاحات الشهابية كانت ضمن إطار الليبرالية وليس خارجها ومن ضمن العمل على أنسنة النظام الليبرالي وتعزيز الاستقرار فيه. كما أنها شكلت أداة أساسية لتحديث القطاع العام وتحسين نوعية خدماته وإنتاجيته وإسهاماته في تعزيز حيوية القطاع الخاص وزيادة ديناميته. ومما لا شكّ فيه أن تلك الإصلاحات ساهمت في زيادة كلا من الإنتاجية والإنتاج لدى القطاع الخاص وإنتاجية وحيوية الاقتصاد الوطني ككل.

والواقع أن ارتكاز النظام الاقتصادي اللبناني على الأسس الليبرالية كان مدعوماً في تلك الفترة بشبه توافق بين مختلف القيادات السياسية الأساسية في البلاد. إذ لم يشكك أحد منها بمحورية القطاع الخاص وهو الركن الأساس للاقتصاد الوطني، وذلك بالرغم من اختلاف تلك القوى السياسية على أمور كثيرة متعلقة بالنظام السياسي اللبناني. فعلى سبيل المثال كان البرنامج الاقتصادي للحزب التقدمي الاشتراكي الذي أسسه الزعيم والمفكر الراحل كمال جنبلاط يدعو إلى تبني التخطيط من قبل الدولة ولكنه كان يدعم في الوقت ذاته المبادرة الفردية المبنية على المنافسة الحرة[1].

---

(1) راجع كتاب سمير المقدسي: "العبرة من تجربة لبنان"– ص 276.

طبعاً كان النظام الاقتصادي اللبناني يشكو من شوائب عديدة وكانت الإصلاحات الشهابية تهدف أيضاً إلى مقاربة خللين أساسيين، لم يستطع النظام الليبرالي اللبناني، في ممارساته، أن يصححهما بالقدر المنشود: أولاً، معالجة مسألة الإنماء غير المتوازن بين المناطق اللبنانية والذي يعود إلى تركّز الحركة الاقتصادية في بيروت وجبل لبنان نظراً إلى أهمية قطاعي التجارة والخدمات في الاقتصاد، وثانياً الهوة التي كانت تزداد اتساعاً بين ذوي الدخل المرتفع وذوي الدخل المنخفض.

وقد ظهرت هذه الشوائب جلياً في الدراسة الشاملة التي أعدتها بعثة ايرفد الشهيرة (IRFED) بناءً على طلب من الحكومة اللبنانية في أوائل الستينيات والتي أشارت إلى إمكان تصنيف نصف سكان لبنان حينها من الفقراء (41%) أو المعدمين (9%). كما أشار هذا التقرير إلى نسب النمو المتفاوتة بين المناطق، وهو ما كان يؤدي إلى مستويات معيشة متفاوتة بدرجة كبيرة، خاصة على صعيد تأمين خدمات الدولة الاجتماعية لتلك الفئات من اللبنانيين ولاسيما في مجالي التعليم والصحة.

وللحقيقة فإن جزءاً لا بأس به من المتخصصين في التاريخ الاقتصادي اللبناني يعتبر أن اللامساواة في توزّع الدخل والإنماء غير المتوازن كانا من الأسباب المباشرة لتفاقم الأزمة السياسية في لبنان التي ساعدت على نشوب الحرب الأهلية. إلاّ أن هذه المقولة ربما تحتاج إلى دراسة معمقة قد تكون غير ممكنة في ضوء ما يتوافر من إحصاءات ومعلومات. من جانب آخر، هنالك أيضاً من يعتبر أن نسبة اللامساواة كانت أقل في لبنان مقارنة مع الكثير من البلدان بما فيها البلدان الغربية، وأن مسألة عدم المساواة بين اللبنانيين وبين المناطق كان مبالغاً فيها نسبياً. ومن بين هؤلاء الكاتب ايليا حريق، الذي حذر من أن نتائج دراسة إيرفد بالغت في تضخيم مشكلات عدم المساواة بين المناطق اللبنانية[1].

على أي حال كان الإصلاح الذي حمل لواءه العهد الشهابي قد قطع شوطاً لا بأس به في تطوير مفهوم "اليد المرفوعة". وقد شكل ذلك فرصة حقيقية

---

(1) راجع Iliya Harik, "The Economic and Social Factors in the Lebanese Crisis" in S. Ibrahim and N. Hopkins (eds) Arab Society social Science perspectives .(American University in Cairo Press, 1985, p 418)

لتطوير النموذج الاقتصادي اللبناني ضمن إطار الليبرالية وليس خارجها، مع العمل على ملاءمته مع متطلبات العصر والتطورات الحاصلة فيه من جهة أولى والتحديات الاجتماعية من جهة ثانية. إلاّ أن هذا الجهد كان يتمّ في إطار العمل على أنسنة هذا النظام لا الانقلاب عليه، وهي التوجهات التي عملت على تدعيم ذلك النموذج الاقتصادي والمحافظة على ديمومته واستقراره على المدى الطويل.

وبديهي القول إنّ علينا ألاّ ننسى بالطبع بأن هذا النموذج اللبناني الفريد لناحية النظام الاقتصادي ولكن أيضاً لناحية النظام السياسي الذي يوفر قسطاً كبيراً من الحرية والديمقراطية والالتزام بمبدأ تداول السلطة، كان يتنفس في محيط إقليمي ضاغط وجو محتقن عابق بالدخان المتصاعد من الخلافات العربية والإقليمية والدولية المستعرة والأزمات المحيطة به. وهو جو كان يتسم بالاضطراب ونشوب الثورات والانقلابات العسكرية. وكانت مجمل المشكلات تعود في الواقع لتكون انعكاساً لتفاقم المشكلة الأم وهي القضية الفلسطينية والصراع العربي الإسرائيلي وأزمة ومحنة طرد الفلسطينيين من أرضهم ولجوء القسم الأكبر منهم إلى البلدان المجاورة في لبنان والأردن وسوريا إثر نكبة العام 1948. وقد شكل ذلك أرضية خصبة للنزاعات، ولكنه أسس أيضاً لكي يكون ذريعة لدى العديد من البلدان العربية لإيلاء مسألة الإصلاح بكافة جوانبه السياسية والاقتصادية والاجتماعية أهمية أدنى من جهود التحرير بحجة أن "لا صوت يعلو فوق صوت المعركة ضد العدو الإسرائيلي"، وبالتالي حتمية تأجيل جهود الإصلاح إلى ما بعد التحرير الكامل للتراب الفلسطيني. وكانت هذه العوامل جميعها في المقابل، تزيد من فرادة النموذج اللبناني وأهميته في محيطه العربي والإقليمي، ولكنها كانت في الوقت ذاته تزيد من هشاشته الداخلية واحتمالات تعرضه إلى الاهتزاز عند تغيّر مجرى الرياح العاتية التي كانت تنذر بالهبوب صوب لبنان.

كانت الإصلاحات الشهابية وتعزيز دور الدولة المركزية القوية نسبياً التي نشأت في عهد الرئيس شهاب قد نجحت إلى حد بعيد في تحييد لبنان عن الصراعات والنزاعات الإقليمية من دون أن يخفف ذلك من التزام لبنان في قضايا منطقته العربية والدفاع عنها ومنها القضية المركزية أي القضية الفلسطينية وذلك حسب إمكاناته وانطلاقاً من الدور المؤهل له في هذا المجال كدولة مساندة.

غير أن تسارع الأحداث الإقليمية الضاغطة، وانكشاف النظام اللبناني عليها، وانعكاسها على الداخل القائم أساساً على تسوية طائفية وسياسية هشّة، ومنها اتفاق القاهرة الموقع في العام 1969، ثم طرد منظمة التحرير الفلسطينية من الأردن عام 1970، أدت إلى تسارع تجمع السحب السوداء فوق لبنان بوتيرة أسرع من قدرة هذا النظام على متابعة سياسة الإصلاح الإداري والاقتصادي والسياسي والاجتماعي بما يمكنه من تعزيز تماسكه الداخلي وصموده في وجه الصدمات الآتية من الخارج. هذه الإصلاحات هي ما كان يحتاجه الوطن الصغير، والكبير بطموحات وأحلام أبنائه الذي ما فتئ يواجه منذ استقلاله مجموعة من الصدمات الداخلية والخارجية، والذي ما كانت أوضاعه الهشة تؤهله لمواجهة تلك التحديات الكبيرة والسحب السوداء التي كان تتجمع من حوله على الصعد كافة.

وقد شكل يوم الثالث عشر من نيسان في العام 1975 الشرارة التي أطلقت العنان لهذه السحب السوداء، لتمطر نزاعاً مسلحاً، تطور إلى حرب أهلية دامت خمسة عشر عاماً قتلت عشرات الآلاف ودمرت الكثير مما تحقق اقتصادياً واجتماعياً على مدى أكثر من ثلاثين عاماً من الاستقلال والنمو الاقتصادي وأجهضت الكثير من الفرص التي كان لبنان مؤهل للاستفادة منها في هذه المنطقة العربية.

الفصل الثاني

مرحلة الاهتزاز والتداعي

محـــنة الحرب الأهلية، التي استمرت عبر جولات عديدة وتصاعدت وتائرها، أدت فـــيما أدت، إلى نـــسف ركيـــزتين من الركائز أو المقومات الأربعة للنظام الاقتـــصادي الليـــبرالي اللبناني وهما: التوازن في الموازنة والاستقرار النسبـــي لسعر الصرف، كما أنها أدت وبشكل كبير إلى اهتزاز الركيزة الثالثة، وهي الدور المنوط بالقطاع الخاص في الاقتصاد اللبناني. و لم ينج من تلك الحرب المدمرة وتداعياتها إلا الركيـــزة الرابعة المتمثلة بحماية حرية الملكية الفردية وحرية التجارة وانتفاء القيود على حركة رؤوس الأموال والتحويلات.

وللحقـــيقة فقد دفع لبنان جرّاء الاهتزاز العنيف الحاصل في ما يتعلق بتدني سعر صرف الليرة اللبنانية، جزءاً من ثمن المحافظة على حرية التجارة، إذ شكلت مرونة سعر الصرف انعكاساً للضغوط الجارية على صعيد ميزان المدفوعات.

لقـــد أدت الحرب الأهلية في لبنان إلى تقلص رقعة وحجم الإنتاج نتيجة التدمير الـــذي لحـــق بالـــبنى التحتية والتردي الحاصل في قدرة الدولة على توفير الخدمات الأساســـية بدءاً من استتباب الأمن وفرض سلطة القانون وصولاً إلى استمرار قدرتها لـــتوفير الخـــدمات للمواطنين ومن ضمنها الخدمات الصحية والتربوية والاجتماعية، وهـــي خدمات أساسية كان الاقتصاد والمجتمع اللبناني بأمس الحاجة إليها. كما أدت الحـــرب أيضاً إلى هجرة اليد العاملة الماهرة والكفوءة وانكفاء ملحوظ لدور القطاع الخاص. وقد أدى ذلك بالتالي إلى انخفاض الإنتاج والقدرة الإنتاجية وتدهور معدلات النمو وانخفاض مستويات الدخل ونوعية عيش اللبنانيين. ذلك ما تسبب بدوره بالمزيد مـــن فقدان التوازن في الموازنة العامة بنتيجة أن الحكومة اللبنانية فقدت سيطرتها على مـــرافقها العامة وبالذات وإلى حد كبير على مصادر الواردات العامة وخصوصاً من عائـــدات الجمـــارك. وقد حصل ذلك نتيجة تدهور قدرة الدولة على مراقبة وضبط

الموانئ والمرافق العامة وسيطرة قوى الأمر الواقع على تلك المرافق. كما أدت خسارة الخـزينة العامـة لعائـدات الجمارك إلى هبوط حاد في إيرادات الخزينة حيث كانت الإيرادات الجمركية تشكل ثلث مجموع واردات الخزينة في العام 1974 وقد انخفضت لتشكل في العام 1985 ربع واردات الخزينة حتى وصلت إلى 3% من مجموع واردات الخزينة في العام 1989[1].

ولقـد أدى التدهور الأمني أيضاً إلى خسارة الخزينة لقسم كبير من عائدات ضريبة الدخل حيث كان لتراجع دور الدولة وانحسار هيبتها دور كبير في تشجيع الكـثير من المكلفين على عدم دفع ما يتوجب عليهم من ضرائب دخل ورسوم مالـية. ومـن جانب آخر، عجزت دوائر الدولة المختصة عن الجباية، باستثناء مـا هـو مفروض من ضرائب على الرواتب والأجور، لكن وبالرغم من ذلك فقـد كـان التهرب من دفعها عالياً أيضاً. كذلك خسرت الدولة عائدات بيع الكـثير مـن الخـدمات العامة ولاسيما الطاقة الكهربائية حيث عمد الكثير من مستعملي تلك الخدمات إلى تحويل الخطوط والعبث بها في ظل تقهقر هيبة الدولة وانهـيار قدرتها على فرض الأمن والنظام وعلى حثّ جميع المواطنين الالتزام بمبدأ سيادة القانون.

هذا التدهور كانت له عواقبه الوخيمة التي تمثلت في انخفاض كبير في مجموع واردات الخزينة من جهة أولى، وإلى تزايد الحاجات الإنفاقية للدولة المتمثلة بالحاجة إلى معالجـة آثـار الحرب والدمار وإلى سد الفراغ الذي نشأ على أكثر من صعيد اقتصادي واجتماعي بسبب تراجع دور القطاع الخاص في الاقتصاد من جهة ثانية. ذلـك مـا أدى بالـتالي إلى تحول الفائض في الموازنة أو توازنها إلى عجز مستديم ومـزمن. كـذلك فقـد أدى اتساع الفجوة التمويلية إلى تعاظم مستمر في عجز الخـزينة منذ العام 1975. وبالطبع فقد جرى تمويل هذا العجز المطرد والمتزايد في عجـز الخـزينة عن طريق إصدار سندات خزينة ذات معدلات فوائد مرتفعة من خـلال الاقتراض من المصارف المحلية وأحياناً كثيرة من مصرف لبنان. ولقد أدى ذلـك الأمـر إلى زيادة كبيرة في الكتلة النقدية نتج عنه ارتفاع كبير في معدلات التـضخم وشكل انعكاساً لتردي مستويات الإنتاج والإنتاجية في الاقتصاد المحلي

---

(1) راجع كتاب سمير المقدسي: "العبرة من تجربة لبنان"– ص 80.

وبالـــتالي إلى ضغط ومن ثمّ إلى انخفاض حاد ومستمر في قيمة العملة الوطنية وإلى زيادة مستويات المخاطر وبالتالي إلى ارتفاع معدلات الفائدة وهكذا دواليك.

لقـــد تضافرت عدة عوامل في الضغط على سعر الصرف كان منها استعمال جـــزء من احتياطي مصرف لبنان بالعملات الأجنبية آنذاك لتمويل شراء الأسلحة والذخائـــر لاســـتعمالها من قبل الجيش في الحرب الأهلية. يضاف إلى هذا العجز المتـــزايد في خـــزينة الدولة اللبنانية الذي تأتى عن تدني مستويات الإنتاج وتضخم عجـــز الميـــزان الـــتجاري وعجز الحساب الجاري (وهو ميزان صادرات السلع والخـــدمات نـــاقص مستوردات السلع والخدمات) نتيجة تقلص حجم الصادرات وقيمـــتها وارتفـــاع حجـــم المـــستوردات وارتفاع قيمتها وتأثر قطاع السياحة والخـــدمات الأخـــرى سلباً كالتعليم والاستشفاء بسبب تدهور الأوضاع الأمنية، وهي الخدمات التي كانت تشكل مورداً مهماً للعملات الأجنبية في السوق المحلي. ولقـــد تفاعـــل كل من هذين الاختلالين، أي عجز الموازنة وتدهور سعر الصرف وغذى بعضهما بعضاً، فكان العجز المتزايد يؤدي إلى ارتفاع متزايد في كلفة خدمة الـــدين العـــام وهـــو ما كان يؤدي بدوره إلى اضطرار الحكومة للقيام بالمزيد من الإنفاق الأمر الذي كان يؤدي بدوره أيضاً إلى تزايد مطرد في مستويات العجز في الخـــزينة. ولقد أدى الضعف الذي أصاب العملة الوطنية إلى تدني مستويات الثقة بالاقتـــصاد وبقدراته، وإلى نـــزوح الرساميل وتزايد المضاربات على شتى أنواعها وهو ما كان يؤدي إلى المزيد من الضعف في العملة اللبنانية، وبالتالي إلى المزيد من ارتفـــاع الفوائد، فالمزيد من العجز في الخزينة، فالزيادة المتصاعدة في حجم الدين العام وهكذا دواليك.

من جهة أخرى، فقد أدى ضعف العملة الوطنية وعدم استقرارها إلى ضعف القطاعين التجاري والخدماتي إذ كانا يعتمدان بشكل أساسي على الاستقرار الأمني والـــنقدي والمالي. من جهة أخرى لم يشكل هذا التدهور في سعر الصرف حافزاً كافـــياً أو مهمـــاً للتـــصدير، نظراً لما سببته الحرب من دمار للبنى التحتية والقدرة الإنتاجـــية للقطاعين الصناعي والزراعي، حيث تضاءلت طاقة البلاد الإنتاجية إلى حـــد كبير. ولقد أدت هذه الأمور مجتمعة إلى المزيد من الضعف في واردات الدولة مـــن الـــضرائب والرسوم، ما حال أيضاً دون تنفيذ السلطات المعنية بصورة فاعلة

لـبرامجها في إعـادة الإعمار أو حتى لإصلاح ما تضرر من بنى تحتية، وهو ما أثر بالتالي على الإنتاجية لدى إدارات ومؤسسات القطاعين العام والخاص.

انطلقـت هـذه العوامل جميعها لتوقع لبنان واقتصاده تحت تأثير حلقة خبيثة متفاقمة كانت تعزز ذاتها وتتكافل بعضها مع بعض، (Vicious Circle) وتراوحت بين تدهور في المالية العامة، وتدهور في سعر الصرف وانحسار لدور القطاع الخاص وانكماشه. على أنه وبالرغم من ذلك فقد صمد لبنان في تمسكه في المحافظة على نظامه الاقتصادي الحر وحرية الملكية الفردية وحرية التجارة دون اية قيود على المدفوعات والـتحويلات بالنـسبة إلى المعاملات الجارية وحركة الرساميل. والحقيقة أن هذه المحافظة على الحرية الاقتصادية جاءت مكلفة للاقتصاد وعلى المواطنين، إذ تحملت الليرة اللبنانية عبء التكيف الاقتصادي مع معطيات الصدمات الداخلية والخارجية على حدٍّ سواء، فتدنت قيمتها بصورة ملحوظة ومستمرة. ولكنها وفي الواقع أبقت للـنظام الاقتصادي اللبناني عاملاً هاماً وأساسياً استطاع لبنان البناء عليه فيما بعد لكي يعيد تكوين ميزاته التفاضلية في وقت لاحق.

لقـد هـدف تـدخل مصرف لبنان في سوق القطع من حين إلى آخر إلى التخفـيف من حدة التقلبات في سعر الصرف. ولكنه لم يرم إلى ولم يكن ليستطيع أساسـاً أن يعمـل من أجل عكس اتجاه السوق، لكون ذلك كان سيترتب عليه اسـتنـزاف كامـل لاحتياطي مصرف لبنان من العملات الأجنبية دون أن يحقق الـتدخل حـلاً دائماً لتدهور الليرة اللبنانية، بسبب استمرار التدهور في الأوضاع الأمنـية وانـسداد الأفـق وكذلك استمرار التوسع في الإنفاق الداخلي وتسجيل الخزينة لعجز كبير ومستمر ولاضطرار الدولة إلى اللجوء إلى الاقتراض بشكل كبير من مصرف لبنان.

والسؤال هنا لماذا لم تعمد السُلُطات إلى فرض قيود على التحويلات المالية إلى الخارج وعلى الاستيراد، أي على التحويلات بالنسبة إلى المعاملات الجارية وحركة رؤوس الأموال؟

والواقع أن فرض مثل هذه القيود كان يتنافى مع ما كان يجمع عليه اللبنانيون بشكل واسع في ما خص عدم اللجوء إلى فرض قيود على سوق القطع ويتناقض في ذات الوقت أيضاً مع جوهر النظام الاقتصادي اللبناني القائم منذ عدة عقود وأكثر

على حرية التجارة وحرية التحويل المالي من وإلى الخارج. من جهة أخرى فإن تطبيق قيود فاعلة في هذا المجال لم يكن ممكناً عملياً في ظل الواقع السياسي والإداري الضعيف والمشتت، وهو ما كان ليحقق أيضاً نتائج ملموسة مهمة على أي حال. بل على النقيض من ذلك فإنه كان سيؤدي إلى تفعيل دور السوق السوداء وإلى المزيد من إضعاف قدرات الدولة. والحقيقة أن تحول لبنان إلى اعتماد الاقتصاد المغلق آنذاك كان سيكبد الاقتصاد الوطني أثماناً باهظة أكبر بكثير من ثمن انهيار سعر الصرف. إذ كان سيؤدي إلى فقدان المدّخرين والمستثمرين المقيمين وغير المقيمين ثقتهم بالاقتصاد اللبناني وقدراته المستقبلية على معالجة الاختلالات حين تسمح الظروف بذلك. والواقع أن لبنان كان يعتمد وخلال تلك الفترة الصعبة على النمو الذي شهده مستوى التحويلات المالية من اللبنانيين التي كانت تغذي نمو الودائع لدى المصارف اللبنانية وهي التي كانت تساهم بدورها في تمويل عجز الخزينة وتمويل ما تبقى من حيوية لدى القطاع الخاص. من جهة أخرى فقد أسهمت تلك التحويلات المالية في تعزيز قدرة اللبنانيين المقيمين على الصمود بالقدر الممكن إلى أن يأتي الحل المنشود.

من جهة أخرى، دلت تجارب بلدان عديدة خاصة في أميركا اللاتينية، أن فرض قيود على التجارة وبالتالي على التحويلات المالية بهدف الحدّ من تدهور سعر الصرف والعجز في ميزان المدفوعات، لم يؤدِ إلى الأهداف المرجوة على المدى الطويل. على النقيض من ذلك فقد أدت تلك السياسات في تلك الدول إلى انكماش اقتصادي وظهور مقلق ومزمن للاقتصاد غير الشرعي (Underground Economy).

أسهم الضعف التي عانت منه العملة اللبنانية، كما يشير الرسم البياني 2-1 أدناه وأكثر من ذلك على استمرار الأوضاع الأمنية غير المستقرة، وعلى قدرة القطاع الخاص على الصمود، فانتقل الكثير من الرساميل الخاصة المودعة في المصارف اللبنانية إلى الخارج، وأغلقت شركات كثيرة أبوابها وصرفت معظم العاملين لديها وانتقلت إلى العمل في الخارج. نتيجة لذلك تزايدت هجرة اليد العاملة اللبنانية الماهرة، وارتفعت معها نسب البطالة، وازدادت حدّة الفقر الداخلي والتقلص التدريجي والمتفاقم في حجم ودور الطبقة الوسطى في لبنان إلى حد انتفائها عملياً. كذلك فقد ازدادت الهجرة الداخلية القسرية وغير القسرية،

فاتّسعت أحزمة البؤس حول المدن الكبرى وبالأخص بيروت، والتي كانت قد استفحلت حتى خلال فترة ما قبل الحرب ولجأ الكثير من الشباب اللبناني إلى العمل لدى الأحزاب والميليشيات أو في بعض جوانب الاقتصاد غير الشرعي أو الحمايات التي كانت تتولاها وترعاها المنظمات وقوى الأمر الواقع.

رسم بياني 2 - 1: سعر صرف الليرة تجاه الدولار الأميركي 1973 - 1989

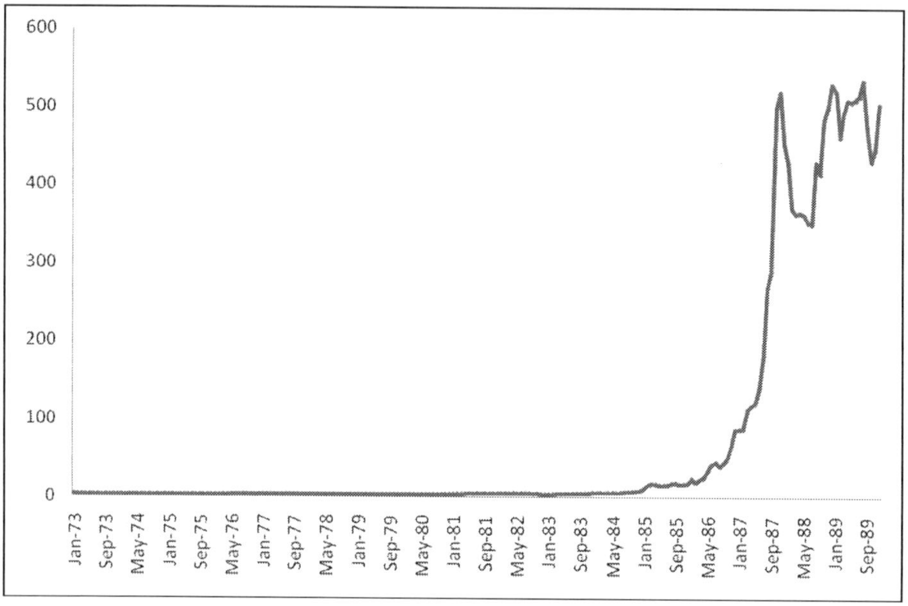

المصدر: مصرف لبنان

وبناءً على ذلك يتبين لنا أن الاقتصاد اللبناني عانى خلال فترة الأحداث الطويلة دماراً هائلاً طاول البنى التحتية ومؤسسات القطاعين العام والخاص. وقد قدرت الأمم المتحدة الخسائر المباشرة التي لحقت بالبنى التحتية والموجودات المادية بما لا يقل عن 25 مليار د.أ. مقيّمة بأسعار تلك الفترة[1]، حيث لم يخرج سالماً من الحرب أي من القطاعات الاقتصادية، ناهيك عن الخسائر الضخمة غير المباشرة التي أصابت الاقتصاد اللبناني والتي كانت تقلص هامش الاستفادة من الفرص المستقبلية.

وقد قدرت دراسة لصندوق النقد الدولي الخسارة التراكمية للناتج المحلي خلال فترة الحرب ما بين العام 1975 والعام 1990، وبأسعار تلك الفترة، بحدّ أدنى قدره 9

(1) راجع "فذلكة مشروع موازنة 1995 ومشاريع قوانين البرنامج الإنمائي" ص 3.

ملـــيار د.أ.، وحـــدّ أقصى قدره 63 مليار د.أ.، ومتوسط قدره 31 مليار د.أ.[1]. هذا طـــبعاً إضافة إلى ما لحق بالوضع الاجتماعي من تقهقر في توزع الدخل، وتضاؤل كبير في حجـــم وتأثير الطبقة الوسطى التي كانت نسبتها مرتفعة قبل الحرب الأهلية بالمقارنة مـــع حـــال العديد من الدول التي كانت تتماثل أوضاعها الاقتصادية مع أوضاع لبنان الاقتـــصادية. كـــذلك أدت الحرب إلى هجرة عدد كبير من سكان لبنان ولاسيما من أصـــحاب الكفـــاءات والمهارات المتميزة والمدربة التي كانت تشكل المحرك الأساسي للنمو الاقتصادي والتنمية المناطقية والضرورية لخلق فرص العمل الجديدة في لبنان.

ويـــشير الجدول البياني 2- 1 أدناه كيف تطوّر الناتج المحلي الحقيقي للفرد في لبـــنان مقارنةً مع بلدان نامية أخرى، إذ تراجع وانعكس على هامش التقدم الذي كان يملكه لبنان قبل الحرب.

جدول بياني 2 – 1: مقارنة تطور الناتج المحلي الحقيقي للفرد في بعض البلدان النامية في الأعوام 1970 – 2007 (بالدولار الأميركي- سنة الأساس 2005)

العام	1970	1974	1990	2007
لبنان	2,872	3,883	4,052	8,228
الأرجنتين	2,838	4,163	6,768	16,500
البرازيل	1,222	2,157	5,889	10,057
قبرص	1,581	1,669	10,992	26,780
إندونيسيا	230	444	2,440	5,468
كوريا الجنوبية	721	1,191	9,278	24,950
ماليزيا	701	1,321	5,708	19,013
المكسيك	1,517	2,263	6,341	12,027
بولندا	1,370	2,118	5,529	15,448
سنغافورة	1,545	2,911	15,754	48,490
جنوب أفريقيا	1,645	2,409	6,013	11,307
تايلاند	560	787	4,248	10,303

المـــصدر: Penn World table, Center for International Comparisons of Production, Income and Prices

(1) راجع تقرير صندوق النقد الدولي IMF: Lebanon Economic Recovery, Stabilization and Macroeconomic Policies 1994.

كـــان من نتيجة توصل القوى السياسية اللبنانية إلى صيغة اتفاق الطائف في العـــام 1989 أن أدى ذلك إلى إنهاء الحرب الداخلية وإلى بداية العمل على توحيد مؤســسات الدولة وإلى المباشرة بتحقيق الوفاق الوطني. وبعد توقيع ذلك الاتفاق، بـــدأت الدولة اللبنانية العمل على استعادة سلطتها تدريجياً. وكان لتوقّف الحرب دور إيجابـــي في بدء استرداد الاقتصاد اللبناني لعافيته التدريجية في العام 1991. وقد أدت التدفقات الكبيرة لرؤوس الأموال من الخارج إلى تحقيق زيادة كبيرة في الناتج المحلـــي الإجمـــالي الحقيقي بنحو 40 بالمئة في العام 1991 بالمقارنة مع ما كان عليه خلال عام 1990. كما تراجعت نسبة التضخم خلال السنة ذاتها، الأمر الذي نتج عـــنه وأســـهم فيه استقرار نسبـــي في سعر الصرف. كما تحقق فائضٌ إجماليٌ في ميزان المدفوعات خلال عام 1991 بلغ أكثر من مليار دولار أميركي.

إلاّ أن هـــذا التحسن لم ينعكس تحسناً في أوضاع الخزينة، إذ بقي العجز المالي مـــرتفعاً في ســـنة 1991، وبلغ العجز حسب إحصاءات مصرف لبنان ما يقارب حـــوالي 60% من إجمالي النفقات علماً أن إنفاق الحكومة آنذاك كان مقتصراً على النفقات الجارية دون النفقات الاستثمارية.

ومـــع بدايـــة سنة 1992 اشتدت الضغوط التضخُّمية على الاقتصاد اللبناني ولاسيما بنتيجة إقرار زيادات كبيرة في الأجور والرواتب والتعويضات لم تترافق مـــع ســـعي حثـــيث وجِد على صعيد الحفاظ على توازن ولو نسبـــي في المالية العامة، الأمر الذي أدى إلى زيادة كبيرة في حجم العجز الذي عانت منه الخزينة اللبنانـــية والذي بلغ في العام 1992 ما يوازي 630 مليون د.أ. أو ما تفوق نسبته 12% مـــن الناتج المحلي الإجمالي آنذاك. وقد أدى ذلك إلى زيادة كبيرة في حجم الـــسيولة الداخلـــية، ومن ثمّ إلى ضغوط كبيرة ومستمرة على سعر صرف الليرة اللبنانـــية. ولقد أوجب ذلك على مصرف لبنان في نهاية العام 1991 وبداية عام 1992 التدخل في سوق القطع لدعم سعر الصرف. إلاّ أن مصرف لبنان ما لبث أن توقف عن تدخله في تلك السوق، الأمر الذي نتج عنه انخفاض حاد ومتسارع في ســـعر الـــصرف حتى بلغ 2420 ليرة لبنانية للدولار الأميركي في نهاية أيلول 1992 (رسم بياني 2– 2 أدناه). وهو ما أدى بدوره إلى ارتفاع كبير في معدلات التضخم الداخلي.

رسم بياني 2-2: سعر صرف الليرة مقابل الدولار الأميركي 1990 - 1992

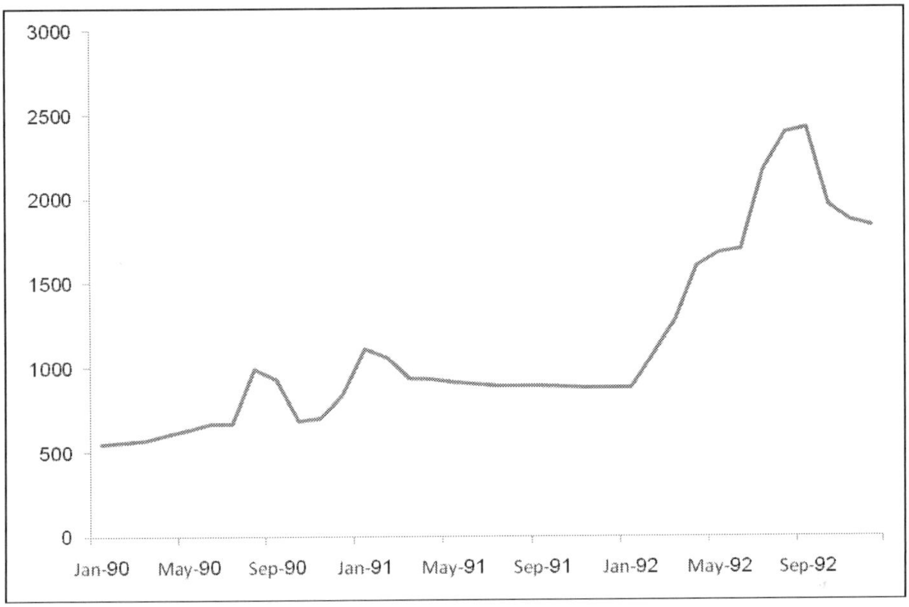

المصدر: مصرف لبنان

مع اقتراب نهاية العام 1992 وعشية الانتخابات النيابية التي جرت وللمرة الأولى منذ العام 1972 كان من الواضح تفاقم حال الاختلالات الاقتصادية العميقة التي كان يعاني منها لبنان، والتي لم تستطع الحكومات المتعددة خلال فترة ما بعد الحرب التصدي لها ومعالجتها بشكل جذري. وقد تفاقمت تلك الاختلالات إلى حد باتت تهدد الاستقرار الاجتماعي والسياسي الهش الذي أرساه اتفاق الطائف.

لقد كان لبنان آنذاك يحتاج بالفعل إلى معالجات استثنائية، إذ كانت الأحوال تستوجب أيضاً الاستعانة بشخصية استثنائية، تنقذ الاقتصاد والبلاد وعيشها المشترك، وتستدرك أيضاً بعض الشوائب التي سادت تطبيق اتفاق الطائف ولاسيما القواعد التي جرت على أساسها الانتخابات النيابية في العام 1992 والتي قاطعها عدد من الفعاليات السياسية اللبنانية آنذاك مما أسس لحال من الامتعاض والإحساس بالتهميش لدى بعض اللبنانيين.

القسم الثاني

إعادة الإعمار في مواجهة التحديات

1992 - 2000

"We are all in the gutter, but some of us are looking at the stars"

Oscar Wilde

"جميعنا في القعر، ولكن بعضنا يتطلع نحو النجوم".

أوسكار وايلد

لم تكـــن الظـــروف الـــسياسية والاقتصادية والاجتماعية والأمنية والإدارية والقضائية التي تم في ظلها إطلاق مشروع إعادة الإعمار والنهوض الاقتصادي ومن ثمّ العمل على تنفيذه سهلةً أو مؤاتية في أغلب الأحيان. ولقد بدا الشروع في تنفيذ هـــذا المشروع صعباً لا بل مستحيلاً في ظل ما تراكم على لبنان من رواسب 15 عامـــاً من النـــزاع والاقتتال الداخلي. وهي رواسب لا يزال لبنان يعاني منها حتى الـــيوم، أي بعـــد أكثـــر من عشرين عاماً على انتهاء الحرب. وهي على أي حال رواســـب فاقمـــتها أوضاع إقليمية ودولية مستجدة، متوترة وغير مؤاتية، ما تزال ترخي بظلالها وتأثيراتها الضاغطة على الأوضاع وعلى فرص المعالجات الداخلية في لبنان.

لذلك فإنه من المستغرب أنه وحتى اليوم، أي بعد أكثر من 18 عاماً على توليه مـــسؤولية رئاســـة الحكومة اللبنانية للمرة الأولى وإطلاقه مشروع إعادة الإعمار والـــنهوض الاقتـــصادي، وبعد حوالي ست سنوات على اغتياله، ما زال البعض يُحمّل سياسة الرئيس رفيق الحريري الاقتصادية مسؤولية ما توصل إليه وضع المالية العامـــة مـــن تدهور، وما أصبح عليه حجم الدين العام من ارتفاع. ذلك من دون الإقـــرار بـــأن تراكم الدين العام كان نتيجة العجز المالي السنوي الذي تراكم قبل مجيـــئه وتحقق كذلك على مدى هذه الفترة الماضية والذي جاء نتيجة إسهام الجميع في الدفـــع كما الإصرار على زيادة الإنفاق وعلى الوقوف حائلاً دون تمكين المالية العامـــة من زيادة الواردات. كذلك أيضاً ومن دون الاعتراف في الوقت ذاته بما تمّ تحقـــيقه مـــن إنجازات هامة على الصعد الوطنية والأمنية والاقتصادية والاجتماعية اقتـــضى تحقـــيقها الكثير من الإنفاق. وغالباً ما يتم ذلك الاتهام السياسي من دون الأخـــذ بعـــين الاعتبار الظروف التي كانت سائدة في المرحلة السابقة، والظروف السياسية والأمنية التي استجدت، أو طبيعة البلد الطائفية والمذهبية ووضع مؤسساته وإدارتـــه التي تحكمها الكثير من الزبائنية والتبعية والتي حدت من الاستفادة الكاملة مما تمّ تحقيقه من إنجازات على أكثر من صعيد، وما كان يمكن الاستفادة منه لناحية

الفــرص التي أتيحت للبنان في تلك الفترة وحالت دون ذلك المشاكسات الداخلية وممارسات الكيد السياسي.

والمؤســف حقــاً أن هذا المنطق لا يؤدي فقط إلى تحوير في الحقائق التاريخية والتعمــية عليها، بل يؤدي أيضاً إلى تعطيل الانطلاق نحو المستقبل، وذلك بسبب التركيز على التلهي بتوجيه اللوم وإلقاء المسؤولية بدلاً من النظر إلى الأمور بواقعية وإعطــاء كل ذي حق حقه عمّا تمّ إنجازه، من دون إغفال أهمية إثارة ما يمكن أن يكــون قــد نتج من تقصير أو حصل من أخطاء. وعلى ذلك يجري طرح الأمور بأســلوب يــؤدي إلى الانــشغال عن القيام بالمحاسبة الموضوعية والاقتصار على التقاصــف بالاتهامــات الــسياسية، وبالتالي وفي المحصلة، الابتعاد عن السير على مــسارات الــتقدم والإصلاح الحقيقي. ذلك ما يحرم المواطنين أي شيء مما يجب ويمكــن أن يحــصلوا عليه من مكتسبات اقتصادية واجتماعية فيما لو جرى طرح الأمور بطريقة هادفة وموضوعية.

علــى هــذا، يكون ضرورياً مع الجهود التي يجب أن تبذل للتصدي لمواجهة تحــديات المــستقبل، فإنــه من المفيد أن نعمد أولاً، إلى دراسة موضوعية للأرقام والمعطيات، وبالتالي العمل على مناقشتها وتحليلها بهدف استخلاص العبر الصحيحة من دروس الماضي.

وبــناءً علــى ذلك فإن الأسئلة التي يجب طرحها هي: ماذا كانت الخيارات الاقتصادية الواقعية والمتاحة أمام الرئيس رفيق الحريري؟ وكيف سعى إلى تحقيقها؟ مــاذا كانت كلفتها؟ ومن يتحمل مسؤوليتها؟ وإلى ماذا أدت السياسة الاقتصادية المغايرة التي تم اعتمادها خلال فترة غيابه عن الحكم في العامين 1999- 2000؟

هذا ما يتطرق إليه القسم الثاني من هذا الكتاب.

الفصل الثالث

بين الأولويات المتعددة
والإمكانات المحدودة

تسلمت حكومة الرئيس رفيق الحريري الأولى مهامها في تشرين الأول 1992 في مـــرحلة صعبة تميزت بعدم الاستقرار الاقتصادي والاجتماعي وفي أجواء مالية ونقديـــة ضاغطة طغى عليها تدهور كبير للعملة الوطنية. ذلك بعد أكثر من عقد ونصف من الحروب الداخلية والتدهور الأمني والدمار الذي أصاب الاقتصاد والبنى التحتـــية ومـــضافاً إلى كـــل ذلك الأوضاع الإقليمية المتوترة. في تلك الظروف الاســـتثنائية، تـــسلمت حكومة الرئيس الحريري وضعاً اقتصادياً مفككاً، انهارت خلالـــه، ثلاثة من المقومات الاقتصادية الأربعة الأساسية للبلاد: فالموازنة العامة[1] تحـــولت وعلى مدى سبعة عشر عاماً من توازن اتسمت به خلال عقود سابقة قبل الحـــرب الأهلية إلى عجز متصاعد وبالتالي إلى تراكم متزايد في حجم الدين العام وحـــيث بلغ الدين العام في نهاية العام 1992 ما مجموعه 4031 مليار ل.ل. مضافاً إليه حوالي 327.5 مليون دولار أميركي أي ما يعادل مجموعه ثلاثة مليارات دولار (حـــسب ســـعر الصرف الحالي) وهو ما يشكل بالمجمل ما نسبته حوالي 50% من الناتج المحلي الإجمالي آنذاك.

أما سعر صرف النقد اللبناني فكان قد تعرض إلى تدهور مستمر بحيث وصل إلى مـــستويات متدنية غير مسبوقة، وأصبح أكثر عرضة للتأثر بالصدمات الداخلية والخارجـــية التي كانت تعصف بالبلاد. كما أصبح سعر الصرف مؤشراً هاماً لمدى الـــثقة بالاقتصاد وإمكانات تطوره المستقبلي. من جانب آخر أصبح سعر الصرف

(1) علـــى مدى السنوات 1980- 1990 لم يجر إقرار موازنات للدولة اللبنانية بسبب الظروف الأمنية والسياسية الاستثنائية.

أيضاً المؤشر المعتمد للدلالة على مستوى ونوعية عيش اللبنانيين لما له من تأثير كبير علـــى أســـعار السلع والخدمات في الأسواق المحلية أكانت مستوردة أم مصنّعة في لبنان.

أما على صعيد دور وأهمية القطاع الخاص فقد اضمحل حجمه ودوره نتيجة التدمير الذي لحق بالبلاد وبنيتها التحتية.

وينـــسحب الأمـــر على صعيد الإدارة ومؤسسات القطاع العام حيث أدت تداعـــيات الحــــرب وانـــتهاكاتها إلى إصابة الدولة ومؤسساتها بحال من الارتباك والإحـــباط والشلل الشديد الذي كان يقتضي لمعالجته جملة من الجهود والصدمات الإحيائية الاستثنائية لاستعادة دورها.

في خـــضم ذلـــك الوضع الاقتصادي والمالي والنقدي والاجتماعي المتدهور والمـــتأزم الذي أدى إلى إفقار حقيقي ومنهجي للبنانيين ومؤسساتهم، كانت أولى أولـــويات الرئيس الحريري وحكومته العمل على السير على أكثر من مسار لجهة إعـــادة بعث الثقة والحيوية في الدولة وإداراتها ومؤسساتها وأجهزتها. هذه الجهود المـــبذولة من قبل فريق عمل الرئيس الحريري لم تغفل العمل على إعادة التوازن إلى مكـــونات الـــنظام الاقتصادي اللبناني، وتصحيحه بما يتلاءم مع المتغيرات الكبيرة الحاصلة في العالم من حول لبنان منذ العام 1975. وكذلك بما يتلاءم مع المتطلبات والـــتوقعات التي كان يرغب فيها ويطالب بها اللبنانيون. وعلى سبيل المثال، كان توزيع الدخل قد ازداد سوءاً خلال الحرب وفي أعقابها، بحيث تضاءل حجم الطبقة الوســـطى بـــشكل كبير ومخيف وانحسر دورها وتأثيرها وهي التي كانت تمثل قبل الأحداث شريحة مهمة من مجموع الشعب اللبناني، وكان لها الدور الكبير في تطوير الاقتـــصاد اللبـــناني وفي تميزه بالحيوية والمبادرة بالمقارنة مع ما كان عليه الحال في الدول والاقتصادات العربية. تأسيساً على ذلك، كان لانحسار دور الطبقة الوسطى وتـــراجع أهمـــية تأثيرهـــا وفعاليتها الكثير من النتائج السلبية على أكثر من صعيد سياسي واقتصادي واجتماعي.

في ضـــوء هـــذه الحقائق الضاغطة، كان لزاماً على الحكومة اللبنانية برئاسة الـــرئيس الحريـــري أن تعمد آنذاك إلى زيادة الإنفاق في مجالات الشؤون التعليمية والاجتماعـــية والـــصحية والحياتية والمعيشية والأمنية. كذلك كان على الحكومة

اللبنانـــية أن تـــولي اهتماماً كبيراً لشؤون رفع مستوى وفعالية البنية التحتية. هذه الأمور كلها كانت قد أصبحت من الأمور الملحة التي حتمت الظروف والأوضاع الـــسائدة آنذاك أن تصبح ركناً أساسياً من أركان السياسة الاقتصادية والمالية التي كان ينبغي الالتزام بها والعمل على تنفيذها وهي حقيقة تلك التي جرى اتباعها.

مـــن جهـــة أخرى، فإن الأوضاع السياسية المقلقة والمضطربة محلياً وإقليمياً كانـــت، وهي ما تزال لتاريخه، تدفع باتجاه توظيف المسائل الاقتصادية في مضمار المواجهات السياسية. وعلى ذلك فقد كثر الحديث آنذاك، وهو مازال مستمراً حتى الـــيوم، عـــن الجـــدوى الاقتصادية للسياسة التي اتبعها الرئيس الحريري، ومدى ملاءمـــتها للوضـــعين الاقتصادي والاجتماعي القائمين آنذاك، ومدى تلاؤمها مع الدروس المُستخلصة من فترة ما قبل الحرب وخلالها. وهذا نقاش محق ولا بأس به، بـــل هو مطلوب ومحبذ طالما وضِعَ في إطاره العلمي وتم التعاطي معه بمنهجية تحترم القـــواعد والأســـس العلمية والموضوعية للنقاش والبحث الاقتصادي، وتنطلق من معطيات رقمية وجداول رقمية ووقائع مدوّنة.

لـــذلك فإنـــه من المهم إدراك وفهم الظروف والأسباب الموضوعية والعملية التي دفعـــت بالـــرئيس الحريري إلى أن يختار عدم المغامرة بالخروج عن النظام الاقتصادي اللبناني القائم منذ الاستقلال، أو تغيير توجهاته الليبرالية. فالحقيقة أن الخروج عن تلك الأســـس، لم يكن الخيار المنطقي في ظل الأوضاع السياسية والاقتصادية والاجتماعية القائمـــة آنذاك. كذلك لم يكن ذلك الخيار المنطقي في ضوء التجارب التي كانت قد خاضـــتها الكثير من البلدان النامية أبان استقلالها. وكانت تلك البلدان قد اعتمدت في ظـــروف معينة خيار الاقتصاد المغلق القائم على التقوقع، وعملت على اعتماد سياسة الاكـــتفاء الذاتي وتشجيع السياسات الآيلة إلى استبدال الإنتاج المحلي بالمستوردات من الخـــارج. إلاّ أن معظم تلك البلدان، من الصين وفيتنام إلى بلدان أميركا اللاتينية وحتى بعـــض البلدان العربية، قد أدرك وإن متأخراً في بعض الأحيان عدم ملاءمة هذا الخيار علـــى المـــدى الطويل لأهداف النمو والتقدم ورفع مستوى المعيشة للمواطنين. لذلك بـــدأت معظم تلك البلدان آنذاك العمل وفق منهج يتناقض مع تلك المسارات، وكان الكـــثير منها وفي مطلع التسعينيات من القرن الماضي قد قطع شوطاً كبيراً على طريق فتح اقتصاداته وتحريرها ودمجها بالاقتصاد العالمي.

من المهم جداً إذاً توضيح هذا التقاطع في الخيارات، وما كان يترتب على كل منها من تبعات في ذلك الظرف التاريخي الذي تسلّم فيه الرئيس الحريري رئاسة الحكومة وقيادة البلاد مالياً واقتصادياً وإن كانت تلك القيادة لم تكن في واقع الأمر مكتملة، بل كانت دائماً خاضعة للكثير من القيود والصدمات والإعاقات ومحاولات التفشيل.

ومن وجهة نظر علمية، لا يستطيع أحد أن يجزم بأن الخيار الذي اتخذه الرئيس الحريري بالعودة إلى الأسس الليبرالية وتدعيمها، بدل اعتماد سياسة الاقتصاد المغلق أو الموجّه، كان هو الخيار الأفضل. ويعود ذلك ببساطة إلى كوننا لا نستطيع أن نقارن بين ما قد جُرِّب من خيارات، وقاد حكماً إلى مكتسبات هامة من جهة، وأدى إلى تحمل أكلاف معينة من جهة أخرى؛ وبين ما لم يُجَرَّب من خيارات وبقيت حقيقة نتائجه وأكلافه وجدواه في إطار الاقتراح النظري.

والحقيقة أن أي منطق اقتصادي يعمد إلى مقارنة بين ما جُرِّبَ فعلياً وما اقتُرِحَ نظرياً، وهو للأسف منطق سائد ومعتمد في لبنان حتى اليوم في المساجلات السياسية الإعلامية، هو منطق غير علمي ويُستَخدَم غالباً لأغراض تهدف إلى تسجيل النقاط في المبارزات الكلامية أكثر منها إلى تقديم الحلول المعقولة والمنطقية القابلة للتثبت والبحث والمقارنة.

أكثَرُ ما نستطيع قوله بيقين في هذا الإطار، هو أن تحول لبنان نحو اعتماد خيار الاقتصاد المغلق أو الموجّه في العام 1992 كان ليشكل مغامرة كبرى غير محمودة العواقب في ظل وضع اقتصادي ومالي متدهور، إذ إنه كان سيعتبر سباحة عكس تيارين. التيار الأول ويتمثل بالعوامل التي تفرضها طبيعة لبنان وهويته الاقتصادية والاجتماعية القائمة منذ عقود والمستندة إلى طبيعة ميزاته التفاضلية. أما التيار الثاني فيتمثل بالمتغيرات العالمية السريعة التي كانت تشهد المزيد من الانفتاح وتحرير التجارة وبروز اقتصاد المعرفة (Knowledge - Based Economy) القائم على الانفتاح وعلى تلاقح الأفكار وانتشارها وهي الصفات والميزات التي لطالما تميز الاقتصاد اللبناني بقدرته على احتضانها والنمو على أساسها.

فقط عندما نفهم ماذا كان يعني أن يختار مشروع الرئيس الحريري إعادة تثبيت النظام الليبرالي القائم منذ الاستقلال، نستطيع أن نتفهم حقاً السياسات

الاقتصادية التي اتُبِّعت وما حققته من مكتسبات، ونفهم أيضاً ما ترتب عليها من أكلاف. وقد يصار إلى الاتفاق أو الاختلاف على مدى التكافؤ ما بين المكتسبات المحققة والكلفة المتكابدة وهو أمر طبيعي. ولكن هذه هي المقاربة العلمية لفهم مرحلة الرئيس الحريري وبعده الرئيس السنيورة اقتصادياً ومالياً منذ العام 1992 وما بعد وتقييمها بشكل علمي وموضوعي.

لقد كانت الخيارات الاقتصادية المتاحة أمام الرئيس الحريري واضحة بما في ذلك مكتسباتها وكلفتها، تماماً كما كانت التحديات واضحة وضاغطة. وقد كانت الأهداف الأساسية الواجب العمل على تحقيقها واضحة أملاها التدهور النقدي الكبير الذي كان قائماً والتراجع والتقوقع الذي أصاب القطاع الخاص وحدّ من مبادراته ودوره، وهو القطاع الذي لم يكن ليتسنى له آنذاك أن ينطلق للمشاركة بحيوية وفعالية في عملية إعادة الإعمار من دون دعم ورعاية أساسيين. وهذه الأهداف كانت على الوجه التالي:

- إخراج الاقتصاد اللبناني من الحلقة السلبية والمفرغة للتمويل التضخمي والدولرة وعدم الاستقرار والتأرجح الشديد في سعر صرف العملة الوطنية.
- تفعيل الدورة الاقتصادية وخلق الجو المؤاتي لتحقيق النمو الاقتصادي القابل للاستمرار والقادر على بعث الحيوية لدى القطاع الخاص والتنمية في المناطق كافة ولاسيما من خلال إطلاق ورشة عمل كبيرة من أجل توسيع وتطوير وإعادة تأهيل البنى التحتية من شبكات طرق ومدارس ومستشفيات ومياه وصرف صحي وكهرباء وخلافه.
- رفع مستوى مداخيل ومعيشة اللبنانيين وتعزيز الخدمات التعليمية والصحية والاجتماعية بما يسهم في تعزيز الاستقرار الاجتماعي وكذلك السياسي.

والحقيقة أن هذه الأهداف كانت مرتبطة ببعضها بعضاً، إذ أن إعادة الثقة بالعملة الوطنية، كانت أساسية لتأمين الاستقرار والانتعاش الاقتصادي الذي من شأنه أن يساعد على استقطاب إمكانات القطاع الخاص وإطلاق دوره وتعزيز حيويته وجذب الدعم الخارجي وبالتالي العمل على حفز وتوجيه تلك الإمكانات نحو إطلاق ورشة إعادة الإعمار. ومن المعروف أن ذلك كله كان يأتي في أعقاب

فترة شديدة الصعوبة عانى اللبنانيون خلالها من التدهور الكبير والمستمر في سعر صرف الليرة اللبنانية والتداعيات الشديدة لذلك على الصعد الاقتصادية والاجتماعية. كما أن وقف التدهور في سعر الصرف، وتفعيل دور القطاع الخاص كان سيؤدي إلى خلق المزيد من فرص العمل الجديدة وهي الوسيلة الأفضل لتحسين مستوى معيشة اللبنانيين من دون إغفال الدور الهام للدولة على صعيد تعزيز خدماتها وتقديماتها في مجالات التربية والتعليم والصحة وبناء شبكة الحماية الاجتماعية.

بناءً على هذا، كانت الأولوية في العودة إلى اعتماد الخيار الآيل إلى تدعيم ركيزتين أساسيتين من الركائز الأربع للاقتصاد الليبرالي اللبناني: تفعيل دور القطاع الخاص، والعمل على استقرار سعر الصرف. وما أن ندرك ونتفهم هذا الخيار، حتى نعي تماماً بأنه ما كان من الممكن إعادة هاتين الركيزتين الأساسيين المحوريتين، والالتزام في ذات الوقت بالركيزة الثالثة وهي اعتماد مبدأ التوازن في الموازنة العامة؛ وهذا ما كان يعني حتماً زيادة الرسوم والضرائب على كاهل المواطنين والاقتصاد وخفض الإنفاق.

ببساطة، لم يكن ممكناً زيادة العبء الضريبي على المواطنين لتعزيز واردات الخزينة. فالظروف المالية والاقتصادية والسياسية البالغة الصعوبة السائدة حينها، والتي تميزت بتدنٍ حقيقي وكبير في مستوى ونوعية العيش لدى اللبنانيين، وعدم القدرة لدى معظمهمً على تحمل المزيد من الأعباء الضريبية حتى ولو كان ذلك من أجل تحقيق تحسين في نوعية الخدمات التي تقدمها الدولة، على المدين المتوسط والطويل، لم تكن تسمح بذلك. من ناحية أخرى، فإنه من نافل القول إنه كانت هناك حاجة ماسة لتحقيق زيادة كبيرة في مجموع الإنفاق العام. ويعود السبب في ذلك في حقيقة الأمر إلى أربعة عوامل أساسية زادت مجموع الإنفاق العام في المدى القريب ولكنها ما كانت لتزيد الواردات العامة بشكل هام ونوعي إلاّ في المدى المتوسط.

العامل الأول هو الحاجة إلى رصد مبالغ استثمارات عامة ضخمة من أجل إعادة بناء وترميم البنى التحتية التي كانت إما مدمرة كلياً أو جزئياً، أو معطلة، أو قاصرة عن مواجهة حاجات المواطنين المتزايدة. فلقد أدى تدهور مستوى الاستثمار في منشآت ومؤسسات القطاع العام فضلاً عن التراجع الذي أصاب دور القطاع الخاص طوال فترة الحرب إلى دمار وتآكل وتراجع قسم كبير من البنى التحتية

الـــضرورية. كذلك أدى إلى تردي القاعدة الرأسمالية والإنتاجية في لبنان. ذلك ما نـــتج عـــنه عجز تلك المرافق والبنى التحتية عن تلبية حاجات المواطنين وحاجات الاقتصاد وهو ما استتبع بالتالي انخفاض القدرة الإنتاجية والتنافسية للاقتصاد اللبناني وحدَّ من حيويته وقدرته على النمو، ومن ثمّ عجزه عن توفير فرص العمل الجديدة الـــتي كـــان يحتاجها اللبنانيون. هذا الوضع كان يحتم على الحكومة اللبنانية تدبير المـــصادر المالـــية لـــتمويل زيادة حجم الاستثمارات التي كان يحتاجها الاقتصاد ومـــشاريع إعـــادة إعمار وتعزيز بناه التحتية آنذاك. وهي عملياً كانت في زيادة الاقتراض نظراً إلى عدم كفاية المساعدات التي حصل عليها لبنان في هذا الإطار.

العامل الثاني هو الحاجة من جهة أولى إلى تحقيق زيادة محسوسة على مداخيل العـــاملين في القطـــاع العـــام وكذلك على مستحقات المتقاعدين الذين تدهورت أحـــوالهم الاجتماعـــية وظروفهم المعيشية بشكل كبير. ومن جهة أخرى ظهرت الحاجـــة لإعـــادة بـــناء الإدارة اللبنانـــية وزيادة عدد العاملين في أسلاك المعلمين والأساتذة والقضاة الذين انخفض عددهم بشكل لم يعد يكفي حاجات الإدارة ولا يـــتلاءم مـــع تطلعاتهـــا، ولا يتناسب مع حاجات المواطنين ولاسيما على الصعد التعليمـــية والإداريـــة والخدماتية. كما أنه كانت هناك حاجة ماسة لزيادة عديد الجـــيش وقوى الأمن الداخلي لتعزيز مقتضيات الأمن في البلاد وهو كله كان من شـــأنه أن يرتب أعباء مالية جسيمة على الخزينة حاضراً ومستقبلاً. وذلك أيضاً لم يكن من الممكن تأمينه إلاّ بزيادة الاقتراض.

العامـــل الـــثالث تحقـــيق الخفض التدريجي وليس السريع أو المتسرع للفوائد المـــرتفعة وهـــو ما كانت تمليه الحاجة إلى تأمين استمرار تدفق الرساميل إلى البلاد وإلى جهازهـــا المـــصرفي بما يساعد على تعزيز الاستقرار النقدي، وبما يشجع على الاســـتثمار ويـــسهم أيضاً في تعزيز سعر الصرف من خلال تعزيز الودائع بالليرة اللبنانـــية. وكانـــت كل هذه الأهداف تستوجب العمل على تحقيق ذلك الخفض ولكـــن التدريجـــي لمعدلات الفوائد التي من المعروف أنها كانت مرتفعة جداً والتي كـــان العمـــل علـــى خفضها السريع بشكل مصطنع سيؤدي حتماً إلى ردّة فعل عكـــسية فـــتعود إلى الارتفـــاع وبالتالي تجهض كل الجهود الآيلة إلى إعادة النمو والاستقرار إلى الاقتصاد الوطني.

كـــان ثمة عامل رابع، يعود إلى أهمية التعامل مع الضرورة الملحة التي أدركها الـــرئيس الحريري لأنسنة هذا النظام الاقتصادي من خلال السعي إلى محاربة الفقر ومن خلال بناء عدد كبير من المدارس والمستشفيات والمراكز الصحية وتعزيز شبكة الحمايـــة الاجتماعـــية وأيـــضاً تعزيز فرص إعادة بناء دور الطبقة الوسطى وإعادة الحيوية إلى مبادراتها وإلى دورها الأساسي في الاقتصاد وفي المجتمع اللبناني.

كان التدهور الذي أصاب سعر الصرف وارتفاع معدلات التضخم قد تأتى عن سياســـة تمويل العجز من خلال زيادة السيولة الداخلية في سنوات الحرب وبعدها عن طريق الاقتراض من مصرف لبنان وهو الأسلوب الأكثر تضخمية والذي كان يتحول فـــوراً إلى انخفـــاض كبير في القيمة الشرائية لليرة اللبنانية. وقد انعكس ذلك الإجراء بـــشكل أساســـي على المواطنين من ذوي الدخل المحدود ولاسيما متقاضي الرواتب والأجـــور والمعاشـــات الـــتقاعدية. كما أدى إلى ضغوط كبيرة على مداخيل الغالبية الـــساحقة مـــن المواطـــنين ومـــن ثمّ على مستوى ونوعية عيشهم، وفي المحصلة على مـــستويات الاســـتقرار الاجتماعـــي في الـــبلاد وبالتالي الاستقرار السياسي. ولذلك اضـــطرت مختلف حكومات الفترة الممتدة من 1992- 2009 إلى القيام بعدة زيادات علـــى الـــرواتب والأجور. يضاف إلى ذلك التعديلات القطاعية التي كانت تطرأ على رواتـــب بعـــض المجموعات ولاسيما بالنسبة للأساتذة والمعلمين ناهيك على رواتب العـــاملين في أســـلاك الجيش والقوى الأمنية. وكان ذلك كله يهدف إلى تعزيز القدرة الشرائية للأجور والرواتب من خلال زيادة قيمتها الإسمية. ومن الطبيعي أنه لم يكن من الممكن اقتصادياً أو مالياً القيام بذلك دونما تداعيات وكلفة على أكثر من صعيد.

هذه العوامل الأربعة التي جرى ذكرها كانت تحتم على الحكومة العمل على زيادة الإنفاق في المجالات المطلوبة لتثبيت الاستقرار وتعزيز فرص النمو الاقتصادي، والـــذي كـــان لا بـــدّ أن يؤدي عملياً بالمقابل إلى تسجيل عجز كبير في الموازنة وحساب الخزينة، أي إلى زيادة مضطردة في مجموع الدين العام.

إن التعـــريف الأكثـــر واقعـــية لعلم الاقتصاد هو "دراسة الخيارات في ظل المحدوديـــة". فكونـــنا نعيش في عالم محدود الموارد سواء المالية أو البشرية أو حتى الـــزمنية، فإن ذلك يعني بالضرورة القيام بخيارات تهدف إلى تحقيق الأفضل في ظل تلك المحدودية. وعلى ذلك فإن دراسة الاقتصاد الكلي هي تماماً دراسة كيفية تبني

هــذا الخيار أو ذاك، حيث تُستَعملُ الموارد المتاحة بالطريقة الأمثل لتعظيم المردودية والمكتسبات بالنسبة للمواطنين في الحاضر والمستقبل.

طبعاً يرغب أي مسؤول في أن يحقق النمو الاقتصادي المستدام لوطنه، وتعزيز القــدرة الشرائية للمواطن من خلال الاستقرار النقدي، وأن يعزز التجارة ويحترم حــرية الملكية الفردية وحرية انتقال الرساميل وأن يعود إلى اعتماد مبدأ التوازن في الموازنة. ولكن علينا أن نسأل أنفسنا: هل كان من الممكن، حتى نظرياً، تحقيق كل هــذه الأمــور في الــوقت ذاته، سيما وأن تلك الأهداف كانت بالفعل بطبيعتها متناقضة ومتعارضة بين بعضها بعضاً؟ لو كان الجواب بالإيجاب لما كان ببساطة ثمة مجالٌ علمي يسمى دراسة الاقتصاد! ولكان العالم كله يعيش في جنات النعيم.

الواقع أن جميع دول العالم وأينما كان وفي أي وقت كان لا تعيش في عصر الوفرة الكاملــة بــل في عصر الندرة بالنسبة لعامل أو أكثر من عوامل الثروة وعناصر الإنتاج. والــندرة النــسبية والوفــرة النسبية تختلفان بين عامل وآخر، وكذلك بين بلد وآخر. والسؤال الأساسي هو كيف يمكن استعمال عناصر الوفرة للتعويض عن عناصر الندرة؟

يحــاول البعض، وهم ما يزالون يقومون بذلك لتاريخه، التشويشَ على جوهر الموضــوع أو تحــويله عن مساره الطبيعي. وهم في هذا السبيل يعمدون إلى طرح تساؤلات حول الأهداف التي تم تحديدها من قبل الرئيس الحريري ويعتبرونها عودة إلى "الشيحية الاقتصادية". وهي تساؤلات تهدف وفي الحد الأدنى إلى إدخال البلاد في نقــاش عقــيم حول الأسس التي قام عليها الاقتصاد اللبناني منذ عقود طويلة. وعلــى هذا الأساس، فهم يطرحون أفكاراً ونظريات جذابة في ظاهرها، ولكن إذا مــا تم تحلــيلها، نــدرك بأن جوهرها لم يكن في الواقع سوى الدعوة إلى اعتماد سياســات اقتــصادية أثبتت التجربة بالفعل، وفي بلدان كثيرة قريبة وبعيدة، عدم قــدرتها على تحقيق النجاح ولا الاستمرار في أكثر من فترة زمنية. فضلاً عن ذلك فــإن تلــك النظريات لم تكن لتتلاءم مع طبيعة لبنان واقتصاده ومكونات مجتمعه وتــنوع منابت أبنائه وأولوياتهم، ولا مع طبيعة ميزاته التفاضلية التي اكتسبها على مدى سنوات طويلة، وبنى نجاحاته الكبيرة على أساس منها.

إن الــنقاش المفيد لا يتمثل في التساؤل إذا ما كانت هذه العودة إلى الأسس الليبرالية هي الخيار الصائب لمشروع لبنان الاقتصادي كما طرحه الرئيس الحريري.

بل بالأحرى في السؤال عمّا إذا كانت التضحية بركيزة أساسية من الركائز التي استند إليها النظام الاقتصادي اللبناني تاريخياً والمتمثلة باعتماد مبدأ التوازن في الموازنة ضرورية. بمعنى آخر هل كانت هذه التضحية السبيل الأمثل لتحقيق هدفين هامين يتمثلان بتمكين القطاع الخاص من المساهمة بفعالية في تنمية الاقتصاد وتعزيز النمو، وتثبيت الاستقرار في سعر الصرف، وبالتالي الإسهام في تحقيق كلا من الاستقرار الاجتماعي والاستقرار السياسي.

أما السؤال الآخر، فيتمحور حول التكلفة التي تمّ تكبدها لتحقيق هذه الأهداف، وهل كانت متكافئة مع ما تحقق، وهل كان من الممكن لجمها أو خفضها؟ وصولاً إلى البحث عمّا بوسعنا أن نفعل اليوم لتصحيح الشوائب وخفض الأكلاف وتعظيم المكتسبات، وهو الأمر الأهم.

فقط حينها نضع النقاش الاقتصادي في إطاره الرصين والواقعي والمفيد.

كان الرئيس الحريري والرئيس السنيورة مدركين لجميع هذه المعطيات، وللنتائج السلبية المتأتية عن التساهل في التقيد بمبدأ التوازن في الموازنة العامة أو التضحية به، خاصة على المدى الطويل. ومع ذلك فهما لم يفقدا الإيمان والأمل بضرورة العودة ولو تدريجياً إلى اعتماد مبدأ التوازن في الموازنة أو خفض العجز فيها على الرغم من الضغوط السياسية والاجتماعية، وتحت تهديد اللجوء المستمر إلى الشارع، في كل آن، من أجل زيادة الإنفاق وعدم اللجوء إلى زيادة الواردات عن طريق فرض المزيد من الضرائب والرسوم أو التشدد في جبايتها، وهو الأمر الذي كان يعني ببساطة تسجيل المزيد من العجز وبالتالي تحمل الزيادة المطردة في حجم الدين العام. وما علينا في هذا الصدد إلا مراجعة جميع فذلكات الموازنات العامة من العام 1993 حتى العام 1998 لنجد أن كل فذلكة كانت تصرّ على هذا الهدف، وتُفنّد أهميته وضرورة تبنيه. كما أنها كانت تحض على اعتماده وتحذر من التراخي بشأنه أو الاستشراء في عدم احترامه، وان بقيت تلك الدعوات والتنبيهات بعيدة عمّن يتبناها أو حتى من يدافع عنها ما عدا الأصوات القليلة التي كانت تنادي بضرورة العودة إلى التزام مبدأ توازن الموازنة، ونخص بالذكر هنا ما كان يدعو إليه النائب والوزير السابق نسيب لحود.

لقد كان العمل الفعلي قائماً ومنذ العام 1993 من أجل الحدّ من تعاظم العجز في الموازنة والحدّ من زيادة حجم الدين العام. وعلى ذلك كان السعي الحثيث للتقدم على مسارات عدة كان من أهمها:

أولاً: السعي إلى تمويل الخطة الإنمائية والمشاريع الإعمارية عن طريق المساعدات، وفي حال عدم كفايتها عن طريق القروض الميسرة من الصناديق العربية والدولية، لاسيما وأن الحاجة إلى هذا النوع من الإنفاق كانت شديدة الإلحاح مع التأكيد على وجوب أن يصار بعد فترة إلى تمويل جزء من تلك الاحتياجات المالية من خلال "الوفر المستقبلي" في الموازنة، والذي كان الوزير السنيورة آنذاك مقتنعاً بضرورة العمل على تحقيقه[1].

ثانياً: كان العمل جارياً أيضاً على التقدم على مسارات الإصلاح في الموازنة والإصلاح الضريبي والإداري من خلال التصحيح التدريجي لمعدلات الضرائب والرسوم بما يحفز الاستثمار ويعزز الحركة الاقتصادية من جهة ويحسن مستويات الجباية ويعزز الحصيلة الضريبية من جهة أخرى، وهو ما سنعرض له بالتفصيل في الفصل التالي.

ثالثاً: كان العمل أيضاً جارياً على صعيد ترشيد الإنفاق وبرمجته بحيث تكون معدلات الزيادة في الإنفاق الجاري أقل من معدلات النمو الإسمي المتوقعة في الاقتصاد، أي بعبارة أخرى العمل على خفض نسبة الإنفاق الجاري إلى إجمالي الناتج المحلي.

رابعاً: كان العمل جارياً لإعادة بث الحيوية في أوصال الاقتصاد بتفعيل دور الدولة المحفزة للنمو الاقتصادي والعاملة على تعزيز دور القطاع الخاص وتشجيع مبادراته من خلال الاستثمار في البنى التحتية وإطلاق الحوافز التي منحت للاستثمار بما يعزز من فرص تحقيق النمو. ذلك ما كان مقدراً له أن يسهم من جهة أولى في إيجاد فرص العمل الجديدة وتحسين مستويات ونوعية عيش المواطنين وكذلك في زيادة مداخيل الخزينة جرّاء ذلك من جهة ثانية.

طبعاً لم يكن الجهد المبذول على هذه الصعد كافة، وحده، كافياً لتحقيق النتائج المرجوة. فتحقيقه كان يقتضي أن تؤازره ظروف سياسية وأمنية ملائمة. وحقيقة الأمر أن الواقعين السياسي والأمني، والاعتبارات المحلية والإقليمية والصدمات المحلية والخارجية العديدة التي تعرضت لها البلاد بما فيها الاجتياحات والاعتداءات الإسرائيلية المتكررة والضغوط الإقليمية والدولية على أكثر من صعيد، شكلت دائماً عاملاً إضافياً ضاغطاً، وفي أكثر الأحيان معطلاً حال دون تحقيق الأهداف المنشودة، وهو كله ما سنعرض له بالتفصيل في الفصل الخامس.

---

(1) راجع "فذلكة مشروع موازنة 1995 ومشاريع قوانين البرنامج الإنمائي" ص 15.

لكـــن، وعلـــى الرغم من كل تلك المعوقات والصدمات والضغوطات التي واجهتها البلاد وكذلك النكبات التي تعرضت لها أو حلت بها، فإنه يمكن القول إن هـــناك جملة من الأهداف الأساسية أو جوانب منها قد تحقق ولاسيما على صعيد إطـــلاق ورشة إعادة الإعمار واستعادة الثقة بالمقومات الأساسية والمهمة للاقتصاد اللبـــناني، بمـــا في ذلك تحسين سعر الصرف وتعزيز استقراره ومعه بالتالي استعادة القـــدرة الشرائية للمواطنين، وتعزيز معدلات النمو الحقيقي للاقتصاد. ولقد لعب مـــصرف لبـــنان وعلى رأسه الحاكم رياض سلامة دوراً هاماً وأساسياً على هذا الصعيد.

وبالفعـــل فقـــد تحسن سعر صرف الليرة اللبنانية من 2420 في نهاية أيلول 1992 إلى 1507.5 في نهايـــة كانون الأول 1998، كما يشير الرسم البياني 3-1 أدناه.

رسم بياني 3 – 1: سعر صرف الليرة تجاه الدولار الأميركي 1993– 1998

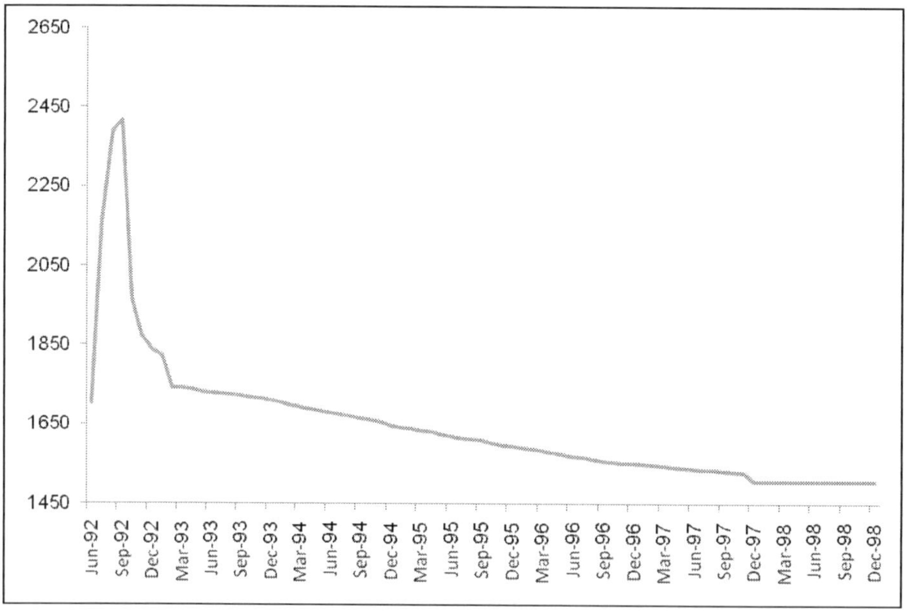

المصدر: مصرف لبنان

وارتفع احتياطي مصرف لبنان من العملات الأجنبية، كما يشير الرسم البياني 3-2 أدناه.

رسم بياني 3 - 2: احتياطي مصرف لبنان من العملات الأجنبية

(ما عدا موجوداته من الذهب) في نهاية السنوات 1990 - 1998

مليارات الدولار الأميركي

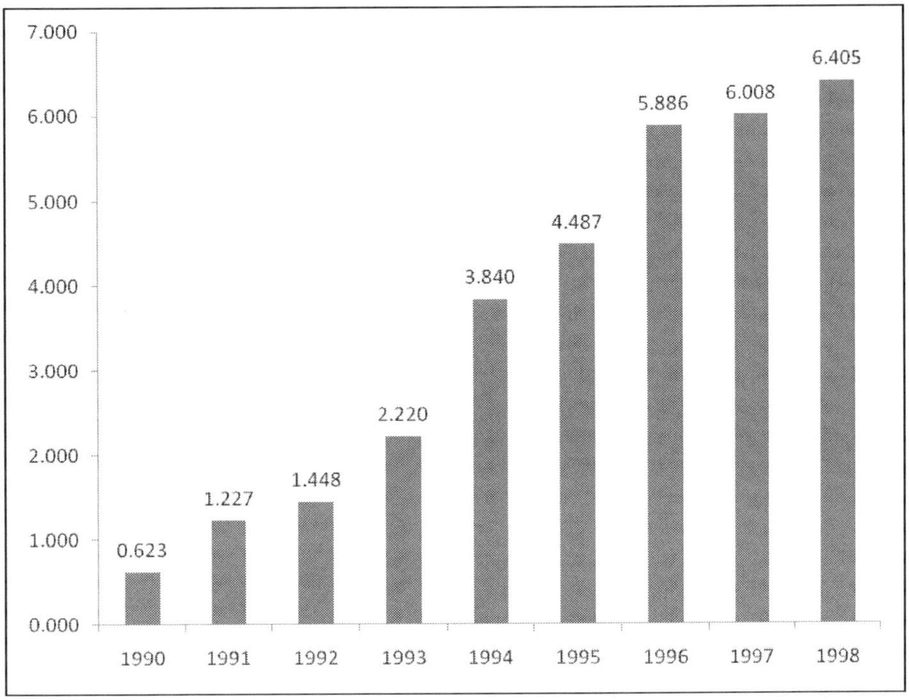

المصدر: مصرف لبنان

أما الأهم، فكان ارتفاع نسبة النمو الحقيقي للاقتصاد في تلك الفترة (رسم بياني 3- 3 أدناه) والذي كان من المقدر لها أن تكون أكبر مما تحقق لو لم يتعرض لبنان لنكسات عديدة أهمها الاعتداءات الإسرائيلية المتكررة وخاصة الاجتياحين الجويين في العامين 1993 و1996. وكذلك الصدمات السياسية الداخلية ومنها ما جرى في العام 1995 بنتيجة التشنجات الداخلية التي سادت بسبب الضغوط التي مورست من أجل تعديل الدستور للتمديد لرئيس الجمهورية الياس الهراوي وذلك ما أدى إلى تراجع نسبة النمو المحقق ابتداءً من العام 1995.

رسم بياني 3 - 3: نسبة النمو الحقيقي في الناتج المحلي الإجمالي 1992 - 1998

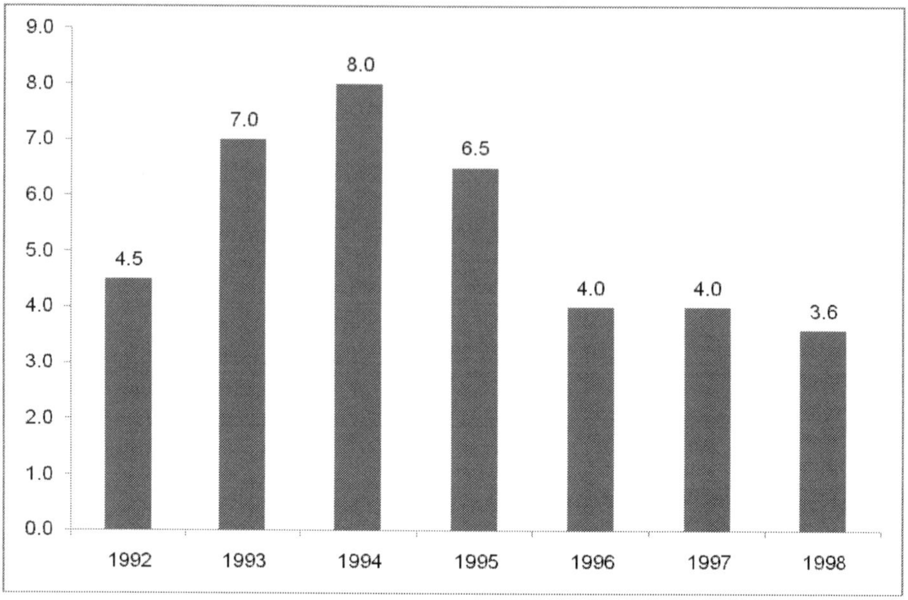

المصدر: الحسابات الوطنية

لقد تحقق هذا النمو الحقيقي في ظل تحسن كبير في القدرة الشرائية لليرة اللبنانية والتي أسهم فيها الانخفاض الملحوظ في نسبة التضخم، نتيجة الجهد الكبير المبذول لجهة تحقيق أكبر قدر من التنسيق والتلاؤم ما بين كل من السياسة المالية والسياسة النقدية حيث انخفضت تدريجياً ولكن بسرعة مقبولة ورشيدة نسبة التمويل المباشر من قبل مصرف لبنان لعجز الخزينة. ولقد أدى انخفاض معدلات التضخم إلى تحسن حقيقي في مستوى المعيشة لدى المواطن اللبناني وهو أحد المؤشرات المهمة على نسبة النجاح في الانتقال من اقتصاد الحرب وعدم الاستقرار إلى اقتصاد بدأ يتلمس حسنات وفوائد الاستقرار، وذلك من دون أن يكون أو أن يصبح استقراره على حساب انفتاحه.

طبعاً لم يأتِ ذلك كله من دون تكلفة، فإمكانات الدولة المحدودة بل المدمرة بعد سنوات طويلة من الحروب والصراعات وتراكم الحاجات الكامنة والمزمنة للمواطنين على مدى سنوات الحرب والتي تمّ طرحها عملياً دفعة واحدة على الحكومة شكلت عاملاً ضاغطاً على أكثر من صعيد اجتماعي وسياسي وأمني. يضاف إلى ذلك أن طبيعة البلد وتركيبته السياسية الهشة والقائمة على

الـزبائنية وأحـيانـاً كثيرة بعيدة عن اعتماد معايير الكفاءة ومستويات الأداء، كانت تجعل تحقيق أي تقدم على هذا المسار عسيراً من جهة، وباهظ الكلفة من جهة أخرى. وعليه فقد أدت جميع هذه العوامل إلى تزايد العجز في الموازنة وإلى ارتفــاع في حجم الدين العام، وذلك على الرغم من كل الجهود التي قامت بها الحكومة على صعيد الإصلاح وبالأخص الجهود التي قامت بها وزارة المالية على صــعيد تحقــيق تقدم نوعي على مسارات الإصلاح المالي والإداري والإصلاح البنـيوي في هيكلـية المـوازنة وبالتالي الزيادات التي استطاعت وزارة المالية تحقـيقها علـى مجمـوع الواردات التي كانت تحققها الخزينة على مدى تلك السنوات[1].

طبعاً كان الرهان أولاً وأخيراً على النمو كوسيلة أمثل لمعالجة المشكلة الهيكلية في الموازنة، ويتضح هذا التوجه في فذلكة موازنة العام 1995 التي طرحت طريقتين للتعامل مع مشكلة المالية العامة:

"الطــريقة الأولى ترتكز على سياسة تقشفية جذرية، أي بعبارة أخرى زيادة حــادة في الـضرائب والرسـوم مـع تخفيض في الإنفاق العام بما لهذا المزيج من الـسياسات من انعكاسات سلبية على الوضع الاجتماعي والنمو الاقتصادي وهو الأمر الذي لا يستطيع المواطن اللبناني تحمل أعبائه[2]".

تفـسير: أي أن تطبـيق اعتماد مبدأ التوازن في الموازنة بشكل سريع لم يكن لـيحقق الأهـداف المرجوة اقتصادياً واجتماعياً على المدى الطويل ولاسيما فيما خص إعادة الاعتبار للركائز الأساسية التي قام عليها الاقتصاد اللبناني والتأكيد على الاسـتقرار الاجتماعي وبالتالي السياسي. وعلى النقيض من ذلك فإن الالتزام بمبدأ الـتوازن في المـوازنة آنذاك كان سيتناقض مع الأهداف الاقتصادية والاجتماعية المـرجوة في ظل الظروف الاجتماعية والسياسية والاقتصادية التي ورثتها الحكومة. وهـو ما كان سيحمل معه مخاطر احتقانات اجتماعية ومعيشية وسياسية كان على الحكومة أن تجهد ومهما كلف الأمر على تفاديها.

---

(1) راجع في الملحق الثاني الجداول المتعلقة بالإحصاءات حول مجموع النفقات والواردات لدى الخزينة على مدى السنوات الماضية.

(2) راجع "فذلكة مشروع موازنة 1995 ومشاريع قوانين البرنامج الإنمائي" ص 19.

"الطـــريقة الثانية ترتكز على تعزيز وتسريع النمو على المدى المتوسط والبعيد من خلال طرح برنامج إنمائي واستثماري يُفعّل الاقتصاد ويزيد واردات الدولة من خلال النمو الاقتصادي وليس أساساً من خلال زيادة الضرائب والرسوم[1]".

تفسير: إن التسوية أو التساهل في الالتزام بمبدأ التوازن في الموازنة أو التضحية بـــه مؤقتاً كان أمراً مرحلياً اضطرت الحكومة إلى اعتماده. ولذلك كان لا بد من العمـــل علـــى تكبير حجم الاقتصاد حتى تستطيع البلاد بعدها أن تعود إلى اعتماد مـــبدأ خفـــض العجـــز في الموازنة على المديين المتوسط والطويل من خلال زيادة واردات الخـــزينة عـــبر النمو الاقتصادي وعبر بعض الزيادات كما حصل لاحقاً بالنسبة للضريبة على القيمة المضافة في العام 2002.

"لقد ارتأت الحكومة أن تأخذ بالطريقة الثانية من خلال مشروع موازنة العام 1995 ومـــن خـــلال مـــشاريع قـــوانين الـــبرنامج الإنمائـــي". (فذلكة موازنة 1995).

لقد سعى البرنامج الإنمائي الذي تمّ طرحه آنذاك في مشروع الموازنة إلى تحقيق ثلاثـــة أهـــداف أساسية: الأول العمل على إعادة إعمار ما هدمته الحرب وتطوير وتعزيـــز الـــبنى التحتـــية. والـــثاني تعزيز النمو المستدام والتنمية المناطقية المحفِّزة والمـــستدامة. والـــثالث أنسنة النظام الاقتصادي الليبرالي اللبناني. وفي هذا الإطار كانـــت هنالك استعادة للتجربة الشهابية في تعديل مفهوم اليد المرفوعة، وهو أمرٌ سـعى الـــرئيس الحريري إلى تحقيقه وإن كان ما قام به من إنجازات لم يعط حقه الكافي من الاعتراف بقيمته ودوره.

عملياً أخذت عملية إزالة آثار الحرب صورة إعادة بناء البنى التحتية الأساسية وتحقـــيق النمو والتنمية. ولكن الجانب الإنساني لم يكن أقل أهمية، فهو شمل أيضاً العمل على إعادة المهجرين إلى قراهم ومنازلهم من خلال تخصيص اعتمادات كبيرة لـــصندوق المهجـــرين (بالرغم من بعض الشوائب التي سادت عملية معالجة هذه القـــضية الـــشائكة وعدم اكتمال إنجازها حتى الآن)، وفي تثبيت أهل الجنوب في ديارهم منعاً لتهجيرهم من خلال تخصيص اعتمادات كبيرة لمجلس الجنوب (بالرغم مـــن بعـــض الـــشوائب التي سادت عمله)، وقد كان الاحتلال الإسرائيلي يسعى

---

(1) ذات المرجع أعلاه.

جاهداً لتهجير أهل الجنوب وجعله أرضاً محروقة. وقد اقتضى ذلك تخصيص وإنفاق مبالغ طائلة في هذا الخصوص بلغت حتى نهاية العام 2010 ما مجموعه 2310 مليار ليرة لبنانية بالنسبة لصندوق المهجرين (أو ما يفوق 1.5 مليار د.أ.) وما مجموعه 1694 مليار ليرة لبنانية بالنسبة لمجلس الجنوب (أو ما يفوق 1.1 مليار د.أ.) وذلك حسب ما يشير إليه الجدول البياني 3- 1 أدناه.

جدول بياني 3- 1: المبالغ المصروفة (مليار ليرة لبنانية) من قبل الصندوق المركزي للمهجرين ومجلس الجنوب من العام 1993 حتى العام 2010

السنة	الصندوق المركزي للمهجرين	مجلس الجنوب
1993	95	121
1994	260	126
1995	266	134
1996	94	69
1997	139	89
1998	140	74
1999	348	116
2000	324	242
2001	4	52
2002	8	128
2003	28	116
2004	144	111
2005	91	66
2006	47	40
2007	77	47
2008	56	46
2099	96	72
2010	95	46
المجموع	**2,310**	**1,694**

المصدر: وزارة المالية

هـذا طـبعاً إلى جانب ما تمّ القيام به من أجل إيلاء مسألة العناية بالإنسان، تـربيةً وصحة وأمناً وبيئة وسكناً وثقافة، الأهمية التي تستحق، وتأمين الموارد المالية اللازمـة للـتقدم على هذه المسارات. كل ذلك كان يمثل زيادة كبيرة في الإنفاق الجاري انعكست على حجم الإنفاق وبالتالي على زيادة العجز ومن ثم زيادة الدين العام وزيادة كلفة خدمته.

وللحقيقة فإن كمية التشويه والتعطيل والتفشيل كانت تزداد عنفاً كلما نجح الـرئيس الحريـري في التقدم على مسارات الإنجاز وزاد رصيده السياسي في بلدٍ تحكمـه مجمـوعة من التوازنات الدقيقة. وفي هذا المجال جرى ابتداع عبارة جرى نشرها وتعميمها وتتمثل بشعار قصد منه تشويه مسيرة الرئيس الحريري الاقتصادية والقائلة بأن اهتمامه يتركز بـ "الحجر قبل البشر". وهذه العبارة ليست في الواقع إلا بدعة سياسية لبنانية لا مقومات علمية لها. فالمعلوم لأي تلميذ في مادة الاقتصاد أن الأجر الذي يتقاضاه العامل مقابل جهده (Wage) هو انعكاس لإنتاجيته، وهي بـدورها- أي الإنتاجية- مرتبطة بتوافر البنى التحتية والأجهزة والمعدات (Capital). وبهـذا، تكون سياسة تعزيز الإنتاجية من خلال تأمين البنى التحتية الملائمة هي في الحقـيقة سياسـة الاعتناء بالحجر من أجل البشر. إذا لا تناقض على الإطلاق بين الاثنين، بل على العكس، فإن التكامل والتلاؤم هو ما يجمع بينهما.

ثم ألـيس تـأمين الحاجـات الملحـة للمواطـنين في مناطقهم من مدارس ومستـشفيات وشبكات طرق حديثة ومياه وكهرباء وصرف صحي، وسيلة أيضاً لوقـف النـزوح من الريف إلى المدينة، والحد من ظاهرة نشوء أحزمة البؤس على تخـوم المـدن الكبرى؟ أليس ذلك مسألة ضرورية لتحسين مستوى ونوعية عيش المواطنين؟ أليس ذلك حقيقة هو اهتمام بالبشر أولاً؟

كـذلك الأمر، فإن الرأي القائل بأن سياسة الحريري لم تركز بشكل كاف على ما يسميه البعض "الاقتصاد المنتج" فيه تجاهل لنظام لبنان الاقتصادي وكذلك أيـضاً تجاهل لمعنى "الإنتاج" في المفهوم الاقتصادي الحديث. فالواقع بأن نظام لبنان الليـبرالي لا يتـيح للدولة أن يصار إلى دعم قطاع على حساب قطاع آخر. وهذا الأمـر على كل حال، ليس من الحكمة اتباعه وليس هو من الخيارات الاقتصادية الرشـيدة. فجل ما تستطيع الدولة القيام به هو تجهيز البنية التحتية وإعداد الإنسان

وتمكينه وتعزيز قدرته على المشاركة في العملية الإنتاجية، وترك الخيارات الإنتاجية والتوزيعية للقطاع الخاص. وقد كان ما قامت به الدولة على هذا الصعيد مفيداً لجميع القطاعات.

مسألة أخرى يجب تسليط الضوء عليها وهي أن المستثمرين اللبنانيين في الخارج والداخل والمستثمرين من غير اللبنانيين كانوا مترددين ولأسباب شتى في توظيف أموالهم في مشاريع إنتاجية في لبنان. ويعود ذلك بدرجة كبيرة إلى تردي مستوى الخدمات وعدم تلاؤم البنى التحتية الضرورية مع ما يحتاجه الاقتصاد ويستلزمه العمل على إطلاق العديد من المشاريع الإنتاجية، مما كان يسهم في تقليص فرص نجاحها. هذا ناهيك على العوائق الإدارية والقانونية التي لم تكن مُحصنّة أو محفِّزة لإقامة تلك المشاريع. كذلك كان التردد والإحجام يعود أيضاً وبشكل أساسي للأسباب والمصاعب الأمنية والصدمات التي كانت تتعرض لها البلاد واقتصادها وحالات اللااستقرار السياسية والأمنية التي كانت تشكل جوهر العوائق الأساسية التي كانت تدفع بالمستثمرين إلى الإحجام أو التردد.

طبعاً لقد ساهم مشروع الرئيس رفيق الحريري الإنمائي بشكل هام في استعادة لبنان بعضاً من دوره التاريخي الريادي في المنطقة على صعيد الخدمات، وحيث كان لما نجحت الدولة في إعادة اعتماده من قوانين وإجراءات محفزة دور إيجابي في هذا المضمار. كذلك لعبت الخبرات العالية والميزات التفاضلية الأخرى التي توفرت لدى لبنان واللبنانيين دوراً هاماً ومحورياً في تحقيق ذلك وهي التي شجع على إظهارها وإبرازها مبادرات ونشاط القطاع الخاص ولاسيما على الصعد المصرفية والسياحية والخدماتية عموماً.

من جهة أخرى فإن حصر مفهوم "الإنتاج" الاقتصادي بالقطاعات التقليدية أي الزراعة والصناعة أصبح يتبدى أنه مفهوم قديم لا يتلاءم مع التطورات والمتغيرات التي شهدها العالم على مدى السنوات بل العقود القليلة الماضية. فالواقع أن كل عمل اقتصادي يؤدي إلى قيمة مضافة في الاقتصاد هو نوع من الإنتاج من دون ان يعني ذلك إهمالاً للقطاعات الإنتاجية التقليدية.

والحقيقة أنه في ظل تطور اقتصاد المعرفة فإن قطاع الخدمات ولاسيما تلك المتعلقة بالخدمات التكنولوجية والاتصالات وداتا المعلومات قد أضحت

القطاعات حيث القيمة المضافة الأكبر وهي التي تحظى باهتمام متزايد، وتحقق نمواً أعلـــى، وتدفع بالاقتصاد عامة إلى تحقيق مستويات أعلى من النمو. ذلك ما أدى إلى أن يـــتلازم الـــتطور الاقتصادي للكثير من الدول مع انخفاض نسبة الزراعة والصناعة في مكونات اقتصاداتها وارتفاع نسبة الخدمات في تكوين الناتج المحلي. وعلى سبيل المثال يمثل قطاع الخدمات 77% من مجمل الاقتصاد الأميركي، فهل هـــذا يعني أن 23% فقط من هذا الاقتصاد (أي الصناعة والزراعة) تمثل اقتصاداً منتجاً؟

أمـــا الاتهام الآخر الذي لطالما جرى توجيهه للرئيس الحريري فكان في أن مشروعه الاقتصادي راهن على تحقيق السلام في المنطقة، وكأن في ذلك عيباً أو نقيـــصة بـــأن يجـــري الـــسعي إلى إعداد لبنان واقتصاده من أجل التعامل مع التحديات ومواجهة مرحلة السلام التي كانت هناك جهود هامة تبذل على هذا المضمار ولاسيما بعد انعقاد مؤتمر مدريد آنذاك. وبالتالي فأين هي المشكلة في أن يـــصار إلى إقـــدار البلاد ببناها التحتية واقتصادها وقدرات مواطنيها على التلاؤم من أجل مواجهة تحديات كبرى قد تنتج عن المنافسة الشديدة التي كان سيتعرض لها لبنان كمركز مالي واقتصادي وثقافي وفكري في حال تحقق السلام العادل والشامل، كون تحديات السلام قد تكون أدهى وأمرّ من تحديات الحرب نظـــراً إلى مـــا تتطلـــبه من بنية تحتية حديثة ومتطورة ومهارات علمية ومهنية عالية.

وتأسيساً على ذلك كان يجري وبشكل دائم العمل على تشويه أي مبادرة لإقامة البنى التحتية وتعزيزها بأنها موضوعة من أجل السير في عمليات التسوية ولـــيس من أجل إقدار الاقتصاد على تحقيق النمو ونشر وتعزيز جهود التنمية المناطقـــية. بناءً على ما تقدم، جرت عمليات مستمرة من أجل تشويه عدد من برامج التنمية كمثل برامج إعادة تطوير خط السكة الحديد على طول الساحل اللبناني ومشاريع الأوتوسترادات، بالإدّعاء بأنها إعداد لعملية الاتصال والتطبيع مع الكيان الإسرائيلي! ونحن ويا للأسف نحصد اليوم ونتحسّر على عدم قيامنا بالجهـــد اللازم من أجل معالجة مسألة الخط الساحلي لسكة الحديد ولمشاريع الأوتوسترادات. ولقد امتد التشويه السياسي المتعمد ليطال مشروع إيجاد منطقة

للـــصناعات الخفيفة ومشاريع للمؤسسات الصغيرة والمتوسطة وإقامة مشاريع لحاضنات الأعمال ومشاريع أخرى في ميدان الاقتصاد الجديد (New Economy) في مـــنطقة القريعة، بالقول بأنها كانت من أجل توطين الفلسطينيين في لبنان! وهـــي كلـــها ادعـــاءات تنافي الحقيقة جملة وتفصيلاً. ولم يكن المقصود منها ســـوى تشويه صورة الرئيس الحريري ومشروعه الاقتصادي وأهدافه التي كان يـــريد مـــن خلالهـــا إعـــداد وإدخال الاقتصاد اللبناني في عالم القرن الواحد والعشرين.

علـــى الرغم من ذلك، فإن القول بأن البرنامج الإنمائي راهن على السلام ولم يحسب للحرب حساباً فيه الكثير من التجني، وما علينا إلا أن نقرأ التالي في فذلكة مشروع موازنة العام 1995:

"وليكن في علمنا بنفس المقدار أنه وحتى الوصول إلى السلام فإننا أمام مرحلة هـــي من الصعوبة بمكان بحيث تتطلب منا توفير كل مقومات الصمود لها. وهذا لا يمكـــن أن يتم إلا من خلال برنامج إنمائي يحقق تقدماً ونهوضاً في مجالات عدة مما يعزز من مناعة اللبنانيين ويمكنهم من مواجهة الضغوطات التي يمكن أن يتعرض لها لبنان[1]".

أمـــا الاتهام المتعلق بأن البرنامج الإنمائي لم يكن متوازناً مناطقياً، فالأرقام كما يشير الجدول البياني 3- 2 أدناه، تبقى خير دليل على ما تحقق من مشاريع وكيفـــية تـــوزعها على المناطق اللبنانية. نقول هذا مع اعترافنا، كما سنعرض لاحقـــاً، أن الإنماء المحقق اقتصر وبشكل أساسي على البنى التحتية والخدمات الاجتماعـــية ولم يـــتجاوزها لتمكين هذه المناطق اقتصادياً وخلق فرص العمل بالقدر اللازم، وهو أساساً ومنطقياً ما كان يفترض أن يقوم به القطاع الخاص الـــذي جرى منحه الكثير من الحوافز ليقوم بهذا الدور المُؤَهل له بحكم طبيعته وان كانـــت الظروف الأمنية والسياسية لم تكن مؤاتية بالقدر الكافي. على أننا سنعمد في القسم الرابع من هذا الكتاب إلى اقتراح عدد من الحلول لهذه المسألة الهامة.

---

(1) راجع "فذلكة مشروع موازنة 1995 ومشاريع قوانين البرنامج الإنمائي" ص 21.

جدول بياني 3 – 2: المشاريع الاستثمارية المناطقية المنفذة على مدى السنوات 1992–2008 من قبل الإدارات والمؤسسات العامة

المحافظة	قيمة الاستثمارات مليار ل.ل	النسبة من المجموع	نسبة عدد السكان
الشمال وعكار	1,448	20%	20%
جبل لبنان	2,382	32%	40%
الجنوب والنبطية	1,648	22%	17%
البقاع وبعلبك الهرمل	1,037	14%	12%
بيروت	862	12%	11%
مجموع	**7,377**	**100%**	**100%**

المصدر: مجلس الإنماء والإعمار

ملاحظة:

1. لا يشمل هذا الملخص المشاريع ذات الطابع الوطني كالكهرباء والهاتف والمطار والأتوسترادات الدولية والمدينة الجامعية والمدينة الرياضية
2. لا يشمل هذا الملخص مشاريع النفايات الصلبة الممولة من الصندوق البلدي المستقل

قيل الكثير في خيارات الرئيس رفيق الحريري، ومشروعه الاقتصادي وسياساته المالية والنقدية والاجتماعية، وما زال الجدل مستمراً حتى اليوم وهو ما يزال يُستَخدم في مضمار السياسة أو التقاذف والتقاصف السياسي أكثر منه في إطار التحليل الاقتصادي الموضوعي. ويبقى وللأسف معظم ما قيل وما يقال خارج إطار البحث العلمي والواقعي. بل يبقى خارج أبسط تعريفات علم الاقتصاد: "دراسة الخيارات المتاحة في ظل المحدودية". طبعاً يشمل تعريف المحدودية في لبنان أيضاً المحدودية التي تمليها وتحتمها طبيعة النظام السياسي، وأحياناً كثيرة مدى الرغبة أو عدم القدرة على الانفتاح وقبول الآخر، أو محدودية الآفاق لدى البعض وبالتالي عدم القدرة على التلاؤم مع المتغيرات التي كانت تداعياتها قد بدأت تطرق باب لبنان بشدة وعنف في تلك الآونة.

الفصل الرابع

الإصلاحات الإدارية والمالية

لقد نجحت حكومات الرئيس الحريري في تحقيق بعض الإصلاحات الهامة بين العام 1993 والعام 1998 ولاسيما على الصعيدين الإداري والمالي. ولقد تمّ ذلك بالرغم من الظروف السياسية والأمنية الصعبة واللاجمة لأي جهد حقيقي في هذا المضمار، بما في ذلك ما كان يفرضه السقف السياسي والاقتصادي الذي حدّ من قدرة الرئيس الحريري على التحرك بسهولة وبفعالية، والعوائق الذي عمل واضعوها، وفي كثير من الأحيان على تفشيل مشروع الرئيس الحريري الاقتصادي.

وفي سياق عملية الإصلاح والنهوض التي حاولت حكومات الرئيس رفيق الحريري انتهاجها اعتباراً من العام 1993، كان للإدارة العامة حيز واسع من الاهتمام. ولقد برز ذلك جلياً في جدّية العمل على تنظيم وتحديث هيكلية تلك الإدارة، وتنمية ورفع كفاءة وإنتاجية وفعالية الموارد البشرية فيها، ومعالجة مكامن الهدر والخمول داخلها، وإيلاء الاهتمام برواتب وتعويضات العاملين في الإدارات والمؤسسات العامة وتنظيمها وترشيدها والعمل على تلاؤمها مع حاجات الاقتصاد لتعزيز الإنتاجية.

ففي أول جلسة استثنائية لمجلس الوزراء انعقدت بعد تأليف حكومة الرئيس رفيق الحريري الأولى، بدأت أولى الخطوات التنفيذية في عملية الإصلاح داخل الإدارة العامة، إذ فُتح ملف التطهير الإداري، تنفيذاً لقانون رفع الحصانة عن الموظفين، وبادر الوزراء، بطلبٍ من رئيس الحكومة، إلى تقديم لوائح بأسماء الموظفين الذين يمكن الاستغناء عن خدماتهم. ذلك أن الحرب الأهلية رتّبت أعباءً كبيرة على الإدارات والمؤسسات الرسمية وأدّت إلى انتشار حالات اللامبالاة والخمول والتسييس والفساد داخلها. وقد صُنّف موظفو القطاع العام آنذاك نوعان: الأول تضمّن أسماء موظفين متغيبين أو منقطعين عن العمل، وقد وصف هؤلاء بـ "الموظفين الأشباح" وكانوا

كُثُر. والنوع الثاني تضمن أسماء موظفين متهمين بارتكابات مسيئة إلى الإدارات التي يعملون فيها، أو ممن لا حاجة إلى خدماتهم أو غير أكفاء أو يعتبرون فائضاً.

وبناء على قرار من مجلس الوزراء، تم صرف 1805 موظفاً بسبب انقطاعهم عن الوظـيفة واستمرارهم في تقاضي رواتبهم، وإقالة 500 موظف بتهمة تقاضي رشاوى والإفـساد في الإدارة وإحالة نحو 100 آخرين على المجلس التأديـي العام وتوقيفهم عـن العمل، واعتبار 1500 موظف فائضين في الإدارات وإحالتهم على مجلس الخدمة المدنـية علـى أن يُصار إلى تدريبهم وتأهيلهم تمهيداً لإعادة توزيعهم على الإدارات العامـة التي تحتاج إلى موظفين إضافيين. هذا بالإضافة إلى 100 موظف من البلديات أقيل بعضهم وأحيل البعض الآخر على المجلس التأديـي.

والجديـر بالذكـر أن عملـية التطهير الإداري التي خاض غمارها الرئيس رفيق الحريـري فـور تسلمه الحكم، جاءت بعد 27 عاماً على آخر حملة تطهير أجريت في عهـد رئـيس الجمهورية السابق الأستاذ شارل حلو. والواقع أنه ومنذ العام 1966 لم يـسمح لأجهزة الرقابة بالتحرك لاجتثاث الأمراض التي أصابت الإدارة. تجدر الإشارة إلى أن عملـيات الـتطهير والمحاسبة التي كانت تُطبّق على الموظفين في ذلك الحين، لم تكن مبرّرة أو تستند إلى أية قضايا أساسية واضحة المعالم، إذ كانت تتم على أساس ما تتـناقله الألـسن بصرف النظر عن محاولة معالجة المشكلة من جذورها، لأن هذا الأمر يحـتاج إلى تدقيق متواصل في أداء الموظف لمعرفة حجم الإنتاج الذي يحققه للإدارة أو لخزينة الدولة أو مدى تهاونه أو تجاوزه صلاحياته خلال قيامه بعمله.

لـذلك، فإن حملة الإصلاح الإداري والتطهير التي باشر بها الرئيس الحريري عملـت على إعادة الاعتبار إلى أجهزة الرقابة الرسمية: مجلس الخدمة المدنية وهيئة التفتـيش المركـزي وديوان المحاسبة ومعهد الإدارة، بعدما كانت قد شُلّت أعمال هـذه المجالس والهيئات بسبب الحرب التي عصفت بالبلاد. ولقد كان الهدف من ذلك الجهد الإصلاحي المبادرة والإسهام الجدي في تفعيل الإدارة وتنميتها واستعادة تلـك المجـالس والهيـئات لمهامهـا الرقابية المنصوص عليها، لكي تستطيع القيام بالمسؤوليات الملقاة على عاتقها.

من جهة أخرى، وبموازاة عملية التطهير الإداري، أولت الحكومة اهتماماً بالغاً بـرواتب وتعويـضات العاملين في القطاع العام، منطلقةً من قاعدة أساسية تقضي

بربط الرواتب والتعويضات بتحسين عملية الاختيار والتعيين، والتقييم على أساس الأداء والفعالية والإنتاجية. وهنا تجدر الإشارة إلى أن الرئيس رفيق الحريري خاض حــربــاً ضروســـاً اســـتمرت أكثر من خمس سنوات لإقرار مشروع قانون جديد لسلسلة الرتب والرواتب تتكامل فيه الحوافز المادية مع الإصلاحات الإدارية بهدف الوصــول بالقطاع العام إلى الدرجة المأمولة من الريادة وتحقيق الزيادة في الإنتاجية والإنـــتاج وبما يؤهل الإدارة بعد ذلك للإسهام بفعالية في تحقيق النمو الاقتصادي والتنمـــية المناطقـــية. ولكن هذا المشروع جرى إفشاله من قبل الرئيس إميل لحود الذي أصرّ على إقرار الزيادات من دون إقرار المواد الإصلاحية ما شكّل ضربة قوية لجهود إصلاح الإدارة وترشيد الإنفاق.

وبالعـــودة إلى الوقائع، فقد بادرت الحكومة برئاسة الرئيس رفيق الحريري في العـــام 1994، إلى تـــشكيل لجنة وزارية لإعداد تقرير شامل عن مشروع سلسلة الرتب والرواتب ودمج الرواتب والتعويضات، وفقاً لأحكام القانون الرقم 94/372.

في 15 تموز 1994 انعقد الاجتماع الأول للجنة، فأعلنت أن السلسلة النهائية للـــرتب والـــرواتب تحتاج إلى سنتين لإنجازها. من هنا، انصبّ الجهد على إعداد السلـــسلة المـــرحلية، ونشأت لهذه الغاية لجنة فرعية لتوصيف الوظائف وتصنيفها ووضع سلسلة جديدة للرتب والرواتب.

انطلـــق عمـــل اللجنة الفرعية، بالتعاون مع ممثلين عن وزارة العدل وقيادتي الجيش والأمن الداخلي، وخلال الفترة الممتدة بين منتصف تموز ونهاية تشرين الثاني مـــن العام 1994، تمكنت اللجنة من إحصاء 220 نوعاً من أنواع التعويضات التي صُـــنّفت علـــى النحو الآتي: تعويضات قابلة للدمج في أصل الراتب تبعاً لطبيعتها، تعويـــضات تحـــتمل التأويل، وتعويضات يجب إلغاؤها. واستطاعت اللجنة صياغة تقريـــر خـــاص بمشروع سلسلة الرتب والرواتب والتوصيف الوظيفي موصية فيه بجملـــة اقتـــراحات، أبرزها: الفصل بين الأسلاك المختلفة والفئات داخل السلك الـــواحد، زيادة ساعات العمل الأسبوعي من خلال اقتراح دوام جديد للعمل بعد الظهـــر لمـــدة 4 أيام في الأسبوع وإلغاء ساعات العمل الإضافي، إضافة ما يلحق الـــراتب الجديد من زيادة في المحسومات التقاعدية وفي اشتراك الموظف في صناديق التعاضد وتعاونية موظفي الدولة، واعتبار ما يزيد من الدخل الحالي للموظف على

الراتب الأساسي الجديد بمثابة تعويض تصفية مرتبط بالموظف الذي يتقاضاه حالياً طالما يشغل الوظيفة المسندة إليه ولا يستفيد منه أي موظف جديد، ويُقطع عن الموظف المستفيد منه في حال انتقاله من وظيفته إلى وظيفته أخرى. كذلك، أعادت اللجنة النظر في النسبة المئوية لما تبقى من تعويضات ملحقة بالراتب وغير قابلة للدمج، ورأت إعادة احتسابها كتعويض مقطوع في ما عدا التعويض العائلي الذي سيبقى مرتبطاً بنسبة مئوية من الراتب.

لقد شملت المعالجة أوضاع نحو 97 ألف موظفاً و33 ألف متقاعداً في الإدارات العامة والجامعة اللبنانية. وبعد الدراسة، تبين أن كلفة مشروع الزيادات التي ستطرأ على الرواتب في القطاع العام هي أكثر من 500 مليار ليرة وذلك بموجب السلسلة المرحلية للرتب والرواتب على أن يُعاد النظر في ضوء السلسلة النهائية في منتصف العام 1996 بعد إنجاز التوصيف الوظيفي.

في 14 شباط 1996، وافق مجلس الوزراء على مشروع قانون يرمي إلى تحويل سلاسل رواتب القضاة وموظفي الملاك الإداري العام وأفراد الهيئة التعليمية في الجامعة اللبنانية وتعديل أسس احتساب معاشات التقاعد وتعويضات الصرف من الخدمة، على أن تتم إحالته إلى مجلس النواب. وأبرز العناصر الإصلاحية التي تضمنها هذا المشروع، إضافة إلى التغييرات الطارئة على الرواتب: إلغاء مجموعة واسعة من التعويضات باستثناء العائلية منها والنقل والسكن والوكالة والمهمات الخاصة، وتحديد أسس احتساب المعاش التقاعدي أو تعويض الصرف، وتحديد دوام العمل الأسبوعي في الإدارات العامة 40 ساعة، وتحديد شروط التعيين في إحدى الفئتين الأولى والثانية واللجنة التي ستتولى الإشراف على الاختبارات التي ستؤدي إلى التعيين، مشيراً إلى أهمية اعتماد نظام لتقويم الأداء من أجل تطبيق مبدأي الثواب والعقاب بما يتيح لمجلس الوزراء، وفق الأصول، أن يصرف من الخدمة كل موظف، مهما تكن فئته أو رتبته، إذا كان أداؤه وسطاً أو أقل من الوسط خلال سنتين متتاليتين.

وبعد مرارات ونقاشات طويلة تخللتها مفاوضات عديدة مع نقابات الموظفين والروابط التعليمية ومع لجان المالية والإدارة والعدل واللجان المشتركة في مجلس النواب، تمت إحالة مشروع القانون إلى مجلس النواب بعد إجراء بعض التعديلات

عليه. لكن مشروع القانون ما لبث أن توقف طويلاً عند عتبة الهيئة العامة في مجلس النواب. إلاّ أنه وبعد جهد جهيد تم التوصل إلى جملة من الإصلاحات التي كان من الممكن إقرارها مع إقرار سلسلة الرواتب والأجور الجديدة والتي كانت تضمن حداً أدنى من الإصلاحات الهيكلية بما في ذلك زيادة ساعات العمل إلى 36 ساعة أسبوعياً فضلاً عن إجراءات جديدة لعملية اختيار موظفي الفئة الأولى والثانية على أساس اعتماد معايير الكفاءة والمؤهلات.

وفي أواخر العام 1998، وكان ذلك بعد أن تم انتخاب العماد إميل لحود رئيساً للجمهورية، وقبل يوم واحد من جلسة مجلس النواب التي كان مقرراً عقدها لإقرار وإصدار مشروع قانون سلسلة الرتب والرواتب، وجّه رئيس الجمهورية المنتخب رسالةً شفهية إلى رئيس الحكومة رفيق الحريري عبر ضابطين في الجيش اللبناني أبلغه فيها قبوله إقرار الزيادة على سلسلة الرتب والرواتب على أن يتم حذف جميع البنود الإصلاحية التي يتضمنها مشروع القانون في هذا الخصوص، مفضّلاً تأجيل إقرار تلك البنود الإصلاحية إلى وقتٍ لاحق على أمل أن يصار إلى إقرارها في مشروع منفصل وبعد أن يصار إلى إعادة النظر فيها.

وبالرغم من محاولات حثيثة بذلها وزير الدولة للشؤون المالية فؤاد السنيورة من أجل العمل على إقناع رئيس الجمهورية المنتخب القبول بإقرار تلك الأحكام، لم يتسنّ لهذا المشروع أن يصدر وفق الصيغة والمنهجية الذي بني عليها، وكان أن صدر القانون رقم 98/717 بعدما تم حذف جميع البنود الإصلاحية منه لدى موافقة مجلس النواب عليه. وبذلك تمّ إجهاض تلك المحاولة الأولى والهامة التي قام بها الرئيس الحريري من أجل إقرار قانون متكامل يضمن حقوق موظفي القطاع العام من جهة، ويحقق زيادة في إنتاجية إدارات الدولة ومؤسساتها من جهة أخرى. ولقد أُجهضَت هذه المحاولة الإصلاحية حقيقةً لأسباب غير جوهرية لاسيما وان المشروع قد أشبع درساً على أكثر من صعيد نيابي ونقابي على مدى سنتين في مجلس النواب. بل كان الكيد السياسي على ما بدا بعد ذلك هو السبب الحقيقي في إلغائها. وكانت فداحة الأمر هي بإقرار الزيادات من دون إقرار الإصلاحات. لقد ترتب على ذلك آثار سلبية بعيدة المدى على صعيد مبدأ وفكرة إصلاح الإدارة وترشيقها، وبالتالي ترشيد الإنفاق وجعله أكثر مردوديةً للاقتصاد وللمواطنين.

على هذا، تعطل بفعل ذلك مسار الإصلاح الإداري الذي كان يحتاجه لبنان ولا يزال يحتاجه حتى اليوم بشدة، لمواكبة التلاؤم الضروري مع المتغيرات الاقتصادية العالمية، وللتأكيد على أهمية تثبيت الاستقرار الاقتصادي، ومن ثمّ لتحقيق القفزة النوعية التي يحتاجها لبنان لتحقيق التقدم والازدهار.

* * *

كانت فرص نجاح الإصلاح أوفر على صعيد المالية العامة منها على صعيد إصلاح الإدارة العامة. ولقد خاضت وزارة المالية عملية إصلاحية شاملة استطاعت أن تحقق إنجازات هامة وذلك بالرغم من فداحة تركة الحرب وأيضاً بالرغم من التعقيدات السياسية والأمنية التي واكبت عملية إعادة الإعمار والنهوض، ومحاولات التفشيل المستمرة لمسيرة الرئيس رفيق الحريري بشكل عام.

كانت حكومة الرئيس رفيق الحريري الأولى قد ورثت وضعاً مالياً متدهوراً بسبب عجز الحكومات المتتالية في مرحلة الحرب وحتى في مرحلة ما بعد اتفاق الطائف عن فرض سلطتها على مرافق الدولة ومصادر إيرادات الخزينة. ولم تتمكن إدارات الدولة بالتالي من تحصيل الضرائب والرسوم المتوجبة للخزينة، وذلك على الرغم من استمرار الدولة في أداء واجباتها وقيامها بتحمل الجانب الإنفاقي من أجل تأمين الحد الأدنى من الخدمات العامة التي كان يحتاجها المواطنون بإلحاح شديد.

هذا من جهة، أما من جهة أخرى، فقد كان إدراك الفريق الاقتصادي الجديد للرئيس الحريري بأن العالم قد تغير من حول لبنان خلال العقدين اللذين أصيب لبنان خلالهما بكبوته وانتكاسته الاقتصادية، بل بتدهوره الاقتصادي والمالي والنقدي، بسبب الحرب. وإزاء هذا الواقع المأزوم كان من المفترض إعادة النظر في فلسفة ومستويات وإجراءات الضريبة المعتمدة والقوانين أو المراسيم التشريعية المنبثقة عنها والناظمة لها (والتي كان آخرها في العام 1959) وضرورة تحديثها عبر إصلاح ضريبي شامل يعيد للقطاع الخاص دوره الريادي في الاقتصاد، ويمكّن أيضاً، ومن جهة ثانية، الحكومة من تحصيل مبالغ أكبر من الإيرادات التي تحتاجها للاضطلاع بدور المسهل والممّكن والمواكب لعمل القطاع الخاص وكذلك لتأدية دور الدولة الراعية وأيضاً الناظمة للحركة الاقتصادية.

لقد كان التحدي الحقيقي أمام حكومة الرئيس الحريري يكمن تماماً في إعادة صوغ نظام ضريبي قادر على تحقيق التوازن ما بين تعزيز الموارد اللازمة لصالح الخزينة وتنشيط المبادرة لدى القطاع الخاص، أي العودة إلى روحية النظام الاقتصادي الليبرالي اللبناني الذي يلعب فيه القطاع الخاص الدور الرئيسي، وبما يسهم أيضاً في التقدم على مسار العودة إلى اعتماد مبدأ التوازن في الموازنة العامة، وهما ركيزتان أساسيتان فيه.

في هذا الإطار، شكّل الإصلاح الضريبي الذي أُقِرّ في نهاية العام 1993 وبدأ تطبيقه في العام 1994 المنحى الأساسي الذي بنيت عليه سائر الإصلاحات الضريبية التي طبعت فترة التسعينيات من القرن الفائت. وقد ارتكز هذا الإصلاح على مبدأ بسيط ولكن جريء ورؤيوي، تمثل بالمبادرة إلى خفض معدلات الضرائب وتبسيطها والسعي في آن واحد إلى التشدد في جبايتها. وكان في ذلك مراهنة كبيرة على القدرة لتوفير الحوافز اللازمة للقطاع الخاص للاستثمار من جهة، وكذلك من أجل تحقيق التجاوب الضريبي والتفاعل معه بإيجابية من قبل هذا القطاع الخاص من جهة أخرى وبما يؤدي إلى زيادة حقيقية في مجموع واردات الخزينة. وعلى ذلك فقد طبقت وزارة المالية هذا المبدأ على ثلاثة صعد مختلفة: أولاً ضريبة الدخل، ثانياً الضرائب غير المباشرة ورسوم الخدمات والرسوم العقارية، وثالثاً الرسوم الجمركية.

فيما خص ضريبة الدخل، نَصّ قانون الإصلاح الضريبي الصادر في العام 1993 والذي بدأ نفاذه في العام 1994 على ما يلي:

- خفض معدل الضريبة على أرباح المهن التجارية والصناعية وغير التجارية إلى أربعة شطور ما بين 3 و10% بدلاً من ثلاثة عشر شطراً بين 6 و50%.
- خفض معدل الضريبة على مداخيل الأفراد (رواتب وأجور) إلى ما بين 2 و10% بدلاً من 13 فئة ما بين 2 و32%.
- خفض معدل الضريبة على أرباح شركات الأموال والشركات محدودة المسؤولية وشركات التوصية بالأسهم إلى 10% بدلاً من 26% وخفض الضريبة على توزيع الأرباح إلى 5% بدلاً من 12%.
- خفض الضريبة على دخل رؤوس الأموال المنقولة إلى 10% بدلاً من 12%.

- إعفاء ربح التفرغ عن الأسهم من ضريبة الدخل.
- خفض معدل الضريبة على ربح التحسين إلى 6% بدلاً من 15%.
- إلغاء العلاوات على ضريبة الدخل.
- إقـــرار تسوية لأوضاع المكلفين بضريبة الدخل عن أعمال سنوات 1971 ولغاية 1991 ضمناً.

وكانـــت الأهداف الأساسية التي سعت إليها المرحلة الأولى من الإصلاح في ضريبة الدخل قد تركزت على ما يلي:

أولاً: هـــدفت التعديلات الكبيرة في النسب على ضريبة الدخل إلى تخفيف العبء الـــضريبـــي، وخـــصوصاً على ذوي الدخل المحدود، مما يؤدي إلى ازدياد القـــدرة الـــشرائية لـــدى هـــؤلاء، وبالتالي إلى ازدياد الطلب على السلع والخدمات بما في ذلك تلك المنتجة محلياً، وهو الأمر الذي يحفز أيضاً النشاط الاقتصادي.

ثانياً: أمّـــن خفض ضريبة الدخل على الشركات حافزاً لمؤسسات الأعمال لزيادة مـــستوى اســـتثماراها مما يخلق فرص عمل جديدة وينشط نمو الناتج المحلي الإجمالي ويجلب الاستثمارات من الخارج.

ثالثاً: ســـاهم خفض معدلات ضريبة الدخل على الشركات في الحد من التهرب الـــضريبـــي وزيادة تدريجية في جباية الضرائب تؤدي في المحصلة إلى حصيلة ضريبية للخزينة أكبر مما لو بقيت النسب على حالها.

كذلك منح هذا القانون إعفاءات وتنـــزيلات مهمة من ضريبة الدخل لذوي الـــدخل المنخفضو بموجب مختلف القوانين. فنص على فرض الضريبة على الدخل بعد أن يُنـــــزَّل (يعفى) منه لكل شخص طبيعي من المكلفين مبلغ 4,500,000 ل.ل.، ويضاف إلى هذا التنـــزيل مبلغ 1,500,000 ل.ل. للمكلف المتزوج و300,000 ل.ل. لكل ولد شرعي ما يزال على عاتقه.

وتجدر الإشارة إلى أن العام 1999 شهد تعديلاً إضافياً على هذه التنـــزيلات فأصـــبحت 7,500,000 ل.ل. لكل شخص طبيعي من المكلفين يضاف إليه مبلغ 2,500,000 ل.ل. للمكلـــف المتزوج و500,000 ل.ل. لكل ولد شرعي ما يزال على عاتقه.

وإذا ما أخذنا بعين الاعتبار التنـزيل للفرد، نسبة إلى الناتج المحلي الإجمالي للفـرد، نجد أن التنـزيل الضريبـي أكثر تقدميةً منه في لبنان من أي بلد غربـي بما في ذلـك اليونان وهو من أكثر البلدان الأوروبية منحاً للإعفاءاتٍ لناحية التنـزيل الضريبـي. ويبين الجدول البياني 4- 1 أدناه نسبة الدخل غير الخاضع للـضريبة إلى الناتج المحلي للفرد (وهو المؤشر لمستوى التقدم الاقتصادي) في العديد من الدول المتقدمة وفي لبنان، على صعيد المثال.

جدول بياني 4 – 1: الشطر غير الخاضع لضريبة الدخل ونسبته إلى الناتج المحلي الإسمي للفرد في لبنان وبعض الدول المتقدمة (أرقام العام 2008)

	الدخل غير الخاضع للضريبة ($)	الناتج المحلي للفرد ($)	نسبة الدخل غير الخاضع لضريبة الدخل إلى الناتج المحلي للفرد %
النمسا	14,730	$40,800	36.10
بلجيكا	9,427	$37,800	24.94
دانمارك	7,761	$37,800	20.53
فنلندا	18,559	$37,700	49.23
فرنسا	8,376	$33,700	24.86
ألمانيا	11,290	$35,900	31.45
اليونان	17,676	$32,400	54.56
هنغاريا	9,252	$20,000	46.26
لوكسمبورغ	15,223	$82,200	18.52
بريطانيا	10,081	$37,000	27.25
الولايات المتحدة الأميركية	8,024	$48,000	16.72
لبنان	5,000	$7,526	66.44

المصدر: قانون الضرائب في لبنان وبيانات مجموعة الـ OECD وحسابات مجمّعة

تزامن الجهد القائم على الصعيد التشريعي مع جهد متوازن على الصعيد الإداري لـزيادة الإنتاجـية والفعالـية مـن جهة وتحسين نوعية الخدمات التي تقدمها الدولة للمواطـنين، وذلـك عبر السير على عدة مسارات ومن بينها تعزيز المكننة والتحديث للأسـاليب والإجـراءات والقـوانين السارية المفعول. وبناءً على ذلك فقد أطلقت الحكـومة في العام 1993 ومن خلال وزارة المالية برنامجاً إصلاحياً إدارياً على الصعيد الـضريبـي، وسعت لتأمين الدعم الخارجي له بالتعاون مع الحكومة الكندية، وذلك لـتحديث الإدارة الـضريبية وتطويـرها بهدف تمكينها من القيام بدورها على صعيد التحـصيل الضريبـي بما يرفع حجم الواردات لدى الخزينة. هذا بالإضافة إلى تبسيط وتـسهيل عملية التصريح وتسديد الضرائب بما يسهم في تشجيع القطاع الخاص على الاستثمار ولكن أيضاً على الالتزام بدفع الضرائب المتوجبة.

ولقـد تضمن برنامج الإصلاح الإداري مبدأ تنمية القدرات البشرية وتمكينها من خلال تأهيل وتدريب موظفي وزارة المالية كافة مع تأكيد خاص على التشدد في عملية تعيين أصحاب الكفاءات لشغل المراكز الشاغرة في وزارة المالية ولاسيما مـن خريجي الجامعات في حقول إدارة الأعمال والاقتصاد ومدققي الحسابات ممن يتمتعون بأحدث المهارات في هذا المجال. كما لحظ برنامج الإصلاح الإداري مكننة جمـيع الإجـراءات العائدة لإيرادات الضرائب ووضع قاعدة بيانات شاملة تحتوي المعلـومات المـتعلقة بـالمكلفين وتم ربطهما بقاعدة بيانات لدى كل من مديرية الشؤون العقارية والمديرية العامة للجمارك.

و لم تقتصر الإصلاحات الضريبية المُستحدثة في الأعوام 1993 و1994 و1995 على ضريبة الدخل فحسب، بل تعدتها لتشمل أيضاً جميع أنواع الضرائب والرسوم بما فيها الرسوم العقارية، والرسوم الجمركية.

وكانت الحرب قد أدت إلى تدهور شديد في قدرات مديرية الشؤون العقارية بـشقيها: أمانـة السجل العقاري ومصلحة المساحة. و لم يعد من السهولة المحافظة على الخرائط والسجلات الموجودة والقيام بأعمال مسح الأراضي وكيلها وتسجيل المعاملات العقارية.

وكان وزير الدولة للشؤون المالية فؤاد السنيورة، وبطبيعة خلفيته الاقتصادية والمـصرفية، مدركاً تماماً لضرورة وأهمية الإسراع في إصلاح النظام القديم إصلاحاً

شاملاً وذلك نظراً إلى الدور الذي تضطلع به مديرية الشؤون العقارية، لا لجهة تعزيز واردات الدولة فحسب، بل أيضاً لأهمية قطاع العقارات في تحريك الدورة الاقتصادية عموماً، خاصة في المرحلة التي تلت انتهاء الحرب.

وقد اشتمل هذا الإصلاح في مرحلته الأولى (قانون العام 1994) على ثلاثة مكونات:

- خفض معدلات الضريبة على مداخيل الإيجارات بحوالي الثلثين. وكانت المعدلات السابقة للضريبة تحتسب بواقع 11% من القيمة التأجيرية وتتصاعد تدريجياً لتصل إلى حد أقصى قدره 23%، أما المعدلات الجديدة فأصبحت تبدأ من 4% وتصل إلى حد أقصى قدره 10% وذلك لتشجيع الاستثمار في المباني المخصصة ولاسيما للإيجار السكني لحل المشكلة المتعاظمة لموضوع السكن وتلافي الانعكاسات السلبية لذلك على صعيد الاستقرار الاجتماعي.
- إجراء دراسة ميدانية من أجل تسجيل الأسعار الحقيقية للعقارات على أساس الموقع والجوار والمنطقة والإقليم وذلك بهدف التخفيف من التباين بين التصريحات عن قيمة مبيعات العقارات وقيمتها الحقيقية أو القيمة التي تتم على أساسها عمليات التداول.
- العمل بمساعدة البنك الدولي على تحديث ومكننة عمليات مديرية السجل العقاري والمساحة واستبدال أساليب العمل القديمة من خلال تأسيس بنية تحتية إلكترونية للمعلومات واستعمال التكنولوجيا لدعم الإدارة الفعالة لحفظ ومكننة السجلات العقارية في لبنان.

لم يقتصر دور هذه الإصلاحات على صعيد تعزيز الواردات للدولة فحسب، بل شكلت مقدمة إلى إحداث قفزة نوعية في توفير الخدمة الجيدة والسريعة إلى المواطنين. وذلك من خلال استبدال المعالجة اليدوية لتسجيل العقارات بالمعالجة الإلكترونية مما أضعف دور الوسطاء و"معقبي المعاملات" وزاد من شفافية هذه العملية وأزال عملياً عمليات الابتزاز الأدبي والمالي والإضاعة المتعمدة للوقت التي كان يخضع لها المعنيون.

كانت الثغرات كبيرة في واقع عمل الدوائر العقارية ومنها المتمثلة بعدم الإبلاغ عن العقارات المبنية، أو التصريح الخاطئ عن حجم إشغال العقارات المبنية،

وعـــن ملكيـــتها (كان قسم كبير منها مسجل فقط لدى كاتب العدل) وعقارات مبنـــية بـــصورة مخالفة للقوانين. ذلك ما دفع وزارة المالية منذ البداية إلى الاهتمام بإصلاح مديرية الشؤون العقارية، فبدأت بتطوير نظام مكننة تسجيل العقارات في العام 1997. وتم إقرار خطة تنفيذ مرحلية لتأمين بدء استفادة المواطنين من المكننة، وبتسهيل إكمال الإجراءات في أسرع وقت ممكن.

ومـــن خلال هذه الإجراءات التي استكملت مع عودة الوزير السنيورة لاحقاً إلى وزارة المالية في العام 2000 بحيث تمكّن المواطنون من خلال ذلك الاستفادة من الخدمات المعززة بإجراءات تسجيل يومية أسرع وأفضل. وقد أثر ذلك إيجاباً أيضاً على الحركة العقارية التي شهدت نمواً متميزاً خلال العقد الأخير من القرن الفائت. حيث ارتفعت أذونات العمار الممنوحة (Construction Permits) من 6484 ألف متـــراً مربعاً في العام 2000 إلى 14361 ألف متراً مربعاً في العام 2009، كما يشير الرسم البياني 4- 1 أدناه.

رسم بياني 4- 1: أذونات العمار الممنوحة (آلاف الأمتار المربعة) بين العام 2000 والعام 2009

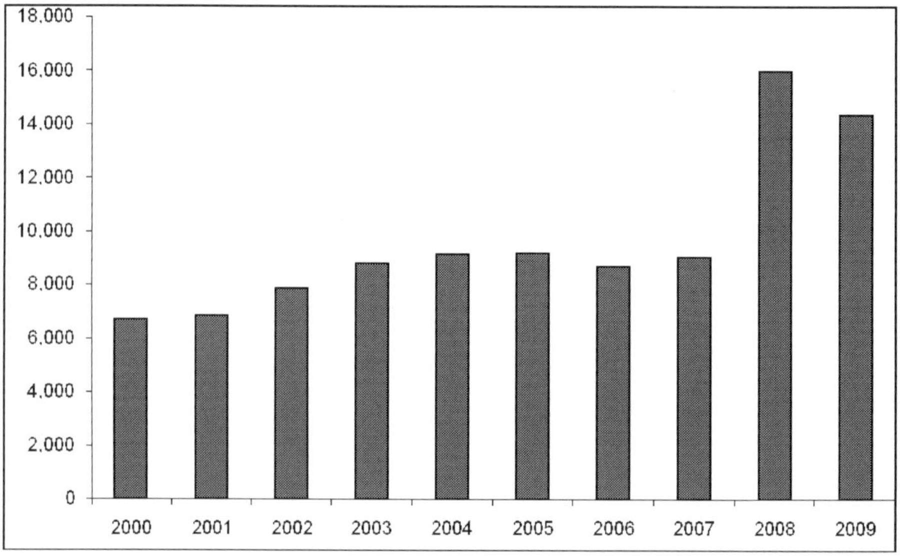

المصدر: نقابة المهندسين

كذلك شكّل الإصلاح الذي بدأ على الصعيد الجمركي، المسار الثالث لعملية إعـــادة صـــياغة وتحديث مفهوم الضرائب في هذا المجال؛ وهو الجهد الذي خاضته وزارة المالية.

لقد شكلت- كما فصلنا في الفصل الأول- حرية نظامي التجارة وتحويل القطع، وعدم وجود قيود على حركة انتقال رؤوس الأموال، ركيزة أساسية من الركائز الأربع التي قام عليها الاقتصاد اللبناني الليبرالي منذ الاستقلال.

وللحقيقة فالموقع الاستراتيجي للبنان وتاريخه وانفتاحه وتنوع شعبه وطبيعة تكوينه كبلد تجاري، حتى قبل نيل استقلاله رسمياً في الأربعينيات من القرن الفائت، قد أسهمت جميعها بطريقة مباشرة في اعتماد النظام الاقتصادي الليبرالي أبان الاستقلال وليس العكس.

وما نقصد قوله هنا هو أن انفتاح لبنان تجارياً أدى إلى اعتماده النظام الليبرالي، وليس اعتماده النظام الليبرالي هو ما أدى إلى تحوله إلى بلد تجاري. وتشكل هذه الإضاءة التي شرحناها في الفصل الأول، مدخلاً أساسياً لمقاربة السياسة الاقتصادية الأمثل للبنان، والأكثر فهماً لواقعه الاقتصادي المتمثل بشبكة مترابطة من العلاقات وموازين القوى الاقتصادية والاجتماعية.

وكما كان من المهم وضع السياسية الاقتصادية العريضة للرئيس الحريري، في هذا الإطار، فإنه من المهم أيضاً وضع سياسة الإصلاح الجمركي التي انطلقت في العام 1995 في الإطار ذاته أيضاً. وهي قد شكلت في الواقع عملية مهمة على صعيد تعزيز الإيرادات الجمركية من دون الوقوع في فخ الحمائية المعلنة أو المطلقة، ما كان سيهدد في حال اعتمادها أحد المكونات الأساسية للنظام الاقتصادي اللبناني بطريقة لا تتلاءم مع هويته وروحيته وطبيعته.

كان الإصلاح الجمركي الذي أطلق في العام 1995 أحد أوجه البراغماتية الاقتصادية التي تميزت بها السياسة الاقتصادية والمالية خلال تلك الفترة. وذلك من خلال إظهار القدرة على التكيف مع متطلبات النمو السريع للاقتصاد الوطني وتحريك قطاع الصناعة بعد كبوة طويلة بسبب الحرب، وما تأتى عن ذلك من ضغوط كان بعضها غير مبرر اقتصادياً (من زاوية القيمة المضافة المحققة) بهدف تحصيل المزيد من الحماية والتشجيع للإنتاج المحلي. كما يمكن إدراك سياسة الإصلاح الجمركي، لضرورة التكيف مع متطلبات العصر لجهة خفض الحواجز التجارية ضمن اتفاقية الشراكة مع المنطقة العربية (اتفاقية التيسير وتنمية التبادل التجاري بين الدول العربية) التي التزم بها لبنان ابتداءً من العام 1999، وأيضاً

اتفاقية الشراكة مع أوروبا التي كانت الحكومة قد بدأت جدياً بالتفكير بها والإعداد لها. وبالفعل فقد صُممّت السياسة الإصلاحية الجمركية من أجل تحقيق أهداف كانت تبدو أحياناً كَثيرة متضاربة ألا وهي الحاجة إلى تعزيز الواردات الضريبيةً، والحاجة إلى حماية بعض القطاعات الصاعدة، والحاجة إلى التأقلم مع متطلبات العولمة.

كانت الإيرادات الجمركية تمثل تاريخياً إحدى الواردات الأساسية للخزينة اللبنانية. وكانت سنوات الحرب قد ألحقت ضرراً جسيماً على هذا الصعيد بسبب ضعف هيبة الدولة وفقداها السيطرة على الموانئ والمرافق ونقاط العبور. وهذا الأمر هو الذي ألحق أيضاً الضرر بعمليات المديرية العامة للجمارك، المسؤولة عن التخليص الجمركي للبضائع المستوردة والمصدرة وعن إجراءات الرقابة وعن جباية الرسوم الجمركية.

ونتيجة لذلك، فقد أجرت وزارة المالية معاينة دقيقة لوضع المديرية العامة للجمارك وأطلقت بمساعدة برنامج الأمم المتحدة للتجارة والتنمية برنامجاً لإعادة تأهيلها.

وفي هذا الإطار أيضاً أقرت الحكومة قانون إصلاح التعرفة الجمركية الذي أصبح نافذاً في العام 1995. وقد نصّ على:

- استحداث تعرفة جمركية بنسبة 2% كحد أدنى على جميع المستوردات.
- دمج معدلات التعرفة وتوحيدها، وقد استبدل ثلاثون رقم تعريفي وتم اختصارها إلى اثني عشر رقم تعريفي.
- إلغاء الدولار الجمركي واستبداله بسعر الصرف المعمول به في السوق.
- الخفض النسبي لمعدلات التعرفة باستثناء مواد معينة.

كما نصّ القانون على:

- رفع الرسم الجمركي على التبغ والسجائر والمشتقات النفطية (البنزين).
- تحصيل الرسوم على مواد معينة كالتبغ، والإسمنت، والسيارات، وبعض المنتجات البترولية عند نقطة إدخالها إلى لبنان.

كما تبنت الجمارك آنذاك النظام المنسق للتعرفة الذي يعزز الشفافية ويطبق قوانين الاستيراد المعترف بها دولياً.

ولقد ترافقت هذه الإصلاحات مع جهود إدارية أخرى شكلت خطوة حاسمة على مسار تنفيذ عمليات المكننة التي حسّنت بصورة ملحوظة مسائل جمع المعلومات، وتخليص بيانات الشحن وتحسين أساليب استيفاء الرسوم والضرائب وتدقيق حساباتها بالكامل.

لقد شكل الجهد الذي قامت به وزارة المالية في مرحلة الأعوام 1993- 1998 على صعيد الإصلاح الضريبي والإداري والذي تحرّك على خطين متوازيين أي التشريع والتحديث، وعلى صعد إجرائية أخرى، أحد الأسس التي قام عليها مشروع إعادة بناء الاقتصاد وتحديثه وتطويره.

ولقد أدى هذا الجهد إلى تعزيز الواردات، وبالتالي إلى تقليص العجز المحتمل في الموازنة الذي كان سيتأتى عن الإنفاق الضخم الذي طبع هذه المرحلة (والذي سنعرض له في الفصل التالي)، لو لم يكن متزامناً مع عملية الإصلاح الضريبي والإداري.

ولم يكن تعزيز الواردات الضريبية والرسوم المباشرة وغير المباشرة من خلال التصحيح التدريجي لمعدلات الضرائب والرسوم وتحسين الجباية، الوسيلة الوحيدة التي اعتمدتها الحكومة آنذاك لرفع مستوى الإيرادات. إذ شمل هذا الجهد أيضاً تعديلاً تدريجياً لتعرفة بعض الخدمات لاسيما الكهرباء والماء والهاتف، ليتماشى ذلك مع التحسن التدريجي الذي طرأ على صعيد توفير تلك الخدمات وإن بقيت في الواقع أدنى بكثير من الكلفة الحقيقية لتأمينها ولاسيما بعد الزيادات الكبيرة التي طرأت على أسعار النفط العالمية مما جعل هذه الخدمة الهامة وما تزال مدعومة إلى حدٍ كبير من الخزينة اللبنانية.

بناءً على هذه التجربة الإصلاحية الهامة فقد ارتفع مجموع الإيرادات نسبة إلى الناتج المحلي الإجمالي بصورة ملحوظة بين عامي 1992 و1998 (الرسم البياني 4- 2 أدناه)، وذلك بالرغم من ارتفاع الناتج المحلي الإجمالي بشكل متسارع خلال هذه السنوات وهو ما ساهم بتخفيف العبء على الموازنة الذي نتج عن تمويل عملية إعادة الإعمار والإنفاق الجاري الضخم الذي طبع هذه المرحلة.

رسم بياني 4- 2: نسبة مجموع إيرادات القطاع العام إلى الناتج المحلي الإجمالي (1998 - 1992)

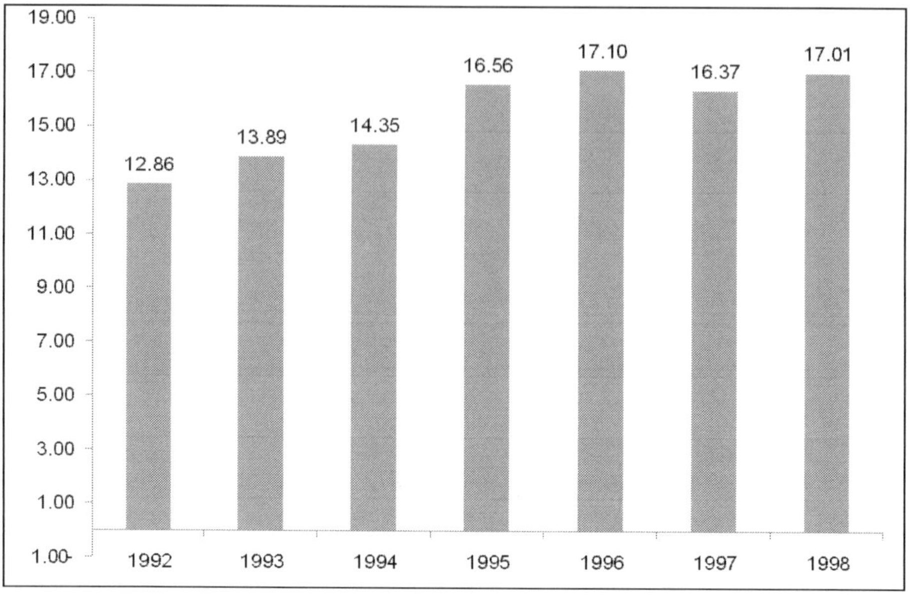

المصدر: وزارة المالية وحسابات مجمّعة

وفي حين لم يكن متاحاً قبل العام 1997 تبيان ما وفرته الواردات الضريبية وغير الضريبية من إيرادات، فقد سهّل الإصلاح الحاصل على صعيد إعداد الموازنة ذلك منذ العام 1997. فبعد عملٍ مضنٍ استمر عدة سنوات جرى اعتماد تنسيب جديد للموازنة العامة، يساعد في تحليل الإيرادات على المستوى الاقتصادي والمالي، إذ أصبحت منذ ذلك الحين الإيرادات الضريبية منفصلة عن الإيرادات غير الضريبية، وتم تصنيف هذين البندين في فئة مختلفة عن بنود مداخيل تمويل العجز، أي الاقتراض الداخلي والخارجي، وهو الأمر الذي لم يكن معتمداً قبل ذلك.

وقد أضحى بفعل ذلك، التصنيف للإيرادات مفصلاً بشكل يساعد على معرفة مصادر الإيرادات المحققة وكيفية ضبطها والعمل على تعزيزها بعد ذلك.

وعلى هذا الأساس فقد جرى تصنيف الإيرادات والمداخيل الأخرى بالنسبة للفئات الرئيسية والفئات الثانوية والتفصيلية؛ وتمّ توحيد جميع هذه التصنيفات بشكل يتطابق مع المعايير الدولية. وكان من الضروري، نتيجة لذلك، دراسة تفاصيل الإيرادات على مستوى البنود الثانوية بكل دقة، وتحديد طبيعتها ومصادرها

وكذلك اعتباراتها القانونية والإدارية، ثم تصنيفها تحت البنود الملائمة حسب النظام المحاسـبـي اللبناني. ثم جرى بنتيجة ذلك دمجها في الفئات الرئيسية والثانوية المتبعة في الدلـيل الـسنوي للإحـصاءات المالية الحكومية المعتمد من قبل صندوق النقد الدولي (GFS- Global Financial Statistics).

وقد انسحب الإصلاح في إعداد الموازنة أيضاً على تصنيف وتنسيب النفقات إذ تم اعـتماد تصنيف إداري ووظيفي واقتصادي في تنسيب نفقات الموازنة العامة باستعمال ثلاث مجموعات من الرموز.

ويحدد التصنيف الإداري للنفقات كل وزارة أو هيئة حكومية تكون مسؤولة عـن إنفـاق الأمـوال العامة. كما أنه يحدد المعاملات التي يجب أن تتم من قبل الوحدات الإدارية المسؤولة والوحدات الفرعية ضمن التنظيم التراتبـي.

أما التصنيف الوظيفي، فيبين القطاعات الرئيسية والجهات الحكومية المشتركة في تـوفير الخـدمات. وبمـا أن بعض المهمات تنفذ من قبل أكثر من وزارة مسؤولة عن الإنفـاق، لذلك فإن أهمية التصنيف الوظيفي يكون بتوحيد النفقات حسب الوظائف، الأمر الذي يمكّن من دراسة الاتجاهات في الإنفاق الحكومي، بغض النظر عن التصنيف الإداري وعـن التغـييرات التي قد تطرأ عليه. وبذلك تساعد هذه الطريقة على تحليل سياسـة الإنفاق في المستقبل وعلى تقدير النفقات بشكل أكثر دقة. وفي هذا الإطار تم تحديد الوظائف الرئيسية بحسب الدليل المعتمد لدى صندوق النقد الدولي.

أما التصنيف الاقتصادي للنفقات الحكومية بحسب خصائصها، فهو يبين نوع المعاملات التي تؤدي من خلالها الحكومة دورها وتأثيرها على سوق الإنتاج والسلع والخـدمات في الاقتصاد غير الحكومي، وعلى الأسواق المالية وكذلك على توزيع الدخل في الاقتصاد الوطني.

وعلـى هذا الأساس فقد أصبح بالإمكان من خلال التصنيف الجديد الذي تم اعتماده في العام 1997 ملاحظة الفرق في كيفية تخصيص النفقات الحكومية بالنسبة للـرواتب والأجور وشراء السلع والخدمات وكلفة خدمة الدين العام والمساعدات المالية والتحويلات والقروض(1).

(1) راجـع "فذلكـة مـشروع موازنة 1997" الفصل الرابع: "التنسيب الجديد المقترح للموازنة العامة" لمراجعة شاملة.

وأخـيراً ولـيس آخراً، لا بدّ من الإشارة أيضاً إلى أن الإصلاح الضريبـي الـشامل الـذي تم في التسعينيات كان بموجب قوانين، أي بإشراف تام وشراكة حقيقية من قبل مجلس النواب والرئيس نبيه برّي وهو الأمر الذي كان يحدث لأول مـرة في تـاريخ لبـنان، حيث كانت جميع الإجراءات والتعديلات الضريبية منذ الاستقلال وحتى ذلك الحين تتم بموجب مراسيم اشتراعية.

في الخلاصـة، واكب الإصلاح الضريبـي الذي أحدثته وزارة المالية بقيادة وزير الدولة للشؤون المالية فؤاد السنيورة من العام 1993 إلى العام 1998 العودة إلى الأسـس الليبرالية التي قام عليها مشروع الرئيس الحريري الاقتصادي والإعماري. وقد تم ذلك الإصلاح الضريبـي والإداري، ليأتي محّدثاً ولكن أيضاً مؤنسناً ليتلاءم مع الليبرالية اللبنانية من خلال اعتماد ضريبة دخل بسيطة وتصاعدية في آن واحد. وقـد أشـارت معظم دراسات صندوق النقد الدولي، إلى أن الوقع الضريبـي في لبـنان كـان بالفعل أقلّ وطأةً على الفقراء منه على الأغنياء ما جعل بالفعل من الإصلاح الضريبـي الذي جرى اعتماده خطوة هامة على طريق تعزيز مستويات عصرنته وعدالته النسبية.

كذلك كان التركيز أيضاً على المكننة والتطوير والتدريب البشري من العوامل الأساسية في هذه العميلة الإصلاحية.

طـبعاً، ما تزال هناك بعض الشوائب التي تسود النظام الضريبـي في لبنان، ومنها على سبيل المثال لا الحصر، عدم خضوع الأرباح العقارية لأية ضريبة بخلاف سائر الأرباح الأخرى. كذلك عدم تسوية مشكلة المخالفات على الأملاك البحرية الـتي تم التعدي عليها خلال الحرب وهي لا تخضع لتاريخه لأي ضريبة بحجة عدم شرعيتها بالرغم من المحاولات العديدة مع مجلس النواب التي قادها الوزير السنيورة آنذاك لإخضاعها لضريبة لا تقونن تلك المخالفات، ولكن تجعل بالإمكان إسهامها في زيادة مداخيل الخزينة.

بالطبع، يتحتّم على المسؤولين، وبالأخص وزير المال، في أي بلد كان، بما في ذلـك لبـنان، التفكير الدائم بمدى ملاءمة النظام الضريبـي المعتمدً مع المتغيرات والإجراءات الاقتصادية والاجتماعية الداخلية من جهة، وكذلك أيضاً مع المتغيرات الخارجية ومدى تأثير العوامل الخارجية على حركة الاقتصاد ونموه وعلى مستويات

العدالة في هذا النظام من جهة أخرى. فالإصلاح الحقيقي هو سياسة وممارسة دائمة للتعامل مع التحديات والمتغيرات الاقتصادية والاجتماعية والثقافية والديموغرافية، وهو ليس هدفاً يمكننا الاسترخاء متى وصلنا إليه، بل هو هدف متحرك بشكل دينامي يتفاعل ويتلاءم مع المتغيرات الحاصلة على أكثر من صعيد. فالعالم من حولنا يتغير وتتغير معه المعطيات في كل لحظة وعلينا أن نعمل من أجل التلاؤم المستمر لما فيه مصلحة الخزينة ومصلحة الاقتصاد وتحفيزه ونموه وكذلك من أجل تحقيق أكبر قدر ممكن من العدالة الضريبية.

على الرغم من ذلك، علينا أيضاً أن ندرك أن ما جرى تحقيقه كان بالغ الأهمية، وهو قد تمّ في ظروف سياسية وأمنية يتذكرها اللبنانيون جيداً ويدركون جيداً المعاناة الشديدة التي تكبدّوها لتحقيق أي إنجاز في ظلها.

لقد كان الجهد على صعيد الإصلاح الضريبي والإداري جباراً، ورؤيوياً في الكثير من جوانبه، ولكنه لم يعطَ حقه لأنه وعلى الرغم من التحسن الحاصل على مجموع الإيرادات بطريقة ملحوظة، إلاّ أن النفقات في الواقع كانت دوماً تزيد بمعدل أكبر وبسرعة قياسية، وذلك لأسباب ترتبط من جهة أولى بالزيادات الحاصلة على الرواتب والأجور وزيادة التقديمات الاجتماعية والتعليمية والصحية وكذلك في زيادة عديد القوى العسكرية والأمنية لضمان تحقيق الاستقرار الأمني في البلاد. كما أنها كانت ترتبط أيضاً بضرورة زيادة الإنفاق لتمويل عمليات إعادة الإعمار ولاسيما في ضوء عدم توفر المعونات العربية والدولية الكافية وكذلك عدم توفر التمويل الخارجي الميسر الكافي الذي وعِدَ به لبنان عند انتهاء الحرب. في المقابل فإن الزيادة الحاصلة على مجموع الإنفاق كانت ترتبط بالظروف السياسية اللبنانية الدقيقة والصعبة وبالهشاشة الأمنية التي طبعت تلك المرحلة. هذا فضلاً عن الآثار السلبية العميقة التي كانت تفرضها الممارسات الزبائنية التي أضحت أكثر وضوحاً وتجذراً مع ترسخ سلطة زعامات رؤساء الميليشيات السابقة، وتربّعهم لا على رأس طوائفهم ومذاهبهم فحسب، ولكن أيضاً على رأس وضمن مؤسسات الدولة في الجمهورية الثانية.

الفصل الخامس

حجم الإنفاق والدين العام
والتأثيرات السياسية والأمنية

شهد لبنان في الثمانينيات من القرن الفائت تدهوراً في ماليته العامة ومستويات الثقة فيها نتجا عن تراجع في حجم الحركة الاقتصادية الداخلية وتراجع كبير في واردات الخزينة وتوسع نسبي في الإنفاق وارتفاع كبير في معدلات الفوائد مما أدى إلى تراكم كبير في العجز المحقق لدى الخزينة العامة وبالتالي إلى تزايد كبير في حجم الدين العام ونسبته إلى الناتج المحلي. ولقد تفاقم هذا التدهور في المالية العامة وتسارع في مطلع التسعينيات من القرن الفائت، إذ أدى التوسع في الإنفاق بمعدلات تفوق الزيادة المحققة في الواردات إلى ارتفاع كبير في حجم العجز المالي. ولقد أسهمت جملة من الصدمات المحلية والخارجية ومنها العدوان الإسرائيلي الكبير في العام 1993 ومرحلة التمديد للرئيس الهراوي في العام 1995 وعدوان عناقيد الغضب في العام 1996، في مفاقمة تأثيرات ذلك العجز المالي. إذ أدت تلك الصدمات العميقة إلى نوبات او مراحل (Episodes) من ارتفاع في معدلات الفوائد بالرغم من أن الاتجاه العام لتلك الفوائد يبين انخفاضها التدريجي على المدى المتوسط منذ نهاية العام 1992. ولقد أدى ذلك في محصلة الأمر إلى ارتفاع إضافي في مبالغ خدمة الدين العام وحجمه حيث وصل إلى مستويات خطيرة وغير مسبوقة.

منذ ذلك الحين، احتل الدين العام وما يزال، حيزاً كبيراً من الاهتمام الاقتصادي والسياسي في الحياة العامة اللبنانية. وقد تم استعمال حجة ارتفاعه السريع ابتداء من العام 1994 بنتيجة التوسع في الإنفاق، في خضم موجة الاعتراض والتشكيك الممنهج في مشروع الرئيس الحريري ورؤيته الاقتصادية. ولقد سعت موجة الاعتراض هذه إلى

إفشال المشروع متوسلة سيلاً من الوسائل والحجج، وصولاً إلى التخوين المبطن وذلك من خلال ربط مسألة الدين العام في لبنان بأمور لا تمت إليه بصلة كمسألة توطين اللاجئين الفلسطينيين المقيمين في لبنان أو مسألة السلام مع إسرائيل.

وكان معظم تلك الحجج والمقولات يستخدم من أجل مهاجمة الرئيس الحريري في السياسة عبر مهاجمة مشروعه الاقتصادي؛ فتمّ على هذا الأساس استعمال كل الأسلحة والأدوات والحجج والأعذار ومنها الاقتصادية بغض النظر عن صحتها أو دقّتها.

استطاعت تلك الحملة المسيّسة والمركزة تحقيق بعض الأهداف التي وضعها مطلقوها. ولعل إنجازها الأهم يكمن في كونها استطاعت من خلال تحويل مسألة الدين العام إلى المحور الأساسي في سياق هجومها على مشروع الرئيس الحريري الاقتصادي، أن تحجب الكثير من الإنجازات التي تحققت أكان ذلك على الصعيد الاقتصادي أم على الصعيد الإنمائي والاجتماعي والإعماري. كما أنها نجحت في أن تُحَمِّل الرئيس الحريري وفريقه الاقتصادي أمام قسم من الرأي العام اللبناني المسؤولية الأساسية عن تفاقم هذا الدين العام. علماً أن غالبية أولئك الذين كانوا وراء تلك الحملات كانوا من أشد المطالبين بزيادة الإنفاق وأشرس المعارضين لأي إجراء يؤدي إلى الإصلاح الحقيقي أو إلى تحقيق أي زيادة في واردات الخزينة أو في تعزيز الفعالية في استعمال الموارد المتاحة. ذلك كما تجلى في أكثر من محطة ومناسبة ومنها إسقاط المواد الإصلاحية من مشروع قانون سلسلة الرتب والرواتب في العام 1998 كما فصّلنا في الفصل السابق.

تمت إدارة الحرب على الرئيس الحريري وما يمثله من مشروعٍ اقتصادي، واستطراداً على صعيد قيام الدولة وتعزيز دورها بشكل محكم على مختلف الصعد الإعلامية والسياسية والأمنية والاقتصادية. وقد كانت جوانب كثيرة من تلك الحرب مستورة منذ العام 1993 وبدأت تأخذ أشكالاً مختلفة بعدها وعلى أكثر من صعيد، ولكنها من ثم أصبحت جلية ومكشوفة بدءاً من العام 1998 وتحديداً بعد الانتخابات الرئاسية التي انتخب فيها الرئيس إميل لحود رئيساً للجمهورية.

ولن نتعرض هنا للجوانب الإعلامية والسياسية والأمنية للحرب الضروس التي شنّت على الرئيس الحريري وفريقه ومشروعه الاقتصادي. فهذا ليس موضوعنا،

وهي على كل حال جميعها أمور أصبحت معروفة لدى الرأي العام. بل سنركز هنا على الجانب الاقتصادي.

وقد يتفاجأ البعض عندما نذكر الجانب الاقتصادي في سياق وصفنا للحرب الصامتة، ثمّ المعلنة، التي تعرض لها المشروع الاقتصادي للرئيس الحريري، فمعظم اللبنانيين يظنون، أن الاتفاق الضمني بين الرئيس الحريري وبين من كانوا يمسكون في تلك الفترة بمفاصل الحياة السياسية والأمنية في لبنان، كان ينص على أن يحتفظوا لأنفسهم بالبت بمسألتي الأمن والسياسة الخارجية وأن يُترَك للرئيس الحريري الاهتمام بملف الاقتصاد.

ولكن الحقيقة أن الرئيس الحريري لم يكن يوماً المسؤول الأوحد عن الملف الاقتصادي اللبناني. فهنالك فرق شاسع بين أن يكون صاحب مشروع اقتصادي وبين أن يكون مسؤولاً بشكل كامل عن الآليات التي اعتمدت لتنفيذ هذا المشروع، أو عن الكلفة التي ترتبت عليه. والحقيقة أن الرئيس الحريري ربما أراد أن يكون المسؤول الأوحد، ولعله سعى إلى ذلك منذ اليوم الأول لتوليه الحكم عندما طالب بصلاحيات استثنائية لحكومته الأولى. وهي لم تُعطَ إليه بحجة الحرص على النظام البرلماني اللبناني، بينما كان الهدف على الأرجح جعله أسير المستنقع السياسي اللبناني وتشعباته، وبالتالي تقييد حركته والحد من تأثيره والسماح له بالعمل تحت سقف محدد لا يتخطاه.

ومن الطبيعي أن يتساءل القارئ: لماذا سُمِحَ للرئيس الحريري بتبوّء رئاسة الحكومة إذا كان الهدف تقييده؟ وهنا علينا العودة إلى الظروف التي تحكمت بمجيء الرئيس رفيق الحريري إلى رئاسة الحكومة، في نهاية العام 1992 والتي تأثرت بتجربة ما بعد الطائف على الصعيد الاقتصادي، أي مرحلة ما بين العام 1989 والعام 1992. تلك المرحلة التي دلّت على خطر الانزلاق نحو كارثة اقتصادية ومالية ونقدية، ومدى تأثير ذلك كله على الوضعين الاجتماعي والسياسي ووضع الشارع الذي انفجر وأسقط حكومة كانت موالية تماماً لمن كان يمسك بمفاصل النظام اللبناني أمنياً وسياسياً.

كان هنالك إذاً حاجة ماسة لرفيق الحريري في العام 1992: فهو كان قادراً من خلال حجمه وسمعته وثقله الإقليمي والدولي وصداقاته لدى أصحاب الشأن

في دول القرار، وخبرته الناجحة في مجال الأعمال، والثقة العربية والدولية التي كان يتمتع بها، على تثبيت الوضعين الاقتصادي والنقدي اللذان باتا متدهورين إلى درجة خطيرة. وكانت الضرورة تقتضي العمل على ترتيب الأوضاع الاقتصادية والنقدية بطريقة لا تتسبب بأي مشاكل اجتماعية وبالتالي إلى تحقيق الاستقرار الاقتصادي والاجتماعي والإسهام في تعزيز الاستقرار السياسي. لكنه في الوقت ذاته، وحسب اعتقادنا، كان ممنوعاً عليه أن ينجح كلياً في تنفيذ هذا المشروع فيكبر لدرجة تجعل منه- أي الرئيس الحريري- قوةً قادرة على التأثير في المعادلة السياسية الممسوكة بإحكام.

يركز هذا الفصل على المرحلة الأولى من هذا المشروع أي فترة الأعوام 1992 - 1998 ويضيء على التحديات العديدة التي واجهت الرئيس الحريري خلال هذه الفترة والتي أدت إلى زيادة سريعة في الإنفاق تم تصويرها وكأنها نتيجة مباشرة لهذا المشروع الاقتصادي. بينما تشير الأرقام بأن المشروع الاقتصادي والإنمائي تسبّب بجزء من هذه الزيادة، كانت ضرورية لتحقيق معدلات مرتفعة من النمو، بينما كان معظم الإنفاق، وهو الأمر الذي لا يزال قائماً حتى اليوم، انعكاساً للواقع الإداري والأمني والسياسي والطائفي الهش الذي كان قائماً قبل فترة حكم الرئيس رفيق الحريري وبعدها، أي مع الرؤساء سليم الحص وعمر كرامي ونجيب ميقاتي وفؤاد السنيورة ثمّ الآن مع الرئيس سعد الحريري، والذي كان عليهم جميعاً العمل في ظله.

هذه الظروف، كما سنشرح، لم تكن مرتبطة بمشروع إعادة الإعمار فقط، بل بتعقيدات النظام السياسي اللبناني القائم على معادلات طائفية ومذهبية بالغة التعقيد وأوضاع سياسية داخلية وإقليمية شديدة الصعوبة، وهي جميعاً أسهمت في ارتفاع حجم الإنفاق المحقق في المالية العامة بوتيرة سريعة في المرحلة الأولى أي بين العام 1993 والعام 1998.

لقد ارتفع الناتج المحلي الإجمالي خلال السنوات 1993- 1998 بوتيرة سريعة بفضل عاملي الثقة والاستقرار اللذين تم توفيرهما وانطلقت على أثرهما عملية إعادة الإعمار والسياسات المالية والنقدية التي تم اتباعها. لكن الواقع أن الارتفاع في الإنفاق على شتى أنواعه الجارية وكذلك المخصص منه لتمويل مشاريع البنى التحتية كان

أسرع من النمو المحقق في الناتج المحلي الإجمالي وهو الأمر الذي أدى إلى ارتفاع ملحوظ في نسبة الإنفاق إلى الناتج المحلي الإجمالي من العام 1992 حتى العام 1997 قبل أن ينخفض مجدداً في العام 1998 كما يبين الرسم البياني 5- 1 أدناه.

رسم بياني 5 - 1: نسبة مجموع الإنفاق إلى الناتج المحلي الإجمالي 1992 - 1998

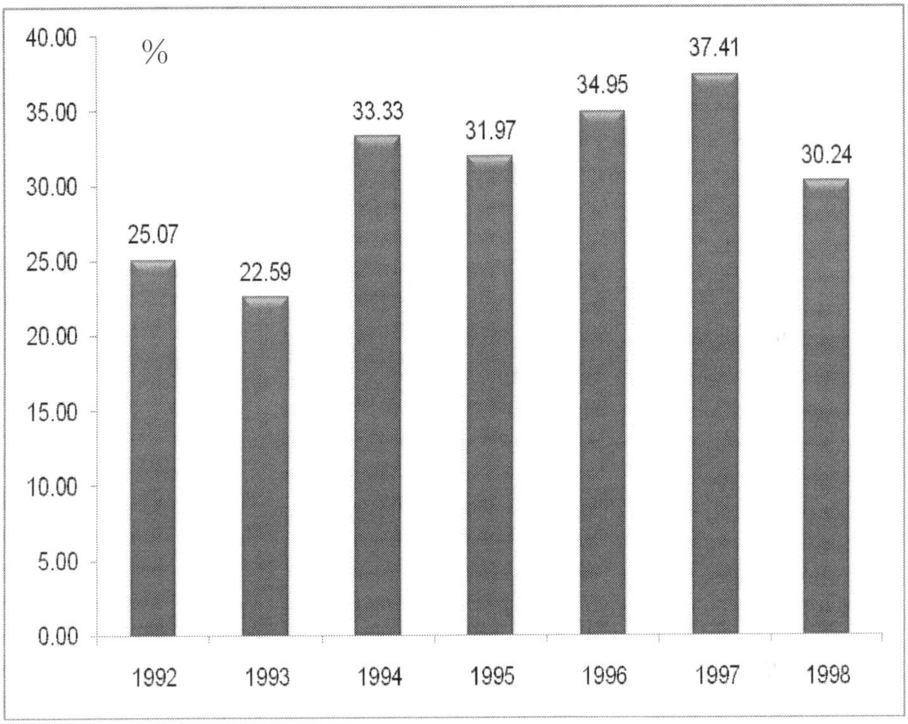

المصدر: وزارة المالية وحسابات مجمّعة

ولقد أدى هذا الأمر إلى ارتفاع مطرد في حجم الدين العام الذي بلغ 27980 مليار ليرة لبنانية في نهاية العام 1998، أي ما يوازي قيمته 18.5 مليار د.أ.، وذلك مقارنة بحوالي 2.5 مليار د.أ. في نهاية العام 1992 بحسب سعر الصرف القائم آنذاك أو 3 مليار د.أ. بحسب سعر الصرف القائم منذ العام 1998، ويكون بذلك قد ارتفع من نسبة 49% من الناتج المحلي الإجمالي في نهاية العام 1992 إلى 107% من الناتج المحلي الإجمالي في نهاية العام 1998.

ما هي العوامل التي أدت إلى هذه الزيادة في الإنفاق؟ وإلى أيّ حدّ كان مشروع الرئيس الحريري الاقتصادي والإنمائي مسؤولاً عنها؟

في محاولة منا لتحليل سياسة الإنفاق العام يمكن وبوضوح كامل إدراك عدم مرونته علـــى صعيدين: الأول مكوناته الأساسية التي تشكل بحجمها الإجمالي عائقاً كبيراً لقدرة أي رئيس للحكومة على التحكم بها، سواء أكان الرئيس الحريري هو من يرأس الحكومة أو غـــيره. وقـــد تـــبين ذلك لجميع من تولّى المسؤولية بعد الرئيس الحريري من رؤساء الـــوزراء وهـــم قد عانوا ما فيه الكفاية من عدم كفاية الهامش المتاح لهم للتحكم بحجم وتـــوزع الإنفاق. والثاني يتمثل بالظروف السياسية أو الأمنية أو الاجتماعية التي كانت تتحكم بكل مكونٍ من هذا الاتفاق فتحدّ من قدرة أيّ كان على التأثير عليه.

أولاً: في ضيق الهامش المتاح للتحكم بحجم الإنفاق

إذا مـــا جـــرى النظـــر إلى مجموع الإنفاق العام ما بين 93/1/1 و98/12/31 وتقـــسيمه إلى مكـــوناته المختلفة، نجد أن مجموعه بلغ وخلال ستة سنوات حوالي 38436 ملـــيار لـــيرة لبنانية، أي حوالي 24.25 مليار د.أ. حسب تطور معدلات الـــصرف القائمة آنذاك. تجدر الإشارة إلى أن التنسيب الجديد في الموازنة كان قد اعتمد في مطلع العام 1997 حين أصبحت نفقات الموازنة تصنّف على أساس ثلاثة تـــصنيفات مختلفة: الإداري والوظيفي والاقتصادي (كما جرى شرحه في الفصل الـــرابع)، بـــدلاً من الاستمرار في اعتماد التصنيف الإدراي فقط كما كان الحال ســـابقاً. ولكن إذا ما جرى توزيع هذا الإنفاق استناداً إلى حقيقة مكوناته، نجد أن مجموع الإنفاق ما بين العام 1993 والعام 1998 كان يتوزع على العناصر التالية:

- الدعم لمؤسسة كهرباء لبنان؛
- المبالغ المخصصة لصندوق المهجرين ولمجلس الجنوب؛
- رواتب وأجور لموظفي القطاع العام ومعاشات التقاعد؛
- خدمة الدين العام؛
- الإنفاق الجاري من خارج إطار الرواتب والأجور والمعاشات؛
- الإنفاق الاستثماري.

ثانياً: الظروف الخاصة لكل مكون

علـــى صعيد الإنفاق المتعلق بدعم الكهرباء، كان هذا القطاع يحتاج في العام 1992 (ولا يـــزال حـــتى اليوم وبشكل أكبر!) إلى جهد أصلاحي كبير سواء على صـــعيد الإنـــتاج أو النقل أو التوزيع ومن ثمّ التحصيل. وسنعرض في فصل لاحق

وبتفصيل لتكلفة قطاع الكهرباء حتى اليوم وهو القطاع الذي لم تنجح في إصلاحه الحكومات المتعاقبة منذ انتهاء الحرب. ولكن إذا ما أخذنا فقط تكلفة دعم الكهرباء ما بين العامين 1993 و1998 نجد أنها تجاوزت مبالغها الـ 1602 مليار ليرة، أي حوالي 974 مليون دولار أميركي، وهو ما نسبته 4.2% من مجموع الإنفاق المحقق خلال هذه الفترة. طبعاً بعد تلك الفترة ساء الوضع وتضاعفت كلفة دعم الكهرباء كما سنفصل لاحقاً. وهنا تجدر الإشارة إلى أنه لم يكن هنالك طوال فترة تولي الرئيس الحريري رئاسة الحكومة، وزيراً للطاقة من فريقه الاقتصادي أو ممن كانوا محسوبين على فريقه السياسي، (وينسحب الأمر كذلك على فترة حكم الرئيس السنيورة).

أما ما تم تخصيصه من مبالغ لمجلس الجنوب ولصندوق المهجرين، فقد بلغ مجموعها ما بين العامين 1993 و1998 ما مجموعه 1608 مليار ليرة، أو ما يوازي 994 مليون دولار أميركي، وهو ما نسبته أيضاً حوالي 4.2% من مجمل الإنفاق المُحقق خلال تلك الفترة.

أما مجموع ما أنفقه لبنان على الرواتب والأجور من العام 1993 وحتى نهاية العام 1998 فقد بلغ 11953 مليار ليرة لبنانية أو ما يوازي 7.5 مليار د.أ. وهو ما نسبته 31% من مجمل الإنفاق. ويعود هذا في جزء منه إلى الزيادات المتتالية على الرواتب والأجور التي جرى إقرارها في مجلس النواب بموجب قوانين. وفي المقابل، وكما أسلفنا القول، لم يجرِ إقرار البنود الإصلاحية التي كانت تهدف إلى زيادة الإنتاجية في القطاع العام وكانت تهدف أيضاً إلى ترشيد الإنفاق. بل كانت المواقف المعارضة لسياسة الرئيس الحريري تنطلق من مبدأ لا لتخفيض أو ترشيد الإنفاق ولا لتدبير الموارد اللازمة والموازية لهذا الإنفاق من أجل الحفاظ على الاستقرار في المالية العامة وتخفيض نسبة العجز والدين العام إلى مجموع الناتج المحلي.

والحقيقة أن نسبة لا بأس بها من الزيادات الحاصلة في مجموع الإنفاق العام كانت تعود أيضاً إلى تضخم حجم الإدارة والأسلاك المختلفة وتدني فعاليتها. هذا فضلاً عن الاستمرار في الخضوع لمبدأ المحاصصة الذي ساد. وفي المحصلة عدم القدرة على إجراء الإصلاح الجذري بهدف جعل الإدارة كما يجب أن تكون،

رشيقة وفعّالة ومساندة للقطاع الخاص وملبية لحاجات المواطنين والنمو الاقتصادي وأن تكون مبنية على أسس ومعايير الكفاءة والأهلية، لا مكاناً للتوظيف السياسي في بلد يحكمه منطق الزبائنية منذ ما قبل الاستقلال.

والسؤال الموضوعي هو هل كان ممكناً لأيّ كان، بمن فيهم الرئيس الحريري نفسه، أن يحقق أي إنجازات أساسية لجهة ضبط أو ترشيد الإنفاق على صعيد الإدارة في بلد كلبنان تجذرت فيه الزبائنية والطائفية إلى حد شكل ولا يزال يشكل حتى الآن عائقاً كبيراً أمام تحقيق إصلاح إداري شامل؟ وهو بالمناسبة، أي الإصلاح الإداري، شعارٌ ما فتئ اللبنانيون ينادون به منذ حكومة الاستقلال الأولى، و لم يستعمله معظم السياسيين منذ ذاك الحين إلا للمزايدة وتسجيل النقاط على بعضهم بعضاً.

وفي هذا الإطار، قد يكون الإصلاح الإداري الذي قام به الرئيس السنيورة على صعيد المكننة والتحديث للمالية العامة وإداراتها الملحقة (وعلى الأخص في دوائر المالية العامة والجمارك والدوائر العقارية وإدارة حصر التبغ والتنباك) في تلك الفترة عندما كان وزير دولة للشؤون المالية، الاستثناء الوحيد، وهو ما تطلب جهداً وتصميماً كبيرين في ظل الوضع السياسي القائم والصعب دوماً. والجميع يذكر ما تعرضت إليه وزارة المالية ابتداءً من العام 1993 من مضايقات وعراقيل بما في ذلك عملية اقتحام مبنى الوزارة بعملية مبرمجة للتهويل وللجم عملية الإصلاح التي كانت تقودها وزارة المالية آنذاك.

وبالعودة إلى عوامل زيادة الإنفاق، فقد كان العامل الأهم في زيادة حجم الإنفاق المحقق هو خدمة الدين العام ذات التكلفة المرتفعة والذي بلغ مجموعها خلال تلك الفترة 13634 مليار ليرة أو ما يوازي 8.7 مليار د.أ.، وهو ما نسبته 36% من مجمل الإنفاق العام (وسنفصل لاحقاً كيف أن أكثر من نصف مجموع هذا المبلغ أي 4.6 مليار د.أ. كان يمثل كلفة خدمة الدين العام الذي ورثته حكومة الرئيس الحريري في نهاية العام 1992).

إذا ما جمعنا هذه المكونات الأربعة، نجد أن 75% من مجمل الإنفاق لم يكن يتسم بالمرونة الكافية التي وبغياب الإصلاح الجذري فإنه لم يكن متاحاً للرئيس الحريري أو لغيره التحكم بالفعل بالسياسة الإنفاقية (الرسم البياني 5-2 أدناه). فالواقع أن الرئيس

الحريـــري، نظـــرياً وعملياً، لم يكن يتحكم بأكثر من 25% من مجمل الإنفاق المُحقق. وهـــو أي بنسبة 25%، كان عليه أن يخصصه لتسيير شؤون الدولة (خارج إطار أعباء كلفـــة الأجـــور والرواتب وكلفة خدمة الدين العام) وتفعيل عمل المؤسسات وأيضاً للاستثمار في البنى التحتية وزيادة الخدمات التعليمية والصحية والاجتماعية والأمنية التي كانـــت قـــد انحـــسرت وتـــضررت بـــشكل كبير خلال الحرب. تلك الخدمات والاســـتثمارات، كـــان تـــرميمها وإصلاحها شرطاً أساسياً لتحقيق معدلات مرتفعة ومستدامة من النمو الاقتصادي ولتأمين الاستقرار الاجتماعي والأمني في البلاد.

رسم بياني 5 – 2: الإنفاق ومكوناته 1993 – 1998

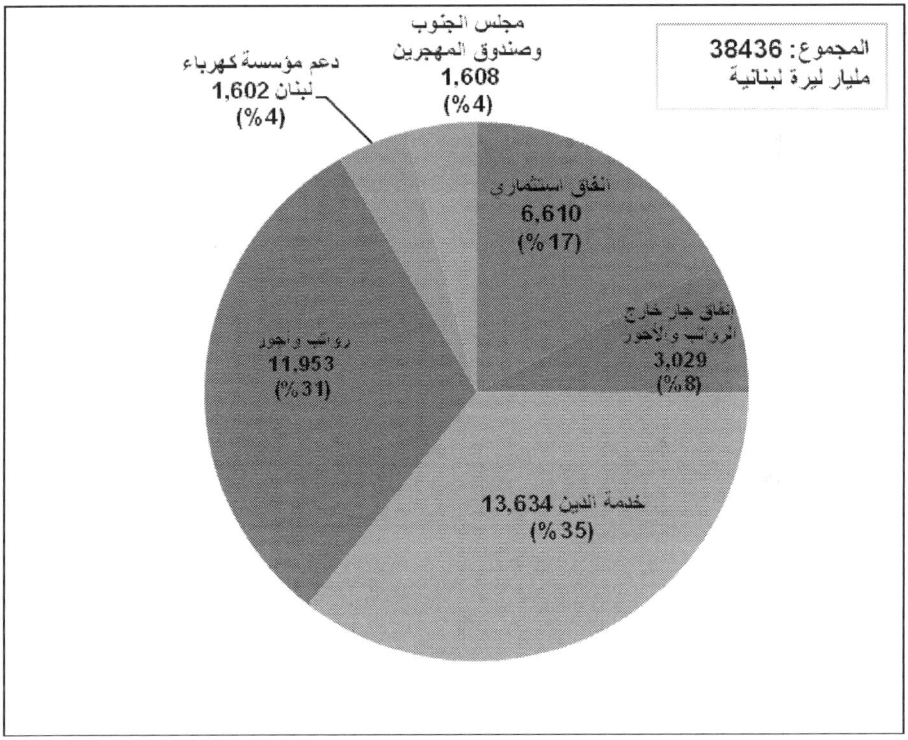

المصدر: وزارة المالية وحسابات مجمّعة

ومن دون أدنى شكّ فقد كان العمل على تعزيز قدرة القوى الأمنية من جيش وقـــوى أمن داخلي بهدف فرض الأمن وتثبيت الاستقرار أحد الأهداف الأساسية لحكومات ما بعد الحرب وهو كان شرطاً أساسياً لا بل مبدأي لأي تقدم اقتصادي أو اجتماعي كان سيُنجز بعد اتفاق الطائف.

وعلـــى هذا الأساس فقد كان مجموع موازنة وزارة الدفاع ووزارة الداخلية بين العامين 1993 و1998 ما حصته حوالي 15% من مجموع الإنفاق.

طبعاً قد يقول البعض إن المشروع الإنمائي الطموح وغير المتجانس مع قدرة لبـــنان هو الذي أوجد الدين العام وزاد من كلفة خدمته المرتفعة، وبالتالي ليس صـــحيحاً القـــول بأن الرئيس الحريري غير مسؤول عن الكلفة المرتفعة لخدمته والمـــستوى المـــرتفع الذي توصل إليه هذا الدين. وفي هذا القول أيضاً الكثير من المغالطة إذ إن خدمة الدين المرتفعة في الواقع كانت تعود إلى ثلاثة عناصر كانت هـــي أيـــضاً خارجـــة إلى حـــد بعـــيد عن المتطلبات المالية للمشروع الإنمائي للـــرئيس الحريـــري، وخارجـــة أيـــضاً عن سيطرة أو سلطة الرئيس الحريري عملياً.

العنصر الأول هو الدين العام الذي ورثته الحكومة في نهاية العام 1992 والذي بلـــغ ما يعادل حوالي 49% من الناتج المحلي الإجمالي في العام 1992 وهذه ليست نـــسبة بـــسيطة. إذ إن هنالك اعتقاد شائع وخاطئ أن الجمهورية اللبنانية لم يكن عليها دين يذكر عندما تولى الرئيس الحريري رئاسة مجلس الوزراء للمرة الأولى في العـــام 1992! وقد تكّون هذا الدين نتيجة العجز الكبير الذي تراكم على الخزينة خـــلال ســـنوات الحرب، ثم خلال السنتين التي تلتها والتي شهدت تدهوراً مالياً ملحوظاً كما ذكرنا في الفصل الثاني.

وفي دراسة دقيقة يتبين أن كلفة خدمة الدين القديم الذي كان متوجباً على لبنان في نهاية العام 1992 وحتى نهاية العام 1998 بلغت 6934 مليار ليرة لبنانية أي مـــا يـــوازي 4.6 مليار د.أ. ومع الإقرار أن الفوائد عملياً تحددها السياسة المالـــية والـــنقدية المتبعة، فإن علينا الملاحظة أن كلفة خدمة الدين القديم قد تم احتـــسابها على أساس الفوائد الأكثر انخفاضاً التي سادت في الأعوام 1993 - 1998 مقارنة بتلك التي كانت سائدة في العام 1992 والتي نجح الرئيس الحريري وبجهـــد جهيد في العمل على تخفيض معدلاتها تدريجياً. وعلى هذا فإن مجموع الدين العام القديم مع كلفة خدمته حتى نهاية العام 1998 كانت تفوق الـــ 7.6 ملـــيار د.أ. أي مـــا نـــسبته أكثر من 41% من مجموع الدين العام القائم في نهاية العام 1998 والبالغ كما ذكرنا 18.5 مليار د.أ. وبذلك تكون كلفة خدمة

الـــدين الجديـــد الـــذي تكـــوّن بـــين العام 1993 والعام 1998 حوالي 4.1 مليار د.أ.[1]

أمـــا العنصر الثاني فهو في تراكم حجم الدين العام والمتمثل بحجم الاستدانة الإضافية خلال السنوات 1993 - 1998 والعائد إلى عجز الميزان الأولي الناتج عن كون الإيرادات، رغم تحسنها، لم تكن كافية لتغطية النفقات الأولية، أي تلك التي تقـــع خارج نطاق خدمة الدين. وكان ذلك بسبب زيادة الأعباء المالية المترتبة عن زيـــادة الإنفاق الجاري في مجالات الرعاية الاجتماعية والصحية والتعليمية وزيادة الـــرواتب والأجور والمعاشات التقاعدية لتحسين مداخيل المواطنين وكذلك لزيادة المخصـــصات اللازمـــة للجيش والقوى الأمنية وذلك لتحسين أوضاعهم المعيشية وللمـــساهمة في تحـــصين الأوضاع الاجتماعية والأمنية في البلاد. ولكن كان ذلك أيـــضاً بـــسبب عدم قدرة الحكومة على القيام بإصلاح جذري على صعيد إدارة الدولـــة ومؤسساتها وعدم القدرة على تحقيق زيادات مناسبة في مجموع الواردات المحققة كما فصلنا سابقاً. ناهيك طبعاً عن استمرار الاحتلال الإسرائيلي والأزمات الأمنـــية والاجتياحات والتهديدات الإسرائيلية التي كان يتعرض لها لبنان وبشكل مستمر التي كانت تتسبب بتكلفة اقتصادية مرتفعة.

وللدلالـــة على إحدى هذه الأزمات الأمنية التي أدت إلى زيادة العجز في الميزان الأولي في المـــوازنة (وهو مجموع الإيرادات المحققة ناقص الإنفاق خارج خدمة الدين)، وبالـــتالي إلى زيادة مستوى الدين العام وتكلفته، يكفي أن نعرض للتكلفة الباهظة الـــناجمة عن حرب نيسان 1996 وهو الاعتداء الكبير الثاني الذي شنّته إسرائيل في فترة ما بعد الطائف عقب الاعتداء الذي كانت قد شنته في العام 1993.

لقد أدى الاعتداء الإسرائيلي على لبنان في نيسان من العام 1996، مع الأخذ في الاعتبار الحالة السياسية في المنطقة، إلى تدنٍ في معدل النمو الاقتصادي الحقيقي مـــن 6.5% في العـــام 1995 إلى 4% في العـــام 1996 وهو كان المعدل الأدنى في السنوات الأربع منذ تولي الرئيس الحريري رئاسة مجلس الوزراء.

---

(1) مجمـــوع خدمة الدين من العام 1992 حتى العام 1998 كان 8.7 مليار د.أ. كما ذكرنا سابقاً. ويتألف هذا المبلغ من 4.6 مليار د.أ. هي خدمة الدين العام القديم القائم حتى نهاية العام 1992 و4.1 مليار د.أ. هي خدمة الدين العام الجديد الذي تكّون بين العام 1993 والعام 1998.

وقد أثّر هذا التدني في النمو سلباً على إجمالي الإيرادات. فإذا ما قارنا الإيرادات المتوقعة في موازنة العام 1996 بالإيرادات المحققة في ذلك العام نجد أن الإيرادات المُحققة كانت أقل بحوالي 492 مليار ليرة لبنانية من الإيرادات المتوقعة. من ناحية أخرى ارتفعت النفقات العامة بمقدار 776 مليار ليرة لبنانية بسبب الاعتداء الإسرائيلي. فإذا ما جمعنا هذين الرقمين، نجد أن الكلفة المباشرة للحرب التي شنتها إسرائيل في ذلك العام على الخزينة اللبنانية كانت في الحد الأدنى حوالي 1268 مليار ليرة، أو ما يفوق حينذاك 800 مليون د.أ. وقد كان العجز في الميزان الأولي في العام 1996 حوالي 1039 مليار ليرة لبنانية. أي بحساب بسيط، لو لم تقع حرب نيسان 1996 لكان لبنان حقق في ذلك العام فائضاً في الميزان الأولي حوالي 229 مليار ليرة، وهو رقم قريب من ذلك المبلغ الذي أوردته الحكومة في موازنة العام 1996 حيث توقعت فائضاً في الميزان الأولي مقداره 167 مليار ليرة مستعينة إلى ذلك بالجهد المبذول على صعيد الإصلاحات والإجراءات المعتمدة في السياسة المالية. وهذا الأمر، أي الفائض في الميزان الأولي، لو تحقق حينذاك لكان شكل فرصة جدية منذ العام 1996 للبناء عليه ولتحقيق نمو مطرد في فائض الميزان الأولي، ولساهم آنذاك بعكس دينامية العجز والدين.

ونتبين مما سبق أن كثيراً من المعطيات الداخلية والخارجية حدّت من إمكانية تحقيق الحكومة لأي فائض في الميزان الأولي خلال فترة الأعوام 1993 - 1998. وعلى هذا الأساس، بلغ مجموع العجز في الميزان الأولي من العام 1993 وحتى العام 1998 حوالي 5878 مليار ليرة لبنانية أو ما يوازي 3.6 مليار د.أ. وهو ما نسبته 19% من مجموع الدين العام القائم في نهاية العام 1998.

أما العنصر الثالث، ولعله الأهم في تنامي الدين وخدمته فهو تكلفة الدين المرتفعة لناحية الفوائد. وفي هذا الإطار أيضاً، يتم تداول مقولات غير دقيقة ولكنها أصبحت مترسخة في أذهان بعض الرأي العام، وفحواها على سبيل المثال أن السياسة المالية والنقدية التي سعت إلى تثبيت سعر صرف الليرة، تعمدت الإبقاء على معدلات فائدة مرتفعة حتى تحقق المصارف أرباحاً في تلك الفترة.

والواقع أن السياسة النقدية المتبعة كانت تتمحور حول المحافظة على قيمة النقد الوطني من خلال السعي إلى استقرار سعر الصرف.

طبعاً كانت تتأتى عن سياسة المحافظة على استقرار سعر الصرف بعض التكلفة، ولكن ذلك لم يكن يعود إلى رغبة شخصية من قبل أحد، بل إلى الوضع السياسي والأمني الهش الذي كان يخيم على البلاد في تلك الفترة. وعلى هذا الأساس كانت السياسة المالية وكذلك السياسة النقدية المتبعة وبالتعاون مع مصرف لبنان تنص على أن يتم الخفض في معدلات الفوائد على سندات الخزينة اللبنانية بطريقة تدريجية وحسب ما يسمح به السوق. كما ينسحب الأمر على مسألة خفض نسبة الدولرة المرتفعة في الاقتصاد اللبناني وفي الودائع لدى المصارف اللبنانية. والحقيقة أنه لو قام مصرف لبنان بشكل اعتباطي بخفض سريع لمعدلات الفائدة على سندات الخزينة لأدى ذلك على الأرجح إلى هروب الودائع من الحسابات بالليرة وبالتالي إلى تردي مستويات الثقة في الاقتصاد وإلى العودة إلى مرحلة التقلبات الحادة في سعر الصرف وبالتالي العودة إلى ارتفاعات أكبر وأقسى لمعدلات الفوائد حتى عن المعدلات التي كانت سائدة قبل تسلم الرئيس الحريري لمسؤولياته كرئيس للحكومة في نهاية العام 1992.

لقد كانت سياسة المحافظة على سعر الصرف وعلى الاستقرار النقدي ضرورية للحفاظ على الثقة في الاقتصاد اللبناني والاستقرار المعيشي لجميع اللبنانيين وذلك في ضوء تجربة لبنان المريرة في فترة الأعوام 1984- 1992 حيث أدى تدهور سعر الصرف إلى تزايد الاضطراب الاجتماعي والأمني والسياسي. وبدون هذا الاستقرار النقدي الذي عمل مصرف لبنان بالتنسيق مع الحكومة اللبنانية على تثبيته، لكان لبنان تعرض مجدداً لعجز كبير في ميزان المدفوعات وبالتالي إلى تقلبات حادة في سعر الصرف ما يؤثر على مستوى المعيشة لدى اللبنانيين. ومما لا شك فيه أن آثار ذلك كانت لتكون أخطر بكثير من كلفته، لاسيما على صعيد أصحاب الدخل المحدود من المواطنين وهم ممن يشكلون أكثرية في المجتمع اللبناني والذين يتأثرون بشكل مباشر بالضغوط التضخمية التي يفرضها عدم الاستقرار في سعر صرف الليرة اللبنانية.

والواقع أن الخضات والأزمات السياسية والأمنية الداخلية والخارجية كانت تؤدي دوماً إلى ارتفاع في نسبة الفوائد، وذلك بعكس التوجه والسعي الجاد الذي بذله الرئيس الحريري على صعيد السياسة المالية والنقدية لخفضها تدريجياً. ذلك ما كان يؤدي بدوره إلى ارتفاع كلفة خدمة الدين العام وتضخم العجز في المالية العامة، وبالتالي إلى ارتفاع مطرد في مجموع الدين العام.

مـــن جهـــة أخرى، وعلى سبيل المثال، فإن الأزمة السياسية التي تسببت بها مسألة التمديد للرئيس الهراوي في العام 1995 تقدم أكبر برهان على ذلك. فقد بدأ الارتفـــاع في معـــدلات فـــوائد ســـندات الخزينة بسبب هذه الأزمة على جميع الاســـتحقاقات أي 3 و6 و12 و24 شـــهراً، وذلك منذ شهر كانون الأول 1994 واستمرت مرتفعة حتى شهر تشرين الثاني 1995؛ أي بعد إنجاز استحقاق التمديد. والواقـــع أن نسب الفوائد على مختلف الاستحقاقات لم تعد إلى ما كانت عليه في تشرين الثاني من العام 1994، حتى شهر حزيران من العام 1997 وذلك كما يشير الرســـم البياني 5- 3 أدناه. وبسبب ذلك فقد اضطرت الخزينة حكماً خلال كل تلـــك الفترة أن تطرح سندات ذات كلفة مرتفعة لتمويل حاجاتها للتمويل وكانت أسعار الفائدة عليها تعكس حالة عدم الاستقرار والانخفاض في مستويات الثقة التي ســـادت الـــبلاد في تلك الأثناء والانحسار في مستوى الثقة بقدرة الاقتصاد الوطني على المحافظة على الاستقرار الذي تأتى عنها.

رسم بيان رقم 5 -3: المعدل الفعلي على فوائد سندات الخزينة 1992 - 1998

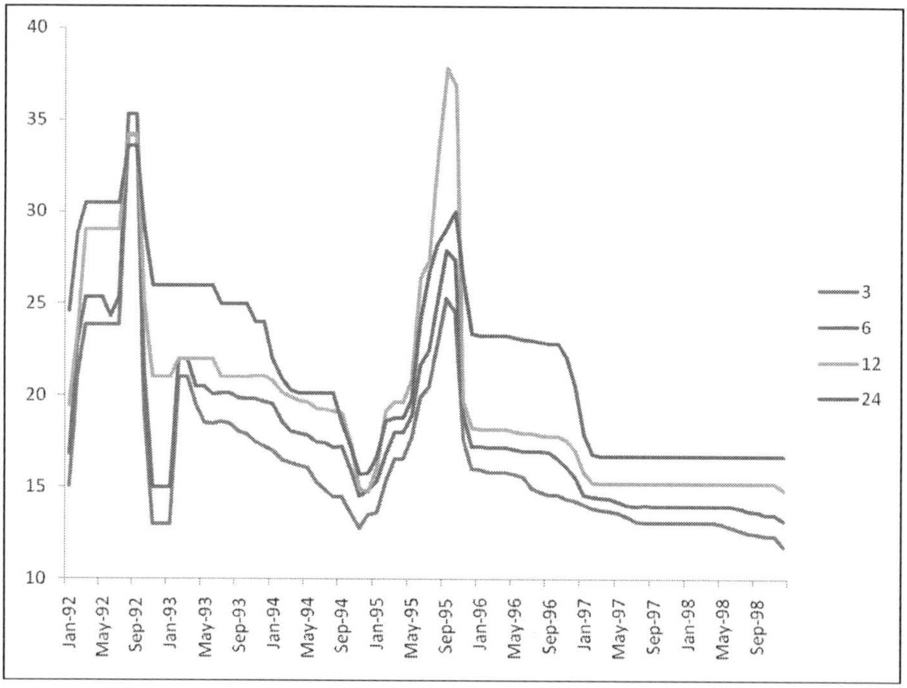

المصدر: مصرف لبنان

لقـــد أدت تلك العوامل المتمثلة بتوترات سياسية وصدمات أمنية واجتياحات خارجـــية وأخرى متعلقة بعدم قدرة الحكومة على الاستمرار بالقيام بالإصلاحات الإداريـــة الجذرية التي يحتاجها المواطنون ويحتاجها الاقتصاد لترشيق الإدارة العامة وتفعيلها، إلى زيادة في الإنفاق وزيادة العجز في الخزينة وزيادة مستوى الدين العام وبالتالي إلى عدم تحقيق نجاح هام في العملية الإصلاحية من جهة أولى وزيادة أعباء الخزينة من جهة ثانية.

وإذا مـــا أخذنا جميع هذه العوامل بعين الاعتبار، نجد أن الجزء المتعلق بالدين العام القائم في نهاية العام 1998 والذي يتحمل مشروع الرئيس الحريري الإعماري مـــسؤوليته المباشرة ليس في الواقع سوى ذلك الجانب المتعلق بالإنفاق الاستثماري (خـــارج المـــوازنة) والذي يشكل 17% من أصل هذا الدين (الرسم البياني 5- 4 أدنـــاه) وهو الإنفاق الأساسي الذي أسهم في تحقيق الاستقرار والنمو الاقتصادي، والـــذي علـــى أســـاسٍ منه كان من الممكن تحقيق النمو الاقتصادي في الفترات اللاحقة.

رسم بياني 5 – 4: الدين العام القائم في نهاية العام 1998 ومكوناته

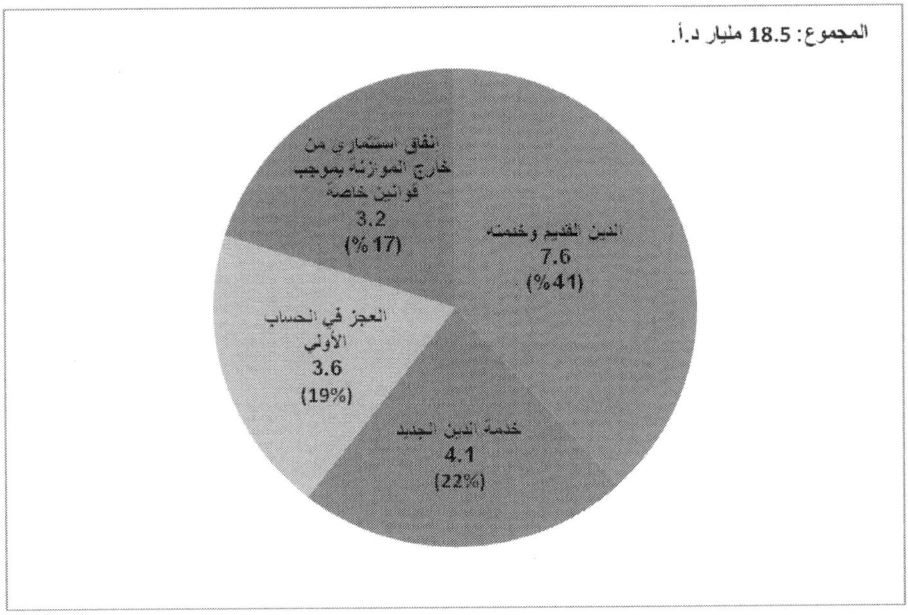

المصدر: وزارة المالية وحسابات مجمّعة

فالواقـــع أن الإنفاق الاستثماري من داخل الموازنة (رسم بياني 5- 5 أدناه) وكذلك من خارج الموازنة من خلال القروض التي جرى إقرارها في مجلس النواب بمـــوجب قـــوانين خاصـــة (وهـــي جمـــيعها ما أنفق على بناء المطار والطرقات والمستـــشفيات والمـــدارس)، هو تماماً ما ساهم في ارتفاع معدلات النمو ومهد لها وهـــي معدلات نمو نشهد ارتفاعها حتى اليوم. وهذا الإنفاق هو الذي أسهم أيضاً إســـهاماً حقيقـــياً وفعالاً في زيادة حصيلة الواردات في الخزينة في الفترات اللاحقة والتي ما كان لها أن ترتفع لولا المشروع الاستثماري الذي قام به الرئيس الحريري والـــذي كـــان يطالب به المواطنون وينتقده البعض بسبب قيامه به، ولكان أولئك المنتقدين على الأرجح قد انتقدوه أيضاً لو لم يقم به أصلا.

رسم بيان 5 – 5: الإنفاق الاستثماري (من داخل الموازنة) إلى الناتج المحلي الإجمالي 1992 -1998

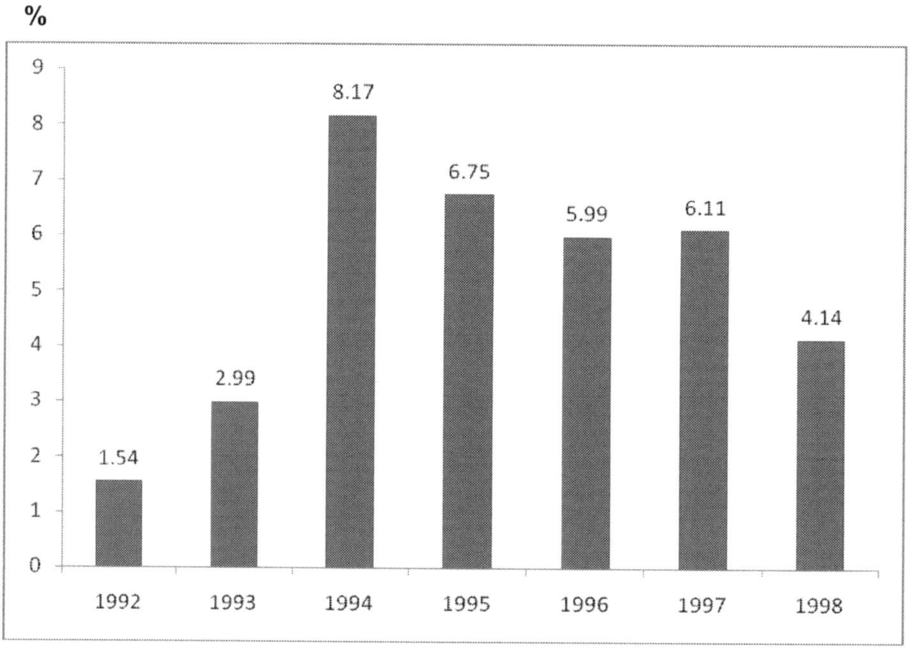

المصدر: وزارة المالية وحسابات مجمّعة

لم تكـــن المقولة أن الشأن الاقتصادي كان مسؤولية الرئيس الحريري وحده دون ســـواه في التسعينيات من القرن الماضي بريئة. وهي هدفت إلى التركيز على

مـــشكلة الدين العام، مما أدى إلى جعلها القضية الاقتصادية المحورية وذلك من دون إيـــلاء أيـــة أهمية لحقيقة تكوّن هذا الدين أو للإنجازات التي تحققت بنتيجة زيادة الإنفـــاق علـــى أكثر من صعيد أمني وتعليمي وصحي ومالي. وقد أسهم ذلك في زيـــادة معـــدلات النمو الاقتصادي وتخفيض معدلات التضخم والمبادرة إلى القيام بعملية إعادة الإعمار.

فالواقع أن التطورات والأحداث السياسية والأمنية كانت تؤثر بشكل كبير على الوضع الاقتصادي من جهة أولى. كما أن الأبواب لم تكن من جهة ثانية مـــشرعة أمـــام الـــرئيس الحريـــري علـــى الـــصعيد الاقتصادي ولاسيما في تطبـــيق الإصـــلاحات اللازمة لتفعيل الإدارة وتحفيز النمو وتعزيز فرص التنمية المناطقية.

إلا أن مـــا تجدر الإشارة إليه أيضاً هو أن الرئيس الحريري والوزير السنيورة كانـــا قد نجحا في تحقيق انخفاض كبير لنسبة العجز في العام 1998 على الرغم من العوائـــق والعقبات السياسية والأمنية والإدارية التي فرضت عليهما أو التي تعرضا حكمـــاً لهـــا. وعلى هذا الأساس نلاحظ أن نسبة العجز إلى الناتج المحلي الإجمالي انخفـــضت بطريقة دراماتيكية في العام 1998 وهو العام الذي تم فيه خفض الإنفاق نـــسبة إلى العـــام 1997 بسبب سياسة مالية منضبطة حاولت قدر الإمكان ترشيد الإنفاق وخفضه وخفض مستوى العجز إلى مجموع الناتج المحلي.

وبالتـــزامن مع بدء العهد الجديد للرئيس لحود، أصبحت الحرب الخفية على الـــرئيس الحريـــري معلنة. فقد تمّ الضغط عليه إلى حد إبعاده عن رئاسة الحكومة. وبمجـــرد اعتذاره، فتحت المعركة على الوزير السنيورة من خلال إطلاق حملة من الـــشائعات تـــارة حـــول إلقاء القبض عليه وتارة أخرى حول هروبه إلى الخارج وبعـــدها في سياق فبركة قضية محرقة برج حمود المعروفة من الجميع لجهة اختلاقها وإلصاقها بالوزير السنيورة وهي المسألة التي سيتم التطرق إليها لاحقاً.

علـــى الـــصعيد الاقتصادي، فقد جرى خلال السنتين 1999- 2000 إتباع سياســـات اقتصادية ومالية حاولت قدر الإمكان تهميش مشروع الرئيس الحريري وإلقـــاء كل مسؤولية الدين العام عليه وعلى مشروعه من جهة أولى، والعمل على اعتماد رؤية اقتصادية مختلفة من جهة ثانية.

وكــان من نتائج هذه التجربة الاقتصادية خلال فترة العامين 1999- 2000 حــصول تدهور مطرد في عجز المالية العامة وتنامي الدين العام من دون أن تحقق تلــك الــسياسات المعتمدة النمو الاقتصادي المنشود؛ لا بل أدت إلى فرملة عجلة النشاط الاقتصادي، وهو ما سنعرض له في سياق الفصل التالي.

الفصل السادس

الثقة المفقودة 1999 - 2000

كانت معدلات النمو الاقتصادي قد بدأت بالانخفاض في العام 1996 وهو العام الذي شهد فيه لبنان الاجتياح الإسرائيلي الثاني في هذا العقد. ولقد جرى ذلك على خلفية استمرار التوترات السياسية الداخلية المنطلقة من اعتبارات كيدية وكذلك على خلفية التوترات الأمنية غير المنفصلة أيضاً عن تعثر فرص السلام في المنطقة. ولقد استمر هذا الانخفاض التدريجي في معدلات النمو الاقتصادي في العامين 1997 و1998. ولكن هذا الانخفاض ما لبث أن تحول إلى تدهور خطير في معدلاته وإلى ارتفاع متسارع في مستوى العجز والدين العام ونسبتهما إلى الناتج المحلي في العامين 1999 و2000.

والواقع أن هذا التدهور في الوضع الاقتصادي لم يكن منفصلاً عن الوضع السياسي العام الذي أدى إلى تبخر عامل أساسي بالمطلق، وأساسي بدرجة أكبر في لبنان بسبب تكوين لبنان السياسي والاقتصادي والاجتماعي، ألا وهو عامل الثقة.

لقد انطلق عهد الرئيس إميل لحود في نهاية العام 1998 متمحوراً حول مبدأ المحاسبة و"فتح الملفات" ومحاربة الفساد وهي أمور لا ضير فيها على الإطلاق، بل هي ما ينبغي لها أن تكون موضع إجماع شعبي وأن تكون مطلوبة من الجميع في لبنان. ولكن نجاحها يشترط أن تتم ضمن الأطر المؤسساتية السليمة التي تضمن إجراءها بطريقة موضوعية وشفافة وبعيدة كل البعد عن الكيد السياسي واصطناع التهم. المؤسف أن المقاربة التي اتبعت في تلك الفترة جعلت الاختلاف في الرؤى والمقاربات والسياسات كما لو أنه كان صراعاً وثأراً شخصياً ضد الرئيس الحريري ومشروعه وكل من ارتبط به. وكانت السياسة الاقتصادية التي اتبعت في العامين 1999 و2000، أو على الأقل كان الخطاب الاقتصادي، انعكاساً لهذا الوضع الذي

"شَخْـــصَنَ" الاخـــتلاف الـــسياسي وحتى الاقتصادي منه وجعله يبدو كصراع وجـــودي، الأمر الذي انعكس سلباً على الوضع الاقتصادي العام في بلد يمثل فيه عامل الثقة العمود الفقري للاقتصاد.

في تلك الفترة، وبدلاً من أن تتوجه الجهود نحو معالجة أزمة الثقة المتناقصة في الحكومة والاقتصاد وبالتالي عدم التلهي بمحاولة اختلاق المزاعم والاتهامات الباطلة، كانـــت الجهـــود منـــصبة على التفتيش عن الثغرات في سياسة الرئيس الحريري الاقتـــصادية. وبلغـــت جهود مطاردة الأشباح في بعض الحالات محاولات يائسة توســـلت فـــبركة مسائل واصطناع قضايا وتحويلها إلى فضائح مزعومة من أجل التـــشويه والتفشيل. وللذكر وعلى سبيل المثال لا الحصر، مسألة محرقة النفايات في مـــنطقة برج حمود حيث سعت الأجهزة الى إلصاق التهمة بالوزير السنيورة، وهي مـــسألة تعـــود لفترة الثمانينيات من القرن الماضي أي قبل تسلم الرئيس الحريري لرئاسة الحكومة في نهاية العام 1992. والمفارقة الكبيرة أن الوزير السنيورة وفي هذه المـــسألة بالذات كان المسؤول الوحيد في الدولة اللبنانية الذي عارضها وتصدى لها في مجلـــس الـــوزراء، وبعـــد ذلك في مجلس النواب علماً أن التسوية مع الحكومة الإيطالـــية لتـــسديد المبالغ المتوجبة أقرت في العام 1995 بموجب قانون اقره مجلس النواب.

على ذلك المنوال انطلق أصحاب تلك المقاربات والانتقادات استناداً إلى قراءة معيـــنة للمعطـــيات أقـــل ما يمكن القول فيها بأنها لم تكن مكتملة ولا موضوعية ومتحيّزة وباحثة عن تهمة لإلصاقها بالرئيس الحريري وعدد من الوزراء ومن عمل معـــه ومعهـــم. ولقد أدى ذلك بهم إلى استنتاجات ناقصة ومغلوطة ومتجنية، نتج عـــنها اعتماد سياسات عامة لا تتلاءم مع الظروف والتحديات الاقتصادية والمالية الـــتي كان يواجهها لبنان في تلك الفترة. بناءً على هذا نقرأ في فذلكة موازنة العام 2000، والتي تقدمت بها حكومة الرئيس سليم الحص بتفاصيل برنامجها الاقتصادي لخمس سنوات (1999- 2003): "عانت البلاد في السنوات الأخيرة من معدلات نمـــو منخفـــضة مـــن أســـبابها الـــسياسة الاقتصادية التي اتبعت في فترة ما بعد الحرب[1]...".

---

(1) راجع "فذلكة مشروع موازنة العام 2000" ص 39.

ومـــع أن الفذلكة تذكر في ذات الفقرة عوامل أخرى مؤثرة كعدم الاستقرار في المنطقة وارتفاع كلفة الاستثمار في لبنان، ولكنه كان من الواضح برأي الحكومة الجديدة، أن السياسة الاقتصادية التي اتبعها الرئيس الحريري وفريقه، كانت المسبب الأبرز لانخفاض النمو الاقتصادي.

لقـــد كان الخطاب السياسي والاقتصادي الذي اتبعته الحكومة اللبنانية آنذاك يهدف إلى تحميل السياسة الاقتصادية السابقة مسؤولية تنامي العجز وتبعات وصول حجـــم الـــدين العام إلى مستويات خطيرة وغير مسبوقة. وعلى ذلك نقرأ أيضاً في فذلكـــة مـــوازنة العام 2000: "إن الدين العام اللبناني الذي كان نسبياً في مستوى منخفض في بداية عقد التسعينات، تضاعف عدة مرات خلال العقد ليضع لبنان في مستوى الدول الأكثر مديونية في العالم[1]".

مـــن المعـــروف أن الدين العام اللبناني قد ارتفع، ولكنه تضاعف مرة واحدة ولـــيس عدة مرات، كما تدعي الحكومة الجديدة في فذلكتها وبرنامجها الجديد، إذ زادت نسبته من حوالي 49% من الناتج المحلي الإجمالي في نهاية العام 1992 إلى 107% مـــن الـــناتج المحلي الإجمالي في نهاية العام 1998. أما إذا كان المقصود الإشارة إلى تـــضاعف هذا الدين بقيمته الإسمية، فإن في ذلك تغليفاً للحقائق؛ لأن تنامي رصيد الـــدين العام القديم والبالغة قيمته حوالي ثلاثة مليارات دولار في نهاية العام 1992 كـــان ليصبح وعلى أساس الفوائد المترتبة عليه، في نهاية العام 1998 أعلى بكثير مما كانـــت علـــيه قيمته في نهاية العام 1992 ما يعادل 7.6 مليار د.أ.، أي ما نسبته حوالي 41% من مجمل الدين العام والذي أصبح مجموعه في نهاية العام 1998 حوالي 18.5 مليار دولار أميركي، وذلك كما أشرنا سابقاً.

ومن جهة أخرى، فإن توجيه اللوم إلى السياسات الاقتصادية للرئيس الحريري على تباطؤ النمو الذي شهده لبنان منذ العام 1996 أمر يستبطن الكثير من التجني. وهـــذا لـــوم لا يعتـــرف بداية بأن هذه السياسات المحكى عنها حققت مستويات مـــرتفعة من النمو الاقتصادي الحقيقي في الأعوام 1993 و1994 و1995، وبمعدل يفـــوق 7% سنوياً وان هذه النسب ما لبثت أن انخفضت إلى 4% في العامين 1996 و1997، ثمّ إلى 3.6% في العام 1998. والحقيقة أن هذا الانخفاض في النمو لم يكن

---

(1) راجع "فذلكة مشروع موازنة العام 2000" ص 3.

منفصلاً عن تعثر فرص السلام في المنطقة والحرب التي شنّتها إسرائيل على لبنان في نيسان من العام 1996 وتداعياتها وتأثيرات ذلك كله على مستويات الثقة. هذا فضلاً عن الانطباع العام وإدراك المستثمرين آنذاك لمدى هشاشة الوضع السياسي والأمني في لبنان في ظل الصراعات الداخلية المستعرة بما في ذلك تداعيات التعديل الدستوري والتمديد لرئيس الجمهورية، وفي ظل استمرار الاحتلال الإسرائيلي واعتداءاته المتكررة. ولقد أوجب هذا الأخير بالطبع تصاعد أشكال مقاومة الاحتلال، التي مكنها تفاهم نيسان الذي أسهم الرئيس الحريري في التوصل إليه في العام 1996، والذي يعترف فيه المجتمع الدولي بحق لبنان في مقاومة الاحتلال الإسرائيلي مع ما يحمله ذلك من آثار وتداعيات على الصعيد الاقتصادي.

ومن المهم التوضيح هنا بأن موقفنا لا يعتبر موقفاً سلبياً من مقاومة حزب الله بل على العكس من ذلك، فهذه المقاومة حققت بالفعل إنجازاً تاريخياً على الصعيدين اللبناني والعربي في إجبار الاحتلال الإسرائيلي على الانسحاب من لبنان في العام 2000. ولقد كانت تلك الواقعة من المرات القليلة في تاريخ الصراع العربي- الإسرائيلي الذي تنسحب فيه إسرائيل من أرض عربية محتلة على وقع الكفاح المسلح وجهد المقاومة وصبر ونضال اللبنانيين وليس عن طريق المفاوضات.

إن الهدف من إثارة هذه المسألة من هذه الزاوية إنما هو من اجل القيام بقراءة موضوعية للأمور ولكي ندرك أن جهد التحرير عبر الكفاح المسلح لتحقيق الانسحاب الإسرائيلي من لبنان لم يكن عملاً من دون كلفة مباشرة وباهظة على صعيد الخسارة البشرية والاقتصادية والإنمائية وكذلك على صعيد البنى التحتية التي كان يستهدفها القصف الإسرائيلي المتكرر بين الحين والآخر. هذا فضلاً عن الآثار السلبية غير المباشرة التي كان يتحملها الاقتصاد اللبناني وضياع الفرص الاستثمارية ولاسيما في المناطق التي كانت تتواجد فيها المقاومة كالجنوب والبقاع وبعلبك الهرمل وهي من المناطق الأكثر حرماناً في لبنان والأكثر حاجةً لجذب الاستثمارات وتوفير فرص العمل الجديدة.

انه ومع الإشارة إلى هذا الجانب فإنه لا بد من القول بأن العمل على مقاومة الاحتلال الإسرائيلي للأراضي اللبنانية وحتى انسحابه في العام 2000 كان أمراً

واجـبـاً بالكامـــل مهما كانت كلفته وعواقبه وكانت تقتضيه الاعتبارات الوطنية والقومية والإنسانية حتى الانسحاب الكامل لقوات الاحتلال الإسرائيلية.

عودةٌ بنا إلى مسألة تحميل سياسة الرئيس الحريري مسؤولية تنامي الدين العام، في فتـــرة الأعوام 1993- 1998 والتي كان دعاتها يتغاضون عن تأثيرات الظروف السياسية والأمنية الصعبة وعن ذهنية التقاسم. وهي جميعها الظروف التي أثّرت في جـــزء كبير من السياسات المتبعة في تلك الحقبة، والتي أملتها الانقسامات في البلاد وحدت من إمكانية ضبط الإنفاق وعدم زيادة الواردات وبالتالي زيادة العجز.

إنـــه مـــن دون أدنى شـــك، أن الـــرئيس لحود وأركان حكومته، ولاسيما الاقتـــصاديين منهم، كانوا مدركين للقيود التي يفرضها النظام السياسي الطائفي في لبـــنان والتي كانت تحول دون القيام بالإصلاح المنشود. لكنهم بدل أن يسعوا إلى العمل على مسارات معالجة تلك العقبات، ارتأوا اعتماد الخيار الأسهل وهو تحميل الـــرئيس الحريري ومشروعه الاقتصادي مسؤولية تنامي الدين العام. وبهذا انشغلوا بالنظـــر إلى الـــوراء عن النظر إلى الأمام وهم بالتالي لم يستطيعوا تحقيق أي نتيجة عملية في كلا الاتجاهين.

لقـــد كانـــت الحكومة الجديدة تضم اقتصاديين مشهود لهم بالخبرة والمعرفة كرئيـــسها الدكتور سليم الحص ووزير المال الدكتور جورج قرم وقد حاولا القيام ببعض الإصلاحات وحاولا مقاربة الوضع الاقتصادي بطريقة علمية ولكنهما وقعا في أخطـــاء أساسية أدت إلى أن تكون النتائج الاقتصادية المحققة في العامين 1999- 2000 الأكثر سوءاً منذ انتهاء الحرب الأهلية في العام 1990.

كان الخطأ الأساسي الذي وقعت فيه الحكومة، وهو خطأ شائع في الاقتصاد، عدم التمييز بين مسبِّبات المأزق وعوارضه. فالدين العام كان في جانب منه مسبِّب للمـــأزق الاقتـــصادي في لبنان. ولكنه أيضاً، وهذا الأهم، كان من أعراض النظام السياسي الطائفي والزبائني الذي فرض على الرئيس الحريري مساكنة أمراء الحرب ومجاراتهم لإقرار المشاريع الحيوية والضرورية لتحقيق النمو الاقتصادي.

فمن ناحية أولى، كان تنامي الدين العام هو الكلفة التي كان لا بد من تحملها مـــن أجـــل تحقـــيق كلا من الاستقرار المعيشي والاجتماعي والاستقرار النقدي. وكـــذلك مـــن أجل تحقيق تقدم على صعد أخرى، ومنها إعادة الإعمار وتمكين

القطـــاع الخـــاص من العودة إلى القيام بدوره في الاقتصاد اللبناني، والعمل في آن واحد على المحافظة على حرية التبادل التجاري وحرية الملكية الفردية وحرية انتقال رأس المـــال. ويعني ذلك حقيقة العودة إلى الأسس الليبرالية التي قام عليها الاقتصاد اللبـــناني، وتثبـــيت هويته السياسية والاقتصادية. ولكن أيضاً من جانب آخر كان تحمله وتكابد كلفته لا مناص منه تجنباً للمآزق السياسية والأمنية التي كانت تنصب للحكومة والتي تستعمل أحياناً لممارسة الضغط والابتزاز السياسي.

مـــن ناحـــية أخـــرى، فإن الفرص الضئيلة المتاحة للقيام بالإصلاح الحقيقي والـــشامل، وكـــذلك العوامل السياسية والأمنية المختلفة التي كانت تعرقل العملية الإحيائـــية للاقتـــصاد، كانت كلها أسباب تشل أو تحدّ من القدرة على استعمال المـــوارد المتاحة للاقتصاد بالطريقة المثلى، وتزيد من أعباء كلفة الإنجازات، وتجعل تزايدها يتسارع بوتيرة أسرع من تلك التي كانت تتحقق على وقعها الإنجازات.

وهـــنا علينـــا أن نسأل أنفسنا بموضوعية: هل مستوى الدين العام هو أساس المـــشكل الاقتصادي في لبنان؟ بمعنى آخر على افتراض أنه لو زال الدين العام اليوم هـــل تُحَلّ جميع المشاكل الاقتصادية التي يعاني منها لبنان، ومنها انحسار أو انعدام الاســـتثمار في المناطق المحرومة، وندرة فرص العمل، والهجرة الداخلية والخارجية، ومـــشاكل الفقر والحرمان وعدم تماسك شبكة الحماية الاجتماعية؟ هل الدين العام هو وحده ما يعيق الاستعمال الأمثل للموارد المتاحة ومن ميزات تفاضلية يتمتع بها لبنان؟

إن مـــستوى الدين العام هو في الواقع من مظاهر الاختلالات العديدة وليس هـــو سببها الرئيسي. فالمسبب الرئيسي للاختلالات الاقتصادية والاجتماعية، هو الظروف التي أدت إلى تراكم هذا الدين وأهمها تقلص هيبة الدولة وانحسار سلطتها والممارسات السياسية والزبائنية وهشاشة الاستقرار السياسي والأمني وهي عوامل تتضافر فيما بينها، لتجعل الإصلاح الحقيقي صعباً ومعقداً للغاية ويصطدم بعقبات مناطقـــية وطائفية ومذهبية. هذا تماماً ما أسهم في أن تكون كلفة ما أنجز أكبر بكثير مما كانت ستكون عليه في ظل ظروف سياسية وأمنية ملائمة.

طـــبعاً لا يقلل هذا الرأي من أهمية العمل الفوري على خفض مستوى الدين العـــام الـــذي يشكل تهديداً لمناعة البلد ويقلل من قدرته على مواجهة التحولات

والتطورات والتحديات العالمية والداخلية. إن الهدف من إثارة هذه النقطة هو توخّي الموضوعية في التحليل، والإدراك بأن الدين العام قد يكون مسؤولاً عن بعض الاختلالات التي يعاني منها الاقتصاد اللبناني، ولكنه ليس مسؤولاً عنها جميعاً. بل إن الاختلالات الأكبر تتحمل مسؤوليتها الممارسات السياسية التي تمنع وتعيق عملية الإصلاح الشامل على الصعد السياسية والبنيوية والإدارية والقضائية والاقتصادية.

على كل حال، لقد وقعت حكومة الرئيس لحود الأولى في فخ تشخيصها الناقص للواقع الاقتصادي اللبناني، فصوّرت الدين العام ووضع المالية العامة وكأنهما "أم" المشاكل الاقتصادية والاجتماعية التي يعاني منها لبنان. بينما الواقع هو أن هذا الدين كان أساساً أحد أعراض الاختلالات السياسية والبنيوية والاقتصادية التي يعاني منها لبنان، وهي، أي الاختلالات، كانت تضغط لتجعل معدلات النمو المحقق وفرص التقدم والتطور أقل مما كان يمكن للبنان تحقيقه ومعدلات الفوائد أعلى مما يمكن للبنان تحمله.

على هذا، صممت الحكومة اللبنانية الجديدة برئاسة الرئيس الحص برنامج عمل للإصلاح المالي والاقتصادي يمتد على مدى خمس سنوات. وكان هذا البرنامج، كما ورد في فذلكة موازنة العام 2000: "ينطلق من القناعة أن إصلاح المالية العامة هو المدخل الأساس لتفعيل النمو الاقتصادي[1]"، بمعنى آخر كانت الأولوية بالنسبة للفريق الاقتصادي الجديد اعتماد سياسة التقشف وهي سياسة لا ضير فيها وكان من الممكن أن تحقق نجاحاً لو اعتمد معها سياسات تسهم في تعزيز النمو وهو الأمر الذي لم يحصل.

في المقابل، كان الرئيس الحريري وفريقه الاقتصادي قد أعطوا الأولوية في فترة الأعوام 1992- 1998 للنمو مع سعيهم الدائم لتخفيض الإنفاق في المجالات والأبواب التي كانوا قادرين على تحقيقها. وهم ارتأوا أن يضحّوا مؤقتاً بتوازن المالية العامة حتى يتم تحقيق وتثبيت دعائم ومكونات النمو الاقتصادي وتحسين مستويات الدخل والإنتاج والعمل على تهيئة الأجواء لتحقيق زيادة مستدامة في مجموع الواردات لدى الخزينة.

---

(1) راجع "فذلكة مشروع موازنة العام 2000" ص 4.

ولقد جرى اعتماد هذا الخيار من قبل الرئيس الحريري وهو الخيار الذي كان يمثل أفضل الممكن سيما وان البديل الآخر المتمثل بالعودة إلى توازن الموازنة كان فيه استحالة عملية إذ كان سيشكل ضربة قاصمة لإمكانية استعادة النمو الاقتصادي المنشود فضلاً عن أنه لم يكن ليؤدي عملياً إلى أي تحسين في مداخيل المواطنين من جهة أولى ولا إلى زيادة في مداخيل الخزينة من جهة ثانية.

ولقد اعتبر الرئيس الحريري آنذاك أن الوسيلة الأفضل لمعالجة مشكلة العجز على المدى المتوسط والطويل تكمن في تكبير حجم الاقتصاد، مما يساهم بدوره في توسيع القاعدة الإنتاجية وبالتالي يعزز الواردات الضريبية وغير الضريبية من جهة، ويُحجّم العجز والدين نسبةً إلى الناتج المحلي الإجمالي من جهة أخرى. بعبارة أخرى فإن الرئيس الحريري اختار اعتماد مبدأ النمو للخروج من الدين العام الذي كان يشكل عبئاً نسبياً كبيراً في نهاية العام 1994. ولقد أثبتت الأيام أن هذه السياسة التي اعتمدت للخروج من مشكلة الدين العام كانت عملياً وبالرغم من كل ما تمت مواجهته من إشكالات على مسارها على مدى العقدين الماضيين الوسيلة الوحيدة لتحقيق ذلك حيث شهدت الأعوام الأربع الأخيرة (2007-2010)، والتي تحققت فيها معدلات نمو عالية، انخفاضاً سريعاً في نسبة الدين العام إلى الناتج المحلي الإجمالي كما سنعرض لاحقاً.

لقد كان وزير المالية الدكتور جورج قرم مقتنعاً بان وضع المالية العامة والعجز المتنامي في الخزينة وارتفاع الدين العام إلى مستويات خطيرة، يشكل اللاجم الأساسي لحركة القطاع الخاص وذلك من خلال تأثيره على معدلات الفوائد. وكان ذلك واضحاً في فذلكة موازنة العام 2000 حيث نقرأ: "أدت السياسة الاقتصادية السابقة إلى زيادة العجز، ما تم تمويله عن طريق الاقتراض الداخلي، ما أدى، في ظل سياسة نقدية متشددة نسبياً وسياسة سعر صرف هدفت إلى تحقيق ارتفاع مستمر في قيمة الليرة اللبنانية بالنسبة إلى الدولار الأميركي، إلى ارتفاع معدلات الفوائد محلياً، الأمر الذي أدى إلى تقليص التمويل المتاح للقطاع الخاص[(1)]".

(1) راجع "فذلكة مشروع موازنة 2000" ص 3.

لم يكـــن هذا القول دقيقاً، إذ أن معدلات الفوائد كانت في الحقيقة في منحى تنازلي منذ العام 1992، ما عدا الفترات التي شهدت صدمات سياسية وأمنية كانت تــؤدي إلى ارتفاعها واضطرار مصرف لبنان إلى التعامل معها بروية ومرونة لتوفير فــرص إعادتها إلى منحاها التنازلي. لقد كان الحرص على التمسك بذلك من أجل احتواء معدلات التضخم وحرصاً على استقرار القيمة الشرائية للمواطنين ولاسيما لذوي الدخل المحدود من المواطنين، وأيضاً حرصاً على القطاع المصرفي الذي كان ولا يزال يشكل العمود الفقري للاقتصاد اللبناني والتي أثبتت التجارب العالمية أهمية التمسك بسلامته بالنسبة للاستقرار الاقتصادي والمالي في البلاد.

علـــى كل حال فإن القول إن للفوائد المرتفعة، وهي كانت حقاً كذلك بالرغم من انخفاضـــها التدريجـــي، تـــأثير سلبـــي على النمو، فيه شيء من الصحة على المستوى الأكاديمي والنظري وهو يعود إلى نظرية الاستبعاد أو (Crowding out) كما تسمى. هـــذه النظـــرية تعتبر ان ازدياد حجم الدولة وازدياد اقتراضها يؤدي عاجلاً أم آجلاً إلى انكمـــاش حجـــم القطاع الخاص، وذلك من خلال ارتفاع معدلات الفوائد الناتج عن الحاجـــة إلى تمـــويل الاحتياجات المتزايدة للدولة، وهو ما يؤدي حكماً إلى ارتفاع كلفة الاستدانة وبالتالي إلى ارتفاع كلفة الاستثمار، فانكماش في حركة القطاع الخاص.

طـــبعاً تـــصحّ هذه المقولة في مجمل الأوقات، ولكنها تتجاهل ما كانت عليه الحال في حال لبنان لجهة عاملين اثنين أساسيين:

العامـــل الأول هو الظروف التي سادت في لبنان بعد العام 1990، أي بعد انقضاء الحـــرب، وحـــال الضعف والتقهقر الذي آلت إليه إدارات ومؤسسات الدولة وتردي قدرتها المحدودة أصلاً على تأمين مختلف الخدمات للمواطنين، ومنها الخدمات الأساسية ولاســـيما المتعلقة بفرض الأمن والاستقرار وبسط سلطة القانون بما يوحي للمواطنين بالأمـــان والاستقرار. يضاف إلى ذلك طبعاً، التدمير الذي طاول ونال من البنى التحتية علـــى اخـــتلافها من طرقات واتصالات وكهرباء ومياه وغيرها. فضلاً عن تقادم تلك البنى التحتية وقصورها المتزايد عن تلبية الحاجات المتزايدة للسكان والحركة الاقتصادية.

والواقـــع أن سياسة إعادة الاعمار التي جرى اعتمادها منذ مطلع العام 1993 وحتى أواخر العام 1998 كانت تهدف أولاً وأخيراً إلى إعادة تمكين القطاع الخاص وتـــشجيعه علـــى الاســـتثمار والنمو وذلك من خلال إعادة التوازن إلى القدرة

الإنتاجية للقطاعين العام والخاص، عبر إصلاح ما تم تدميره من منشآت وبنى تحتية، وإطــلاق العمــل في مشاريع جديدة. وهذه كلها كانت تشكل جزءاً أساسياً من سياســة ساعية إلى تشجيع القطاع الخاص (Crowding in) لا لاستبعاده أو للجم حــركته وحيويته. هذا فضلاً عن أن العمل كان يتضافر في الوقت ذاته على توفير الأمــن والاستقرار من أجل إعادة التوازن أيضاً إلى حاجات الأمن الاجتماعي من خلال الاستثمار في قطاعي التربية والصحة، وهما قطاعان أساسيان لتوفير الاستقرار الاجتماعي وإطلاق المبادرات الإنتاجية لدى القطاع الخاص.

أمــا الارتفــاع في كلفــة الاستثمار الذي نتج عن ارتفاع الفوائد، فهو لم يكن منفــصلاً عــن الصدمات السياسية والأمنية التي تعرّض لها لبنان، والتي كشفت مدى هــشاشة تركيبته السياسية ووضعه الأمني وبالتالي عدم الاطمئنان إلى ديمومة الاستقرار. في هذا الإطار، فإنه يبدو من الصعب جداً قياس تأثير الوضع السياسي والأمني وتحديد مــسؤوليته عــن تــدني الاســتثمارات من قبل القطاع الخاص وعلى تراجع الحركة الاقتصادية وانخفاض نسبة النمو الاقتصادي الحقيقي في الأعوام 1996 - 1998. ولكنه وعلــى الــرغم من ذلك فإنه يمكن القول بأن الاضطرابات السياسية والأمنية أسهمت وبــشكل كبير في عدم القدرة على خفض معدلات الفوائد بالسرعة المطلوبة، أو على الأقــل فهــي أعطت المصارف اللبنانية، وهي قوة اقتصادية مهمة ومؤثرة، الحجةَ لأن تطالب بقوة في أن يكون الخفض في الفوائد تدريجياً وبطيئاً خوفاً من انعكاس ذلك على حــركة الرساميل الوافدة إلى لبنان وعلى تنامي الودائع وخوفاً أيضاً من احتمال عودة تلك الفوائد إلى الارتفاع الفجائي (Bouncing Back) لأسباب تفرضها الأوضاع السياسية والأمنية المضطربة في البلاد والتي لم تتوقف في مرحلة ما بعد الطائف.

أمــا العامل الثاني الذي كان ولا يزال يميز لبنان، فهو حجم القطاع المصرفي نــسبة للناتج المحلي الإجمالي. إن مسألة الاستبعاد، تصحّ عموماً في بلد تَضَخّم فيه حجــم الاســتدانة من قبل القطاع العام نسبة إلى موجودات القطاع المصرفي. إذ تلعــب عندها نسبة الفوائد المرتفعة عاملاً أساسياً في عملية الاستبعاد في حال كان هــنالك محدودية في حجم السيولة المتوفرة لدى القطاع المصرفي، الأمر الذي يحث هــذا الأخير على توظيفها في الاستثمارات ذات العائد الأعلى، أي في التوظيفات الحكومــية، على حساب توظيفات يمكن للقطاع الخاص أن يقوم بها، وتوفر ربما عائداً أقل للمصارف وتكون عادة محفوفة بمخاطر أكبر.

في الواقع أن الوضع يختلف في لبنان عنه في بلدان أخرى. فلقد تميّز القطاع المصرفي اللبناني دائماً، وحتى في فترة ما قبل الحرب، باحتفاظه بنسب مرتفعة من السيولة. ولقد تحقق ذلك نتيجة استمرار التحويلات المالية من اللبنانيين المقيمين في الخـــارج. وهذا ما جعل القطاع المصرفي اللبناني يتميز بأحد أعلى المعدلات في العـــالم في مـــا خـــص نسبة أصول القطاع المصرفي للناتج المحلي الإجمالي، وهـــو أمـــر لا يـــزال يميّزه حتى اليوم. هذا الأمر يحد وإلى حد كبير من مدى تـــأثير عامل الاستبعاد، وهو عامل موجود كما ذكرنا ولكن ليس بالقدر الذي صـــوّره الـــبعض وبـــنى عليه قدراً كبيراً من الاستنتاجات، وبالتالي السياسات الخاطئة.

وعلـــى ذلك فإذا ما نظرنا إلى تطور أصول المصارف نجد أنه وفي العام 1992 كانـــت نـــسبتها إلى الناتج المحلي في تلك الفترة تتجاوز 154%، وذلك بالرغم مما عانـــاه لبنان من حروب وتدمير وهروب للرساميل، وهي قد ارتفعت حتى وصلت إلى 261% في العـــام 2000 وتجـــاوزت 334% في العام 2009، كما يشير الرسم البياني 6- 1 أدناه.

رسم بياني 6 - 1: نسبة أصول القطاع المصرفي اللبناني

إلى الناتج المحلي الإجمالي 1992- 2009

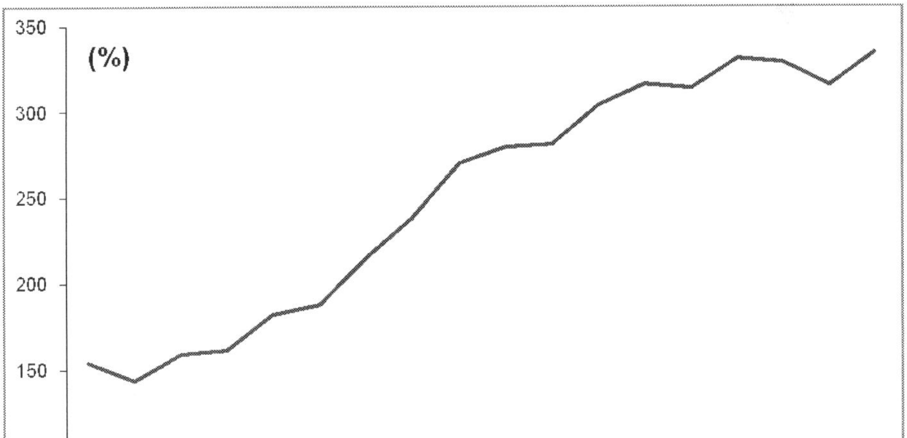

المصدر: مصرف لبنان وحسابات مجمّعة

بمعنى آخر، لقد كان حجم مجموع أصول القطاع المصرفي اللبناني ولا يزال يتجاوز حجم الاقتصاد الوطني بأضعاف، مما مكّنه من الاحتفاظ بسيولة وافرة. وهذا يعني أن المصارف كانت حتماً قادرةً على تلبية الطلب الداخلي للتمويل من قبل مؤسسات القطاع الخاص.

من جهة أخرى فإذا ما راجعنا تطور نسبة الأصول (Foreign Assets) الخارجية إلى مجمل الأصول المصرفية (الرسم البياني 6- 2 أدناه)، نجد أن حصتها من مجمل الأصول تدنت في وقت ارتفعت فيه حصة التسليف للقطاع العام نسبة للأصول، وكذلك ارتفعت حصة التسليف للقطاع الخاص نسبة للأصول التي ما لبثت أن استقرت. وتبيّن هذه الأرقام احتمال أن يكون ازدياد التسليف للقطاع العام من قبل المصارف تم بالأساس على حساب الاستثمار بالأصول الخارجية وليس تماماً على حساب التسليف للقطاع الخاص، الذي زاد مجموعه حوالي 12.1 مليار د.أ. بين نهاية العام 1992 ونهاية العام 2000، كما زاد حوالي 21.7 مليار د.أ. بين نهاية العام 1992 ونهاية العام 2009 ليصبح 24.3 مليار د.أ.، أي ارتفع من 45% من الناتج المحلي الإجمالي في العام 1992 إلى 70% من الناتج المحلي الإجمالي في العام 2009.

رسم بياني 6 - 2: تطور بعض مكونات الأصول المصرفية 1992 - 2000

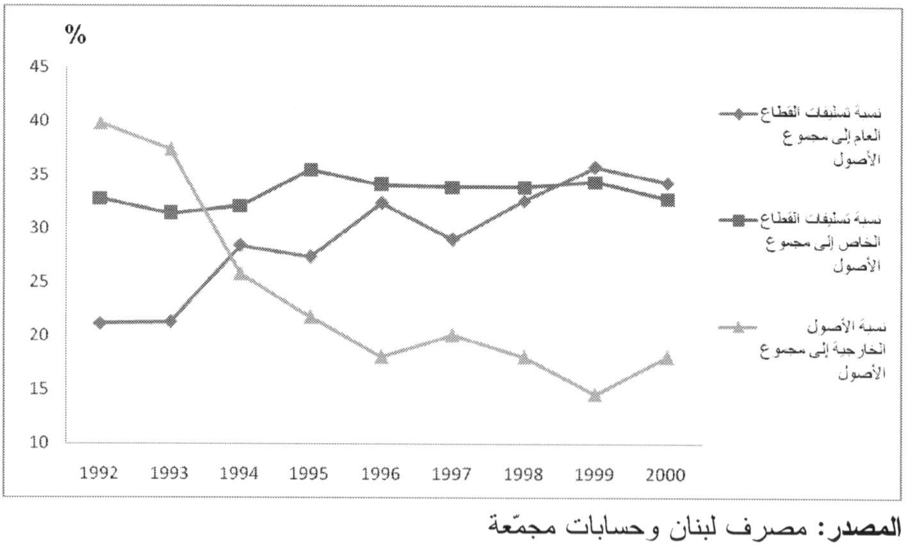

المصدر: مصرف لبنان وحسابات مجمّعة

في ضـــوء مـــا جرى عرضه في الفصل الخامس لناحية التأثيرات السلبية التي تـــسبّبت بها الصدمات السياسية والأمنية والتي أدت إلى ارتفاع في معدلات الفوائد في العـــام 1995، وإلى بقاء تلك المعدلات فوق ما كانت عليه في العام 1994 لمدة طويلة، فقد عمدت حكومة الرئيس لحود الأولى إلى تحميل السياسة المالية والنقدية في المـــرحلة الـــسابقة معظم المسؤولية عن ارتفاع معدل الفوائد في لبنان، من دون الأخـــذ بعين الاعتبار الظروف السياسية والأمنية الصعبة التي شهدها لبنان في تلك الفتـــرة. كما حمّلت مسألة ارتفاع الفوائد مسؤولية عدم تحفيز الاستثمار من دون الالتفات إلى العامل الأهم في لبنان وهو عامل الثقة التي لم تنتبه إلى معالجته.

انطلاقـــاً من هذه الأخطاء في قراءة المعطيات التي تمّت عن قصد أو عن غير قـــصد، بـــادرت الحكومة الأولى للرئيس لحود إلى تصميم سياسة اقتصادية كانت سمـــتها الأساسية التقشف وذلك من خلال توسيع القاعدة الضريبية، ظناً بأن ذلك ســـيؤدي إلى خفـــض معدلات الفوائد، وبالتالي إلى تنشيط للحركة الاقتصادية في البلاد. وعلى هذا نقرأ في فذلكة الموازنة عام 2000:

"يهدف البرنامج الذي اعتمدته الحكومة الأولى للرئيس لحود وبصورة رئيسية إلى تخفيض عجز المالية العامة الإجمالي إلى نسبة 5% من الناتج الإجمالي المحلي بانتهاء العام 2003، وتخفيض الدين العام الإجمالي إلى ما يعادل 96% من الناتج، وتخفيض معدلات الفوائد على الدين، ورفع معدل نمو الناتج المحلي إلى 5% مع حلول 2003 وتحـــسين هـــيكلة الاقتصاد وقدرته التنافسية. وقد رسم برنامج الإصلاح مساراً للخروج من الأزمة مبني على ركيزتين أساسيتين هما:

1. ركيزة تحديث النظام الضريبـــي.
2. ركيزة أداء الدولة ودورها وحجمها في الاقتصاد[1]".

شـــكل ذلـــك المنحى الذي اتبعته حكومة الرئيس الحص تغييراً للتوجّه الذي اعـــتمده الـــرئيس الحريري في العام 1993 والذي جرى شرحه في فذلكة مشروع موازنة العام 1995 (كما ذكرنا في الفصل الثالث) عندما تمّ طرح طريقتين للتعامل مـــع مـــشكلة المالية العامة: الأولى عبر رفع الضرائب وضبط الإنفاق، والثانية عبر التركيز على النمو الاقتصادي الكفيل بتحجيم مشكلة المالية العامة مع مرور الزمن

(1) راجع "فذلكة مشروع موازنة العام 2000" ص 4.

ولكن مع تحقيق النمو الاقتصادي المستدام. ولقد اعتمدت حكومة الرئيس الحريري آنذاك الطريقة الثانية وهي التركيز على النمو الاقتصادي.

بمعنى آخر أنه وفي حين انطلقت سياسة الرئيس الحريري على أساس أن النمو هو السبيل الأمثل لمعالجة مشكلة المالية العامة، انطلق البرنامج الاقتصادي لحكومة الرئيس لحود الأولى من القناعة "بأن إصلاح المالية هو المدخل الأساس لتفعيل النمو الاقتصادي" (فذلكة موازنة العام 2000). على هذا كان برنامج عمل تلك الحكومة المعد لخمس سنوات 1999 - 2003 يتمحور بشكل شبه كلي حول إصلاح المالية العامة، إذ كانت سبع نقاط من أصل تسع من هذا المشروع تتعلق بإجراءات تقشفية سواء على صعيد التعديلات الضريبية أو على صعيد خفض الإنفاق العام.

ولقد كانت إحدى هذه الإجراءات العمل على رفع معدلات الضرائب التي عُدّلَت على أسس التدابير الضريبية التالية (موازنة عام 1999):

- رفع معدلات ضريبة الدخل على الرواتب والأجور: اعتماد شطور جديدة وارتفاع المعدل الأقصى من 10% إلى 20%.
- رفع معدل الضريبة على أرباح الشركات من 10% إلى 15% ورفع معدل الضريبة على رؤوس الأموال المنقولة من 5% إلى 10%(1).
- رفع معدلات رسوم الانتقال من 10% إلى 16%.
- اعتماد شطور جديدة للضرائب على الأملاك المبنية.

وقد أُقِرّت تلك الزيادات طبعاً عدا عن إجراءات ضريبية أخرى.

في هذا الإطار، لا بدّ من السؤال عن تطور الإيرادات المحققة خلال العامين 1999 و2000 في ضوء تلك الإجراءات بالمقارنة مع تلك المحققة في العام 1998.

لقد ارتفع مجموع مبالغ الإيرادات المحققة لدى الخزينة من حوالي 4449 مليار ليرة في العام 1998 إلى 4872 مليار ليرة في العام 1999، ثم انخفضت إلى 4759 مليار ليرة في العام 2000. وقد أدى ذلك إلى ارتفاع طفيف في نسبة الإيرادات إلى الناتج المحلي الإجمالي والذي كان مردّه ضعف النمو في الناتج المحلي الإجمالي. من الواضح إذاً أن تلك الحكومة لم تحقق كامل أهدافها على صعيد الإيرادات.

---

(1) هذا الإجراء كان يمثل في الواقع عودة إلى الاقتراح الأساسي لوزير الدولة للشؤون المالية فؤاد السنيورة الذي قدمه في العام 1993 ورفضه مجلس الوزراء.

أمّا على صعيد الإنفاق، فقد كان الأمر أيضاً على عكس ما حددته الحكومة فيما خصّ ضبطه. فلقد زادت النفقات المحققة من 7906 مليار ليرة لبنانية في العام 1998 إلى 8455 مليار ليرة في العام 1999، ويشمل ذلك المتوجبات المترتبة (المتأخرات) على الحكومة عن العام 1998 وما قبل، والتي قدّرت بحوالي 1130 مليار ليرة (فذلكة مشروع موازنة العام 2000). لكن الإنفاق عاد وارتفع بسرعة ليصل إلى 10622 مليار ليرة في العام 2000. أي أن مجمل الإنفاق ارتفع من حوالي 30% من الناتج المحلي الإجمالي في العام 1998 إلى حوالي 41% من الناتج المحلي الإجمالي في العام 2000!

وتعود تلك الزيادة في مجمل الإنفاق المحقق إلى زيادة حجم الإنفاق من خارج خدمة الدين العام، وأيضاً إلى زيادة حجم خدمة الدين العام. وعلى ذلك فقد ارتفع حجم الإنفاق من خارج خدمة الدين العام من 4554 مليار ليرة في العام 1998 إلى 6425 مليار ليرة في العام 2000. أما تلك المتعلقة بخدمة الدين العام فقد ارتفعت مبالغه من 3352 مليار ليرة في العام 1998 إلى 4197 مليار ليرة في العام 2000.

يتضح من ذلك كله أن سياسة حكومة الدكتور سليم الحص الجديدة اصطدمت بالعقبات ذاتها التي واجهت حكومات الرئيس الحريري في الأعوام السابقة لجهة عدم القدرة على ضبط الإنفاق. وهذا ما أقرّت به، بطريقة ما، فذلكة موازنة العام 2000 حيث حاولت تجميله حينما أشارت إلى "نقطة التحول في الوضع الاقتصادي العام بالرغم من الصعوبات التي اعترضت الحكومة وبالرغم من النفقات التي طرأت عليها والتي اضطرت الحكومة الإبقاء عليها". وخصّت بالذكر "الزيادة على الرواتب والأجور بحوالي 500 مليار ليرة التي أقرّت في أواخر العام 1998 ويشمل انعكاسات تلك الزيادات على معاشات التقاعد وتعويضات الصرف من الخدمة وزيادة خدمة الدين العام بمقدار 700 مليار ليرة، واستمرار الدعم لمؤسسة الكهرباء لشراء الفيول ولتسديد القروض الخارجية وفوائدها، وزيادة نفقات المجالس وبشكل خاص مجلس الإنماء والإعمار ومجلس الجنوب بالإضافة إلى نفقات صندوق المهجرين[1]".

(1) راجع "فذلكة مشروع موازنة العام 2000" ص 42- 43.

ويعـــني ذلك كله أن تلك الحكومة التي بنت برنامجها على أساس "ضبط الإنفاق العام وإعادة النظر في توزيعه"، واجهت العقبات ذاتها التي عددناها في الفصل الخامس، والـــتي تتركـــز على مصاريف غير قابلة للتخفيض والمتمثلة بالرواتب والأجور، وكلفة دعـــم الكهـــرباء، والمـــبالغ التي جرى تخصيصها لكل من مجلس الجنوب ولصندوق المهجرين بالإضافة طبعاً إلى مجلس الإنماء والإعمار وذلك بحكم متابعة العمل على تلبية بعض الحاجات الاستثمارية التي لم يكن من الممكن تجاهلها أو إيقافها.

ولا بدّ من التذكير هنا مجدداً أن مشروع زيادة الرواتب والأجور التي اقترحها الـــرئيس الحريـــري آنذاك وأقرها مجلس الوزراء في مشروع قانون سلسلة الرتب والرواتب والأجور كانت مرتبطة، كما سبق وذكرنا، بإجراءات إصلاحية أساسية علـــى أكثر من صعيد إداري ومالي توصلاً إلى تفعيل الإدارة وترشيد الإنفاق. لكن مشروع قانون سلسلة الرتب والرواتب أُقِرّ في محصّلة الأمر في مجلس النواب بحيث جـــرى إقـــرار الزيادة على الرواتب والأجور، وصرف النظر في المقابل عن جميع الإصلاحات الواردة فيه، وذلك بتدخل مباشر من الرئيس لحود.

لقـــد جاءت النتائج إذاً عكسية تماماً لما أرادته الحكومة الأولى للرئيس لحود وهو ما ظهر من خلال عدد من المؤشرات:

- ثقـــة القطـــاع الخـــاص التي أرادت الحكومة أن تعززها من خلال ضبط الإنفاق تدهورت، فانخفضت معدلات النمو الاقتصادي الحقيقي إلى أدنى معـــدلات عرفها لبنان منذ نهاية الحرب، إذ انخفض معدل النمو من 3.6% في العـــام 1998 إلى -0.5% في العـــام 1999 ومن ثم إلى 1.3% في العام 2000، أي أن تلـــك الحكومة لم تستطع أن تحقق نمواً حقيقياً خلال تلك السنتين.
- أدى انخفاض النمو إلى تراجع نسبـــي في الإيرادات المحققة من قبل الخزينة عما كان يمكن لها أن تحققه.
- لم تـــستطع الحكومة التصدي للمشكلات البنيوية والضغوطات السياسية المخـــتلفة، مما أدى إلى تفلت حجم الإنفاق من عقاله بما في ذلك مجموع خدمة الدين العام التي استنفد نحو 88% من واردات الخزينة في العام 2000 وذلك كان مؤشراً مقلقاً.

- تدهور عجز المالية العامة من 43% من مجموع الإنفاق العام في العام 1998 إلى 55% من مجموع الإنفاق العام في العام 2000. كذلك فقد حصل تدهور في مستويات العجز الذي ارتفع من 13% من الناتج المحلي الإجمالي في العام 1998 إلى 23% من الناتج المحلي الإجمالي في العام 2000.
- ارتفعت نسبة الدين العام إلى الناتج المحلي الإجمالي من 107% في نهاية العام 1998 إلى 146% في نهاية العام 2000، وهو الأمر الذي كانت وعدت حكومة الرئيس لحود بخفضه تدريجياً وصولاً إلى 96% في نهاية العام 2003 بحسب برنامجها الاقتصادي.

يتبين مما تقدم أن حكومة الرئيس لحود الأولى قاربت الشأن الاقتصادي مرتكزةً بطريقة شبه حصرية على معالجة مشكلة المالية العامة بينما كان الرئيس الحريري قد تبنّى سابقاً مقاربة مختلفة مرتكزة على تحقيق النمو بشكل أساسي مع الأخذ بعين الاعتبار ضرورة عصر النفقات وترشيد الإنفاق وزيادة المداخيل بطرق لا تؤثر بشكل سلبي على معدلات النمو. وعلى صعيد المقارنة فإن النتائج المحققة على صعيد النمو الاقتصادي ونسبة الدين العام إلى الناتج المحلي الإجمالي، تبين أن السياسة الاقتصادية التي اتُّبعت من قبل حكومات الرئيس الحريري الثلاث الأولى بين أواخر العام 1992 وأواخر العام 1998 أدت إلى ارتفاع نسبة الدين العام إلى الناتج المحلي الإجمالي 58 نقطة مئوية على مدى 6 سنوات كان معدل النمو الاقتصادي السنوي خلالها 5.5%، بينما أدت السياسة التي إتُّبِعَت في عامي 1999 و2000 إلى زيادة نسبة الدين العام إلى الناتج المحلي الإجمالي 39 نقطة مئوية على مدى سنتين كان معدل النمو السنوي خلالها 0.4%.

لقد أثبتت تجربة مرحلة السنتين 1999- 2000 فشل محاولة التصدي لمشاكل المالية العامة من خلال منطق المحاسبة وفتح الملفات بأسلوب فضائحي ومتجن قائم على اختلاق مسائل وقضايا غير موجودة أصلاً وطرح هذه القضايا بأسلوب غير علمي ولا موضوعي ولا شفاف. في المقابل فإنه تم التغاضي في تلك الفترة عن المشاكل البنيوية الحقيقية في الإدارة وفي المؤسسات وفي القضاء. وذلك كله دفع نحو اعتماد سياسات أدت إلى نتائج عكسية او مخالفة لما توقعته تلك الحكومة وتسببت بتدهور خطير للوضع الاقتصادي. ولقد تم ذلك بعد أن كان الرئيس

الحريري قد توصّل إلى تحسين وضع المالية العامة في العام 1998 من خلال الخفض الـــذي حققـــه في نسبة العجز إلى الناتج المحلي الإجمالي قبل أن يتدهور مجدداً كما يشير الرسم البياني 6- 3 أدناه.

رسم البياني 6- 3 نسبة العجز إلى الناتج المحلي الإجمالي 1992- 2000

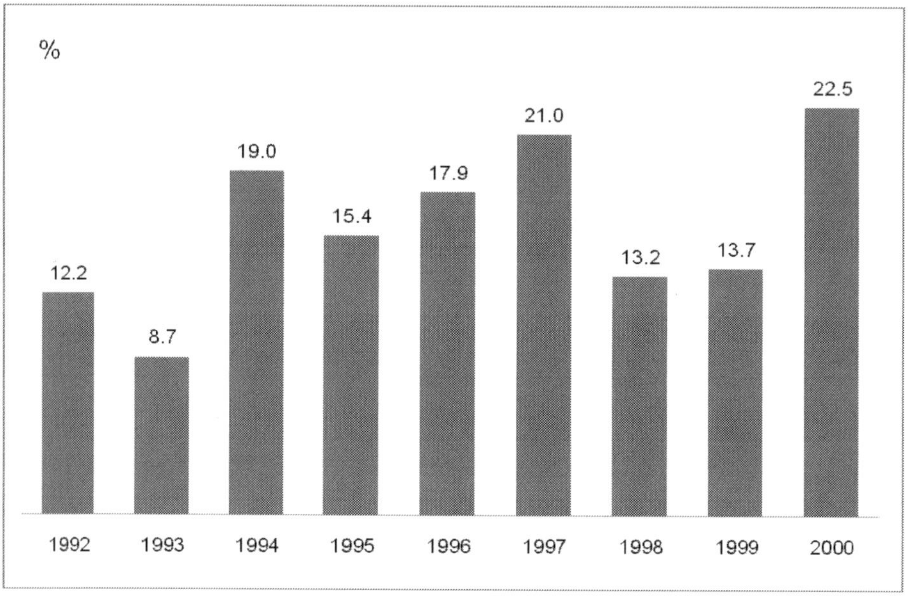

المصدر: وزارة المالية وحسابات مجمّعة

في الحقـــيقة إن البرنامج الاقتصادي لحكومة الرئيس لحود الأولى جرى وضعه في ضـــوء قـــراءة تغاضت عن المشاكل العميقة التي كانت تفرضها او تمليها طريقة ممارســـة النظام السياسي اللبناني، وهي طريقة كانت تعيق الإصلاح الجذري الذي تحتاجه البلاد. وفي الوقت ذاته فقد وعدت تلك القراءة التي انطلقت منها الحكومة بتحقـــيق الكثير ولكنها لم تستطيع تنفيذه سيما وانها ركّزت معظم جهودها على فكـــرة التقشف وهو أمر لا ضير على الإطلاق في اعتماده بالتوازي مع بذل جهد حقيقي لتعزيز معدلات النمو. ولكن الحكومة لم تنجح في تحقيقه كما أنها لم تنجح في تحقيق النمو.

بمعـــنى آخـــر لم يشكل عمل حكومة الرئيس لحود الأولى انحرافاً عن مسار الـــنهوض والنمو الذي أطلقه الرئيس الحريري في العام 1992 فحسب، بل شكّل ضربةً قويةً له وتراجعاً كبيراً عن مسار تحقيق النهوض والنمو والإصلاح.

ويبقى الخطأ الأهم الذي ارتكبته تلك الحكومة في نهاية العام 1998 كان في عـــدم إدراكها لأهمية عامل الثقة في اقتصاد بلد كلبنان. فهي ومن خلال أسلوبها الساعي إلى المحاسبة والمساءلة والإدعاء بأسلوب كيدي وفضائحي وغير موضوعي ساهمت في تباطؤ الاستثمار وانخفاض تدفق الرساميل إلى لبنان. وفي حين تمكنت تلـــك الـــسياسة بالفعــــل من أن تخفض العجز في الميزان التجاري بفعل انخفاض الـــواردات القائمــــة على انخفاض حركتي الاستهلاك والنشاط الاقتصادي، فقد ســـجل ميـــزان المدفوعات في العام 2000 عجزاً قدره 289 مليون د.أ.، بحيث تراجع إجمالي احتياطي العملات الأجنبية لدى مصرف لبنان إلى 5.7 مليار دولار أميركـــي، وهـــو بـــذلك كان أدنى مستوى له منذ العام 1996 ممثلاً تغطية لا تـــتعدى 6.4 شهراً من مجموع المستوردات وهي كانت النسبة الأدنى منذ العام 1993.

مـــن ناحـــية أخرى، فإنه يمكن ان يذكر لهذه الحكومة أنها باشرت بالتحضير لإصـــلاحين أساســـيين كانا أفضل ما قامت به: اعتماد مبدأ الخصخصة والبدء في مـــسار الإعــــداد لاعـــتماد الـــضريبة على القيمة المضافة (VAT). ولقد كانت الحكـــومات الـــسابقة قد طرحت هذه الأمور بطريقة أو بأخرى بالرغم من كل العـــراقيل التي وضعت في وجهها، إلاّ أن طرحها من قبل حكومة الرئيس الحص في فذلكة موازنة العام 2000 في ملحق "توجهات الحكومة في برنامج الإصلاح المالي" كان أمراً مهماً وبناءاً، وهذه خطوة إيجابية تسجل لها.

وكمـــا ســـيتبين لنا فيما بعد، فإن اعتماد الضريبة على القيمة المضافة أسهم إســـهاماً أساسياً في إنقاذ لبنان من أزمة مالية ونقدية محتمة كان سيواجهها في العام 2001 كمـــا سنـــشرح في الفـــصل اللاحق. ولكن تطبيق هذه الضريبة بالسرعة والكفـــاءة التي تمت كان يتطلب أن تبني حكومة الرئيس الحريري الجديدة ووزير المالية فؤاد السنيورة على ما طرحته الحكومة السابقة وأسست له، لا أن تدير الظهر له وتهمله باعتباره حصيلة عمل فريق اقتصادي لا تتفق مع توجهاته العامة، كما هو الحال في سوابق حكومية.

لقد نجح الرئيس الحريري شخصياً ومعه الوزير السنيورة في تفادي أزمة مالية واقتصادية ونقدية شبه محتمة في العام 2001 لأنهما في مكان ما كانا قد تعلما عِبَراً

مــن تجــربة العــامين 1999- 2000. ولعلهما أدركا وبشكل عملي بأن الحكم استـــمرارية، وبأن الوسيلة الأفضل للتقدم هو البناء على ما تحقق بغض النظر عمّن قام به وعلى قاعدة "خذ الحكمة ولا تسأل من أيّ وعاء خرجت".

القسم الثالث

الإصلاح في مواجهة الصدمات والحروب

2001 -2009

﴿إِنَّا عَرَضْنَا الْأَمَانَةَ عَلَى السَّمَاوَاتِ وَالْأَرْضِ وَالْجِبَالِ فَأَبَيْنَ أَنْ يَحْمِلْنَهَا وَأَشْفَقْنَ مِنْهَا وَحَمَلَهَا الْإِنْسَانُ إِنَّهُ كَانَ ظَلُومًا جَهُولًا﴾

القرآن الكريم

سورة الأحزاب - الآية 72

لم تنكفـــئ الحرب على مشروع الرئيس الحريري الاقتصادي والسياسي والتي ظهرت جلياً في العامين 1999- 2000 مع عودته قوياً إلى رئاسة الحكومة في نهاية العـــام 2000. بل العكس من ذلك، فقد تصاعدت حدّتها عبر الضغوط الاقتصادية والمالـــية والـــنقدية الـــتي حاول مثيروها إفشال مشروع الرئيس الحريري وتحميله شخصياً تبعات ذلك حتى ولو كلّف الأمر دفع اقتصاد لبنان إلى الانهيار.

وفي هـــذا الإطـــار، كان ما تعرض له اقتصاد لبنان في العامين 2001 و2002 كـــبيراً ونـــتائجه كـــان يمكن أن تكون خطيرة جداً لو لم يصمد الرئيس الحريري ويـــتمكن من قلب الوضع رأساً على عقب عبَر النجاح الذي تحقق من خلال عقد مؤتمـــر باريس-II لعدد من الدول والمؤسسات العربية والدولية المانحة والمساعدات المالية المهمة التي نتجت عنه.

لقـــد استمرت الحرب على مشروع الرئيس الحريري وحتى عليه شخصياً من خـــلال العمل على تعطيل مفاعيل باريس-II ومن ثمّ تغيير الحكومة في العام 2003 التي لم يبقَ له فيها سوى القليل القليل من الوزراء وصولاً إلى فرض التمديد لرئيس الجمهـــورية على كل من الحكومة ومجلس النواب. ذلك ما دفع الرئيس الحريري إلى الاعتذار عن تشكيل الحكومة التي تألفت بعد التمديد لرئيس الجمهورية، ومن ثمّ اغتـــيال الـــرئيس الحريري في 14 شباط 2005 في غمرة التحضير للانتخابات النيابية.

وتـــسارعت وتيرة الأحداث التاريخية والخطيرة على لبنان عقب ذلك حيث استمر مسلسل الاغتيالات والتفجيرات ولكن جرت الانتخابات التي أتت بأكثرية نيابـــية لفـــريق الـــرابع عشر من آذار، والتي كلفت الرئيس فؤاد السنيورة بتأليف الحكومة الجديدة التي أطلقت ورشة إصلاحية على جميع الصُعُدْ: السياسية والإدارية والاقتصادية. ثم اندلعت حرب تموز وتلاها الاعتصام في وسط مدينة بيروت بهدف إسقاط حكومة الرئيس فؤاد السنيورة وترافق ذلك مع المعارك التي شنّتها المجموعة الإرهابـــية المسماة "فتح الإسلام" في مخيم نهر البارد واستمرار مسلسل التفجيرات.

وأعقب ذلك محاولات بذلت لإعاقة انعقاد مؤتمر باريس-III وتعطيل مفاعيله لاحقاً، وصولاً إلى أحداث أيار 2008 واتفاق الدوحة فالأزمة المالية العالمية وتداعياتها.

تختصر هذه العناوين أو المحطات السياسية والأمنية والاقتصادية حجم العقبات والصعوبات التي واجهت لبنان ونظامه واقتصاده على مدى عقد كامل من الزمن. ولكن بالرغم من ذلك، استطاع لبنان أن يتخطاها، بل استطاع أن يحقق في الفترة الأخيرة معدلات غير مسبوقة من النمو. وكان هذا النجاح يعود إلى حد بعيد إلى المسار الإصلاحي الذي أطلق في باريس-I واستمر مع مؤتمري باريس-II وباريس-III وان كان لم يكتب لهذا المسار النجاح الكامل.

كيف استطاع لبنان أن يقلب المعادلة وأن يتفادى أزمة مالية ونقدية شبه محتمة في العام 2001؟ كيف تم التعاطي داخلياً مع هذا الإنجاز؟ وكيف تمت مقاربة الرؤى والأفكار التي قدمها لبنان إلى مجتمع المانحين للخروج من الأزمة المستفحلة؟ كيف تفاعل لبنان مع اغتيال أحد أبرز الشخصيات في تاريخه الحديث؟ كيف تأثّر الاقتصاد اللبناني بغياب "السيد لبنان"، وهو الرجل الذي حدد مسارات النهوض وعزز النمو وأصبح اسمه مرتبطاً ارتباطاً وثيقاً بمفهوم الاستقرار الاقتصادي والنقدي في لبنان؟ كيف تم التعامل مع ما تعرض له لبنان من حروب وصدمات داخلية وخارجية واقتصادية؟ وكيف نجح لبنان في تحقيق ما أنجز من نمو؟

هذه هي عينة من الأسئلة العديدة التي يحاول هذا القسم أن يعالجها بموضوعية بانياً على المؤشرات والأرقام المتوفرة. مع الإشارة إلى أن هذه الفترة شهدت إحدى أقسى الانقسامات السياسية الداخلية في تاريخ لبنان الحديث، ما هدّد جدياً وحدة البلاد والمؤسسات وسيادة الدولة واستقرار المجتمع.

الفصل السابع

محاولات الإنقاذ ومؤتمرا باريس-I وII

أدت الانـتخابات النيابـية التي جرت في العام 2000 والنجاح الكبير الذي حققـه الـرئيس رفيق الحريري فيها إلى عودته مظفراً إلى رئاسة الحكومة مجدداً في تـشرين الـثاني من ذلك العام. وقد شكّلت عودته فرصةً للبلاد التي كانت تعاني حينها من حالة ركود عميقة استمرت على مدى العامين 1999-2000 وذلك كما تبيـنه المؤشرات الاقتصادية والمالية المتوفرة والتي أشرنا إليها آنفاً، كما أنها كانت تعـاني مـن أزمة ثقة عميقة طرحت مسألة الاستقرار النقدي على بساط البحث بشكل جدي.

فمع نهاية العام 2000، كان التراجع والتقهقر الذي حلّ بالاقتصاد اللبناني قد وصـل إلى مستوى خطير، وكذلك الأمر بالنسبة إلى التدهور الذي حلّ بدينامية العجز السنوي والدين العام المتزايد اللذين ارتفعت نسبتهما إلى الناتج المحلي. وكان هـذا الوضع قد بدأ يثير تساؤلات وشكوكاً حول عدة أمور كان منها: الاستقرار في سعر الصرف، قدرة الحكومة على دفع استحقاقات الدين العام والتصاعد الكبير في كلفة تمويل دين الدولة.

وقـد كان ما قاله رئيس البنك الدولي جيمس ولفنسون في زيارته إلى بيروت في نهايـة كانـون الثاني من العام 2001، إنذاراً واضحاً بوجوب "سدّ الثقوب في السفينة اللبنانية" عبر تحقيق سلام داخلي مقرون بوقف المزيد من الاستدانة. إذ كان لبنان في تلك الفترة في طريقه إلى التربع فوق درجة البلد الأكثر مديونية بين بلدان العالم نسبة إلى ناتجه المحلي الإجمالي ونسبة إلى عدد سكانه.

في مـواجهة هـذا التردي الذي بدأ يحيط بالوضع الاقتصادي الكلي ووضع المالـية العامـة المتـزايد الخطورة، كان على الحكومة الجديدة التي تسلمت زمام المسؤولية في تشرين الثاني من العام 2000 أن تختار أحد الطريقين التاليين:

- الخيار الأول وكان يقضي بالاستمرار في تنفيذ الخطة الخمسية التي كانت الحكومة السابقة قد وضعتها والتي تمحورت حول سياسة أطلقت عليها تلك الحكومة سياسة التقشف، وانتهت لتصبح انكماشاً اقتصادياً حيث لم يتحقق- كما أسلفنا- النمو الاقتصادي، ولم يتم الحفاظ على استقرار ديناميات العجز والدين العام لجهة تخفيضهما بالنسبة إلى الناتج المحلي، ما أدى إلى تراجع في مستويات الثقة بمستقبل الاقتصاد اللبناني.
- الخيار الثاني ويقضي بالعمل على استعادة الثقة محلياً وخارجياً والعمل على عكس مسار الانكماش الاقتصادي وانتهاج خطة اقتصادية تتمركز حول تعزيز النمو الاقتصادي وتعمل على تعزيز الاستقرار النقدي والعمل على عكس دينامية العجز والدين العام، هذا مع العمل على ترشيد الإنفاق.

ومن باب الاستمرار في نهجها الاقتصادي السابق، اعتمدت حكومة الرئيس الحريري بالطبع الخيار الثاني.

لقد كانت الثقة هي العامل الأساسي الذي اهتزّ خلال السنتين 1999 و2000. ونعني بذلك الثقة بقدرة الاقتصاد على النمو، والثقة بقدرة الدولة على تحمل ومواجهة ما يستحق عليها من التزامات مالية، ناهيك عن الثقة بالقدرة على المحافظة على الاستقرار النقدي.

وإنصافاً للحقيقة، فإن وضع المالية العامة في نهاية العام 2000 كان قد وصل إلى حد من الخطورة لم يعد ممكناً عكسه أو تحسينه من دون مساعدة مالية من المجتمع الدولي تساعد وتخلق المناخات المؤاتية لعكس ديناميات التراجع في مستويات الثقة الداخلية والخارجية.

غير أن المجتمع الدولي ولاسيما المؤسسات الدولية والمالية لم تكن مقتنعة آنذاك، ولاسيما صندوق النقد الدولي، بقدرة الحكومة اللبنانية على تجاوز المحنة الاقتصادية التي كانت تعصف بلبنان، حتى في حال تلقت الحكومة المساعدات التي كانت تسعى إليها وذلك من دون أن تبادر الحكومة إلى القيام بتغييرات وإصلاحات جذرية في السياسات المالية والنقدية المتبعة وتحديداً إعادة النظر في

سياسة الاستقرار في سعر صرف الليرة اللبنانية. وهذه التغييرات والإصلاحات كان يعتبرها صندوق النقد الدولي أساسية للمحافظة على ديمومة الاستقرار المالي والنقدي في لبنان (Sustainability) على المدى المتوسط.

على هذا الأساس، كان على الحكومة اللبنانية وقبل اللجوء إلى المجتمع الدولي، وهو ما كانت في أمس الحاجة إليه، إظهار إشارات قوية تبين جديتها تجاه العمل على تحقيق عدد من الإصلاحات الضرورية تنعكس على المؤشرات المالية الأساسية. ولذلك بادرت الحكومة الجديدة برئاسة الرئيس الحريري إلى اتخاذ عدد من القرارات في شان عدد من السياسات والإجراءات المهمة. وعلى ذلك فإن ما تحقق في الفترة الممتدة بين أواخر تشرين الثاني 2000 تاريخ تأليف حكومة الرئيس الحريري الرابعة وأواخر شباط 2001 وهو موعد انعقاد مؤتمر باريس-I، ومن ثمّ أواخر تشرين الثاني 2002 وهو موعد انعقاد مؤتمر باريس-II للمانحين، كانت من أهم الفترات الإصلاحية في تاريخ الحكومات اللبنانية. فلقد كانت تلك الفترة في غاية الأهمية من أجل استعادة ثقة المجتمع الدولي، ولاسيما صندوق النقد الدولي، حيث عمدت الحكومة إلى اعتماد عدد من السياسات والإجراءات الآيلة إلى تحقيق نقلة نوعية في حال ومستويات الثقة وفي حال الحركة الاقتصادية وتعزيز معدلات النمو الاقتصادي.

تحضيراً لانعقاد مؤتمر باريس-I أولاً (شباط 2001)، بادرت الحكومة اللبنانية إلى القيام بالعديد من الإصلاحات على صعيد عدد من القطاعات. فعلى صعيد تنشيط الحركة الاقتصادية، جرى إقرار قانون جديد للجمارك كان الرئيس الحريري والوزير السنيورة عاكفين على إنجازه على مدى أكثر من سنة خلال وجودهما خارج الحكومة وهو المشروع الذي تم على أساسه اعتماد نظام جمركي حديث وجرى تبسيط وتخفيض الرسوم الجمركية من متوسط قدره 12% إلى 6%. كذلك فقد عمدت الحكومة إلى تبني السياسات اللاحدودية ومنها الأجواء المفتوحة، التي أدت لاحقاً إلى ارتفاع متسارع وغير مسبوق في عدد المسافرين من وإلى مطار الرئيس رفيق الحريري الدولي (بيروت) كما يشير الرسم البياني 7- 1 أدناه. ومن الملاحظ أن عدد المسافرين عبر المطار كان قد بلغ حدّاً أقصى يتجاوز 2.7 مليون راكباً في العام 1974 أي قبل أشهر من

اندلاع الحرب الأهلية. والحقيقة أن لبنان لم يستطع أن يتجاوز هذا الرقم إلاّ في العام 2003 حيث حقق عدداً يفوق 2.8 مليون راكباً. أي أنه اقتضى مرور فترة عشرين عاماً حتى يستطيع لبنان أن يستعيد رقم الركاب عبر مطار بيروت الذي كـــان حققه في العام 1974، لنتبين أثر الأحداث التي عانى منها لبنان وآثارها السلبية على لبنان واقتصاده.

رسم بياني 7- 1: عدد المسافرين من وإلى مطار الرئيس رفيق الحريري الدولي (بيروت) 1961- 2009

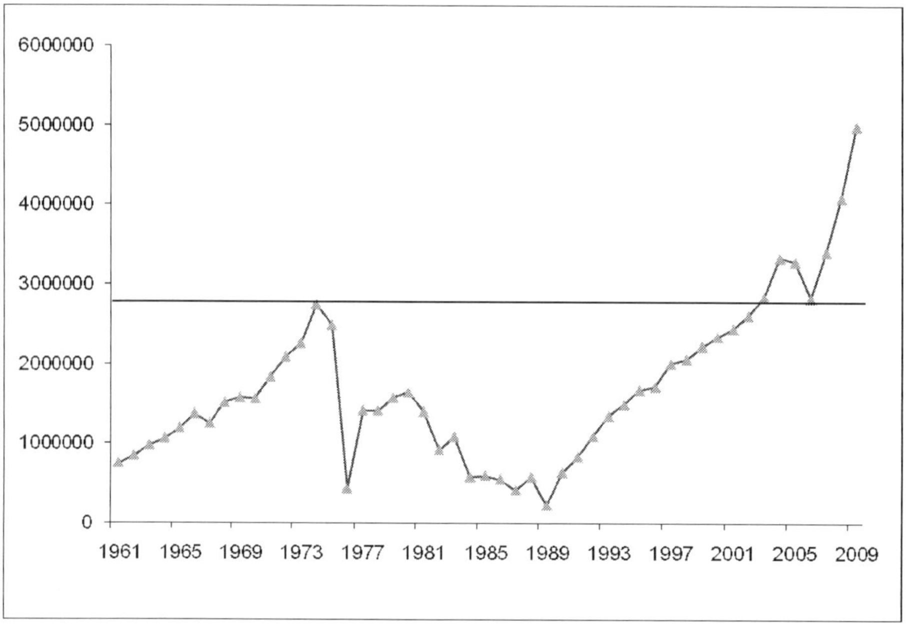

المصدر: مطار الرئيس رفيق الحريري الدولي (بيروت)

كمـــا عمـــدت الحكـــومة إلى تمديد دعم الفوائد والضمانات للشركات الصغيرة والمتوسطة الحجم لتنشيط الاستثمارات وتمكين المناطق من الاستفادة من مجـــالات الـــنمو الـــتي تؤديه تلك الاستثمارات. وقد انعكس ذلك على طلب دعم القروض الممنوحة من قبل مؤسسة كفالات كما يشير الجدول البياني 7- 1 أدناه.

جدول بياني 7- 1: قروض مؤسسة كفالات

أ- مبالغ وعدد القروض

السنة	المبلغ (مليون د.أ.)	عدد القروض
2006	52.51	553
2007	92.9	783
2008	128.5	930
2009	139.6	1050

ب- القروض بحسب المنطقة (نسبة مئوية)

المنطقة	2006	2007	2008	2009
بيروت وجبل لبنان	51.2	44.5	54.1	51.7
الجنوب والنبطية	14.4	10.1	13.2	20.3
البقاع	19.8	40.2	19.3	14.5
الشمال	14.6	5.2	13.5	13.5
المجموع	**100**	**100**	**100**	**100**

ج- القروض بحسب القطاع (نسبة مئوية)

النوع	2006	2007	2008	2009
الزراعة	37.34	21	42	42.6
الصناعة	45.84	50.9	44	39.6
السياحة	13.49	17.8	11	12.9
قطاعات أخرى	3.33	10.3	3	4.9
المجموع	**100**	**100**	**100**	**100**

المصدر: مؤسسة كفالات

كما عمدت الحكومة إلى وضع معايير جديدة لتملك الأجانب في القطاع العقاري بحيث شجعت على الاستثمار وأزالت التمييز في الرسوم المطبقة على التملك بين اللبنانيين وغير اللبنانيين وعملت في الوقت ذاته على تخفيض الحدود القصوى لملكية غير اللبنانيين من 5% على صعيد كل محافظة من المحافظات اللبنانية إلى ما لا يتعدى 3% من مساحة كل قضاء.

أمــا في مرحلة ما بعد باريس-I وقبل باريس-II، فقد عمدت الحكومة إلى تعزيــز دور وصلاحيات الدولة في تشجيع الاستثمار وذلك عبر القانون رقم 360 (قانون الاستثمار) الذي أقره مجلس النواب في 16 آب 2001 والذي حدد الحوافز التي يمكن تقديمها للمستثمرين في كل منطقة من المناطق اللبنانية بما يؤكد على رغبة والتــزام الحكــومة اللبنانية بتعزيز معدلات النمو الاقتصادي وكذلك تعزيز التنمية المناطقــية. كما أقرت الحكومة مشاريع قوانين تقضي بتنظيم وخصخصة قطاعي الكهــرباء والاتــصالات، بانيةً سياستها على التوجهات التي أقرتها الحكومة التي سبقتها. وعلى ذلك عملت الحكومة مع مجلس النواب على إصدار القوانين المتعلقة بتنظــيم قطاع الكهرباء (قانون رقم 462 تاريخ 2002/9/2) والاتصالات (قانون رقــم 431 تــاريخ 2002/7/22) وإنشاء الهيئات الناظمة لكل من هذين القطاعين وتحديــد الدور الجديد للدولة فيهما. إلى جانب ذلك شملت الإجراءات الحكومية معالجــة قضية الفائض في بعض الإدارات العامة ولاسيما في وزارة الإعلام وشركة طيران الشرق الأوسط (MEA)، وترشيد الإنفاق عبر خفض التعويضات الممنوحة للعــسكريين (الــتدبير رقم 4). كذلك الأمر اتخذت الحكومة على عاتقها عملية إصلاح نظام الضمان الاجتماعي.

بالإضــافة إلى ما سبق، قامت الحكومة اللبنانية أيضاً بتنفيذ عدد من التدابير منها إلغاء الدعم عن السكر. من جهة أخرى ومن الناحية الإدارية اتخذت الحكومة تــدابير حازمة لتعزيز واردات الخزينة وبادرت إلى التحضير لإطلاق الضريبة على القــيمة المضافة (TVA) وهو ما كان قد تمّ اقتراحه من قبل الحكومة السابقة. كما أطلقــت الحكــومة أيضاً مسعىً جدياً لترشيد الإنفاق وتفعيل استخدام القروض الميسّرة وضبط التحويلات المالية لدعم مؤسسة كهرباء لبنان، وهي التحويلات التي أصبحت مع كلفتها، أي كلفة الفوائد المتراكمة عليها، توازي وحتى ذلك التاريخ ثلث ما بلغ عليه مجموع الدين العام في البلاد. كما خطت الحكومة خطوات هامة علــى طريق صرف الفائض من موظفي الدولة بدءاً بشركة تلفزيون لبنان وشركة طيران الشرق الأوسط المملوكة من مصرف لبنان.

كانــت عملــية اتخــاذ هذه الإجراءات أمراً في غاية الأهمية لناحية إطلاق الإشــارات الإيجابــية والمُصَّمِمَة التي أرسلتها الحكومة إلى المجتمع الدولي. إذ هي

عبّرت عن تصميم لبنان على المعالجة الجدية لهذه المسائل وعن تمسكه بليبراليته وانفتاحه الاقتصادي. كذلك وبأن الصعاب والتحديات المالية والاقتصادية التي تواجهه، سوف تحثه على بذل المزيد من عمليات التحرير الاقتصادي والانفتاح، لا على اعتماد السياسات الداعية للانغلاق والانكفاء. هذه السياسات التي لو اتخذت لربما كان يمكن أن تحقق مردوداً صغيراً على المدى القصير ولكن نتائجها كانت ستكون كارثية على المدى المتوسط والبعيد. ولقد دلّت تجربة العامين 1999-2000 أن الحكومة آنذاك حققت خفضاً في عجز الميزان التجاري ولكن ذلك أدى إلى تدني نسبة الاستثمار وتدهور النمو الاقتصادي، كما دلّت التجارب المتعددة بأن أي سياسة اقتصادية لا تراعي خصوصية لبنان وانفتاحه وثقافته وتعمل على تعزيزها لا ولن تحقق على الأرجح النتائج الاقتصادية المأمولة منها.

كان هذا المجهود المزدوج على صعيد تفعيل النمو في الاقتصاد الحقيقي والعمل على معالجة العجز المالي بحاجة أيضاً إلى تزخيم ودعم من المجتمع الدولي من حيث مساعدة لبنان ليتمكن من تدبير الموارد والأموال الملائمة واللازمة من أجل إعادة الحيوية والنمو الاقتصادي وضمان الثبات والاستقرارين المالي والنقدي. فالإصلاحات وحدها وعلى أهميتها لم تكن كافية لاستعادة التلاؤم في الوضع المالي للدولة اللبنانية، ولتثبيت قدرة الحكومة اللبنانية على مواجهة دوامة العجز والدين العام والمحافظة على استقرار سعر الصرف والتي كانت تحتاج جميعها إلى مبادرات ومساعدات جذرية وهامة من قبل المانحين.

ولقد كان الهدف من إشراك المجتمع الدولي في هذه العملية هو العمل على استعادة الثقة وتوفير الزخم الكافي لتخفيض أسعار الفوائد على سندات الخزينة وكذلك على التسهيلات والقروض الأجنبية والمحلية على حد سواء والتي كان يتكبدها القطاع الخاص وكذلك توفير التمويل اللازم والملائم للدولة وتمديد آجال استحقاقات الدين العام وإعادة هيكلته وتخفيض كلفته وذلك بهدف إبعاد لبنان عن حافة هاوية الإفلاس المالي التي كان يُدفَعُ باتجاهها.

من ضمن هذا المنظور وعلى ضوء هذا الواقع الصعب الذي وصل إليه لبنان فقد عقد في السابع والعشرين من شباط 2001، الاجتماع بين ممثلي الحكومة اللبنانية وممثلين للمجتمع الدولي. ومع أن ذلك المؤتمر لم يسفر عن أية مساعدات

مادية للبنان إلا أنه شكّل فرصة مهمة كي تعبّر الحكومة اللبنانية عن التزامها برنامجاً اقتصادياً جديداً، كان يمثل ضرورة بالنسبة للبنان وخطوة حقيقية على طريق مساعدة الذات وإظهار التصميم على القيام بذلك. لقد شكّل ذلك البرنامج الذي تقدم به لبنان إلى المشاركين في ذلك المؤتمر نقطة محورية على مسار التوصل إلى أن يلتزم المجتمع الدولي بمساعدة لبنان والمساعدة على إقداره على تخطي أزماته المالية والاقتصادية من خلال دعم الحكومة اللبنانية وتشجيعها على التقدم على مسارات تحقيق هذا البرنامج.

لقد قدمت الحكومة اللبنانية في هذا الاجتماع مذكّرة تعرض فيها رؤيتها الاقتصادية الواسعة وتحدد بموجبها العناصر الإستراتيجية والسياسات والتدابير الاقتصادية والمالية التي تزمع اتخاذها كي يتحسن وضع الاقتصاد اللبناني وماليته العامة.

ولقد تمحورت تلك الإستراتيجية حول خمسة عناصر إصلاح أساسية، وهي كما وردت في المذكرة:

I - تحديث الاقتصاد

ولقد تركزت أهداف الإصلاحات في هذا المجال على أبعاد ثلاثة:

1. تسهيل وتشجيع التجارة الدولية والتنافسية في سياق دمج اقتصاد لبنان في الاقتصاد العالمي مما يخوّله الولوج إلى أسواق عالمية جديدة وخلق الأطر المناسبة لاجتذاب الاستثمارات.
2. توفير البيئة الملائمة التي تسمح للقطاع الخاص بالنمو والازدهار والنهوض بالاقتصاد الوطني باتجاه تحقيق النمو المستدام بما في ذلك المحافظة على الاستقرار التشريعي واحترام كافة تعهدات لبنان والتزاماته.
3. تقديم المساندة للقطاع الخاص بما يسهم في تخفيض تكاليف الإنتاج.

II - الخصخصة

لقد كان الهدف من الإصلاح في هذا المجال الإسهام في تعزيز التقدم الاقتصادي وتحقيق إدارة أفضل للموارد المتاحة وفي القطاعات الاقتصادية المعنية من

جهة أولى وعكس دينامية الدين العام من جهة ثانية. ولقد وعدت الحكومة أن تتم عملـــية الخصخصة باستخدام أفضل الممارسات والمعايير الدولية بما يضمن المنافسة المفتوحة والمشاركة العادلة للجميع.

III – تصحيح الوضع المالي

وضعت الحكومة خطة استراتيجية لمعالجة الاختلالات المالية وتعهدت بتنفيذها من خلال تدابير ثلاثة:

1. تـــدابير تعنى بتحسين أداء الاقتصاد الحقيقي لزيادة معدلات نموه، والعمل علـــى تحسين وزيادة الواردات الحكومية وتخفيض الدعم المالي على بعض السلع.
2. التقدم على مسارات إجراء مجموعة من الإصلاحات الهيكلية والتدابير التي تحقـــق للخزينة المزيد من الواردات بما يزيد من نسبة مجموع الواردات إلى مجموع الناتج المحلي الإجمالي.
3. العمـــل علـــى ترشيد النفقات واحتواءها من خلال ضبط إعداد وتنفيذ الموازنات السنوية وإدارة الموارد بشكل أفضل.

في ضـــوء ذلك، فقد أبدت الحكومة بأنها تتوقع أن ينخفض معدل العجز إلى الـــناتج المحلي الإجمالي تدريجياً على المدى المتوسط مما يقلل بالتالي من حاجة الدولة إلى التمويل.

IV – إدارة الدين العام

كـــان الارتفـــاع الـــذي حصل على مستويات أسعار الفائدة والذي كانت تتسبب به الصدمات السياسية والأمنية المحلية والخارجية قد أعاق جهود الحكومات المتعاقبة لتطبيق سياسة مالية حازمة ولخفض عجز الموازنة. فنسبة خدمة الدين العام إلى الـــناتج المحلي الإجمالي كانت قد زادت بشكل كبير على مدى العقد المنصرم، وهـــذه كانت من إحدى الأسباب المعيقة التي كانت تواجهها الحكومة اللبنانية في جهـــودها الرامية إلى اختراق دوامة العجز المتزايد والديون المتراكمة وبالتالي عبّرت الحكـــومة عن رغبتها وتصميمها على التقدم على مساري خفض معدلات الفوائد وتحسين إدارة الدين العام بطريقة عصرية ومبادرة.

V - الحفاظ على استقرار القطاع المالي والمصرفي

بدأت الحكومة بالتقدم على مسارات تنفيذ الإصلاحات المالية الرامية إلى تعزيز الإطار الرقابي والتنظيمي للنظام المالي والمصرفي من أجل ضمان اتساقه مع أفضل الممارسات والمعايير الدولية، كما بدأت باتخاذ عدة تدابير من أجل تحفيز أنشطة أسواق رؤوس الأموال.

وعلى الرغم من أن تلك العناصر الخمس، تناولت مسألة التحديات التي كان يواجهها الاقتصاد اللبناني بطريقة عامة، إلاّ أنها شكّلت ركيزة هامة، أظهرت إدراك الحكومة للأمور الأساسية وعلى رأسها أهمية تحقيق وزيادة معدلات النمو ومحورية التزامها بالإصلاح.

لقد شكل مؤتمر باريس-I فرصة هامة أتاحت للحكومة تحديد رؤية اقتصادية طويلة الأمد ورسم إستراتيجية عمل بشأنها. فالتركيز على تحديث الاقتصاد وضمان تنافسيته وميزاته التفاضلية كانت جميعاً من الأمور الأساسية التي سعت الحكومة إلى إبرازها وتطويرها والتأكيد على الالتزام بها. ذلك مما جعل الإستراتيجية المعتمدة تبدو أكثر ملاءمة في إعداد لبنان وإقداره على مواجهة التحديات من جهة والاستفادة من الفرص الكامنة في القرن الواحد والعشرين والناجمة عن توسع توجهات العولمة وسياسة الاندماج في الاقتصاد العالمي من جهة أخرى. ويكون لبنان في ذلك قد أرسل عملياً رسالة واضحة عن استمرار التزامه بالليبرالية الاقتصادية والانفتاح الاقتصادي والتجاري.

وللحقيقة فإن أهمية مؤتمر باريس-I كانت تكمن في كونه يمهد الطريق لاعتماد برنامج إصلاحي أكثر تفصيلاً، من المتوقع أن يترافق البدء في تنفيذه مع تمويل سخي من قبل الجهات المانحة. ذلك ما قد تمّ توفيره لاحقاً من خلال النتائج الإيجابية التي تمخّض عنها مؤتمر باريس-II، الذي عقد في 23 تشرين الثاني من العام 2002 والذي أدت نتائجه الإيجابية إلى تعزيز الثقة بحاضر الاقتصاد اللبناني ومستقبله. وهو المؤتمر الذي عبرت فيه الحكومة اللبنانية عن عزمها الثابت على التقدم على المسارات الإصلاحية التي عاد إلى الانطلاق على أساسها، وهو الأمر الذي أسهم في محصلة الأمر في إزالة أحد أهم العقبات الرئيسية من أمام استعادة النمو الاقتصادي في لبنان، ومهّد لعكس ديناميات العجز والدين العام.

لكــن وقبل انعقاد مؤتمر باريس–II، بدا أن أحد العوائق الأساسية التي كانت تــواجه الرئيس الحريري آنذاك كانت تتمثل بالموقف الحاد الذي اعتمده صندوق الــنقد الــدولي تجاه لبنان والذي يتلخص بأن الصندوق كان يؤمن بأن أي خطة اقتصادية إنقاذية للبنان واقتصاده يجب أن تحتوي على تخفيض في سعر صرف العملة الوطنية. هذا الموقف هو ما كان الرئيس الحريري وفريقه الاقتصادي يعتبرونه خطأً أحمــر نظــراً لترسخ استقرار سعر الصرف كإحدى الأسس التي تقوم عليها الثقة بالاقتــصاد اللبناني، وأيضاً بسبب العلاقة الراسخة في ذهن اللبنانيين ما بين تدهور ســعر الصرف ونشوب الاضطراب الاجتماعي وهو الحال الذي ساد لبنان خلال الحــرب ثمّ خــلال السنتين الأولتين ما بعد توقيع اتفاق الطائف. وهو الأمر الذي كــان من الممكن أن يتكرر في حال تم اللجوء إلى تخفيض سعر صرف الليرة اللبنانية. وبالــتالي كانت هنا قناعة كبيرة بأن المسّ بسياسة الاستقرار النقدي التي اعتمدها لبنان كانت ستؤدي إلى حدوث مخاطر غير محمودة العواقب اجتماعياً وسياسياً، وأنها سوف تكون ممتدة على فترة زمنية طويلة مما يجعل المخاطر شديدة القسوة.

كــان الموقــف المتشدد الذي اتخذه صندوق النقد الدولي بشأن لبنان متوافقاً ومنسجماً مع أوضاع كانت سائدة آنذاك متمثلة بأن العالم كان في تلك الفترة قد خــرج لــتوه من سلسلة من الانهيارات المالية والنقدية في عدد من البلدان النامية: المكــسيك في العام 1995، تايلاند وكوريا والفيليبين واندونيسيا في العامين 1997 و1998، روســيا في العــام 1998، البرازيل في العام 1999، والأرجنتين في العام 2001. وعلى ذلك، كانت إدارة صندوق النقد الدولي على درجة عالية من القلق والتوتــر بــسبب تلك الانهيارات والتي لم يكن الصندوق أيضاً موفقاً على صعيد التحذير منها أو التنبيه منها أو التحسب لها، أو حتى على صعيد معالجة تداعياتها.

والحقيقة أن وضع لبنان الاقتصادي كان يشبه، ومن وجهة نظر صندوق النقد الــدولي، حالــة العديد من هذه البلدان التي أعلنت إفلاسها وقبلت بتدهور سعر صــرف عملتها كجزء من شروط المساعدة التي حصلت عليها من صندوق النقد الــدولي، وذلــك بهــدف ضــمان المحافظة على ديمومة الاستقرار فيها بعد تلقي المــساعدة. لقد تشدد الصندوق في الحضّ على اعتماد تلك السياسات لمنع تكوّن المــزيد مــن الاختلالات الاقتصادية (Imbalances) لدى تلك البلدان سيما وان

الاستمرار في إتباع سياسة تثبيت سعر الصرف لم يكن مجدياً ولم يكن متلائماً أيضاً مع السياسات الاقتصادية والمالية المتبعة في تلك البلاد.

والواقع أنه إذا ما قارنا الأوضاع المالية في لبنان في أواخر العام 2000 بالأوضاع المالية السائدة في تلك البلدان قبل أزمتها المالية (الجدول البياني 7- 2 أدناه) نجد أن العجز المالي الذي كان يعاني منه لبنان نسبة إلى الناتج المحلي الإجمالي كان الأعلى. كذلك كان العجز في الميزان الأولي وفي الحساب الجاري. من جهة ثانية فقد كانت نسبة الدين العام للناتج المحلي الإجمالي الأكثر ارتفاعاً في لبنان منها في جميع تلك البلدان. أما في ما خصّ مدفوعات الفوائد في لبنان فإنها كانت تستنزف حصة أكبر من الإيرادات كما أنها كانت تشكل نسبة أعلى من مجموع النفقات، وهي جميعها مؤشرات تدل على عمق وفداحة وخطورة التدهور الذي وصل إليه الوضع المالي في لبنان والذي كان يحتاج معه إلى معالجات جذرية وأساسية لكي يتمكن من الخروج من آثاره.

تضيء هذه المؤشرات والمعطيات على أسباب الموقف المتشدد الذي أبداه مسؤولو صندوق النقد الدولي، ومن وجهة نظرهم، ولجهة إصرارهم على أن يترافق أي دعم مالي يقدمه الصندوق للحكومة اللبنانية، (وعلى أساس من ذلك ما يمكن أن يقدمه المجتمع الدولي للبنان من مساعدات مع اشتراط موافقة ومباركة الصندوق عليها) مع تحرير سعر صرف الليرة اللبنانية. ذلك الأمر هو ما رفضه الرئيس الحريري وفريقه الاقتصادي قطعياً.

ذلك كان هو جوهر الأزمة والمأزق الذي كان يعاني منه لبنان ويعاني منه الرئيس الحريري وفريقه الاقتصادي. لقد كان على لبنان إذاً أن يثبت أنه يستطيع عكس دينامية العجز والدين من دون أن يستخدم أداة خفض قيمة العملة اللبنانية كإحدى الوسائل للمعالجة خلافاً لما كان عليه الحال في بلدان أخرى كروسيا والبرازيل والنمور الآسيوية في أواخر التسعينيات من القرن الفائت.

في هذا الإطار لعب الإنجاز الذي حققه لبنان ووزارة المالية على صعيد استحداث الضريبة على القيمة المضافة والجهد الذي بُذل لناحية إعداد قانونها ومراسيمها وإطلاقها وإعداد الجهاز البشري اللازم لتنفيذها والنجاح في تطبيقها من قبل الوزير السنيورة، دوراً محورياً في تحسين المؤشرات المالية في لبنان بطريقة جذرية.

جدول بياني 7 – 2: مقارنة بعض المؤشرات المالية في لبنان في العام 2000 مع المؤشرات العائدة لعدد من البلدان النامية التي شهدت أزمات مالية في سنوات أزمتها

%	1994	1996				1997	1998	2000	
	المكسيك	كوريا	اندونيسيا	تايلاند	الفيليبين	روسيا	البرازيل	الأرجنتين	لبنان
نسبة العجز المالي للناتج المحلي	-5.8	0.3	1.3	2.4	0.34	-7.1	-5.4	-2.4	-22.6
نسبة عجز الحساب الجاري للناتج المحلي	-7	-4.7	-2.9	-7.8	-4.5	-0.02	-3.9	-3.1	-16.9
نسبة الدين العام للناتج المحلي	33.8	32.5	48.2	49.8	50.5	38.4	30.7	51.6	146
نسبة مدفوعات خدمة الدين العام لمجموع الواردات	10	7.4	37.9	25.5	25.8	37.9	29.8	17.4	87.9
نسبة مجموع الواردات لمجموع الإنفاق	98.7	101	109	113.8	98.2	64.7	78.8	88.6	44.8

المصدر: صندوق النقد الدولي وحسابات مجمّعة

فمـــع دخـــول الضريبة على القيمة المضافة حيّز التطبيق ابتداءً من الأول من شـــباط 2002، بـــدأ العجز المالي من حيث القيمة الاسمية وكنسبة مئوية من الناتج المحلـــي بالانخفاض، حيث وصل إلى 15% من الناتج المحلي الإجمالي بحلول نهاية عام 2002، منخفضاً بذلك عن نسبة 23% التي سجلها في نهاية العام 2000. ولقد كان لافـــتاً التحول الجذري في الميزان الأولي الذي سجّل فائضاً بنسبة 1.1% من الناتج المحلـــي الإجمالي بحلول نهاية عام 2002 مقارنة بعجز بنسبة 6.4% من الناتج المحلي الإجمالي قبل عامين فقط، أي في العام 2000.

ولقـــد كان هذا التحول والتحسن في الأرقام المالية المحققة لدى لبنان لاسيما علـــى صعيد الميزان الأولي ممكناً بفضل السرعة الاستثنائية في اعتماد الضريبة على القيمة المضافة والبدء في تطبيقها بشكل ناجح. وهي كانت في الحقيقة نتيجة سباق حقيقـــي مـــع الـــزمن، إذ تم الإعداد التفصيلي لها قانوناً وإدارةً وتحصيلاً، كما تمّ إطلاقهـــا وتطبيقها خلال مهلة 11 شهراً فقط، أي من آذار 2001 حتى كانون الثاني 2002، وحيث جرى البدء بتطبيق هذه الضريبة الجديدة ابتداء من الأول من شباط 2002. وقد كان هذا النجاح قياسياً مقارنةً بما تمّ تحقيقه في بلدان أخرى.

ونتـــيجة لحملة الجهود والإجراءات والتوجهات التي اعتمدت فقد حصلت عدة تطورات إيجابية وكان منها الانخفاض الذي تحقق فيما خصّ مدفوعات الفائدة في العام 2002 حـــيث تدنت إلى 79% من مجموع الإيرادات، وذلك بعد أن كانت قد وصلت إلى 88% في العـــام 2000. ومع أن هذا الانخفاض كان كبيراً، غير أن النسبة كانت لا تـــزال مـــرتفعة بكافة المقاييس. والسبب في هذا، يعود إلى أن أسعار الفائدة كانت لا تزال عالية في ذلك الحين. فمعدل الفائدة على الدين العام كان قد بلغ 10.9% في العام 2002، منخفـــضاً عن 12.4% في العام 2000، ولكنه ظل انخفاضاً غير كافٍ لإحداث تغيير في ديناميات الدين وخدمته ووضعهما على طريق الاستدامة.

أمـــا علـــى صعيد المؤشرات الاقتصادية الأخرى، فقد نجحت الحكومة في تحقيق تقدم هام تمثل بتسجيل نسبة نمو اقتصادي قدرها 4% في العام 2001، و3.4% في العام 2002. كمـــا سجّل ميزان المدفوعات فائضاً بقيمة 1.56 مليار دولار أميركي في العام 2002 بالمقارنة مع عجز قدره 1.2 مليار دولار في العام 2001، وهي جميعها مؤشرات كانت تدل على مسار واضح لإعادة الثقة بالاقتصاد وإمكانات خروجه من أزمته.

قـدّم مؤتمر باريس-II للحكومة اللبنانية فرصة نادرة لتطوير وتقديم برنامجها الإصـلاحي بالاستناد إلى الانجازات التي نجحت في تحقيقها خلال عامي 2001-2002 وبالـتالي أمّـن لها فرصة للطلب من المجتمع الدولي تقديم الدعم اللازم لها بصورة رسمية وجدية والحصول عليه.

وبالفعـل، وفي ضـوء الـتحديات الكبيرة التي كانت تواجهها، فقد قدمت الحكـومة اللبنانـية في مؤتمر باريس-II البرنامج الاقتصادي والمالي الذي اعتمدته وكـان تحـت عنوان "ما بعد الإعمار والتعافي ونحو النمو المستدام". ولقد بيّنت الحكـومة خلال هذا المؤتمر علامات التحسن الواضحة المحققة في الاقتصاد اللبناني مقارنةً بما كان عليه الحال في العامين المنصرمين وذلك استناداً إلى الإجراءات الهامة والأساسية التي اتخذتها الحكومة اللبنانية برئاسة الرئيس رفيق الحريري.

في هـذا الإطـار كانت رسالة الحكومة اللبنانية إلى المجتمع الدولي واضحة: فالحلقة الناقصة التي كان يحتاجها لبنان لخلق دورة اقتصادية إيجابية تتميز بنسبة دين عـام منخفض ونمو مستدام، كانت ببساطة مساعدته بتوفير الدعم الخارجي. على هـذا الأسـاس، طلبت الحكومة اللبنانية من المجتمع الدولي مساعدتها بتقديم الدعم الخارجي لتغيير هيكلة الدين العام وتخفيض تكاليفه وتمديد فترة استحقاقاته.

وبـناءً على ذلك، وبعد اجتماعات مستفيضة، وافق صندوق النقد الدولي على طـروحات الحكومة اللبنانية، وأيد الصندوق حاجة الدولة اللبنانية إلى الدعم الخارجي. ولقـد تمّ ذلك دون اشتراط أي شروط لناحية التغيير في السياسة النقدية المتبعة. ولقد شكل هذا التحول في موقف صندوق النقد الدولي تغيراً كبيراً ولافتاً عن موقفه السابق الداعـي إلى ضـرورة أن يتـرافق الدعم مع تخفيض قيمة العملة الوطنية. والحقيقة أن النجاح الذي حققته وزارة المالية اللبنانية في تطبيق الضريبة على القيمة المضافة، والدور المحوري الذي لعبته الزيادة المحققة لتاريخه في مجموع الواردات من هذه الضريبة الجديدة كـان بالـغ الأهمية في تعديل نظرة صندوق النقد الدولي إلى حقيقة الأوضاع وواقع الأمـور في لبنان. وقد دلّ هذا النجاح أيضاً على الجدية التي برهنت الحكومة اللبنانية أنها مصممة على اعتمادها في مواجهة التحديات التي كانت تتعرض لها.

ولقـد تُرجمت نتائج المؤتمر المالية بالتزامات سخية لمساعدة لبنان على تحسين إدارة الدين العام لديه وتخفيض كلفته. ولقد بلغ مقدار تلك المساعدات حوالي 3.1

ملـــيار د.أ. كمـــا وتم تـــأمين مبلغ إضافي بقيمة 1.3 مليار د.أ. لتمويل المشاريع المخصـــصة للتنمـــية الاجتماعية والاقتصادية. ولقد نجحت الحكومة اللبنانية في أن تكـــون نسبة الفائدة على الأموال التي تم الالتزام بتقديمها إلى لبنان في حدود 5% وان تكـــون آجال الاستحقاق النهائي لذلك التمويل الاستثنائي 15 عاماً مع فترة سماح تصل إلى 5 سنوات.

ومـــن جهة أخرى، وبالإضافة إلى ما تقدم، استحصلت الحكومة ومن خلال مفاوضات متكافئة وطوعية على تمويلٍ إضافيٍ من مصرف لبنان والمصارف اللبنانية مـــن خلال عمليتين ماليتين. العملية الأولى التي وصل حجمها إلى مبلغ 4.1 مليار د.أ. من مصرف لبنان في كانون الأول 2002 نصّت على الآتي:

أ. إلغاء ما يعادل قيمته 1.8 مليار دولار أميركي من سندات الخزينة اللبنانية في مقابل قيام مصرف لبنان بتحويل جزء من احتياطات مصرف لبنان إلى الخزينة اللبنانية وذلك وفقاً للمادة 115 من قانون النقد والتسليف.

ب. تـــبديل مـــا يعـــادل قيمته 1.9 مليار دولار أميركي من سندات الخزينة اللبنانـــية، وسندات اليوروبوند ورصيد الفوائد المتراكمة بسندات خزينة جديـــدة ذات فترات استحقاق أطول تمتد على مدى 15 سنة وبفائدة أقل أي بمعدل 4%.

ج. تمديد 0.4 مليار د.أ. من أصل الدين العام والفائدة المتجمعة على سندات الخـــزينة المـــستحقة لدى مصرف لبنان وذلك عبر إصدار سندات خزينة جديـــدة في تمـــوز 2003 لصالح مصرف لبنان ولمدة خمسة سنوات وذلك بمعدل فائدة 4%.

أمـــا العملية الثانية، فكانت عبر استقطاب ما يعادل 3.6 مليار دولار أميركي مـــن المـــصارف اللبنانـــية الـــتي بادرت وبصورة طوعية على الاكتتاب بسندات خـــزينة وذلـــك لمـــدة عامين ومن دون تحميل الخزينة اللبنانية أية فوائد على تلك السندات.

وبالتالي، فإن التدفقات المالية التي استقطبها مؤتمر باريس-II من الدول المانحة والعمليتان اللتان أجريتا مع مصرف لبنان والمصارف اللبنانية، شكلت مجتمعةً دعماً مالـــياً إجمالياً لإعادة جدولة مبالغ بقيمة 12.1 مليار د.أ. وتخفيض الفائدة عليها،

وهو ما أتاح المجال لإعادة جدولة ما يعادل 39% من مجموع رصيد الدين العام في حينه.

لقد كان لنجاح مؤتمر باريس-II وكذلك النجاح في التقدم على مسار تنفيذ بعض التدابير الواردة في الخطة الاقتصادية آثار إيجابية سريعة تلقفها السوق اللبناني بشكل فوري وإيجابي، وأسفرت عن سلسلة من التطورات الإيجابية على صعيدي الاقتصاد الكلي والمالية العامة. وعلى ذلك وفي الأسابيع الأولى التي تلت المؤتمر هبطت معدلات الفوائد على سندات الخزينة اللبنانية بصورة كبيرة فيما ارتفعت أسعار سندات اليوروبوند المصدرة من الجمهورية اللبنانية، ما أدى إلى انخفاض الفوائد عليها بمقدار 100 نقطة أساس من نهاية العام 2002 حتى نهاية العام 2004. كما وصلت قيمة إجمالي احتياطي مصرف لبنان من العملات الأجنبية (باستثناء الذهب) إلى أعلى مستوياته على الإطلاق آنذاك مسجلاً 12.2 مليار د.أ. بحلول نهاية عام 2003، وهو تقريباً ضعف ما كان عليه في نهاية العام 2002.

كذلك فقد أسهمت النتائج الإيجابية الناجمة عن مؤتمر باريس-II في تخفيف ضغط الدين العام على الموازنة من خلال تمديد فترة استحقاق ذلك الدين، وتخفيض كلفته، وتغيير هيكليته. واستناداً إلى هذا التحسن فقد نجحت الحكومة اللبنانية وللمرة الاولى في تشرين الاول من العام 2003 في البدء في إصدار سندات خزينة بالليرة اللبنانية أجلها 3 سنوات وعملت على زيادة حصة هذه السندات المتوسطة الأمد من مجموع الدين الداخلي مما أدى في المحصلة إلى تمديد فترة استحقاق الدين العام الداخلي وبالتالي في إراحة وتسهيل عمل وزارة المالية فيما خص إدارة الدين العام.

في ضوء ما تقدم، فإنّ حصة سندات الخزينة والتي كانت تستحق خلال فترة لا تتعدى السنتين كانت تشكل 92% في العام 2001. أما بعد دخول مفاعيل مؤتمر باريس-II، فقد تراجعت قيمة هذه النسبة بصورة كبيرة. وبحلول نهاية العام 2009، تراجعت حصة سندات الخزينة بالليرة اللبنانية التي كانت تستحق خلال فترة لا تتعدى السنتين إلى 15% من مجموع الدين العام بالعملة المحلية. أما حصة سندات الخزينة التي كانت ستصبح مستحقة بعد 3 أعوام أو أكثر، فقد وصلت نسبتها إلى 85% من مجموع سندات الخزينة بالليرة اللبنانية مع نهاية العام 2009. والحقيقة أن

هــذه الزيادة الكبيرة في آجال استحقاق الدين العام بالليرة اللبنانية لم تكن لتصبح متاحةً لولا إعادة تنميط وتنظيم الديون بصورة فعالة في سياق النتائج الإيجابية لمؤتمر باريس-II.

ومن جانب آخر انخفضت كلفة خدمة الدين العام بشكل كبير وهو ما يمكن تبـيانه من الجدول البياني 7- 3 أدناه الذي يشير إلى انخفاض معدلات الفوائد على سندات الثلاثة أشهر، الستة أشهر، السنة والسنتين. كما يظهر أيضاً كيف عمدت الخــزينة إلى البدء بإصدار سندات الخزينة ذات الاستحقاق لثلاث سنوات في العام 2004، وسندات الخزينة لخمس سنوات في العام 2009. ولقد شكل الانخفاض في أسـعار الفـوائد الـتي ساعد على تحقيقها مؤتمر باريس-II سبباً أساسياً للمناعة والثبات اللتين أظهرتهما الأوضاع المالية في البلاد خلال عامي 2005 و2006 على الـتوالي، ولاسيما إثر الخضات السياسية والأمنية والحرب الإسرائيلية التي تسببت برفع أسعار معدلات الفائدة.

لقــد أدت هذه التطورات الإيجابية مجتمعة إلى انخفاض متوسط تكلفة خدمة الـدين العام من 10.87% في نهاية العام 2002 إلى 8.06% في نهاية عام 2003 وإلى 6.28% في نهايــة العام 2004 وهي السنة التي ظهرت جلياً خلالها فوائد ومفاعيل مؤتمــر باريس-II، قبل أن تعاود معدلات الفائدة بالارتفاع إثر الخضات السياسية والأمنية التي سنعرض لها بالتفصيل في الفصل اللاحق (جدول بياني 7- 4 أدناه).

ونتيجة لانخفاض تكلفة خدمة الدين العام، أصبحت مدفوعات الفوائد تشكل ما نسبته 53% من مجموع الإيرادات في العام 2004 وذلك بانخفاض عن نسبة 73% وهو المـستوى الذي كانت قد بلغته في العام 2003، وعن نسبة 93% الذي كانت قد بلغته في العــام 2001. كــذلك الأمر فقد بلغت مدفوعات الفوائد مبلغاً يقلّ عن 2.4 مليار دولار في العــام 2005 بعدما كانت قد بلغت 3.2 مليار دولار في العام 2003، أي في غضون عامين فقط، هذا وبالرغم من زيادة مجموع الدين العام. ويعود السبب في ذلك إلى مفاعــيل بــاريس-II الإيجابية على معدل كلفة التمويل لدى الخزينة اللبنانية. كما يتــبين أيضاً أنه وعلى الرغم من ارتفاع مستوى الدين العام، فإن المدفوعات لخدمة هذا الــدين ظلت طوال فترة الأعوام 2004- 2007 أدنى من المستوى الذي بلغته في العام 2003 (راجع جدول مدفوعات الفوائد في الملحق الثاني).

جدول بياني 7 – 3: معدلات الفوائد على سندات الدين الداخلي

	قبل مؤتمر باريسII في نهاية تشرين الأول 2002	بعد مؤتمر باريسII وخلال أشهر كانون الأول وكانون الثاني وشباط 2003	2004	2005	2006	2007	2008	2009
سندات الخزينة لثلاثة أشهر	11.18%	6.96%	5.22%	5.22%	5.22%	5.22%	5.10%	4.55%
سندات الخزينة لستة أشهر	12.12%	8.18%	6.31%	7.24%	7.24%	7.24%	7.10%	5.72%
سندات الخزينة لسنة	13.43%	9.13%	6.69%	7.75%	7.75%	7.75%	7.58%	5.73%
سندات الخزينة لسنتين	14.64%	9.41%	7.74%	8.50%	8.50%	8.50%	8.26%	6.32%
سندات الخزينة لثلاث سنوات	-	-	8.68%	9.34%	9.32%	9.32%	9.00%	7.10%
سندات الخزينة لخمس سنوات*	-	-	-	-	-	-	-	7.74%

المصدر: وزارة المالية

* بدأت الخزينة في عرض سندات الخزينة من فئة الخمس سنوات مرة كل أسبوعين وذلك ابتداءً من تموز.

جدول بياني 7 – 4: تطور معدلات كلفة الدين العام المثقل القائم في نهاية الأعوام 2002 -2008

في نهاية تاريخ	معدل مثقل لكلفة الدين العام بالليرة اللبنانية	معدل مثقل لكلفة الدين العام بالعملات الاجنبية	معدل مثقل لكلفة الدين العام الإجمالي
كانون الأول 2002	13.82%	7.55%	10.87%
كانون الأول 2003	9.18%	6.80%	8.06%
كانون الأول 2004	6.04%	6.51%	6.28%
كانون الأول 2005	7.85%	6.74%	7.29%
كانون الأول 2006	7.99%	6.51%	7.24%
كانون الأول 2007	9.00%	6.47%	7.71%
كانون الأول 2008	9.21%	6.71%	8.07%

المصدر: وزارة المالية

أدت هذه العوامل مجتمعةً إلى قلب واقع الضعف في الاقتصاد الكلي اللبناني الذي تسببت به ديناميات الدين العام. ولقد تحقق ذلك عن طريق خفض مبالغ وتمديد آجال استحقاق الدين العام المحلي، وتقليل تكلفته، فضلاً عن تنويع مصادر تمويل الدين العام المحرّر بالعملة الأجنبية وتخفيض معدل كلفته. تجدر الإشارة إلى أن التزامات الدولة اللبنانية بالعملات الأجنبية كانت بغالبيتها على شكل سندات اليوروبوند في العام 2001، لكن وبعد انعقاد مؤتمري باريس-II ولاحقاً باريس-III، أصبح جزءاً هاماً من هذا الدين العام على شكل ديون متوجبة إلى دول ومؤسسات واهبة. وبناءً على ذلك، انخفضت نسبة مجموع سندات اليوروبوند إلى 69% من مجمل الديون بالعملات الأجنبية في العام 2009 بعد أن كانت قد وصلت إلى نسبة 81% في العام 2001.

إستُكملَت التطورات الإيجابية الناتجة عن تدني أسعار الفائدة، بإصلاحات مالية سمحت بتقليص العجز في الموازنة وبروز فائض متزايد في الميزان الأولي. فقد تمّ خفض عجز الموازنة بقيمته المطلقة وكنسبة من الدخل، إذ هبط العجز إلى 2 مليار دولار أميركي في العام 2004 عمّا كان عليه في العام 2000 أي 3.9 مليار دولار، وأصبح يشكل 9% من مجموع الناتج المحلي الإجمالي في العام 2004 مقارنة

بحوالي 23% من الناتج المحلي الإجمالي في العام 2000. وسجّل الميزان الأولي فائضاً يفوق 3% من الناتج المحلي الإجمالي في العام 2004 بعدما كان يشكل عجزاً بنسبة 6.4% من هذا الناتج في العام 2000.

وبالإضـــافة إلى ما سبق، فقد أدى انخفاض معدلات الفوائد بفعل ثقة السوق بنـــتائج مؤتمر باريس-II والإصلاحات التي أقرتها الحكومة إلى انخفاض ملحوظ في معـــدلات فـــوائد الودائـــع والقروض لدى المصارف المحلية. كما نما الناتج المحلي الحقيقـــي بنـــسبة 7.5% في العام 2004 وهو كان آنذاك، أعلى معدل يحققه لبنان خلال عقد من الزمن.

لقـــد مكّن مؤتمر باريس-II أخيراً الحكومة اللبنانية من تحقيق فائض مستدام في الميـــزان الأولي من الموازنة، وهو الأمر الذي سعت الحكومة إلى تحقيقه منذ العام 1996 حيث نقرأ في فذلكة الموازنة آنذاك:

"فتحقيق فائض بسيط في حساب الموازنة الأولي يشكل خطوة أولى ومهمة في عملـــية الحد من نمو الدين العام. وهذا الفائض الأولي يمكن الدولة من احتواء الأثر الـــسلبـــي للمصدر الأول لنمو الدين العام الا وهو العجز، عن طريق ردم الفجوة مـــا بين النفقات التشغيلية والاستثمارية للدولة وورادها العادية كما يسمح بنفس الوقت بتغطية، ولو جزء بسيط، من أعباء المصدر الثاني الا وهو خدمة الدين.

إن مشروع موازنة عام 1996 يستند إلى مبدأين أساسيين وهما: الأول تفضيل الأهـــم علـــى المهم في عملية الإنفاق، والثاني أن لا زيادة في الإنفاق الجاري دون تأمين المصادر المالية التي توازي في حجمها وطبيعتها هذا الإنفاق[(1)]".

طـــبعاً أدت الاعـــتداءات الإسرائيلية على لبنان في نيسان في العام 1996 وما خلفـــته مـــن دمـــار وتداعيات، كما أدّت الظروف الخارجية والداخلية السياسية والأمنـــية، إلى زيـــادة حجم الإنفاق، وإلى تقلص في الواردات مما أدى إلى تبخر جهـــود الحكـــومة آنذاك في تحقيق فائض في الميزان الأولي. وهو الذي لو تحقق في حيـــنه، لكان كفيلاً بتغيير وجهة الدين العام منذ العام 1996 كما سبق وذكرنا في الفصل الخامس.

---

(1) راجع "الموازنة العامة والموازنات الملحقة لعام 1996" ص 11.

إن مراجعة شاملة للمؤشرات الرئيسية للاقتصاد الكلي اللبناني تظهر بوضوح أن نقطة التحول حصلت في العام 2004. وهو العام الذي تجلّت فيه معظم المكاسب التي تحققت بنتيجة انعقاد مؤتمر باريس-II. فمن الواضح أن الإسهام الأساسي لمؤتمر باريس-II تمثل بإزالة إحدى العقبات الكبيرة التي كانت تؤخر وتعيق النمو والتي تكمن في انعدام الثقة في الاقتصاد الوطني وبعدم قدرة الحكومة على الاستمرار بدفع مستحقاتها من دون التفريط بسياسة استقرار سعر الصرف. وعلى ذلك ومن خلال الدعم المالي المباشر الذي حصل عليه لبنان فقد نجحت مفاعيل مؤتمر باريس-II الإيجابية في استيلاد ثقة مستجدة في ملاءة الدولة فتحقق خفض هام في كلفة الاستدانة من قبل الخزينة اللبنانية. كما فتح ذلك السبيل أمام القطاع الخاص لمشاركة أكبر في حركة الاقتصاد الوطني. كذلك فإن المؤتمر سمح للدولة اللبنانية أيضاً بأن تعيد توزيع مواردها باتجاه تفعيل الاستثمارات في البنى التحتية من خلال القروض الميسّرة التي حصلت عليها الدولة اللبنانية من الصناديق العربية والدولية، علماً بأن الحصول على قروض ميسرة من تلك الصناديق لتمويل المشاريع الإنشائية في البنى التحتية في لبنان كان جزءاً أساسياً من البرنامج التمويلي للبنان في مؤتمر باريس-II.

من جهة أخرى فلربما كان لمؤتمر باريس-II بعض أوجه القصور في عدم إيلاء مسألة الخصخصة الأهمية التي تستحق لجهة ما ينبغي ويمكن لها أن تحققه على صعيد تعزيز الإنتاجية وتحقيق التقدم الاقتصادي. فالحكومة اللبنانية عمدت إلى تسليط الضوء في مقاربتها لموضوع الخصخصة في مؤتمر باريس-I بكونها أرادت أن تطمئن المجتمع اللبناني وسائر الجهات المعنية بأن حصيلة الخصخصة سوف تستخدم بطريقة شفافة لخفض الدين العام. إلا أن الحكومة أقدمت مجدداً على ارتكاب هذا الخطأ في مؤتمر باريس-II حين وضعت الخصخصة وبشكل أساسي في إطار تخفيض الدين العام لا في إطار تحقيق المزيد من النمو وتحسين إدارة أصول الدولة بشكل تجعلها أكثر فعاليةً ومردودية. إلاّ أنه كانت إشارتها لأهمية الخصخصة والاستعانة بالقطاع الخاص واضحة لجهة تحسين إدارة الموارد والأصول المتاحة لدى لبنان. وهو الأمر الذي كان يجب إيلاؤه المزيد من الأهمية التي يستحق. على أي حال فإن هذا الأمر سيتم تصحيحه لاحقاً في مؤتمر باريس-III والذي سيركز على إيجابيات الخصخصة لجهة ربطها بعنصري النمو والتنمية.

إلا أن مَنْ عارض ولا يزال مشروع الخصخصة من القوى السياسية الداخلية اســتعمل الحجة التي وردت في مؤتمري باريس-I وII، فاعتبر بأن الحكومة أوقعت البلاد في دين عام وهي الآن تريد أن تبيع الأملاك العامة وأصول الدولة حتى تسدّ العجــز. والحقيقة أنه وبالرغم من تراكم الدين العام على الدولة اللبنانية وحجمه وطبيعة هيكليته، فلقد تبين بحسب التجربة العالمية وليس فقط اللبنانية، بأن القطاع الخــاص مؤهل أكثر من القطاع العام لإدارة بعض القطاعات الاقتصادية. فالقطاع الخــاص لا يوفــر فقــط جودة في النوعية وسرعة في الإنتاج فحسب، بل أيضاً تــساعده ديناميــته على خلق فرص جديدة للعمل والنمو. أما مسألة الإيرادات الناتجة عن عملية الخصخصة، فهي ليست القضية الأساسية التي تعالجها الخصخصة. وعلــى أي حــال، لا بأس بل من المفضل حتماً أن تكون تلك الإيرادات مخصصة بكاملــها لخفــض مستوى الدين العام وهو ما التزمت به الحكومة من أجل إقناع صندوق النقد الدولي بقدرتها على المحافظة على الملاءة المالية والاستقرار النقدي في آن معاً.

في ضوء ما تقدّم، علينا أن نستعيد في أذهاننا الأجواء المحلية والعالمية المشكِّكة بقدرة الحكومة على المحافظة على استقرار سعر الصرف، حتى ندرك لماذا تم التركيز علــى إيجابــيات الخصخصة لناحية الإيرادات المتوقعة منها، وليس كذلك لناحية تأثيرها على النمو الاقتصادي وهو الأمر الصحيح.

إلاّ أن السؤال الأهم الذي يجب أن يسأله كل واحد منا هو، ماذا لو رضخت أو استجابت الحكومة آنذاك أي في العام 2002 لمطلب تخفيض قيمة العملة؟ وماذا كــان يمكــن أن تكون عليه النتيجة؟ ألم يكن يعني ذلك تحميل أصحاب الدخل المحدود وبشكل أساسي كلفة انخفاض قدرتهم الشرائية؟ ألم يكن ذلك سيؤدي إلى جملــة مــن العواقب الاجتماعية والسياسية التي يصعب آنذاك وكذلك الآن تقدير مداها ونتائجها وتداعياتها؟

شــهادة للتاريخ إن الفضل في ذلك يعود للرئيس الحريري نفسه الذي رفض الرضــوخ لتلك المطالب سواء أكانت خارجية أم داخلية عبر الحملة الإعلامية التي خيضت ضده وضد السياسة النقدية، وهو أصرّ، ونجح ومعه لبنان في تخطي الأزمة العميقة، وكانت تلك النتيجة التاريخية لمؤتمر باريس-II.

على كل حال، وبالرغم من نجاحه في إنقاذ لبنان واقتصاده من أزمة شبه محتمة، فقد استمرت الحرب على مشروع الرئيس الحريري الاقتصادي بغية تفشيله والتشكيك فيه من خلال العمل على تعطيل مفاعيل مؤتمر باريس-II ومنعه من القيام بالإصلاحات الضرورية الإضافية التي التزم بها لبنان أمام المجتمع الدولي. لقد تركز ذلك في تكبيل الرئيس بجملة من العوائق بهدف منعه من السير قدماً بعملية الخصخصة لقطاعي الطاقة والهاتف الخلوي. وهذان القطاعان لو سُمحَ للرئيس الحريري بتحقيق الإصلاح فيهما، لكان لبنان اليوم في وضع أفضل بكثير مما هو عليه الآن فيهما وفي كثير من القطاعات الأخرى التي جرى تعطيل برامج الإصلاحات فيها، كما كان مرسوماً له في البرنامج الذي قدمه لبنان لمؤتمر باريس-II والذي أُقرَّ من قبل المشاركين فيه وقدموا مساعداتهم على أساس منه.

تلك الممارسات التعطيلية لجهود الرئيس الحريري استمرت على مدى السنتين 2003- 2004 إلى أن فُرضَ التمديد للرئيس لحود واضطر الرئيس الحريري إلى أن "يستودعَ اللهَ هذا البلد الحبيب" وبعدها جرت عملية الاغتيال- الزلزال في خضمّ انشغال البلاد في عملية الإعداد للانتخابات العامة في العام 2005 كما سنعرض في الفصل اللاحق.

جاءت أحداث عامي 2005 و2006 المؤلمة وقضت على فرص تطبيق العديد من الإصلاحات التي التزمت بها الحكومة اللبنانية في مؤتمر باريس-II، وحرفت الأداء الاقتصادي عن مساره الواضح الذي جرى رسمه في ذلك المؤتمر. وللحقيقة فالعامل الأساسي الذي أدى إلى احتواء الخسائر والتمسك بالمسار الإصلاحي تمثل بقيادة حكومية قوية مع الرئيس فؤاد السنيورة وسياسة مالية متحفظة ومتمرّسة وبالتنسيق مع حاكم مصرف لبنان رياض سلامة، الذي نجح أيضاً في عزل النظام المالي النقدي من تداعيات الصدمات المتعاقبة التي شهدتها البلاد وعانى منها العالم بسبب الأزمة المالية العالمية. هذه العوامل جميعها والسياسات المؤاتية التي جرى إتباعها مهدت الطريق لعقد مؤتمر باريس-III الذي انتشل لبنان من تداعيات حرب تموز المدمّرة ونهض به من خلال برنامج إصلاح واسع النطاق تميز بالكثير من الجرأة والطُموح، وهو البرنامج التي كانت بذوره قد زُرعَت من خلال مشاريع القوانين والبنود الإصلاحية التي طرحها الوزير السنيورة في مشروع موازنة العام 2005.

ولكن قبل مقاربة أهمية مؤتمر باريس-III، لا بد من أن نتوقف عند الأحداث الخطـيرة الـتي شـهدها لبنان في العامين 2005 و2006 والتي شكلت ضربة قوية ومـوجعة لجهود الإصلاح التي كانت قد تضافرت في الأعوام السابقة وتجلت من خلال النتائج الاقتصادية المحققة في العام 2004.

الفصل الثامن

التعطيل، الزلزال، الحرب، باريس-III، فالتعطيل

لم يشهد لبنان منذ أو وضعت الحرب الأهلية أوزارها في العام 1990، أحداثاً اتصفت بالخطورة والصعوبة وعمق التأثيرات مثل تلك التي واجهها في الأعوام 2004 - 2008، وهي الأحداث التي ساعد على زيادة حدمّا النظام السياسي الطائفي والمذهبي الهشّ والانقسامات الحادة في المنطقة وتراجع فرص التقدم على مسار الحلول السلمية للقضية الأساس في المنطقة العربية وهي المسألة الفلسطينية. ولقد تركزت تلك الأحداث ابتداءً من قرار التمديد للرئيس لحود وما نتج عنه من تداعيات، وصولاً إلى أحداث أيار العام 2008 وما حصل خلال تلك الفترة من أحداث خطيرة، هددت جدياً بنسف ما تم بناؤه على مدى 16 عاماً من جهود مضنية وحثيثة لاستعادة السلم الأهلي وفرض سلطة الدولة وحكم القانون ولإطلاق جهود الإصلاح والنهوض. تلك الجهود هي ذاتها التي حاول لبنان اعتمادها منذ العام 1992 بالرغم من تعرضه لثلاثة اجتياحات جوية إسرائيلية في الأعوام 1993، 1996 و1999، وذلك منذ أن أنهى اتفاق الطائف الحرب الأهلية التي استمرت زهاء خمسة عشرة عاماً، والتي عانى لبنان أيضاً خلالها من اجتياحين إسرائيليين في العامين 1978 و1982.

لقد أسفرت الأزمات المتلاحقة التي عصفت بلبنان في تلك الحقبة، عن تهديد جدي لسيادة البلد ووحدته ونظامه الديمقراطي وحريته وسلمه الأهلي. ولم تكن تلك الأحداث المأساوية من دون تأثيرات اقتصادية واجتماعية عميقة كما سنشير لاحقاً. إلاّ أنه وعلى الرغم من ذلك فإنه ومن دون شكّ، أن تلك التأثيرات كانت ستكون أكبر بكثير لو لم تنجح الحكومات اللبنانية المتعاقبة في الدعوة وفي العمل على تنظيم مؤتمري باريس-I وباريس-II والتأكيد على الإصلاحات التي انطلقت على أساس منهما. ولذلك فقد مثّل هذان المؤتمران نقلة نوعية في وضعية الاقتصاد

اللبـــناني وفي استعادة وترخيم ديناميته من خلال النجاح في استعادة وتعزيز عامل الثقة وفي خفض كلفة خدمة الدين العام والتقدّم على مسار إصلاحات أساسية بما في ذلـــك علـــى صـــعيد المالية العامة وعلى صعيد تحقيق معدلات جيدة من النمو الاقتصادي.

وكمـــا تمّ ذكره، فقد شهد لبنان في العام 2004 أفضل سنة له على الصعيد الاقتـــصادي وذلك خلال أكثر من عقد من الزمان؛ إذ حقق نمواً حقيقياً في تلك السنة فاق 7.5%. ولقد تحقق ذلك بالرغم من تعطيل الكثير من الإصلاحات، التي أدرجـــتها الحكـــومة في مشروعها الاقتصادي في مؤتمر باريس-II والتي حصل من خلالهـــا لبـــنان على دعم استثنائي من المجتمع الدولي، وبالأخص في ما يتعلق بعزم لبـــنان القيام بمشروع إصلاح قطاعي الطاقة والاتصالات ومحاولة السير قدماً على مـــسار خصخـــصتهما بهدف تفعيلهما وإقدارهما على خدمة الحاجات المستقبلية للاقتصاد اللبناني.

تجـــدر الإشـــارة في هذا المجال إلى أن وزارة المالية كانت قد أعدت مشروع مـــوازنة العام 2003 والذي ضمنته عدداً من المواد والمشاريع الإصلاحية الهادفة إلى تـــسريع وتـــيرة الإصـــلاح الاقتصادي والمالي والهيكلي. ولقد شملت تلك الموازنة الأهـــداف التالـــية: كيفية تحقيق الخفض التدريجي للإنفاق لجهة إدخال تعديلات وإصلاحات في عملية إدارة الإنفاق وفي أنماط عمل الإدارة، تحقيق الزيادة التدريجية في مجمـــوع الإيرادات، المبادرة إلى إنشاء إدارة أفعل للدين العام ولتحسين مردودية إدارة وموجودات الدولة وعائداتها (Active Asset and Liability Management)، التسريع في إتمام عمليات الخصخصة، واتخاذ الإجراءات المكملة لتفعيل النمو ومنها إطلاق ورشة لتحديث القوانين الاقتصادية وتحسين مناخات الأعمال ولاسيما تلك الـــتي ترعى المنافسة، وتفعيل دور القضاء التجاري وتسريع عمله، وإنجاز عدد من تعـــديلات القوانين كقانون المحاسبة العمومية وقانون المناقصات العمومية، وقانون تسنيد الموجودات.

ولكن التوترات السياسية التي شهدها لبنان آنذاك والتي لم تكن بعيدة في جزء مـــنها عن الكيدية في ممارسة العمل السياسي والاقتصادي، كانت كفيلة بإجهاض معظـــم تلك المحاولات عبر إلغاء البنود الإصلاحية من مشروع موازنة العام 2003،

وذلــك بهــدف العمل على تعطيل مفاعيل باريس-II. ولقد تمّ ذلك تماماً بإتباع النــسق ذاته الذي تم على أساسه إجهاض المواد الإصلاحية قبل ذلك في مشروع قانــون سلــسلة الرتب والرواتب حيث جرى إفراغ ذلك المشروع من مضامينه الإصــلاحية لجهة تحفيز إدارات ومؤسسات القطاع العام لانتهاج التطوير وزيادة الإنتاج وتعزيز الإنتاجية، كما سبق وذكرنا.

بــسبب مــن تلك التجربة التي لم تؤتَ ثمارها، قرر وزير المالية آنذاك فؤاد الــسنيورة أن لا يــدرج مواداً إصلاحية أساسية في مشروع موازنة العام 2004، مــستنداً بذلك إلى عدم تجاوب مجلس النواب مع فكرة إيراد أي مواد إصلاحية في مــشروع موازنة العام 2003. ولكن المفارقة الغريبة هي أن الوزير السنيورة تعرض للانــتقاد الشديد من قبل النواب أنفسهم والأجهزة الإعلامية عينها لخلوّ مشروع مــوازنة 2004 مــن أي بنود إصلاحية. ويمكن العودة في هذا المجال إلى ما نشرته الــصحف، ورددته أجهزة الإعلام من انتقاد للشيء وضده. ويتبين بفعل ذلك أن الهــدف كــان دومــاً الانتقاد لكل ما يطرحه أو ما يمثله الرئيس الحريري وفريقه الاقتــصادي، وذلك بغضّ النظر عن مدى حاجة البلاد واقتصادها لتوفير الظروف الــسياسية والاقتصادية الملائمة للانطلاق في ورشة إصلاحية جدية وإقرار جملة من القــوانين الإصلاحية التي كان يمكن لو أقرت أن تسهم في تثبيت الاستقرار وتحقيق معدلات أعلى من النمو والتنمية المناطقية.

علــى كــل حال، لقد أسهم نجاح مؤتمر باريس-II في تعطيل مخطط إفشال مــشروع الرئيس الحريري الاقتصادي، ولكن هذا لم يعنِ بأن نجاح هذا المشروع أصبح مضموناً. صحيحٌ أن التقديمات التي مُنحت من قبل المشاركين في ذلك المؤتمر للبــنان قد قلبت دينامية العجز والدين فأزالت خطر الانهيار الاقتصادي الذي كان يتهدد لبنان، ولكن تحقيق النمو المستدام والإنماء المتوازن كانا يحتاجان إلى أكثر من ذلك، وتحديداً إلى التقدم الثابت على مسارات الإصلاح البنيوي في قطاعي الطاقة والاتــصالات وفي الــضمان الاجتماعي فضلاً عن الإصلاحات الأخرى المرتبطة بتحسين بيئة الاستثمار وممارسة الأعمال.

ولكــن، وعلــى الرغم من ذلك، فلقد بدا واضحاً أن من فشل في الانقلاب علــى مشروع الرئيس رفيق الحريري لم يكن بوارد إيقاف الحرب عليه. وبناءً على

ذلك فقد أُجهِضَت معظم الإصلاحات الأساسية وغيرها، في مشروع موازنة العام 2003؛ وانتقل الهدف بعدها من محاولة الإفشال إلى محاولة التعطيل.

خلال النصف الثاني من العام 2004 بدأت السحب السوداء تتجمع في الأفق، وذلــك مع قرار التمديد لولاية الرئيس إميل لحود في تشرين الثاني لثلاث سنوات إضافية. ثم جاء اعتذار الرئيس الحريري عن تأليف الحكومة، والحماوة المبكّرة التي بــدأت تشهدها المناخات السياسية في البلاد في مرحلة الإعداد للانتخابات النيابية الــتي كان من المزمع إجراؤها في ربيع العام 2005، والتي ظهرت في المناقشات التي سادت خلال عملية صياغة القانون الجديد للانتخابات النيابية.

لقــد أدت المحاولات المستمرة لتعطيل مفاعيل مؤتمر باريس-II ومن ثمّ التغيير الحكومــي الذي جرى مع نهاية العام 2004 إلى وضع حدٍ لقدرة الرئيس الحريري على الدفع قدماً بالبرنامج الإصلاحي الذي كانت الحكومة اللبنانية قد تبنته خلال مؤتمــر بــاريس-II. وهــو مــع ذلك كان يراهن على عودة قوية إلى الحكم إثر انــتخابات 2005 تــسمح لــه بإطلاق ورشة إصلاحية حقيقية على جميع الصعد الاقتصادية والمالية والاجتماعية والإدارية.

لكن اغتياله المفاجئ في 14 شباط 2005 أحدث زلزالاً مدوياً وأدى إلى قلب الأوضــاع رأساً على عقب. فنتيجة لذلك الاغتيال، وما سبقه ولحقه من اغتيالات وتفجــيرات وأزمــات، عــاش لبنان على أثر ذلك ما يوازي دهراً من التطورات الصاخبة والعنفية في أشهر قليلة: فلقد استقالت حكومة الرئيس عمر كرامي تحت ضــغط الاغتيال المدوي، وانسحب الجيش السوري من لبنان حيث كان متواجداً مــنذ العام 1978، إثر انتفاضة الاستقلال الثاني والتظاهرة المليونية التي نتجت عنها في الــرابع عشر من آذار في حدث لم يشهد لبنان مثيلاً له في تاريخه الحديث حيث شارك في هذه الانتفاضة كل أطياف الشعب اللبناني ومن مناطقه كافة. ونشير هنا إلى أنه سبق تلك المظاهرة مظاهرة كبرى في الثامن من آذار ضمّت ما أصبح يُعرَف لاحقاً بقوى المعارضة.

وعلــى أثر ذلك، جرى تشكيل حكومة انتقالية برئاسة الرئيس نجيب ميقاتي أشــرفت علــى الانتخابات النيابية التي جرت في وقتها في ربيع العام 2005 وهي انــتخابات اتسمت وللمرة الأولى منذ فترة طويلة بالنــزاهة والحرية إلى حدٍ كبير.

وأنـــتجت الانـــتخابات أكثـــرية جديدة سميت بقوى 14 آذار، التي سمّت بدورها الـــرئيس فـــؤاد السنيورة لرئاسة الحكومة ومنحته الثقة، وهو الذي كان قد شغل منـــصب وزير المالية في حكومات الرئيس الحريري الخمس وذلك على مدى عشر ســـنوات ســـابقة. تجـــدر الإشارة إلى أن الرئيس السنيورة جرى تكليفه بتشكيل الحكـــومة بعـــد أن نـــال شـــبه إجمـــاع نيابـــي حيث حاز على 126 صوتاً في الاستشارات النيابية الملزمة من أصل 128 نائباً.

مَـــثّل تـــبؤ الرئيس فؤاد السنيورة رئاسة مجلس الوزراء فرصةً حقيقيةً للعودة بالـــبلاد إلى مـــسار الإصلاح الذي كان قد انطلق مع مؤتمر باريس-II وتعطلت مفاعيله للأسباب التي جرى التطرق إليها آنفاً.

وكان الرئيس السنيورة وكوزير للمالية في آخر حكومات الرئيس الحريري قد تقدم بمشروع موازنة طموح للعام 2005 قبل أن يعتذر الرئيس الحريري عن ترؤس الحكومة.

أُعِّـــدَ مشروع موازنة العام 2005 على خلفية ما كان يتحقق من نمو في العام 2004، وبغـــية جعـــل هـــذا الـــنمو مستداماً وذلك من خلال اعتماد رزمة من الإصلاحات الهيكلية والقانونية والاقتصادية والمالية والإدارية. ولقد كان الهدف من إيراد تلك البنود الإصلاحية في مشروع الموازنة إعادة التأكيد على أهمية العودة إلى تبني المسارات الإصلاحية التي تبناها لبنان في مؤتمر باريس-II والتي كان يفترض أن يـــصار إلى تـــرجمتها في مشاريع قوانين محددة. وكذلك المسائل الأخرى التي كان ينبغـــي أيضاً التأكيد عليها ووضعها كبنود أساسية في مشروع موازنة العام 2005، وذلـــك توصلاً إلى اعتمادها من أجل أن ينسحب ذلك إيجاباً على معدلات النمو وإنتاجـــية القطاع العام ومبادرات القطاع الخاص ويسهم إسهاماً أساسياً في ترشيد استعمال الموارد المتاحة بالطريقة الأمثل.

وفي هذا الإطار كان مشروع موازنة 2005 الطموح قد حدد تحدّيين أساسيين:

1. أهمـــية معالجـــة مشكلة العجز في الموازنة والتصدي لمعضلة الدين العام مع التمسك بالمحافظة على الاستقرار النقدي وعلى النمو الاقتصادي المستدام.
2. تعزيز الثقة في مستقبل الاقتصاد اللبناني وتعزيز قدرته على الاستقطاب بما يـــسمح باجـــتذاب الاستثمارات الأجنبية، وبما يُمَكّن من إطلاق طاقات

الاقتصاد الكامنة سيما وانه كان يعمل بأقل من طاقته الإنتاجية في أغلب قطاعاته. ولتحقيق ذلك فإنه كان من الضروري العمل على إزالة العوائق والعقبات التي تحول دون الاستعمال الأمثل لمقدرات البلاد وإمكاناتها وللموارد المتاحة في كل من إدارات ومؤسسات القطاع العام وكذلك إزالة العقبات والعراقيل من أمام مؤسسات القطاع الخاص والعمل على تعزيز مبادراتها وبما يؤدي إلى تضافر وتعاضد (Synergy) بين جهود القطاعين العام والخاص وبما يحقق من نسب نمو مرتفعة ومستدامة.

وعلى هذا الأساس تميز مشروع موازنة العام 2005 عن غيرها من الموازنات السابقة بكونها أشمل وأوسع بتناولها لمختلف المواضيع والشؤون والأهداف، حيث جرى بشفافية طَرَح التحديات التي كان يواجهها لبنان والتي كان عليه أن يتعامل معها في عصر العولمة. كذلك عمد مشروع الموازنة إلى تحديد السبل الأمثل لمواجهة تلك التحديات بهدف تحويلها إلى فرص يمكن الإفادة منها. وبناءً على ذلك وعلى سبيل المثال، حدد المشروع الأهداف المرحلية التالية:

- العمل على إعادة بناء القطاعات الاقتصادية على قواعد من الكفاءة والإنتاجية والجودة والتميز وتعزيز القدرة التنافسية لها ولمنتجاتها في السوقين الداخلي والخارجي.
- العمل على متابعة الجهود لتعزيز الدور الذي تلعبه المؤسسات الصغيرة والمتوسطة بكونها القادرة على الإسهام الجدي في تعزيز النمو وفي إيجاد فرص عمل جديدة للشباب اللبناني، وبوصفها قادرة أيضاً على التأقلم مع حاجات الاقتصاد لتشجيع المبادرات الفردية. وبناءً على ذلك جرت الإشارة إلى أهمية ما ينبغي العمل عليه من أجل تعزيز الخطوات الآيلة إلى إقدار تلك المؤسسات الصغيرة والمتوسطة الحجم الناشئة والقائمة في جميع المناطق اللبنانية على الاستفادة من خدمات التدريب التقني والإداري والتسويقي والمعلوماتي والمعرفي والاستشاري وإزالة العوائق الإدارية والبيروقراطية من أمامها وذلك بالتعاون مع المؤسسات الدولية. يضاف إلى ذلك تمكين المؤسسات الصغيرة والمتوسطة من إدخال التكنولوجيات الحديثة في مجالات عملها وتمكينها أيضاً من الاستفادة بفعالية أكبر من

التسليفات الميسرة لآماد متوسطة وطويلة والتي تتيحها مؤسسة كفالات عبر المصارف العاملة في لبنان.

- متابعة الجهود من أجل تحسين مناخات العمل والاستثمار حيث جرى التأكيد على أهمية منح المؤسسات الخاصة الجديدة والمؤلفة من مستثمرين لبنانيين أو غير لبنانيين التسهيلات التي تشجعهم وتحفزهم للانضمام إلى قطاع الأعمال أو الانسحاب منه بأقل كلفة ممكنة (Ease of Entry and Ease of Exit) دون تعقيدات بيروقراطية ودون تقييد على سوق العمل أو رفع غير مبرر لكلفة التوظيف أو التسريح، التي تحدّ من مرونة الطلب على العمالة، مما يؤدي إلى إحجام أصحاب المبادرات الجديدة عن الاستثمار وبالتالي الامتناع عن إيجاد فرص العمل الجديدة.
- إلزام المؤسسات العامة بسياسة اعتماد معايير حسن الأداء والمحاسبة على أساس النتائج المحققة بداية في التعيين وفي الاستمرار في تسلم المسؤولية.
- إقرار تشركة (Corporatization) المؤسسات العامة العاملة في قطاعات خدماتية وإنتاجية، بما في ذلك المؤسسات المستردَّة وتحديداً مرفأ بيروت، وإهراءات القمح في مرفأ بيروت وكذلك إدارة حصر التبغ والتنباك ومصافي النفط في طرابلس والزهراني. وقد كان الهدف من تلك الإجراءات العمل لتسريع عملية إعادة هيكلة وإصلاح هذه المؤسسات توصلاً إلى تحسين إنتاجيتها.
- القيام بالإصلاحات الهيكلية التي تسهم في تحسين مردودية استعمال الموارد المتاحة في إدارات ومؤسسات القطاع العام بما يعالج مشكلتي الهدْر الاقتصادي والهدر المقونن، وترفع الكفاءة الإنتاجية والخدماتية في تلك الإدارات والمؤسسات، وتعزز المردودية الاقتصادية والاجتماعية للإنفاق العام.
- إعادة الاعتبار ممارسةً لا لفظاً للكفاءة ولمستوى الأداء في شتى إدارات ومؤسسات الدولة توصلاً إلى اعتماد موازنات الأداء ممّا يعني الالتزام الفعلي لمجلس الوزراء والوزارات المعنية بأن الاستمرار في إيكال أي مسؤولية معينة لأي جهة أو طرف أو مسؤول في تلك الإدارات

والمؤسسات مرهون بتحقيق الأهداف الموضوعة وبمستوى ونوعية وجودة الأداء المحقق على شتى مراتب المسؤولية، وليس على أساس الانتماء المناطقي أو الطائفي أو المذهبي فحسب.

- العمل على ما يمكّن لبنان من العودة، ليكون نقطة جذب للاستثمار في شتى القطاعات الإنتاجية ولاسيما في قطاع الخدمات التي تعتمد على المعارف والمهارات والتقدم التكنولوجي الحديث.
- العودة إلى التأكيد على مفاهيم أساسية متعلقة بدور الإدارة بشتى أسلاكها بكونها أداة لخدمة المواطنين والاقتصاد. وبالتالي فإنه ينبغي التوصّل إلى الاتفاق والتوافق على وضع عقد جديد بين الدولة والإدارة، بشتى أسلاكها، وبما يتعلق بعلاقتها مع المواطنين. والهدف من هذا العقد الجديد هو ربط أي مكسب أو منفعة إضافية للإدارة بشتى أسلاكها بضرورة تحقيق الهدفين التاليين:

أولاً: أن تكون ناتجة ومحصّلة لمنفعة إضافية يحصل عليها المواطنون، أو بكونها تعزز دور الدولة لما فيه منفعة الاقتصاد والمواطنين.

وثانياً: أن تكون الموارد المالية اللازمة لتمويل ذلك الإنفاق الإضافي متوفرةً وليس من خلال تحقيق عجز إضافي أو زيادة في الدين العام.

لقد استندت توجهات مشروع الموازنة للعام 2005 لجهة تطبيق هذه المبادئ الأساسية بالعمل على تحديث الإدارة وتعزيز كفاءاتها ومهارات وإنتاجية العاملين فيها وكذلك لزيادة درجة الإفصاح عن أعمالها وعملياتها بما يسهم في تفعيل المحاسبة على أساس الأداء لديها.

طبعاً لقد كانت تلك البنود وغيرها من تلك الواردة في مشروع موازنة العام 2005 جزءاً من كل، وهي التي شكلت في حقيقة الأمر بذور البرنامج الاقتصادي لحكومة الرئيس السنيورة الأولى.

والواقع أن البرنامج الاقتصادي لحكومة الرئيس السنيورة كان جزءاً من رؤية إصلاحية متكاملة انطلقت على عدة مسارات: سياسية وإدارية واقتصادية واجتماعية أكدت عليها في بيانها الوزاري وتابعتها في خطوات عملية تركزت على ما يلي:

أولاً: في الإصلاح السياسي

قامت حكومة الرئيس السنيورة بخطوتين أساسيتين على صعيد التمهيد لإطلاق ورشة الإصلاح السياسي.

أ - تعزيز الحريات

تمثلت الخطوة الأولى بالتقدم على مسار إعادة العمل بقانون الأحزاب والجمعيات العثماني الذي جرى تعطيل مفاعيله في وقت سابق وبالتالي إلى إعادة الاعتبار إليه لتحقيق قدر عال من الحريات في تأسيس الجمعيات. وبفضل هذه الخطوة بات تأسيس وقيام الأحزاب والجمعيات، مرة جديدة، مسألة علم وخبر وحسْب، وهذا ما عاد يعزز المبادئ التي نصّ عليها الدستور اللبناني الذي حضّ على احترام الحريات. ولقد شكّل هذا التوجه وهذا القرار الذي اتخذته الحكومة آنذاك عاملين أساسيين في تدعيم عنصر الثقة بالدولة وبمستوى احترام الحريات في البلاد وهما الأمران اللذان كانا لهما تأثيرات إيجابية لجهة تفعيل حيوية الاقتصاد اللبناني.

ب - قانون الانتخاب

أما الخطوة الثانية فكانت في شأن إصلاح قانون الانتخاب، إذ انصرفت الحكومة فور تشكيلها، أي قبل قرابة أربع سنوات من الانتخابات المقبلة التي كان من المفترض إجراؤها في العام 2009 للإعداد لقانون انتخاب جديد عبر تشكيل لجنة مستقلة من أصحاب الرأي والخبراء ورجال القانون المشهود لهم بالكفاءة والمعرفة والحيادية لصياغة أول مشروع قانون للانتخابات النيابية يراعي الحداثة والتوازن وصحة التمثيل. وقد كان الهدف من القيام بذلك العمل في وقت مبكّر هو إعطاء اللبنانيين متسعاً من الوقت للتعامل والتكيف مع مندرجات القانون الجديد للانتخاب عند إقراره. ولقد تمكنت اللجنة المذكورة من التوصل بإجماع أعضائها وبعد قرابة التسعة أشهر إلى صيغة مشروع قانون جديد للانتخاب وقدمت تقريرها في 2006/5/31. ولقد اقترحت اللجنة فيه وللمرة الأولى في لبنان الدمج بين اعتماد نظام الأكثرية ونظام النسبية في احتساب نتائج الانتخابات. ولقد جاء ذلك كمحاولة لكسر الحلقة المفرغة التي عاشها لبنان عبر قوانين الانتخاب السابقة المجتزأة أو القاصرة أو المؤقتة والتي عجزت عن مقاربة موضوع الإصلاح

السياسي بالطريقة التي يحلم بها اللبنانيون. وبسبب من ذلك فقد كانت النتائج التي كانت تسفر عنها تلك الانتخابات الماضية عادة شبه معروفة، حيث لم تكن القوانين المعمول بها تتيح الفرصة أمام الجيل الصاعد لكسر قاعدة الاحتكارات الطائفية والمذهبية والعائلية. ولقد تضمن المشروع الذي تقدمت به اللجنة بنوداً إصلاحية إضافية لضبط العملية الانتخابية.

ولمدة لا تزيد عن الشهر، جرى التداول في مشروع القانون الجديد للانتخابات ولكنه وقت لم يكن كافياً على الإطلاق لبلورة قناعات وتوجهات محددة لدى الحكومة تمهيداً لإحالته إلى مجلس النواب. هذه المرحلة القصيرة التي كانت متاحة للحكومة انتهت مع صباح الثاني عشر من تموز وذلك مع اندلاع الحرب التي شنتها إسرائيل على لبنان، والتي ما أن انتهت وانتهت بعدها مرحلة الحصار الإسرائيلي حتى بدأت مرحلة جديدة من التوتر السياسي الداخلي انتهت بمحاصرة السراي الحكومي وبإقفال مجلس النواب ما حال دون مناقشة المشروع في مجلس الوزراء والنظر في إمكانية إقراره.

ثانياً: في الإصلاح الإداري

أما على صعيد الإصلاح الإداري فقد بادرت الحكومة إلى اعتماد وتطبيق سياسة اختيار عناصر الفئة الأولى في الإدارة اللبنانية على أساس الكفاءة. وعلى هذا المسار أسست الحكومة ومارست وطبقت صيغةً جديدةً في التعيينات الإدارية انطلاقاً من هذه القناعة متجاوزةً بذلك الأساليب القديمة القائمة على المحسوبيات والتدخلات وذلك عبر أسلوب تقييمي يؤدي إلى اختيار الكفاءات الأفضل بشكل تنافسي ومعلن وشفاف. وفي الواقع فإن الحكومة بنت على ما كان بدأه الرئيس الحريري مجدداً من إصلاحات في العام 2001 والتي استندت إلى المواد الإصلاحية التي جرى لحظها في مشروع الوزير السنيورة لسلسلة الرتب والرواتب في العام 1998، والتي جرى إلغاؤها من المشروع لدى عرضه على الهيئة العامة لمجلس النواب لإقراره كما سبق وذكرنا. ومما تجدر الإشارة إليه أن حكومة الرئيس الحريري وبالتعاون مع مجلس النواب ورئيسه الأستاذ نبيه بري كانت قد عملت على إصدار القانون رقم 363 في آب 2001 الرامي إلى تحديد أحكام خاصة للتعيين في الفئتين

الأولى والثانية في وظائف الملاك الإداري العام وإلى اعتماد نظام لتقويم الأداء. إلا أن هذا القانون لم ينفذ بعد أن أبطله المجلس الدستوري في أيلول 2001، وذلك لأسباب مختلفة يعود أهمها إلى أن هذا القانون قيّد سلطة الوزير، لاسيما في المواضيع التي اعتبرها الدستور أساسية، مثل اقتراح تعيين موظفي الفئة الأولى. مع أنه كان بالإمكان معالجة تلك المسألة الدستورية لجهة احترام صلاحية الوزير لجهة الإبقاء على صلاحيته في الاقتراح مع الاستمرار في وضع القواعد والمعايير للقيام بذلك.

والواقع أن حكومة الرئيس الحريري لم تتراجع يومها عن السير قدماً بمحاولة جديدة مستفيدة من ملاحظات المجلس الدستوري وعادت وأعدّت مشروع قانون جديد يرمي إلى تعديل أصول تعيين موظفي الفئة الأولى أو ما يعادلها، آخذة بعين الاعتبار الملاحظات التي أوردها المجلس الدستوري، وأحيل المشروع إلى مجلس النواب في تشرين الأول 2002 وذلك المشروع بقي في أدراج المجلس دون إقرار.

على هذا، عادت حكومة الرئيس السنيورة الأولى واستردت مشروع القانون بهدف إدخال بعض التعديلات عليه. وبالفعل، فقد تمت إعادة دراسته وإحالته مرة ثانية كمشروع قانون إلى مجلس النواب. ولا يزال هذا المشروع قيد الدرس في لجنة الإدارة والعدل في مجلس النواب حتى اليوم.

لكن، والتزاماً منها بمنهجية السعي إلى رفع كفاءة الإدارة العامة والمؤسسات الحكومية وتطوير قدراتها البشرية واعتماد سياسة ديمقراطية الجدارة ومكافأتها، وحتى قبل إقرار مشروع القانون المتعلق بتعديل أصول تعيين موظفي الفئة الأولى في الملاك الإداري العام، فقد ألزمت حكومة الرئيس السنيورة نفسها بمضمون مشروع القانون فيما لا يخالف أي من القوانين السارية المفعول. ولقد عمدت إلى تطبيق ذلك للتأكيد على أهمية العودة إلى إعلاء شأن الالتزام باحترام الكفاءة ومستويات الأداء، دون المساس بمبدأ ديمومة الوظيفة وهو الأمر الذي كان دوماً يطرح إشكالية سياسية في لبنان. وبناءً على ذلك أعلنت حكومة الرئيس السنيورة على مدى الفترة الممتدة من تشرين الأول 2005 وحتى تموز 2006 عن 39 مركزاً شاغراً من الوظائف القيادية. وقد نتج عن هذا الإعلان ترشح 2842 شخصاً، وإثر ذلك بدأت 12 لجنة متخصصة بدراسة ملفات الذين تقدموا وترشحوا لشغل تلك المراكز. وضمّت هذه اللجان 53 شخصية من كبار الاختصاصيين ورجال القانون

والخبراء المشهود بنزاهتهم وحيادهم، وقد تطوعوا جميعاً للعمل على مدى أشهر من دون مقابل مدفوعين بالتزامهم بمبدأ إصلاح الإدارة، ومطمئنين إلى شفافية الإجراءات التي جرى اعتمادها لتنفيذ عملية الاختيار على أساس من المعايير الجديدة المقترحة.

اعتمدت تلك اللجان، في تقييمها للمرشحين، على آلية علمية وموضوعية. وتجدر الإشارة في هذا الشأن إلى أن اللجان المختصة لاختيار المرشحين قامت بعملية تدقيق في الطلبات المقدمة من دون أن يتاح لأي من أعضائها الاطلاع في المرحلة الأولى من عملية الاختيار على أسماء المرشحين. وعليه، تمّ اختيار المرشحين في الجولة الأولى من عملية الانتقاء حصراً استناداً إلى معايير الأهلية والخبرة المبينة في السيرة الذاتية التي تقدم بها المرشحون.

وبنتيجة هذا الجهد الذي دام حوالي 9 أشهر، تمَّ تعيين أمين عام المجلس الأعلى للخصخصة عبر الآلية التي سبق ذكرها، وكذلك رئيس وأعضاء الهيئة المنظِّمة للاتصالات. كذلك فقد نجحت اللجان المختصة بإنجاز محاضر اختيار المحافظين، ومدير عام الاقتصاد ومدير عام التنظيم المدني ومدير عام وزارة النفط ورئيس الهيئة العليا للطيران المدني ومدير عام وزارة الشؤون الاجتماعية ومدير عام مؤسسة كهرباء لبنان ومجلس إدارتها، ومدير عام وزارة الزراعة إضافةً إلى الهيئة الناظمة للكهرباء. ولكن الظروف السياسية التي سادت بعد بدء عملية الاعتصام في وسط بيروت والإقفال القسري لمجلس النواب لم تسمح عملياً بالقيام بملء هذه الشواغر.

وبغية تقييم هذه التجربة، نلاحظ أن هذه الآلية الجديدة أتاحت وللمرة الأولى، لكل لبناني يتمتع بالمؤهلات اللازمة، سواء كان ينتمي إلى إحدى الملاكات الإدارية أو من خارجها، أن يتقدم إلى شغل الوظيفة التي يرغب بها، على أساس مؤهلاته ووفق كفاءته وخبراته لملئها، وعبر تقديم طلب حرّ بواسطة البريد العادي أو الالكتروني أو تقديمه باليد إلى مكتب وزير الدولة لشؤون التنمية الإدارية، بعد أن يكون قد اطّلع على الإعلانات. وعلى ذلك بات المواطن على علم أن بإمكانه التقدم إلى الوظائف القيادية من دون التوسط لدى زعيم سياسي من هنا أو لدى طائفة معينة من هناك. ولقد شكّلت هذه التجربة خطوة أساسية في غاية الأهمية على طريق نزع الصفة الزبائنية التي لطالما صبغت علاقة المسؤولين والزعماء

السياسيين بالمواطن وتحولت الإدارة اللبنانية بالتالي وعلى مدى عدة عقود من تلك الممارسات إلى مكان للمحسوبيات والتوظيف السياسي والمناطقي وحتى العشائري.

ثالثاً: في الإصلاح الاقتصادي والاجتماعي

أما على الصعيد الاقتصادي والاجتماعي، فقد انطلق الرئيس السنيورة وفريقه الاقتصادي من مشروع موازنة العام 2005 لتحضير ورقة اقتصادية اجتماعية شاملة، تمثل برنامجاً إصلاحياً متكاملاً. وقد تم التشاور مع مختلف الفعاليات السياسية والنقابية والاقتصادية والاجتماعية في محاولة لحشد أكبر قدر من التأييد والمساندة، وذلك رغبة في تجنب الوصول إلى ذات المصير الذي وصلت إليه الإصلاحات التي تقدم بها لبنان إلى مؤتمر باريس–II والذي جرى تعطيل معظم مفاعيله. وقد كان الهدف من ذلك، العمل على إشراك المجتمع الدولي مرة أخرى، في تبني عملية الإصلاح التي تعتمدها الحكومة، بغرض تأمين الدعم المالي والتقني والقروض الميسرة للدولة اللبنانية وذلك من خلال السعي لعقد مؤتمر للمانحين في بيروت وحيث جرى التداول بتسميته مؤتمر بيروت–I. ولقد بذلت الحكومة جهوداً هامة لإنجاح هذا المسعى. وقد تمثل ذلك بسلسلة من الخطوات والمساعي كان أولها اجتماع المجموعة الدولية لمساعدة لبنان في نيويورك (Core Group Meeting) في 2005/9/19، والذي حضره كل من الولايات المتحدة الأميركية وفرنسا وبريطانيا وإيطاليا والمملكة العربية السعودية ومصر، على مستوى وزراء الخارجية، بالإضافة إلى أمين عام الأمم المتحدة والممثل الأعلى للاتحاد الأوروبي ومفوضية الشؤون الخارجية في الاتحاد الأوروبي. وفي هذا المؤتمر تعهد المجتمع الدولي العمل على دعم حكومة لبنان الجديدة ومساعدة لبنان على تخفيض ديونه إلى مستوى مستدام كي يتسنى له تحقيق النمو الاقتصادي والإنصاف الاجتماعي فضلاً عن الاستقرار السياسي.

كان زخم الدعم الذي نجحت الحكومة في مراكمته كبيراً. وقد تم ذلك عبر جهد دؤوب من العمل الداخلي والخارجي بدأته الحكومة منذ حصولها على الثقة في منتصف العام 2005 وحتى حصول الاجتياح الإسرائيلي في تموز من العام 2006. ولقد ساعد ذلك الجهد المبذول لبنان على تحقيق حركة اقتصادية لافتة ونمو اقتصادي تشير

المؤشـــرات إلى أنـــه تجاوز 6% ما بين تموز 2005 وحزيران 2006. وهذا ما يدل عليه بوضوح مؤشر مصرف لبنان الشهري للحركة الاقتصادية والذي يتم إعداده بناء على عـــدد من المؤشرات والبيانات والأرقام الاقتصادية التي يجمعها مصرف لبنان في مؤشر واحـــد. وقـــد ارتفع هذا المؤشر بنسبة حوالي 16% بين خريف 2005 ومطلع صيف 2006 قبل أن ينهار خلال حرب تموز 2006 كما يشير الرسم البياني 8- 1 أدناه.

رسم بياني: 8 - 1: مؤشر مصرف لبنان الشهري للحركة الاقتصادية 2004 - 2006

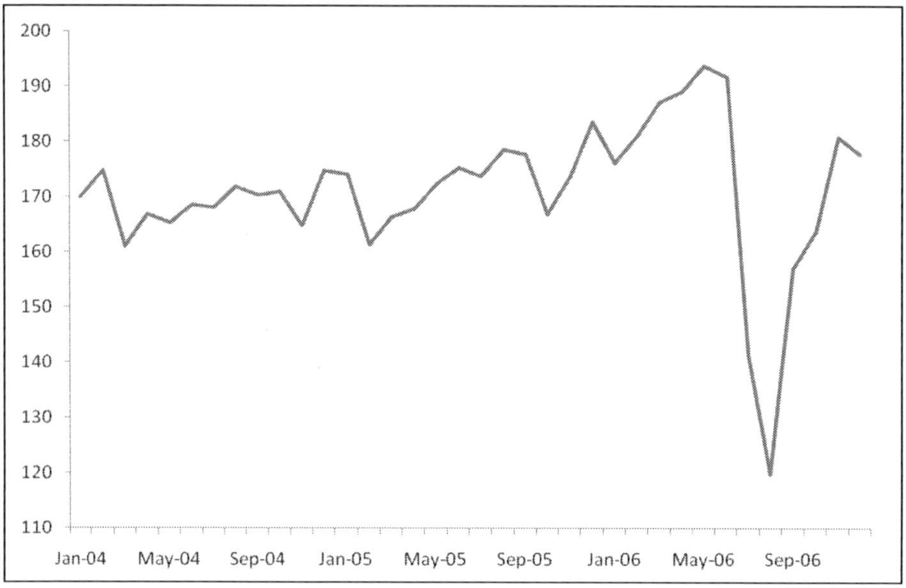

المصدر: مصرف لبنان

فاجأت الحرب الإسرائيلية المدمرة على لبنان الجميع في مستهل موسم الصيف في تمـــوز 2006، وجـــاءت لتنسف الجهود المضنية التي كانت الحكومة تبذلها على صـــعيد الإصـــلاح وعلى صعيد العمل على تعزيز الثقة وتحسين مستويات الحركة الاقتصادية في البلاد ولتعيد خلط الأولويات والمعطيات.

ثلاثـــة وثلاثـــون يوماً، ولبنان من أقصاه إلى أقصاه عرضة للقصف الوحشي المدمر، ولم تفتر عزيمة جهود مقاومة الاجتياح الإسرائيلي التي تعززت خلالها وحدة اللبنانـــيين في تضامنهم وتصديهم للعدوان الإسرائيلي واحتضان بعضهم بعضاً تحت رايـــة الدولـــة اللبنانية. وتضاعف الجهد المبذول من الحكومة على الصعد الوطنية والدبلوماســـية والإغاثية مما أدى إلى إفشال الأهداف التي توخت إسرائيل تحقيقها

من ذلك العدوان. ولقد تبع تلك الفترة المدمرة من الاجتياح الإسرائيلي قرابة شهر إضـــافي بعـــد وقف الأعمال العدوانية مارست فيه إسرائيل رقابة صارمة وحصاراً خانقاً على جميع المنافذ البرية والبحرية والجوية على لبنان.

لقـــد تـــضافرت جهود الحكومة والشعب اللبناني والجيش والمقاومة في منع إسرائيل في تحقيق أي انتصار نتيجة عدوانها وفي النجاح في صدور القرار 1701 عن مجلس الأمن الدولي وفي عودة الجيش اللبناني إلى منطقة جنوب الليطاني.

كانـــت خسائر حرب تموز فادحة بكل ما للكلمة من معنى، إذ أعاد القصف الـــشديد لبنان سنوات إلى الوراء، وأسفر عن تقطيع أوصاله وشرايين التواصل بين مـــناطقه وأدى إلى تدمير قسم كبير من بناه التحتية ومؤسساته العامة والخاصة على حـــد ســـواء. يـــضاف إلى ذلـــك تـــدمير وإلحاق أضرار كبيرة بالأبنية السكنية والتجهيـــزات حـــيث أصاب الضرر أو الدمار أكثر من 130 ألف وحدة سكنية، ولحـــق أيـــضاً بعدد كبير من المؤسسات الاقتصادية الزراعية والتجارية والصناعية، وبالاقتـــصاد الـــوطني بشكل عام. فبالإضافة إلى الخسائر البشرية، حيث فاق عدد القتلـــى 1200 (ثلـــثهم من الأطفال) وعدد الجرحى 4000، وناهز عدد النازحين المليون، وقُدِّرَت الخسائر الاقتصادية المباشرة بحوالي 3 مليار د.أ. أي أكثر من 15% مـــن الـــناتج المحلي الإجمالي آنذاك. هذا طبعاً من دون إحصاء الكلفة غير المباشرة لناحـــية الإنتاج وفرص العمل الضائعة والتداعيات المدمرة التي تراكمت على لبنان لتنال من الوحدة والتضامن بين اللبنانيين في أعقاب ذلك العدوان.

مـــنذ اللحظة الأولى للعدوان كانت حكومة الرئيس السنيورة بجميع أعضائها وبكامل إمكاناتها على مستوى المسؤولية في مواجهة ما كان يتعرض له لبنان. فقد كانت الحكومة مبادِرة وفعالة في التصدي له، وعملت على معالجة آثاره على جميع الصعد الوطنية الإغاثية والسياسية والدبلوماسية والإنمائية والاقتصادية والاجتماعية.

تمكنت الحكومة وبسرعة قياسية وبنتيجة الجهد الاستثنائي والأساليب المبتكرة الـــتي اعتمدتها من أجل التصدي للمشاكل والمعضلات التي نشأت بسبب الحرب التدميرية التي شنتها إسرائيل على لبنان ابتداءً من القيام بالأعمال الإغاثية للمواطنين النازحين والصامدين ومعالجة شؤون الشهداء والجرحى والتصدي للمشاكل الحياتية والأمنية والوطنية التي تسبّب بها الاجتياح إلى إعادة بناء الطرق والمؤسسات والأبنية

السكنية والتجارية المدمرة أو المتضررة. ولهذه الغاية اعتمدت الحكومة آنذاك أنماطاً مختلفة ومبتكرة من المعالجات بما في ذلك التشجيع على اعتماد أسلوب التبنّي من قبل الواهبين لما يلائمهم حجماً أو طريقة أو أسلوباً.

ويفصل الجدول البياني 8- 1 أدناه ما قدمته الدول المانحة للبنان عبر الهيئة العليا للإغاثة، لمساعدته في إعادة بناء الوحدات السكنية وفي مواجهة حاجات إعادة الإعمار، وكذلك ما قدمته الدولة اللبنانية في هذا المجال. وهذا لا يشمل ما بادرت العديد من الدول والمنظمات الدولية والأهلية إلى تقديمه كمساعدات عينية تم تنفيذها بشكل مباشر وبالتنسيق مع الدولة اللبنانية.

وعلى ذلك تميز أداء الحكومة بالإنجاز السريع لمعظم مكونات ملف حرب العام 2006 من إعادة بناء وإصلاح غالبية ما دمرته الآلة العسكرية الإسرائيلية في البنية التحتية من طرق وجسور وإمدادات مياه واتصالات وكهرباء ومدارس ودور عبادة ومستشفيات وغيرها. كما أمّنت الجزء الأكبر من المساعدات المادية للمتضررين في مساكنهم لإعادة بناء ما دمره العدوان من وحدات سكنية. وكل ذلك جرى بصورة منسقة وبدرجة عالية من الفعالية والشفافية الإدارية والمالية، وذلك بشهادة الأمم المتحدة التي اعتبرت أن السرعة التي تم بها التعامل مع كافة تحديات الحرب لم تكن مسبوقة على الصعيد العالمي[1].

والواقع أن نتائج حرب تموز وجهود الحكومة للتعامل معها كانتا موضوع دراستين تم ذكر نتائجهما في تقرير وزارة الشؤون الاجتماعية وبرنامج الأمم المتحدة الإنمائي الذي صدر في العام 2008 ومنه نقرأ التالي:

"وقد توصَّلت كلتا الدراستين إلى نتائج عامة متشابهة في ما يتعلّق بأثر الحرب. ويمكن تلخيص ذلك بالقول إنّ حرب تموز 2006 كان لها أثر مباشر وآني على حياة الناس ونزوحهم المؤقت والخسائر المادية في المساكن والتجهيزات والموارد المادية والتوقف عن العمل أثناء الحرب وبعدها مباشرة. كما توصلت كلتا الدراستين إلى نتائج متشابهة في ما يتعلق بعدد من النقاط الأخرى التي يمكن تلخيصها في ما يلي:

---

(1) راجع David Shearer منسق الشؤون الإنسانية للأمم المتحدة في لبنان في مقالة"... وداعاً لبنان" جريدة البلد- الجمعة 22 أيلول 2006.

جدول بياني 8- 1: المساعدات المالية المقدمة إلى لبنان في إعادة بناء الوحدات السكنية وكذلك في مواجهة حاجات إعادة الإعمار بحسب الدول المانحة

الدولة	المبلغ الاجمالي للهبات (مليون د.أ.)	عدد القرى والمباني المتبناة	المبالغ المخصصة لحاجات الاغاثة السريعة وتقديم المساعدات لإعادة بناء الوحدات السكنية (مليون د.أ.)	عدد الوحدات السكنية المشمولة بالمساعدة	الشرح
المملكة العربية السعودية (عبر الهيئة العليا للإغاثة)	734	208 قرية 36 مبنى في الضاحية الجنوبية لبيروت	400	55,190	لاعادة اعمار 208 قرى في مختلف المناطق اللبنانية و36 مبنى مدمر في الضاحية الجنوبية (بما مجموعه 55,190 وحدة سكنية) واصلاح البنى التحتية المدمرة جراء العدوان الاسرائيلي بالاضافة الى الاسهام في كلفة اعمال الاغاثة العاجلة وتنفيذ عدد من مشاريع البنى التحتية في مختلف المناطق اللبنانية, ودعم تلامذة لبنان في المدارس الرسمية واعادة تجهيز الجيش والقوى الامنية. بالإضافة إلى ذلك فقد اودعت المملكة العربية السعودية مبلغ بقيمة مليار دولار اميركي لدى مصرف لبنان لدعم الاستقرار النقدي في لبنان.
الكويت (عبر الهيئة العليا	315	24 قرية	130	10,957	لاعادة اعمار 24 قرية في الجنوب و9 مباني مدمرة في الضاحية الجنوبية (بما مجموعه

للإغاثة)		9 مباني في الضاحية الجنوبية لمدينة لبيروت			10,957 وحدة سكنية) واصلاح البنية التحتية المدمرة جراء العدوان الاسرائيلي بالاضافة الى الاسهام في كلفة اعمال الاغاثة العاجلة وتنفيذ عدد من مشاريع البنى التحتية في مختلف المناطق اللبنانية. بالإضافة إلى ذلك فقد اودعت دولة الكويت مبلغ بقيمة نصف مليار دولار اميركي لدى مصرف لبنان لدعم الاستقرار النقدي في لبنان.
العراق (عبر الهيئة العليا للإغاثة)	35	4	23	2,271	اعادة اعمار 4 قرى في الجنوب (2,271 وحدة سكنية) والاسهام في كلفة اعمال الاغاثة العاجلة.
سلطنة عمان (عبر الهيئة العليا للإغاثة)	50	31	40	5,455	اعادة اعمار 31 قرية في الجنوب وجبل لبنان وثلاثة ابنية في الضاحية الجنوبية (5,455 وحدة سكنية) بالاضافة الى تنفيذ بعض المشاريع الانمائية في عدد من المناطق اللبنانية ولا سيما مدرستين نموذجيتين في طرابلس وصيدا.
البحرين (عبر الهيئة العليا للإغاثة)	3	1	3	353	اعادة اعمار قرية دير قانون العين في الجنوب اللبناني (353 وحدة سكنية).
اندونيسيا (عبر الهيئة العليا للإغاثة)	1	2	1	485	

المجموع	1,138	270 قرية 45 مبنى في الضاحية الجنوبية لمدينة بيروت	597	74,711	
لبنان (عبر الهيئة العليا للإغاثة)	352	77 قرية 2,223 مبنى في الضاحية الجنوبية لمدينة بيروت	352	41,915	حولت الدولة اللبنانية وعلى عدة دفعات ما مجموعه 530 مليار ليرة لبنانية لحساب الهيئة العليا للاغاثة للإسهام في كلفة الإغاثة العاجلة والرصيد لدفع مبلغ المساعدات لإعادة بناء الوحدات السكنية المدمرة والمتضررة.
المجموع (عبر الهيئة العليا للإغاثة)	1,490	347 قرية 2,268 مبنى في الضاحية الجنوبية لمدينة بيروت	949	116,626	
قطر (مباشر)	300		300	12,000	اعادة اعمار اربعة قرى في الجنوب اللبناني وهي: الخيام- بنت جبيل- عيتا الشعب- عيناتا ودفع بعض المساعدات الاخرى فيها وإقامة عدد من المشاريع الإغاثية في منطقة الجنوب اللبناني.
الامارات العربية المتحدة	102	-	-	-	لصيانة المدارس ولتمويل مشروع نـــزع الألغام وإعادة اعمار وترميم وصيانة

(مباشر)					المدارس ومشروع الكتاب المدرسي ومساعدات للصيادين في الأوزاعي ومساعدات في عين الحلوة وشراء مولدات كهربائية وإنشاء مستشفى الشيخ خليفة بن زايد في منطقة العرقوب. هذا بالإضافة إلى تقديم مساعدات صحية وإنسانية ومساعدات في قطاع التعليم. كما دعمت دولة الإمارات العربية المتحدة الجيش اللبناني وقوى الامن الداخلي بمختلف انواع التجهيزات والاعتدة.
مصر (مباشر)	15.4	-	-	-	اعادة بناء خزانات الفيول اويل المدمرة في محطة توليد الكهرباء في معمل الجية وإقامة وتشغيل مستشفى ميداني في مدينة بيروت.
سوريا (مباشر)	غير محدد	قريتين	غير محدد	560	لاعادة اعمار الوحدات السكنية المدمرة في قريتي قانا والقليله (560 وحدة سكنية).
إيران(مباشر)	غير محدد	-	-	-	تولت الهيئة الإيرانية للاعمار إعادة اعمار عدد من المدارس وعدد من الجسور وإنشاء وإصلاح طرق في البقاع والجنوب ومنها طريق بعلبك-التوفيقية في البقاع.
المجموع الإجمالي	1,907.4	349 قرية 2,268 مبنى في الضاحية الجنوبية لمدينة بيروت	1,249	129,184	

- كان ثمّة تقييم ايجابي لفعالية المساعدات التي قدمتها الجهات المختلفة في استيعاب آثار الصدمة المباشرة والتعويض عن الخسائر المادية والتجهيزية؛
- كان النزوح مؤقتاً (ولاسيما في مناطق الجنوب)، وقد استُوعِب مجمل النازحين في قراهم وفور وقف إطلاق النار؛
- لم تحصل انعكاسات كبيرة على الوضعين التعليمي والصحي، وأمكن امتصاص آثار الحرب بشكل سريع؛
- كانت عمليات ترميم البنى التحتية وإعادة الإعمار وشبكات الخدمات متفاوتة، وإن كانت مقبولة بشكلٍ عام، وفي بعض الأحيان تحسّن مستواها عن ذاك الذي كانت عليه قبل الحرب؛
- بشكل عام، حُدّدت الأولويات والمشاكل الأهم بصفتها ناجمة عن الوضع الاقتصادي والاجتماعي المتدني بشكل مزمن، وليس بسبب الحرب، بحيث دُعِيَ إلى معالجة هذه الأسباب بحسب أولويتها تحديداً؛
- لا تزال هناك بعض المشكلات المحددة وثيقة الارتباط بالحرب، ولاسيما القنابل العنقودية وانعكاساتها على قطاع الزراعة في الجنوب[1]".

لقد عملت الحكومة على الصعد كافة لحشد القوى والإمكانات والموارد سواء أكانت داخلية أو خارجية للتعامل مع مفاعيل الحرب وتداعياتها. فبالإضافة لما بذلته من جهود مثمرة مع الأشقاء العرب وعدد من الدول الصديقة، فقد سعت الحكومة بشكل جدي ونجحت (ولبنان مازال آنذاك تحت الحصار الذي فرضته إسرائيل عليه) في الدعوة لانعقاد مؤتمر ستوكهولم للدول المانحة للمساعدة في إعمار لبنان. لعب ذلك المؤتمر دوراً هاماً على صعيد تقديم الدعم والمساعدة لإعادة الإعمار والذي انتهى إلى التعهد بالالتزام بتقديم 940 مليار د.أ.، وقد جاء ذلك نتيجة ما قدمه لبنان في هذا المؤتمر من تصوّر واقعي وعملي مبني على أرقام وإحصاءات ووقائع، وحظي بتأييد المجتمع الدولي لتنفيذ برنامج سريع لإعادة إغاثة لبنان واستعادة نهوضه.

كان من المعروف أن تكاليف حرب تموز المباشرة وغير المباشرة تتجاوز قدرة أي دولة ذات دخل متوسط على الاستيعاب أو التحمّل، ناهيك عن أن لبنان كان

(1) راجع تقرير "خارطة الفقر البشري وأحوال المعيشة في لبنان 2004" ص 56.

يرزح أصلاً تحت وطأة حروب واعتداءات متكررة أنهكته إنساناً وعمراناً واقتصاداً وماليةً عامة. كما أن لبنان كان يرزح آنذاك تحت دين عام كبير وكان ما يزال تحت تأثير تداعيات اغتيال الرئيس الحريري مع ما تركته من ندوب عميقة على المشهدين السياسي والاقتصادي الداخلي وكذلك على المشهدين الأمني والوطني.

وكانت الحكومة اللبنانية، كما سبق وذكرنا، قد أعدت خطة اقتصادية إصلاحية متكاملة، وكان من المفترض عرضها أمام مؤتمر للدول المانحة يُعقدُ في بيروت قبل حرب تموز. ولكن بعد الحرب وإثر الانقسام الذي حدث، والاعتصام الذي ضُربَت خيامه في وسط بيروت لإسقاط الحكومة، أصبح جلياً أن إمكانية انعقاد المؤتمر في بيروت أصبح مستحيلاً، لذلك تم الاتفاق على عقده مجدداً في باريس.

في ضوء تداعيات الحرب والتحديات التي خلفتها والتداعيات التي نتجت عن الأزمة السياسية الداخلية وحالة الاعتصام الذي مارسته المعارضة، عُقدَ مؤتمر باريس-III والذي أطلق عليه الرئيس السنيورة يوم انعقاده اسم "مؤتمر الرئيس الحريري الدولي لدعم لبنان" في 25 كانون الثاني عام 2007 برعاية الرئيس الفرنسي جاك شيراك. ونجح هذا المؤتمر في تحويل وضع لبنان من حالة الغوص في تداعيات حرب تموز نحو التركيز من جديد على مسار الإصلاح الاقتصادي المنشود من دون إغفال الحاجة إلى إعادة الإعمار والمبادرة إلى تقديم الدعم والعون إلى لبنان لإقداره على ذلك.

وفي هذا المؤتمر قدم الرئيس السنيورة مشروع الإصلاح الاقتصادي والاجتماعي الذي كان مجلس الوزراء اللبناني قد تبناه في 4 حزيران 2006، وعبّرت سائر الجهات المانحة عن دعمها الكامل له، في حين حيّت المؤسسات المالية المشاركة تماسك هذا البرنامج الإصلاحي وطموحه وسعيه لتحديث اقتصاد لبنان واستدراك وضعه المالي على المدى المتوسط.

وقد شارك في ذلك المؤتمر 36 دولة وسبع مؤسسات إقليمية ودولية وكانت الحصيلة حوالي 7 مليار دولار أميركي تعهدت بها 38 دولة ومؤسسة عربية ودولية. وقد تم تقسيم التعهدات إلى ثلاث فئات: دعم مباشر لميزانية الحكومة اللبنانية، تمويل المشاريع، ودعم القطاع الخاص. وكانت تلك المساهمة هي المرة الأولى التي

تتمكن من خلالها الدولة اللبنانية من تأمين التمويل للقطاع الخاص بكلفة مدعومة، تم ترجمتها إلى تمويل إضافي هام للمؤسسات الصغيرة والمتوسطة الحجم (Small and Medium Enterprises: SME). وقد تمّ الالتزام بحوالي 1.5 مليار د.أ. لدعم القطاع الخاص تمّ دفع حوالي مليار د.أ. منها كما يفصل الجدول البياني 8- 2 أدناه.

جدول بياني 8- 2: المبالغ الممنوحة والموقعة والمقبوضة
من مساعدات باريس-III (مليون د.أ.) حتى آخر العام 2009

	المبالغ الممنوحة	المبالغ الموقعة	المبالغ المقبوضة
مبالغ مخصصة لتمويل المالية العامة	1,737	2,134	1,610
مبالغ مخصصة لتمويل المشاريع	3,479	1,382	265
مبالغ مخصصة لتمويل القطاع الخاص	1,463	1,536	1,029
المجموع	6,679	5,052	2,904

المصدر: وزارة المالية

وبعكس مؤتمري باريس-I وII، وحيث كان التركيز في المقام الأول على تخفيض الدين العام، ركّز مؤتمر باريس-III على هدف إقدار لبنان على تحقيق النمو والتنمية الاقتصادية. السبب في هذا التوجّه بسيط جداً، ذلك أنه لم يكن بمقدور لبنان أن يخرج من دوامة الدين العام في فترة 2001-2002 معتمداً على عامل النمو وحده. ويعود ذلك إلى ضعف الثقة حينها بقدرة البلاد على مواجهة التحديات المالية والمحافظة وفي الوقت ذاته على الثبات والاستقرار النقدي. أما عند انعقاد مؤتمر باريس-III فكان الوضع قد اختلف، حيث سجل لبنان معدل نمو قدره 7.5% في العام 2004 ومعدل نمو قدره 6% بين منتصف 2005 و2006، علماً أن معدل النمو في العام 2006 ككل انقلب إلى نمو محدود جداً لم يتعد 0.6% وذلك بسبب آثار حرب تموز وتداعياتها على صعيد الحركتين الاقتصادية والسياحية بنوع خاص. رغم ذلك، أثبت لبنان أن بمقدوره تحقيق معدلات نمو مرتفعة إذا ما توافرت الظروف السياسية والأمنية المناسبة وتلاءمت مع السياسات الاقتصادية السليمة.

متمركزاً إذاً حول النمو وتعزيز التنمية المناطقية، تقدم لبنان من مؤتمر باريس-III بخمس ركائز للخطة الاقتصادية الإصلاحية، بالإضافة إلى طلب الدعم المالي من المجتمع الدولي، وهي كانت كالآتي:

1. الإصلاحات على صعيد تعزيز النمو بما في ذلك إقرار سلسلة من القوانين التحفيزية والتدابير التي تشجع على النمو وتيسّر تحقيقه.
2. الإصلاح على صعيد القطاع الاجتماعي لتحسين المؤشرات الاجتماعية وتقوية شبكات الامان الاجتماعي. وهي المرة الأولى التي يدخل فيها العنصر الاجتماعي بوضوح ضمن خطة اقتصادية وطنية للبنان.
3. الإصلاح المالي المبرمج الذي يهدف إلى زيادة الفائض الأولي عبر ترشيد الإنفاق وزيادة الإيرادات عبر زيادة في الضريبة على القيمة المضافة وعلى فوائد الودائع.
4. العمل على توجيه برنامج الخصخصة نحو زيادة الاستثمار وتحفيز النمو الاقتصادي بالدرجة الأولى، وكذلك تخفيض أصل الدين العام.
5. الاستمرار باعتماد سياسة نقدية محافظة تضمن استقرار سعر صرف العملة واستقرار الأسعار.

وقد أكدت الحكومة في البرنامج الذي تقدمت به من المشاركين في مؤتمر باريس-III على الحاجة إلى الدعم المالي الدولي لمساعدة لبنان على تمويل تكاليف تداعيات حرب تموز المباشرة وغير المباشرة. ذلك بالإضافة إلى طلب مساندة السياسات الداخلية الآيلة إلى مساعدة الدولة على تخفيض مدفوعات الفائدة على الدين العام وعلى تدعيم الثقة التي من شأنها تنشيط القطاع الخاص وتشجيع الاستثمارات.

تَميّز مؤتمر باريس-III بتركيزه على النمو من خلال برامج الاستثمار العامة في البنى التحتية والتنمية المناطقية وكذلك تركيزه على الجانب الاجتماعي. فالبرنامج الاقتصادي الجديد كان محقاً في إدراكه أن تحقيق معدلات نمو مرتفعة لم يكن بالأمر الكافي بحد ذاته، ولكنه يتوجب على أن تكون هذه المعدلات مستدامة. وبالتالي فقد اقتضى التركيز على البنى التحتية والاستثمارات العامة في العاصمة والمناطق. كما أدركت الحكومة بأنه يتوجب على معدلات النمو هذه أن تتسم بالإنصاف،

وهــنا كان من الضروري بمكان أن تلتفت الحكومة إلى خطة عمل شاملة للتنمية المناطقية والاجتماعية.

وقــد أُعــدّ برنامج الاستثمارات العامة للسنوات 2006-2010 بالتزامن مع الوثــيقة المقدمــة إلى مؤتمر باريس-III[1] بحيث استُعرضَت الاستثمارات العامة في فترة 1994-2005، فأظهرت أوجه القصور وحددت الفجوات في شروط التمويل والتطوير المؤسساتي والكفاءة التشغيلية وجودة الخدمة واسترداد الكلفة كما وضع الــبرنامج ســيناريو مستقبلي لبرنامج النفقات الاستثمارية التي من شأنها أن تعالج الكثير من الثغرات التي حصلت أو التقصير الذي عانت منه المناطق النائية في لبنان.

ولقد تضمن برنامج باريس-III أيضاً خطة شاملة للملف الاجتماعي تناولت أهــم المؤشــرات الاجتماعية، كمعدلات الفقر وتوزيع الدخل والثغرات في مجال التعلــيم والتغطــية الصحية وكذلك شبكة الأمان الاجتماعي، كما حددت الخطة بعــض الثغــرات في كفــاءة الإنفاق الاجتماعي ومدى اتساع نطاقه. ثم وضعت استراتيجية تهدف إلى:

أ. الحد من الفقر وتحسين نوعية التعليم والمؤشرات الصحية؛

ب. تحــسين كفاءة الإنفاق الاجتماعي مع الحفاظ على المخصصات الملحوظة في الموازنة على مستوى مناسب ومستدام؛

ج. التقلــيل من الفوارق المناطقية والتأكّد من توزيع اعتمادات الموازنة بشكلٍ متواز من أجل تدخل اجتماعي فعال.

تكمــن أهمية مؤتمر باريس-III في منحاه الاجتماعي والاستثماري، وبأنه لم يقتــصر فقط على تحديد الأهداف إنما سعى أيضاً وبمبادرة من الحكومة اللبنانية إلى وضع آلية واضحة بإمكانها رصد التقدم في عملية التنفيذ. إذ لم تشأ الحكومة تكرير خطــأ الوقــوع في متاهات الظروف التي أدت إلى الانحراف عن المسار الذي طبع عملية تنفيذ خطة مؤتمر باريس-II. فأعدّت آلية واضحة ومبرمجة لتنفيذ بنود خطة مؤتمــر بــاريس-III، تحــدد بنية البرامج والمبادرات المطروحة كما تحدد الطرف المسؤول عن المسارات المحددة ضمن الأهداف المنشودة ومؤشرات الاداء الأساسية.

(1) "Recovery, Reconstruction, and Reform", paper prepared by the Lebanese Government's Economic Team, January 2007.

وعلـــى ذلـــك فقد تمّ إنشاء مكتب لإدارة البرنامج في رئاسة مجلس الوزراء، يـــشرف على التنسيق الكامل بين كافة الأفرقاء واللجان والأمناء الدائمين ومجالس الوزارات المختصة، وذلك للإشراف على حسن سير مشروع الإصلاح الاقتصادي المطـــروح ضـــمن مسارات محددة. ويقدم هذا المكتب الذي رأسه الأستاذ غسان طاهـــر تقاريره إلى رئيس مجلس الوزراء مباشرة، وتتضمن هذه التقارير مؤشرات الأداء الرئيسية (Key Performance Indications: KPIs) التي بموجبها يتم تقييم الكفـــاءة والفعالية واستدامة مبادرات الإصلاح، كما تستخدم هذه التقارير لإبقاء الجهات المانحة على بينة مما يحدث بانتظام وبشكل دوري.

ومن الجدير ذكره أن الأسلوب الذي اتبع حدد 12 هيئة حكومية لتنفيذ هذا البرنامج طوال فترة خمس سنوات في ظل آلية واضحة تحدد الصلاحيات والمسؤولية (Natural Ownership) عن أكثر من 40 برنامجاً و350 مبادرة. وعلى هذا شُكِّلَت ثلاث لجان وزارية (الاجتماعية، الاقتصادية، البنى التحتية والخصخصة) للتنسيق مع مكـــتب رئيس الوزراء. ويرأس هذه اللجان كل من الوزراء المعنيين يعاونهم رؤساء الوكالات الذين يتولون بأنفسهم تنفيذ مبادرات الإصلاح.

بموازاة ذلك، أنشأ لبنان وحدة التنسيق بين المانحين في وزارة المالية كي تكون نـــواة التنـــسيق والبرمجة ومراقبة سير العمل والإبلاغ عن التقدم في الحصول على المساعدات الخارجية المخصصة لبرنامج الإصلاح وإعادة الإعمار.

للأســـف، كـــان قد سبق انعقاد مؤتمر باريس-III انقسامات سياسية حادة كبيرة تفجرت وليس بالصدفة عشية انعقاد المؤتمر بما فيها إعلان الإضراب العام في 23 كانـــون الـــثاني 2007 الذي تمثل بإقفال وقطع الطرق ووضع السواتر الترابية وإحراق الدواليب وإعاقة دورة الحياة اليومية والنشاط الاقتصادي.

ثم تكـــررت تلـــك الأحـــداث أثناء انعقاد المؤتمر عبر إشكال وقع في جامعة بـــيروت العـــربية في منطقة الطريق الجديدة في 25 كانون الثاني 2007 واحتدت مفاعيله التي كادت أن تطلق شرارة نـــزاع مذهبـــي.

شـــكّلت هذه الأحداث انعكاساً للتوتر السياسي الحاد الذي ساد البلاد بعد انـــسحاب وزراء الأقلية من الحكومة في 2006/11/12 عشية طلب إنشاء المحكمة الدولية لمحاكمة مرتكبـــي جريمة اغتيال الرئيس الحريري ورفاقه، ثم الاعتصام الذي

بدأ في الأول من كانون الأول في العام 2006 في وسط بيروت لحمل الحكومة على الاستقالة.

ومـــنذ ذلـــك التاريخ جرى تعطيل مؤسسة مجلس النواب قسرياً إذ اعتبرت المعارضـــة أن الحكومة "غير ميثاقية" فتوقف مجلس النواب عن الانعقاد. وبناءً على ذلك لم تقر البنود الإصلاحية التي نتجت عن مؤتمر باريس-III والتي كانت تحتاج إلى إقـــرارها بمـــوجب قوانين. وعاد لبنان مرة أخرى ليكون أسير حلقة كاملة من الـــشلل والتعطيل بدأت بتعطيل مفاعيل باريس-II وانتهت بتعطيل مفاعيل باريس-III وكأن الهدف كان ولا يزال دوماً منع الاقتصاد اللبناني من الانطلاق نحو المستقبل، ومـــنع تحقـــيق مشروع الرئيس الحريري الاقتصادي واستطراداً السياسي في لبنان، سواءً في حياته أو حتى في غيابه.

الفصل التاسع

نمو غير مسبوق
في ظروف غير مسبوقة

تـــدنت معدلات النمو الاقتصادي في العامين 2005 و2006 بسبب ما واجهه لبنان من صدمات وتحديات وصعاب أمنية وسياسية في هاتين السنتين. وكان أول تلك الصدمات الزلزال الأمني والسياسي الذي تمثل باغتيال الرئيس الحريري، أحد أهـــم رجالات لبنان الحديث الذي كانت له إنجازاته الكبرى على الصعد الوطنية والقومـــية والـــسياسية والاقتصادية والاجتماعية والإعمارية. لقد كان بلا منازع الشخصية الأهم ولاسيما على الصعيد الاقتصادي في تاريخ لبنان بحكم ارتباط اسمه بمـــشروع إعادة الإعمار وتثبيت الاستقرار النقدي وتفعيل النمو الاقتصادي الذي شهده لبنان خلال فترة ما بعد الحرب الأهلية. والمفارقة هنا أن مدى نجاح الرئيس الحريـــري أو "السيد لبنان" كما كان معروفاً على الصعيد الدولي، في إعادة النمو والـــتوازن إلى الاقتصاد اللبناني، يمكن قياسه أيضاً في نجاحه في تعزيز مرونة ومتانة وقدرة هذا الاقتصاد وقطاعه المالي والنقدي والمصرفي في مواجهة الصدمات الكبرى الـــتي تعرض لها، ومنها اغتيال الرئيس الحريري ذاته. ثم طبعاً في قدرة هذا الاقتصاد على مواجهة حرب تموز المدمرة وتداعياتها وحرب نهر البارد وآثارها الخطيرة، وما عانـــاه لبـــنان قبل ذلك وبعده من وضع سياسي وأمني شابه وما يزال الكثير من الهشاشة وعدم الاستقرار.

فعلـــى سبيل المثال، وبعد اغتيال الرئيس الحريري في 14 شباط 2005 تعرض الجهاز المصرفي اللبناني لمخاطر تحويل وسحب بعض الودائع من المصارف اللبنانية، ولكـــن تلك الصدمة الخطيرة لم تؤدِّ إلى انهيار الثقة في الجهاز المصرفي اللبناني أو في عوامل القوة والصمود الكامنة فيه بسبب منعة هذا الجهاز وقدرته على تخطي هذه

الصدمات. فمع أن مجموع الودائع في القطاع المصرفي تدنى بحوالي 2 مليار د.أ. وهو ما كان يشكل ما نسبته 3.6% من مجموع الودائع آنذاك، ومع أن هذا الانخفاض في مجموع الودائع استمر لمدة شهرين، إلاّ أن حيوية القطاع والسياسة الحكومية الرصينة وكذلك السياسة النقدية الحكيمة أسهمتا إسهاماً أساسياً في أن تعكس ذلك الاتجاه التنازلي بعد ذلك وتحوله إلى ارتفاع في الودائع ليسجل مجموع الودائع المصرفية في نهاية العام 2005 بمجملها نمواً بنسبة 3.9%، وليحقق ميزان المدفوعات في نهاية تلك السنة فائضاً بقيمة 747 مليون د.أ.

أما الصدمة الكبرى الثانية التي تعرض لها الاقتصاد اللبناني وجهازه المصرفي فتمثلت بالحرب المدمرة التي شنتها إسرائيل على لبنان في تموز من العام 2006، حيث تدنى مجموع ودائع القطاع المصرفي حوالي 3 مليار د.أ. أو ما نسبته 5% من مجموع الودائع آنذاك. وقد استمر الانخفاض أيضاً لمدة شهرين، وما لبث أن انعكس بعدها إلى ارتفاع في حجم الودائع، ليسجل مجموع الودائع المصرفية في نهاية عام 2006 بمجملها نمواً بنسبة 6.5%، وليحقق ميزان المدفوعات فائضاً بقيمة 2795 مليون د.أ. ومرة أخرى أسهمت السياسة الحكومية الرصينة والمبادِرة وكذلك السياسة النقدية الحكيمة في عكس ذلك المسار التنازلي.

والواقع أنه وبالرغم من عظم تلك الصدمتين وتداعياتهما المدمرة على أكثر من صعيد، لم يتقلص حجم الاقتصاد في العامين 2005 و2006، إذ تم تسجيل نسبة نمو قدرها 1% في الأولى ونسبة نمو قدرها 0.6% في الثانية، في وقت توقعت معظم الوكالات والمؤسسات العالمية تقلصاً في حجم الناتج المحلي أي نمواً سلبياً بسبب فداحة الخسارة التي نجمت عن كلاً من الاغتيال والحرب الإسرائيلية. إلا أن ما تجدر الإشارة إليه هو أن الإحصاءات والمؤشرات التي جرى جمعها عن أداء الاقتصاد اللبناني خلال فترة الإثني عشر شهراً الممتدة ما بين منتصف العام 2005 ومنتصف العام 2006 أي قبل اندلاع حرب تموز تشير إلى أن الاقتصاد اللبناني كان قد حقّق نمواً قدّر بحوالي 6% وهي نسبة كانت تؤهل الاقتصاد اللبناني لتحقيق نمو مميز في العام 2006، فيما لو لم تحصل الحرب. وهي نسبة مكّنت البلاد على كل حال من امتصاص جزء هام من الخسارة الصافية التي أصابت لبنان خلال النصف الثاني من عام 2006.

ثم كانت المفاجأة الحقيقية في النمو الذي تم تحقيقه في العام 2007، حيث نجح الاقتصاد اللبناني بتسجيل نمو حقيقي بنسبة 7.5% في ظل ظروف سياسية وأمنية شديدة الصعوبة. فالعام 2007 شهد استمرار حرب التفجيرات والاغتيالات، وكذلك اندلاع حرب نهر البارد مع مجموعة من الإرهابيين، وانتهى بفراغ دستوري مع عدم التمكن من انتخاب رئيس جديد للجمهورية. وقد استمر هذا النمو في العام 2008 حيث حقق الاقتصاد نمواً حقيقياً بنسبة 9.3% في ظل ظروف سياسية وأمنية ضاغطة محلياً في النصف الأول وظروف اقتصادية ضاغطة عالمياً في النصف الثاني من ذلك العام بسبب نشوب الأزمة المالية العالمية.

وبالعودة إلى العام 2007، كانت البلاد تشهد استمرار حرب تفجيرات واغتيالات متنقلة ومتتالية مستمرة وشديدة الوطأة تعرضت لها مختلف المناطق اللبنانية، وطالت رموزاً لبنانية كبيرة.

وكانت شرارة بداية هذه المرحلة من الاغتيالات قد انطلقت في العام 2004 بمحاولة اغتيال الوزير مروان حمادة، والتي تبعها اغتيال الرئيس رفيق الحريري ورفاقه. وكرّت سلسلة الاستهدافات ابتداءً من حزيران 2005 مع اغتيال الصحافي والمفكر سمير قصير. ومن ثمّ شهدت مناطق الجدَيْدة والكسليك والبوشرية وبرمانا وجونية تفجيرات متنقلة. وتلا ذلك اغتيال المناضل جورج حاوي بعبوة ناسفة، لتعود موجة التفجيرات مجدداً في مناطق الأشرفية والزلقا والجعيتاوي، ومحاولة اغتيال الوزير الياس المر في الوقت الذي كان دولة الرئيس فؤاد السنيورة عاكفاً على تأليف حكومته الأولى. ثم كان تفجير سيارة الإعلامية مي شدياق التي نجت من محاولة استهدافها. وتفاقم الوضع بعد استشهاد الصحافي والنائب جبران تويني، واغتيال الأخوين محمود ونضال المجذوب المسؤولين في منظمة الجهاد الإسلامي في صيدا. ونجا المقدم في فرع المعلومات وسام شحادة بأعجوبة من حادث تفجير. لكن قوى الأمن الداخلي لم تكن بمنأى عن موجة الاستهدافات المباشرة، فتعرضت مراكزها لحوادث إلقاء قنابل. وتلا هذه الأحداث اغتيال النائب والوزير بيار الجميّل في وضح النهار في تشرين الثاني 2006.

ثم شهد العام 2007 جريمة تفجير باصات في منطقة عين علق، وما لبثت موجة التفجيرات أن استمرت وتنقلت بين مناطق الأشرفية وعاليه وفردان والشياح

وسدّ البوشرية وضهر الوحش وفرن الشباك وذوق مصبح. وفي منتصف ذلك العام، تم اغتيال النائب وليد عيدو ونجله ومرافقين ومواطنين في بيروت.

وطالت التفجيرات قوات الطوارئ الدولية التي انتُدبَت لتوفير الحماية للبنانيين، فاستُهدِفَ جنود من الكتيبة الإسبانية قضى ستة منهم وهم في صدد تنفيذ القرار 1701. واستُهدِفَ النائب أنطوان غانم بانفجار أودى بحياته وسبّب مقتل وجرح مواطنين. واغتيل مدير العمليات في الجيش اللبناني اللواء فرنسوا الحاج عبر تفجير سيارته في بعبدا. وما لبثت الاعتداءات ضد قوات الطوارئ أن تابعت في استهداف كتيبة من القوة الايرلندية. كما استهدف موكب للسفارة الأميركية في منطقة الكرنتينا. وتلا ذلك اغتيال الرائد وسام عيد، رئيس الفرع الفني في شعبة المعلومات في قوى الأمن الداخلي.

أشاع استمرار هذه التفجيرات والاغتيالات أجواء القلق والكآبة في نفوس اللبنانيين، لاسيما وأن تلك الأحداث المفجعة، خلّفت شهداء وجرحى ومعوقين، ودماراً وخراباً جرّاء الاعتداءات التي طالت ممتلكات وسبّبت خسائر اقتصادية وجروحات نفسية. كما أنها أضاعت على البلاد وعلى اللبنانيين فرصاً من الاستثمار والنمو والتنمية المناطقية والاستقرار والهدوء والعودة للإعداد المجدي لمواجهة حاجات المستقبل.

وقد عملت الحكومة اللبنانية بكافة أجهزتها العسكرية والأمنية والإدارية على التصدي لتلك الأحداث المؤسفة في الوقت الذي جرى تكليف الهيئة العليا للإغاثة معالجة ما أمكن من خسائر بشرية وجرحى ومعوقين وخسائر ودمار مادي بكفاءة عالية. ولقد بلغت المساعدات التي دفعتها الهيئة العليا للإغاثة للمتضررين من الخسائر المباشرة التي أوقعتها تلك الانفجارات 38 مليون د.أ.

ومع استمرار حروب القتل والاغتيالات والتفجيرات المتنقلة، واجهت الحكومة حرباً من نوع آخر شنّت على لبنان وكان المقصود منها إيقاع لبنان في الفتنة وبطريقة يصعب على الحكومة (أو أنها قد تعجز عن مواجهتها لحساسية الأمر) التصدي لتلك الفتنة، التي ربما لو نجحت لأدت لإنشاء إمارة تَدّعي الإسلام في شمال لبنان. هذه الحرب شنّتها مجموعة فتح الإسلام الإرهابية بهدف السيطرة على مخيم نهر البارد ومن ثم فصل منطقة الشمال عن باقي الوطن مع ما كان

سيحمله ذلك من تداعيات على الصعيدين الوطني والأمني، تُدخِل البلاد في أتون صراعات طائفية ومذهبية وانقسامات مناطقية. ولكن الحكومة نجحت في الخروج من هذا الامتحان الخطير بانتصار مهم، تمثل بداية بموقفها الشجاع والجريء والمبادر والوطني في آن معاً بالرغم من كل التهديدات والتحذيرات التي واجهتها بغرض ثنيها عن موقفها الحازم.

لقد استمرت حرب نهر البارد خمسة عشر أسبوعاً، وقد دفع الجيش اللبناني في هذه المعركة ثمناً باهظاً، حيث سقط له 180 شهيداً و520 جريحاً ومعوقاً. كذلك سقط خلال هذه الحرب نحو 58 شهيداً مدنياً جرّاء القصف الذي استهدفت به عناصر فتح الإسلام القرى المحيطة والمجاورة للمخيم. كما أسفرت حرب نهر البارد عن تدمير كلي للجزء القديم من المخيم المتراصة منازله، ولحقت بالجزء الجديد من المخيم الذي يقع في محيط المخيم القديم أضرار بالغة وفادحة. لكن الحكومة، وتنفيذاً منها للشعار الذي رفعته وتقيدت به، وهو "خروج مؤقت ورجوع مؤكد وإعادة بناء محتمة"، اتخذت الخطوات الضرورية لإعادة إعمار المخيم وذلك من خلال التحضير لمؤتمر للدول المانحة الذي عقد في 23 حزيران من العام 2008 في فيينا بحضور نحو 80 دولة ومنظمة مانحة. وقد ترأس الرئيس السنيورة وفد لبنان إلى المؤتمر، وأسفر المؤتمر عن تأمين نحو 113 مليون دولار أميركي من الدول الغربية والأوروبية، أما الدول العربية فقد أجلت الإعلان عن إسهاماتها المادية في هذا الخصوص إلى وقت لاحق.

شهد لبنان في العام 2007 إذاً استمراراً للاغتيالات والتفجيرات وذلك في ظل الانقسام الداخلي والاعتصام من حول السراي الحكومي والذي عُطّلت معه عمل المؤسسات ولاسيما مؤسسة مجلس النواب، ثم اندلعت حرب نهر البارد مع تداعياتها الخطيرة. كما تعاظم المأزق السياسي مع عدم انتخاب رئيس جمهورية في تشرين الثاني 2007 واستفحلت الأزمة الدستورية التي دخلت فيها البلاد، مع انتقال صلاحيات رئيس الجمهورية إلى الحكومة اللبنانية مجتمعة، وهي التي كان قد استقال عدد من وزرائها ولم تقبل استقالتهم. وعلى الرغم من أن المعارضة لم تكن تعترف بالحكومة إلاّ أن الحكومة استمرت بأكثر من ثلثي أعضائها، مستندة بذلك إلى أحكام الدستور ولاسيما المادة 69 منه والتي تتعلق بالحالات التي تعتبر الحكومة مستقيلة.

علـــى الرغم من ذلك كله ومع شدة المصاعب والتحديات، فقد كان النمو الاقتصادي الذي تم تحقيقه في العام 2007 استثنائياً وذلك في ظل ظروف استثنائية. وكـــان ذلـــك يعود إلى تضافر عوامل عدة منها حركة إعادة الإعمار الكثيفة التي شهدها لبنان في إطار معالجة تداعيات حرب تموز، وأيضاً مفاعيل مؤتمر باريس-II المستمرة لناحية انخفاض الفوائد (وذلك بالرغم من ارتفاعها مجدداً بسبب الأزمات الـــسياسية والأمنية ولكن إلى معدلات كانت لا تزال أكثر انخفاضاً ممّا كانت عليه قـــبل مؤتمـــر بـــاريس-II)، وأخيراً ابتداء ظهور بعض مفاعيل مؤتمر باريس-III. وكانـــت مفاعـــيل مؤتمـــر بـــاريس-III قد بدأت بالتفاعل الإيجابـــي مع حركة الاقتـــصاد وذلك بالرغم من استمرار تعطيل مجلس النواب الذي كانت هناك ماسة لأن يبادر إلى النظر وبالتالي لإقرار القوانين الهامة المنبثقة عن البرنامج الإصلاحي[1] الـــذي كان قد أقره مجلس الوزراء واعتمده بعد ذلك المشاركون في مؤتمر باريس-III مـــن أجل منح لبنان المساعدات التي كان يعوّل عليها لإطلاق عجلة النمو والتنمية المناطقية في البلاد.

لقد شكّل النمو الذي حققته الحكومة اللبنانية في العام 2007 عودة إلى النمو الـــذي كـــان قـــد تحقق في العام 2004. ويدل ذلك أيضاً على أن لبنان خسر في العـــامين 2005 و2006 وبسبب الأحداث الأليمة التي عصفت به، نمواً إضافياً كان بإمكانـــه أن يحققـــه بما لا يقل عن 15% إضافية على مجموع ناتجه المحلي الإجمالي الحقيقـــي. هـــذا فضلاً عمّا كان يمكن أن يترجم أيضاً بنمو إضافي وبفرص عمل جديـــدة يحـــتاجها الـــشباب اللبـــناني الوافد إلى أسواق العمل. ومرة أخرى تأتي الأحـــداث لتـــبين حجـــم الفرص الضائعة التي كان يمكن أن تنعكس على حاضر ومـــستقبل الاقتـــصاد اللبناني ومستوى ونوعية عيش اللبنانيين لو جرى احتضانها والبناء على أساسٍ منها.

ولقـــد أســـهمت الحكـــومة اللبنانية في هذا النمو المحَقق، عبر السياسة المالية الممـــسكة بإحكام من قبل وزارة المالية وعلى رأسها آنذاك الوزير الدكتور جهاد

(1) هـــناك مجمـــوعة من القوانين يصل عددها إلى 72 مشروع قانون أرسلتها حكومة الرئيس الـــسنيورة إلى مجلس النواب ومنها ما هو متعلق بنتائج مؤتمر باريس-III- والتي لم يبادر الرئيس نبيه برّي الإيعاز إلى مجلس النواب بتسلمها.

أزعـــور، والخطـــاب الاقتصادي الملتزم النهج الإصلاحي للحكومة في تعزيز الثقة بالاقتـــصاد الـــوطني. كـــذلك أسهم مصرف لبنان في ما خص السياسة النقدية والمـــصرفية، في تمكين الاقتصاد اللبناني من استقطاب تحويلات مهمة من اللبنانيين المقيمين في الخارج ومن المستثمرين العرب. وعلى ذلك، فقد تجاوز مجموع الفائض في ميزان المدفوعات في العام 2007 حوالي 2 مليار د.أ. كما ارتفعت ودائع القطاع الخـــاص لدى المصارف اللبنانية بمبلغ 6.6 مليار د.أ. ذلك ما وفر سيولة إضافية في الـــسوق الداخلي، وساهم في تمويل مستوى عال من الإنفاق الداخلي والاستهلاك المحلـــي، وذلك على الرغم من ارتفاع مجموع العجز في الميزان التجاري إلى حوالي 9 مليار د.أ. في العام 2007. ذلك ما كان يعني أن مجموع التدفقات المالية إلى لبنان (Capital Inflows) قد تجاوز 11 مليار د.أ. في ذلك العام. وقد نتجت الزيادة غير المسبوقة في حجم وقيمة المستوردات عن مستويات الإنفاق الكبيرة التي استوجبتها عملـــية إعادة الإعمار ومعالجة آثار حرب تموز في العام 2006. ومما لا شكّ فيه أن الـــزيادة الحاصـــلة على أسعار المواد الأولية ولاسيما الزيادة الكبيرة الحاصلة على أســـعار النفط العالمية قد أسهمت في زيادة حجم المستوردات والتي ومع ذلك تمت تغطيتها بالزيادة المحققة في حجم التدفقات المالية.

بالإضافة إلى ما تقدم تجدر الإشارة إلى أنه جرى عملياً ضخ سيولة إضافية في الـــسوق المحلي من خلال الهبات النقدية التي توفرت لدى الحكومة في إطار الجهود المـــبذولة لمعالجة آثار حرب تموز والتي تم دفعها عبر الهيئة العليا للإغاثة بالإضافة إلى ما تم تقديمه مباشرة من قبل الدول والمؤسسات الواهبة والتي قامت بها تلك الجهات عبر مؤسسات القطاع الخاص لمعالجة الآثار المدمرة للعدوان الإسرائيلي. وقد تجاوز مجمـــوع هـــذه المساعدات 1907 مليون د.أ. كما فصلنا في الجدول البياني 8- 1 أعلاه. هذا فضلاً عن المساعدات العينية الضخمة التي جرى توزيع معظمها مباشرة مـــن قـــبل الـــدول والمؤسسات الواهبة وبالتنسيق مع الدولة اللبنانية والهيئة العليا للإغاثة.

إلى جانـــب ذلـــك فإنـــه تجدر الإشارة أيضاً إلى أن الحكومة الأولى للرئيس الـــسنيورة عمدت وفور تسلمها لمهامها في منتصف العام 2005 إلى تحريك ملف وقانـــون الاســـتملاكات المتوقف منذ العام 2001 (وذلك بمبلغ 300 مليون د.أ.)

والصادر بموجب القانون رقم 95 تاريخ 1999/6/18 والمعدل بموجب القانون رقم 450 تاريخ 2002/7/29، وهو الأمر الذي أسهم إيجاباً في إطلاق حركة نشطة لتنفيذ المشاريع الاستثمارية المتوقفة منذ العام 2001. وكانت تلك المشاريع ممولة في غالبيتها الساحقة من قروض ميسرة عبر الصناديق العربية والدولية والتي لم يكن من الممكن تحريكها بدون دفع المبالغ المتوجبة لأصحاب العقارات المستملكة لتنفيذ تلك المشاريع. كذلك فقد كان لما قامت به الحكومة في إعداد مشاريع قوانين للحصول على قروض ميسرة لتنفيذ مجموعة أخرى من مشاريع البنى التحتية عبر مجلس الإنماء والإعمار والتي أحيلت إلى مجلس النواب، دوراً إضافياً في تعزيز الحركة الاقتصادية وتعزيز مستويات الثقة بمستقبل الاقتصاد اللبناني بالرغم من المفاعيل السيئة للأوضاع السياسية والأمنية السيئة السائدة في البلاد آنذاك.

للأسف، لم يشكل هذا الإنجاز الاقتصادي المُحقق في العام 2007 حافزاً كافياً للبنانيين إلى أن يبادروا إلى انهاء الأزمة السياسية المستمرة والتي قسّمت البلاد إلى فريقين. على النقيض من ذلك، فقد تفاقمت الأزمة السياسية عندما اتخذت الحكومة قرارين شهيرين في أيار من العام 2008، كانت ردة الفعل عليهما عسكرية على الأرض عبر استخدام القوة من قبل حزب الله والقوى الحليفة له. فكان التدخل العربي برعاية جامعة الدول العربية ومبادرة أمير قطر الشيخ حمد بن خليفة آل ثاني ورئيس وزرائه الشيخ حمد بن جاسم آل جبر. وجاء اتفاق الدوحة في أيار من العام 2008 الذي مهد لانتخاب العماد ميشال سليمان رئيساً للجمهورية وتشكيل حكومة وحدة وطنية برئاسة الرئيس السنيورة والعودة إلى إطلاق هيئة الحوار الوطني في بعبدا.

وقد أسس كل ذلك إلى انطلاقة قوية للاقتصاد الوطني في صيف العام 2008، ولكن ذلك تزامن مع نشوب خطر آخر، ألا وهو الأزمة المالية العالمية التي انطلقت شرارتها مع إفلاس مصرف Lehman Brothers وهو الحدث الذي أدخل الاقتصاد العالمي في مرحلة ركود اقتصادي وصفه صندوق النقد الدولي "بالركود الكبير" حيث شهد العالم انخفاضاً في معدلات النمو العالمية التي سجلت أدنى معدلاتها منذ انتهاء الحرب العالمية الثانية.

لم تكن الأزمة الاقتصادية والمالية العالمية أول تحد عالمي يشهده لبنان في السنوات الماضية. إذ سبق هذه الأزمة العالمية وضعاً مأزوماً على صعيد الاقتصاد

العالمـــي في العـــام 2007 والنـــصف الأول من العام 2008 لناحية ارتفاع الأسعار ولاســـيما ارتفـــاع أسعار المحروقات والمشتقات النفطية، وأسعار القمح والحبوب الأخـــرى، والارتفاع الكبير في أسعار مواد البناء. وقد أثّر كل ذلك على معدلات التـــضخم في مخـــتلف أنحـــاء العـــالم، ولاســـيما في العالم العربـــي الذي تشكل المستوردات فيه جزءاً هاماً من الاستهلاك المحلي.

في هذا الإطار يظهر جلياً أنه بينما تجاوزت معدلات التضخم في العام 2007 حوالي 10% في معظم بلدان العالم وبينها الدول العربية بسبب ارتفاع أسعار النفط والمـــواد الأولـــية، فقـــد استطاعت الحكومة اللبنانية ومصرف لبنان احتواء معظم العوامل الداخلية للتضخم وامتصاص بعض العوامل الخارجية العائدة له. وقد ساهم ذلـــك في تحقيق نسبة من التضخم الداخلي أقل من نسبة التضخم التي تسببت بها ارتفـــاع أســـعار المواد المستوردة، وأقل أيضاً من معدلات التضخم التي سادت في معظم دول العالم. وتشير الأرقام إلى أن نسبة التضخم التي سادت في لبنان في العام 2007 بلغـــت 9.2% والتي عادت وانخفضت في العام 2008 إلى حوالي 5.5% وفي العام 2009 إلى 3.4% (الرسم البياني 9– 1)، وهي نسب كانت أدنى بالمقارنة مع تلك النسب التي سادت في معظم الدول العربية والبلدان النامية آنذاك.

رسم بياني: 9 – 1: نسبة التضخم في لبنان 1996 – 2009 (نهاية السنة)

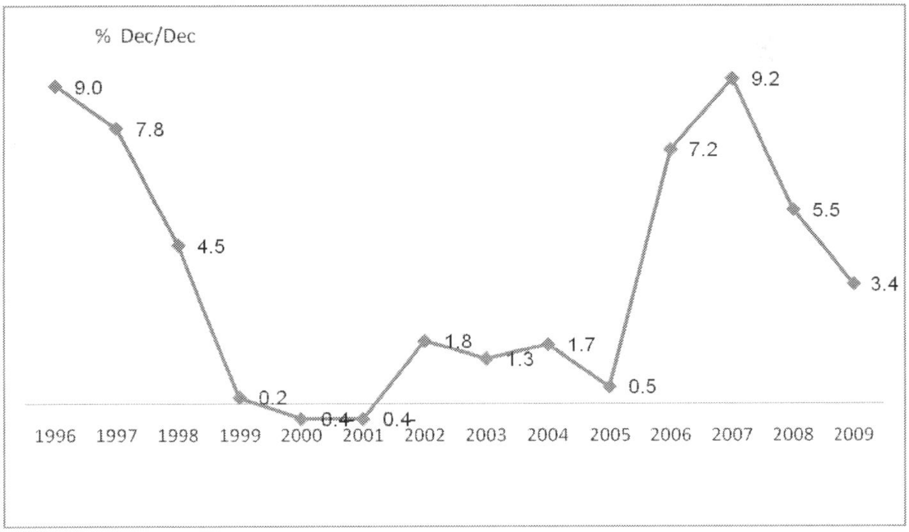

المصدر: مصرف لبنان ودائرة الإحصاء المركزي

وكانت الحكومة اللبنانية قد قامت في تلك الفترة باتخاذ عدد من التدابير والإجراءات بغية الحد من التأثير السلبي للصدمات الخارجية والداخلية على الاقتصاد اللبناني وعلى مستويات الأجور والرواتب ومنها المبادرة إلى رفع الأجور والرواتب بغية زيادة القوة الشرائية لذوي الدخل المحدود وتحسين أوضاع القطاع التربوي والتعويض عليهم عن الزيادة الحاصلة بسبب مستويات التضخم العالمية. كما عمدت الحكومة إلى خفض عدد من رسوم التعرفة الجمركية وتمكين برامج الدعم الاجتماعي والاقتصادي، وهي جميعها مفصلة في التقرير الذي صدر عن رئاسة مجلس الوزراء "ثلاث سنوات من أجل الجمهورية: حكومة الاستقلال الثاني والإصلاح والنهوض (تموز 2005- تموز 2008)".

ولم يقتصر الأمر على تلك التحديات التي واجهها لبنان والمتعلقة بارتفاع الأسعار، فقد أتت الأزمة المالية العالمية في مطلع صيف العام 2008 والتي طالت معظم بلدان العالم بما فيها اقتصادات البلدان الناشئة والعديد من البلدان العربية. فقد انخفضت نسبة النمو الاقتصادي الحقيقي المحقق على صعيد العالم إلى 3% في العام 2008 وإلى -0.6% في العام 2009 وذلك من معدل في حدود 4.2% خلال الفترة الممتدة من عام 2000 وحتى عام 2007.

ولقد كان واضحاً أن البلدان المتقدمة كانت الأكثر تأثراً، إذ انخفض النمو الاقتصادي الحقيقي المحقق إلى 0.5% في العام 2008 وإلى -3.2% في العام 2009 وذلك بالمقارنة مع معدل في حدود 2.6% في الفترة الممتدة من عام 2000 وحتى عام 2007. أما البلدان النامية، فانخفض أيضاً النمو الاقتصادي الحقيقي لديها إلى 6.1% في العام 2008 وإلى 2.4% في العام 2009 وذلك من نسبة معدلها 6.4% في الفترة الممتدة من عام 2000 وحتى عام 2007.

وقد تأثرت البلدان العربية والشرق أوسطية بفعل هذه التطورات حيث انخفضت نسبة النمو الحقيقي إلى 5.3% في العام 2008 وإلى 2.4% في العام 2009 بسبب انخفاض أسعار النفط العالمية بسرعة كبيرة قبل أن تستقر مجدداً في منتصف العام 2009.

لقد أظهرت الأزمة المالية العالمية قدرة الاقتصاد اللبناني على التأقلم والتكيف والتفاعل مع تلك المتغيرات، لا بل الإفادة منها. ومما تجدر الإشارة إليه أن مصرف

لبنان وفي خطوة احترازية كان قد أصدر عدة تعاميم ابتداءً من العام 1999 وصولاً إلى العـــام 2003 منع خلالها المصارف اللبنانية من الاستثمار في المشتقات المالية والأدوات الاستثمارية الخارجية التي لا تتمتع بتصنيف مرتفع. وقد وفرت تلك السياسة الاستباقية والرصـــينة علـــى المصارف اللبنانية تداعيات تلك الأزمة وحالت بينها وبين التعرض لخـــسائر طالت بفعلها أولاً الأوراق المالية المرتبطة بالرهن العقاري المنخفض التصنيف (Sub-Prime) لـــتطال بعدها النمو الاقتصادي العام. وقد حصّن ذلك وضع المصارف اللبنانـــية وعزّز سمعتها، فأدى هروب الرساميل من معظم البلدان التي تأثرت مصارفها ومؤســـساتها المالية بالأزمة إلى نمو قوي في ودائع القطاع الخاص لدى المصارف اللبنانية حيث ارتفعت بنسبة 15.7% في العام 2008 وإلى 23.12% في العام 2009.

وبهـــذا تكون ودائع القطاع الخاص لدى المصارف اللبنانية ارتفعت بما يقارب 41 ملـــيار د.أ. في الأعوام الخمس 2005 – 2009 أي أنها شهدت نمواً نسبته 75% كما يـــشير الرســـم البياني 9– 2 أدناه. ولقد حصل ذلك بالرغم من الظروف الاستثنائية الداخلية والخارجية البالغة الصعوبة التي سادت آنذاك. وتشكل هذه الأرقام دليلاً قاطعاً علـــى مـــتانة القطـــاع المـــصرفي اللبناني ومدى فعالية الرقابة عليه وفعالية الخطوات والإجراءات الاحترازية التي يتخذها مصرف لبنان ولجنة الرقابة على المصارف.

رسم بياني 9 – 2: ودائع القطاع الخاص لدى المصارف اللبنانية

2009 – 2004

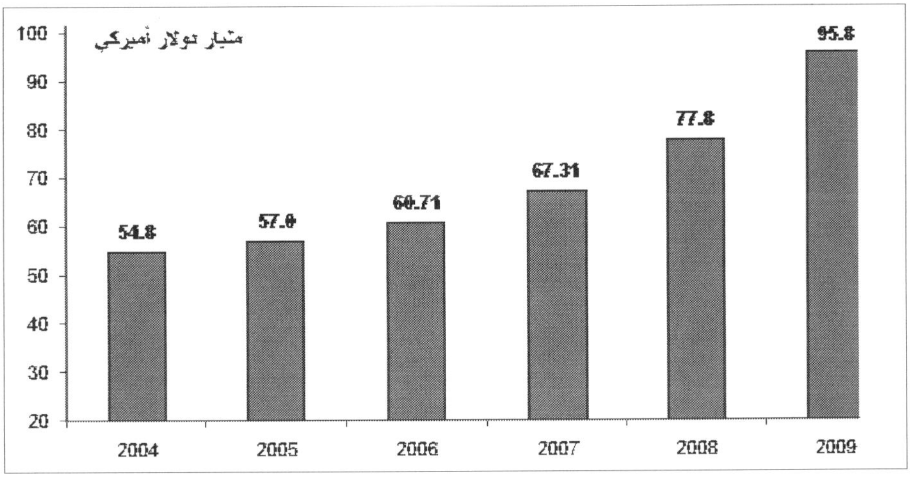

المصدر: مصرف لبنان

كان نمو التحويلات إلى لبنان وارتفاع الودائع في القطاع المصرفي عاملاً مهماً في تحقيق فوائض هامة في ميزان المدفوعات اللبناني فخلال تلك الفترة تحققت فوائض كانت الأعلى في تاريخ لبنان. إذ حقق لبنان فائضاً في ميزان المدفوعات بلغ في العام 2008 حوالي 3.4 مليار د.أ. بينما تحقق فائض في ميزان المدفوعات في العام 2009 بلغ حوالي 7.9 مليار د.أ. وقد تزامنت هذه المعطيات الإيجابية مع الاستمرار باتباع سياسة مالية محافظة تهدف إلى خفض نسبة العجز إلى الناتج المحلي الإجمالي حيث كان مستوى العجز يتراوح بين حوالي 2.5 مليار د.أ. وحوالي 3 مليار د.أ. في الأعوام 2006 - 2009، هذا في الفترة الذي كان الناتج المحلي الإجمالي يشهد فيها نمواً مرتفعاً. وقد أدى ذلك إلى خفض نسبة العجز إلى الناتج المحلي من 13.5% في العام 2006 إلى 8.6% في نهاية العام 2009 وكذلك إلى خفض نسبة الدين العام إلى الناتج المحلي الإجمالي من 180% في العام 2006 إلى 148% في نهاية العام 2009.

ولقد ترافق مع هذه التغيرات الإيجابية استمرار الانخفاض في معدلات الفوائد، وهو ما أدى أيضاً إلى انخفاض معدلات فوائد التسليف إلى القطاع الخاص بالليرة والدولار حيث انخفضت الأولى 163 نقطة أساس بالمقارنة مع ما كانت عليه في نهاية العام 2007 وحتى أيار 2010، بينما انخفضت الثانية 92 نقطة أساس منذ نهاية العام 2007 حتى أيار 2010.

بالإضافة إلى ذلك فقد تمكّن لبنان من إحراز تحسن في عناصر الثقة في الاقتصاد الوطني وإلى زيادة قوية في مجموع التسليفات إلى القطاع الخاص التي ارتفعت بنسبة 18.6% في العام 2008 ثم بنسبة 15.18% في العام 2009 وهي من أعلى النسب التي تم تحقيقها على مدى العقدين الفائتين (الرسم البياني 9- 3 أدناه).

كذلك فقد ارتفع مجموع الاستثمارات الأجنبية المباشرة التي زادت بمبلغ 4.3 مليار د.أ. في العام 2008 وبمبلغ 4.8 مليار د.أ. في العام 2009 ليكون لبنان ثالث أكبر بلد يتلقى الاستثمار الأجنبي المباشر بين البلدان العربية بعد المملكة العربية السعودية وقطر في العام 2009.

رسم بياني 9 – 3: تسليفات القطاع الخاص من قبل المصارف اللبنانية

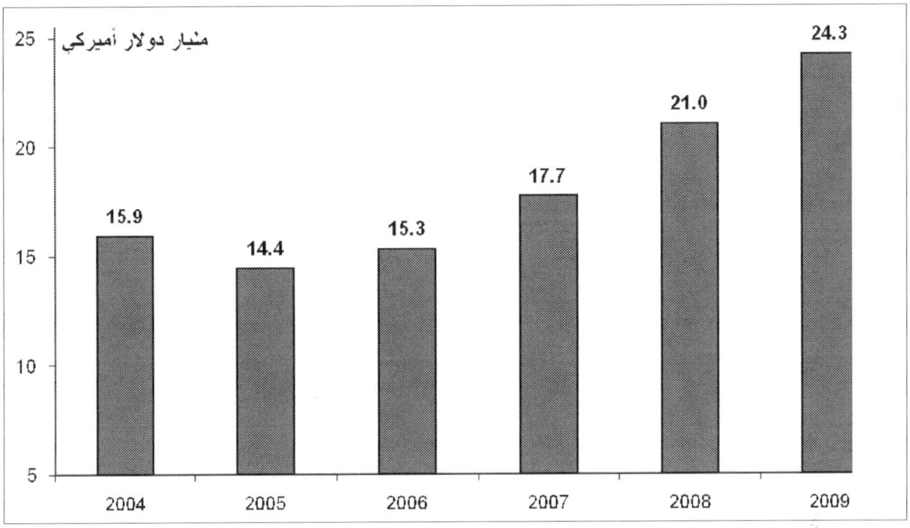

المصدر: مصرف لبنان

وقد أدت جميع هذه العوامل مجتمعة إلى تحقيق معدلات غير مسبوقة من النمو الاقتصادي الحقيقي حيث حقق لبنان نسبة نمو حقيقي بلغت 9.3% في العام 2008 كما أنه من المتوقع أن يكون قد حقق نسبة نمو بحوالي 9% في العام 2009. وتعتبر هذه المعدلات من أعلى معدلات النمو المحققة في الدول العربية وفي العالم وذلك لثلاث سنوات على التوالي، كما يشير الجدول البياني 9-1 أدناه.

لقد أسهمت في تحقيق ذلك، وبحسب تقارير صندوق النقد الدولي، السياسات المالية والنقدية والرقابية الرصينة والمحفزة التي استطاعت تجنيب لبنان وماليته واقتصاده التداعيات السلبية المباشرة للأزمة المالية العالمية وتجنيب قطاعه المصرفي من تداعيات تلك الأزمة وصون أوضاعه المالية وعدم تعريض اقتصاده لأية خسائر مباشرة. وقد تحقق ذلك بالتزامن مع تحقيق مستويات مرتفعة من النمو الاقتصادي الحقيقي. وقد كان للخطة الاستباقية لمعالجة تداعيات الأزمة التي أقرتها حكومة الوحدة الوطنية برئاسة الرئيس السنيورة في 26 أيار 2009، وكذلك التنسيق المتواصل والفعّال بين رئاسة الحكومة، ووزارة المالية بقيادة الدكتور محمد شطح وحاكم مصرف لبنان رياض سلامة، دور أساسي في تفادي تداعيات هذه الأزمة وتعزيز الثقة التي تجلّت في النظام الاقتصادي والمالي اللبناني. ذلك مما أثار اهتمام الكثير من وسائل الإعلام الأجنبية المختصة وغيرها والتي تحدثت جميعها عن

"ظاهـــرة لبـــنان"، البلد الصغير الذي يعاني الكثير من المشاكل السياسية والأمنية والقادر بالرغم من ذلك على حماية اقتصاده ومصارفه من إحدى أصعب الأزمات المالية العالمية في التاريخ الحديث. ونخصّ بالذكر المقالات التالية:

- Wall Street Journal ("Bank of Lebanon Sees Growth at 6% This Year "; May 8, 2009).
- Economist ("Lebanon Bucking the Trend"; April 23, 2009).
- Los Angeles Times ("Lebanon Central Bank Chief Got It Right"; February 21, 2009).
- New York Times ("Armored Against Turmoil, Lebanon Lures Investors"; October 29, 2008).
- Financial Times ("Lebanese Banks Provide Welcome Stability"; October 20, 2008).

جدول بياني: 9 – 1: معدلات النمو المحققة في الأعوام 2007 – 2009 في بعض البلدان العربية (نسبة مئوية)

	2007	2008	2009
مصر	7.1	7.2	4.7
الأردن	8.5	7.6	2.3
المغرب	2.7	5.6	4.9
سوريا	4.3	5.2	4
تونس	6.3	4.5	3.1
لبنان	7.5	9.3	9
الجزائر	3	2.4	2.4
العراق	1.5	9.5	4.2
الكويت	4.5	5.5	−4.8
قطر	26.8	25.4	8.6
المملكة العربية السعودية	2	4.2	0.6
الإمارات العربية المتحدة	6.1	5.1	−2.5
اليمن	3.3	3.6	3.9

المصدر: صندوق النقد الدولي

بـــناءً على ما سبق، وبالرغم من ما تم تحقيقه من إنجاز لناحية مستويات النمو الاقتـــصادي، فإنه من حق البعض أن يتساءل عن قدرة هذا النمو المحصور إلى حد بعـــيد في قطاعـــات السياحة والبناء والمصارف، على إيجاد فرص العمل الإضافية بالقـــدر الـــذي يحـــتاجه اللبنانيون ولاسيما أولئك الذين يتخرجون من الجامعات بعـــشرات الآلاف كل عام. كما يحق للبعض أن يتساءل عن تأثير السيولة الزائدة على حاجة مختلف القطاعات الإنتاجية، وعن تأثيرها أيضاً على أسعار العقارات في مختلف الأراضي اللبنانية والتي ارتفعت حتى باتت تهدد بمشكلة إسكانية حقيقية.

والواقـــع أنـــه بقيت هنالك الكثير من التحديات التي كان يجب على لبنان مواجهتها بحزم والعمل من أجل إيجاد الوسائل والحلول الناجعة لها في الوقت الذي كان بإمكانه آنذاك مواجهتها واحتواء كلفة معالجتها. وعلى أي حال فقد استطاع لبـــنان تأجـــيل مواجهة تلك الاستحقاقات الداهمة، وهو كان محظوظاً حتى اليوم بقدرتـــه على تأجيل مواجهة هذه التحديات وذلك بسبب جهد اللبنانيين وعزمهم وأيـــضاً بسبب قدرة حكوماته المتعاقبة على العمل في ظل الحد الأدنى من الإصلاح الـــذي كانت تعطله عوامل متعددة داخلية وخارجية. لكن الحقيقة الساطعة التي لا بـــد مـــن الاعتراف بها أن تأجيل الإصلاح ليس عملاً مجدياً بل هو أمر له كلفته الباهظة. أولها خسارة المنافع التي يؤمل تحققها بنتيجة السير على مسارات الإصلاح وثانـــيها ارتفـــاع كلفة ذلك التأجيل والتلكؤ وآثاره على الصعد المادية والسياسية والاجتماعية.

أحـــياناً كـــثيرة يجري تأجيل عملية الإصلاح، باسم المواطنين وباسم المحافظة علـــى حقوقهم. ولكن في الحقيقة يُحمّلهم هذا التأجيل والاستنكاف عن المبادرة والإقـــدام أكلافـــاً كثيرة وعواقب كبيرة لاحقة، تكون في الواقع أكثر مما لو تمت المبادرة إلى القيام بالإصلاح في الوقت الذي تكون فيه الحاجة ماسة للقيام به. وها هـــي الأزمات المتتالية في كثير من البلدان تنبئنا وتُعَلّمنا بأن الإصلاح يكون أفضل عـــندما نقـــوم به عندما نستطيع، لا عندما يكون لزاماً علينا أن نقوم به أي عندما يصبح يكون سيف الأزمات مصلّتاً فوق رؤوسنا.

ان مـــن أهم الاستنتاجات والدروس التي يمكن استخلاصها أنه قد آن الأوان أن نقوم بما علينا القيام به، ويكون ذلك عبر السير بخطوات حازمة وواثقة تساعدنا

على الإجابة عن سؤالين علينا أن نواجههما كلبنانيين عاجلاً أم آجلاً: كيف نجعل النمو الاقتصادي مستداماً؟ وكيف نجعله أكثر عدلاً؟

هذا تماماً ما سيحاول أن يحدده القسم الأخير من هذا الكتاب.

القسم الرابع

نحو نموذج اقتصادي لبناني للمستقبل

“We cannot solve our problems with the same thinking we used when we created them”.

Albert Einstein

"لا نستطيع أن نحل مشاكلنا باستخدام التفكير عينه الذي كان لدينا عندما خلقناها".

ألبرت اينشتاين

لــدى تحليل ما حصل في الماضي، فإن أهم ما يمكن الخروج به هي الدروس الممكــن استخلاصــها والاستفادة منها للتوصل إلى اعتماد المعالجات المطلوبة في المــستقبل. والمــستقبل حافل بالتحديات التي قد تفرضها ظروف داخلية وكذلك تطــورات خارجية، وهو أيضاً حافلٌ بالاستحقاقات التي تتطلب رؤية ثاقبة وإرادة قوية وعملاً كبيراً ومضنياً واستعمالاً كفؤاً للموارد المتاحة.

إن الظــروف الــسياسية والاجتماعية والأمنية وكذلك الضغوط التي تمليها الأوضــاع الإقليمــية والدولية، هي جميعها في غاية الصعوبة وترخي بظلالها على الوضــع والعمل الاقتصادي في لبنان. وبالتالي فهي تزيد من القيود والمحدودية التي تفرضها أصلاً ندرة الموارد والطاقات المتاحة.

علــى هــذا يكــون من المهم جداً أن تتميز السياسة الاقتصادية التي يمكن اعــتمادها بكونها تركّز على تحقيق هدفين أساسيين: الفعالية في الإنتاج والعدالة في التوزيع.

تصحّ هذه المعادلة في جميع البلدان وليس فقط في لبنان. ولكنها تكتسب ربما أهمــية خاصة في لبنان، حيث يمكن أن تُطرَح هذه الأمور بطريقة أكثر إلحاحاً نظراً إلى نــدرة الموارد الطبيعية المتاحة من جهة أولى، وكثرة التوقعات والمتطلبات لدى اللبنانــيين مــن جهــة ثانية، ولاسيما بعد أعوام بل عقود من النــزاعات وعدم الاستقرار، وعدم الرغبة في مواجهة الواقع والتوافق على كيفية التعامل معه. يضاف إلى ذلك هشاشة النظام السياسي الطائفي القائم على التوازنات الدقيقة، والتلاشي المتزايد للدولة وهيبتها.

إنــه لمــن المؤسف أن ما يميز الجدل الاقتصادي في لبنان في هذه المرحلة هو طغــيان المــناكفات والمحاججــات والتمادي في التقاصف السياسي وفي تقاذف المــسؤولية لأسباب سياسية. وهذه الممارسات لا تزال وحتى اليوم تسعى لإفشال المشروع الاقتصادي والاجتماعي والسياسي للرئيس رفيق الحريري حتى بعد أن تمّ اغتــياله وتابــع من بعده حمل هذا المشروع الرئيس السنيورة ومن ثمّ الرئيس سعد

الحريـــري. والمفارقة العجيبة هنا أنه يجري التهجّم على هذا المشروع، حتى بعد أن أثبـــتت الأحداث صوابية هذه الرؤية بكلياتها وقدرة هذا المشروع على تحقيق النمو والـــتقدم وذلك بشهادة الإنجازات التي تحققت وكذلك بشهادة المؤسسات الدولية والصحافة العالمية.

علـــى كـــل حـــال، لا بدّ لمن يتلهى اليوم بافتعال الأزمات وطرح الشؤون والمسائل الاقتصادية عبر وسائل الإعلام بطريقة غير موضوعية، أن يدرك عاجلاً أم آجـــلاً بعدم جدوى وفعالية هذه الوسائل والأساليب. وهي لن تؤدي إلاّ إلى المزيد مـــن المعانـــاة والابتعاد عن مواجهة الأسئلة الهامة والمعقدة التي لا بدّ أن نواجهها كلبنانيين خلال العقود بل خلال السنوات القادمة إن لم يكن فوراً.

مـــا هو النظام الاقتصادي الأمثل للبنان في ظل المحدودية التي يفرضها نظامه السياسي وندرة موارده؟

مـــا هـــو دور الدولة ومؤسساتها فيه؟ وكيف يمكن أن تنظم الدولة علاقاتها بالفـــرد والمجـــتمع والاقتصاد بما يزيد الفعالية والإنتاجية ويعزز العدالة الاقتصادية والاجتماعية؟

ما هي الدروس والعبر التي نستطيع استخلاصها من تجاربنا السابقة وأيضاً من الـــتجارب المفيدة التي تحققت لدى الآخرين وكذلك ممّا جرى ويجري في العالم من حولنا؟

وما هي حقيقة التحديات المقبلة وكيف يمكن التصدي لها والتعامل معها؟

هذه بعض الأسئلة الهامة والملحّة التي يعرض لها القسم الأخير من هذا الكتاب في طـــور تقديمه لتصوّر اقتصادي لبناني حديث، يطور مشروع لبنان الاقتصادي، ويكـــون قـــادراً على التصدي للتحديات الكثيرة والكبيرة، القديمة والمستجدّة التي سنواجهها في المراحل القادمة.

الفصل العاشر

التحولات الاقتصادية العالمية ولبنان

شهد العالم خلال العقد الفائت (2000 – 2009) تغيرات وتحولات اقتصادية عالمية مهمة، بل تاريخية بمعانيها ومقوماتها وتداعياتها وتأثيراتها. والواقع أنه لم تثبت أو تكتمل بعد الصورة الجديدة للنظام الاقتصادي العالمي الجديد الذي يتكون في ضوء سلسلة من الأزمات والتطورات المالية والاقتصادية، والتي ما يزال العالم يشهدها إلى اليوم. بل على النقيض من ذلك، فهي تبدو الآن أنها مازالت معرضة للمزيد من الهزات الارتدادية والتي ستكون لها حتماً تداعيات إضافية على صعيد الأوضاع الاقتصادية في البلدان المتقدمة وفي البلدان النامية على حد سواء.

والواقع أن العقد الفائت الذي شهد هذه التحولات في الاقتصادات العالمية الكبرى قد شهد أيضاً تحولاً من نوعٍ آخر في لبنان. فقد تميز اقتصاد لبنان خلال هذا العقد بنجاحه في تحقيق قفزة نوعيةٍ كانت نتيجة مبادرات اللبنانيين وجهدهم وعملهم وصمودهم من جهة أولى. وأيضاً ومن جهة ثانية نتيجة الجهد الإصلاحي التي رُسِمَت معالمه في المسارات المنبثقة عن مؤتمرات باريس–I وباريس–II وباريس–III، والذي تحقق فقط جزء منه بسبب الظروف السياسية والأمنية والاقتصادية والاجتماعية الصعبة، التي عانى منها لبنان لأسباب داخلية وخارجية وما يزال. فلقد أثمرت تلك المؤتمرات دعماً كبيراً قدمته الدول الشقيقة والصديقة والمؤسسات المانحة مما مكّن لبنان من خفض النسبة المرتفعة للدين العام إلى الناتج المحلي وكذلك في خفض كلفة خدمة الدين العام. كما ساعد ذلك الدعم على إقدار لبنان على استعادة الثقة بقدرة الدولة ومؤسساتها وإطلاق مبادرات القطاع الخاص بما يفسح في المجال للاستثمار الداخلي والخارجي من الإسهام بدوره في عملية النهوض.

لقد استطاع لبنان بفضل تضافر عدد من العوامل تغيير المعادلة الاقتصادية التي كان يواجهها في مطلع العقد الفائت والتي كانت تتركز على كيفية المحافظة على

استقرار سعر صرف الليرة اللبنانية من جهة، وتجنيب لبنان مخاض ومخاطر التعثر المالي أو الإفلاس من جهة أخرى. إلاّ أنه، وبفضل الجهود الجبارة التي بذلت، فقد أصبحت المعادلة مختلفة في مطلع العقد الحالي. فقد تحولت الجهود إلى كيفية المحافظة على مستويات مرتفعة من النمو الاقتصادي الحقيقي من جهة، والمحافظة على التدني المطرد في نسبة الدين العام إلى الناتج المحلي الإجمالي من جهة أخرى. ولا نغفل بالطبع أهمية المحافظة على استقرار وثبات سعر الصرف، والعمل على تعزيز الملاءة المالية للدولة اللبنانية والإبقاء على معدلات منخفضة للتضخم الداخلي.

لقد جرت الإشارة آنفاً إلى أن الاقتصاد هو بالأساس دراسة الخيارات المتاحة في ظل محدودية الموارد والطاقات، وبالتالي كيفية التوصل إلى اتخاذ القرارات التي تعظّم المردود وتحجّم الكلفة، وذلك ضمن الحدود التي ترسمها مختلف الظروف الصعبة السائدة. لكن الخيارات المتاحة ليست دائماً ثابتة بل هي قد تختلف وتتطور وبالتالي تختلف فيها النتائج المحققة أو القابلة للتحقق. لذلك وكلما نجح القائمون على الاقتصاد في إقداره على التلاؤم مع المتغيرات الحاصلة بشكل سلس وفعّال، كلما كان الأداء الاقتصادي في المحصلة أفضل والنتائج أحسن وذلك بالنسبة لمستوى ونوعية عيش المواطنين.

فالخيارات المتاحة أمام لبنان في العام 2000 كانت عملياً إما التخلي عن الاستقرار في سعر الصرف بناء على نصيحة من صندوق النقد الدولي، وإما الوقوع في ازمة عدم قدرة الدولة على الإيفاء بمتوجباتها، والاضطرار إلى إعادة جدولة الديون المستحقة، ولا يخفى علينا، تداعيات كل من هذين الخيارين. وفي المحصلة يردف أحدهما الآخر والنتيجة واحدة وهي تراكم المشاكل والمصاعب السياسية والاقتصادية والاجتماعية والأمنية والمعيشية على لبنان وعلى اللبنانيين.

المتغير الأساس هو ما نجح الرئيس الحريري في تحقيقه إذ شقّ كوةً في الجدار ومنها استطاع أن يفتح آفاقاً جديدة من خلال استجابة المجتمع الدولي لطلب الدعم الذي تقدم به لبنان. وهو طلب الدعم المستند إلى رؤية واضحة وثابتة وقائمة على مجموعة من الإصلاحات وضعتها الحكومة اللبنانية وأعدتها. وقد يقول البعض إن بعض تلك الإصلاحات كان مكلفاً للمواطن وتحديداً فيما خص استحداث الضريبة على القيمة المضافة. لكن الواقع أن ذلك كان ضرورياً من أجل تفادي

إجراءات كانت لتكون بالنسبة للاقتصاد والمواطنين أكثر كلفة وإيلاماً عليهم على المديين المتوسط والبعيد.

في هذا الإطار شكّل ذلك المسار الاقتصادي الذي بدأ بمؤتمر باريس-II ثمّ بعد ذلك في مؤتمر باريس-III تحولاً جذرياً بالنسبة للبنان. وكذلك كانت الإصلاحات الأخرى التي نُفِّذَ بعضها وتعثّر معظمها، لكنها استطاعت حقيقةً أن تحول طبيعة الخيارات المتاحة أمام لبنان. فلبنان اليوم يسعى بجدّ إلى المحافظة على معدلات مرتفعة من النمو، وليس فقط المحافظة على الاستقرار النقدي. كما أنه يسعى إلى الاستمرار في خفض نسبة الدين العام إلى الناتج المحلي، لا إلى منع الانهيار المالي والوقوع في وهدة الإفلاس الكلي.

وقد يكون من المفيد للبعض إجراء المقارنة بين تقارير صندوق النقد الدولي التي صدرت في العام 2000 وتلك التي صدرت في العام 2009 ليدرك كيف تحول لبنان من البلد غير المرضي عنه لدى المؤسسات المالية العالمية التي كانت تعتبر أن سياسته الاقتصادية والمالية والنقدية غير مستدامة ولا يمكن الاستمرار في التمسك بها، إلى البلد الذي يشكل في الكثير من جوانبه ولاسيما بالنسبة لتلك السياسات، مثالاً يحتذى به من قبل عدد من البلدان الأخرى على صعيد الإطار الاقتصادي الكلي (Macro Economic Framework). وان كان هذا لا يعني على الإطلاق أن لبنان قد خرج من أزماته التي يعاني منها والذي يفترض أن تستمر الجهود الآيلة إلى معالجتها.

كما أننا ومن جهة ثانية نستطيع أيضاً إدراك مدى أهمية وعمق هذا التحول من خلال مقارنة بعض الأرقام والمؤشرات وتغيرها على مدى العقد الفائت:

- لقد تضاعف الناتج المحلي للفرد في لبنان من معدل 4846 د.أ. في العام 2000 إلى معدل 8945 د.أ. في العام 2009. وقد حدث ذلك من دون تسجيل نسب تضخم مرتفعة إذ بلغ متوسط نسبة التضخم السنوي في العقد الفائت حوالي 3.3%.
- ارتفعت الصادرات اللبنانية الصناعية والزراعية إلى الخارج من 715 مليون د.أ. في العام 2000 إلى 3484 مليون د.أ. في العام 2009.
- ارتفع الاستثمار الأجنبي المباشر من 964 مليون د.أ. في العام 2000 إلى 4.8 مليار د.أ. في العام 2009.

- تحـــوّل ميزان المدفوعات من عجز قدره 289 مليون د.أ. في العام 2000، ومـــن عجز قدره 1169 مليون د.أ. في العام 2001، إلى فائض قدره 7.9 مليار د.أ. في العام 2009.
- ارتفـــع احتياطـــي مصرف لبنان من العملات الأجنبية (وذلك من دون احتـــساب محفظة مصرف لبنان من الذهب) من حوالي 5.7 مليار د.أ. في نهاية العام 2000 إلى 28.3 مليار د.أ. في نهاية العام 2009.
- ارتفعـــت مجموع ودائع القطاع الخاص لدى المصارف في لبنان حوالي 58 ملـــيار د.أ. بين نهاية العام 2000 ونهاية العام 2009، أي ما نسبته 157% ليصبح مجموعها 95.8 مليار د.أ. في نهاية العام 2009.
- ارتفـــع مجمـــوع التسليف للقطاع الخاص من قبل المصارف بحوالي 9.5 ملـــيار د.أ. بـــين نهاية العام 2000 ونهاية العام 2009 أي ما نسبته 65% ليصبح مجموعها حوالي 24.3 مليار د.أ. في نهاية العام 2009.

أمـــا علـــى صـــعيد الماليـــة العامة والدين العام، فيمكن أن نلحظ المتغيرات التالية:

- انخفض العجز في الموازنة العامة من 23% من الناتج المحلي الإجمالي في العام 2000 إلى 8.6% من الناتج المحلي الإجمالي في العام 2009. كما انخفضت أرقام هذا العجز ليصبح 2.9 مليار د.أ. في العام 2009 مقارنة بحوالي 3.9 ملـــيار د.أ. في العام 2000، أي ما معناه أن قيمته الاسمية فضلاً عن نسبته إلى الناتج المحلي انخفضت وذلك بالرغم من نسب التضخم المعتدلة المحققة خـــلال هـــذا العقـــد، وهو أمر استثنائي بالفعل ويدلّ على قدرة وإرادة صارمين لضبط العجز من قبل الحكومة ووزارة المالية في العقد الفائت.
- كان الميزان الأولي (وهو ميزان حساب المالية العامة قبل احتساب الفوائد) يظهر عجزاً يتجاوز 1.1 مليار د.أ. في العام 2000 أي -6.4% من الناتج المحلي الإجمالي، ولكنه انقلب إلى فائض يتجاوز المليار د.أ. في العام 2009، أي ما نسبته 3.1% من الناتج المحلي الإجمالي.
- اســـتحوذت مدفوعات الفوائد على حوالي 88% من مجمل واردات المالية العامة في الموازنة للعام 2000 بينما وبالمقارنة استحوذت مدفوعات الفوائد

علـى 45% من مجمل واردات المالية العامة في العام 2009، أي نصف ما كانت عليه تقريباً.

- انخفضت نسبة مجموع الدين العام إلى الناتج المحلي الإجمالي من 160% في العام 2001 ومن ثمّ 180% في العام 2006 إلى 148% في العام 2009. كما انخفـض متوسط معدل كلفة خدمة الدين العام ممّا نسبته 12.5% في العام 2000 إلى 8% في العام 2009.

تـشير هـذه الأرقـام والمؤشرات إلى أنه وخلال العقد الفائت حصل تحوّل جـذري في الصورة المالية والاقتصادية العامة في لبنان وهو قد يكون أحد البلدان القلـيلة في العـالم الـتي شهدت تحولاً إيجابياً من هذا النوع وبهذا القدر وفي هذه الفترة، ولاسيما في ضوء الأزمات الاقتصادية والمالية العالمية التي تعاقبت على العالم وعلى مدى سنوات العقد الفائت ولاسيما خلال النصف الثاني منه.

وكانـت الأزمة المالية العالمية في مرحلتها الأولى قد تمثلت في البداية بارتفاع سريع وخطير لأسعار المواد الأولية ولاسيما الزراعية ومواد البناء والمشتقات النفطية ممـا تـسبّب بارتفـاع معدلات الفقر والجوع حول العالم فشكل تهديداً لتحقيق أهـداف الألفية الثالثة التي حددها الأمم المتحدة والتي تم التوافق عليها عالمياً والتي نصّت على أهمية خفض نسبة عدد الجياع في العالم إلى النصف بحلول العام 2015.

ثم جـاءت المرحلة الثانية من الأزمة المالية العالمية التي زُرِعَت بذورها في العام 2007 مع أزمة سندات المال العقارية ذات التصنيف المنخفض في الولايات المتحدة الأميركية، وانفجرت مع إفلاس مصرف Lehman Brothers في نيويورك في صيف 2008.

ولقـد تعاظمـت كرة الثلج فانتقلت الأزمة من القطاع العقاري إلى القطاع المـصرفي، ومـنه إلى قطـاع الشركات وذلك كله من خلال خفض التسليفات المـصرفية الأمـر الذي ترافق مع خفض سريع للرافعة المالية أي الاستدانة المفرطة (Excessive Leveraging). هذا التطور يمكن لحظه على جميع الأصعدة، وهو الذي أدى إلى انهيار في مستويات الاستهلاك والاستثمار لدى القطاع الخاص ولاسيما في البلدان المتقدمة اقتصادياً. ولقد استوجب ذلك تدخلاً سريعاً من الحكومات حول العالم، وتم على أساسه اعتماد سياسات نقدية ومالية توسعية، عمدت بسببه العديد

مـــن الـــدول إلى زيـــادة الإنفاق واللجوء إلى ضخ كميات كبيرة من السيولة في الأسواق المالية. وقد تسبب ذلك بتنامي العجز المالي وارتفاع الدين العام في العديد مـــن الـــبلدان ولاسيما منها المتقدمة اقتصادياً، ذلك ما قد يمهد لمشكلة أخرى قد تكون قادمة إذا لم يجرِ إدارتها وتداركها في الوقت المناسب.

وفي هـــذا الإطـــار، اســـتحق لبنان التنويه والإشادة التي حظي بها من قبل المؤسسات الدولية والإعلام الدولي، حيث استطاع أن يخفض من نسبة عجزه المالي ومـــن نـــسبة مجموع دينه العام إلى الناتج المحلي في وقت ارتفعت فيه نسبة العجز والدين العام إلى الناتج المحلي لدى الكثير من البلدان المتقدمة والنامية في العالم كما يشير الجدول البياني 10- 1 أدناه.

جدول بياني 10 - 1: تطور نسبة مجموع الدين العام إلى الناتج المحلي في بعض الدول المتقدمة ولبنان (نسبة مئوية)

	2007	2008	2009	2010 (تقدير)	2011 (تقدير)
اليونان	95	98	115	133	145
ايرلندا	25	44	64	86	95
ايطاليا	104	106	116	119	121
البرتغال	64	66	76	83	89
اسبانيا	36	40	53	64	71
الولايات المتحدة الأميركية	62	71	83	92	97
لبنان	168	157	148	139	137

المصدر: صندوق النقد الدولي

والواقـــع أن هذا التحسن في المؤشرات المالية التي تميز بها لبنان أضحت أكثر أهمية مع تفاقم الأزمة المالية السيادية في بعض البلدان الأوروبية وهي المرحلة الثالثة من هذه الأزمة المالية العالمية التي لم تنته فصولها بعد.

مـــن المفيد التوقف هنا قليلاً عند هذه المراحل الثلاث لهذه الأزمة المستمرة، وهـــي جميعها تشكل تحولات كبرى وجذرية على صعيد الاقتصاد العالمي، لا على مـــستوى موازين القوى والعلاقات الاقتصادية بين الدول والأسواق فحسب، بل

وأيضاً حتى على الصعيد النظري والبحثي والأكاديمي وطريقة التفكير الاقتصادي وكيفية مقاربة المشكلات التي يواجهها العالم وتلك التي من المتوقع أن يواجهها على مدى العقود القادمة.

والواقع أنه من المفيد لنا كلبنانيين أن نتمعّن في هذه التحولات لنقرأ فيها ونستخلص منها العبر الصحيحة والملائمة لنا وبما يهمنا أيضاً وتتلاءم دروسها مع ما نحتاج إليه من مواقف وقرارات.

نبدأ من التحول الأول وهو الصعود الذي تشهده البلدان النامية الكبرى كالصين والهند والبرازيل وروسيا، أو ما أصبح يُعرف بمجموعة BRIC والنمو الاقتصادي السريع الذي تحققه هذه البلدان، ودخولها إلى نادي الدول الفاعلة والمؤثرة على الصعيد الاقتصادي العالمي نظراً لتزايد حجمها وأهميتها في مضمار حجم التجارة العالمية. هذا التحول بدأ قبل الأزمة المالية العالمية، ولكنه تسارع بفضلها نظراً إلى عدم تأثر هذه البلدان كثيراً بها، بل نجاحها في المحافظة على مستويات مرتفعة من النمو، بينما انخفضت أو بالأحرى تلاشت معدلات النمو في الدول المتقدمة.

على صعيد السياسة الاقتصادية العالمية، أدى هذا التحول إلى انحسار دور مجموعة السبع الاقتصادية، والتي كانت تضم ما كان يعتبر قبل عقد واحد من الزمن فقط، الدول السبع ذات الاقتصادات الأكبر في العالم (الولايات المتحدة الأميركية، اليابان، ألمانيا، بريطانيا، فرنسا، إيطاليا، كندا) وبروز مجموعة الدول العشرين التي تضم بالإضافة إلى هذه البلدان تلك الصاعدة والنامية أي البرازيل، الصين، الهند، روسيا، وبلدان أخرى كالمملكة العربية السعودية، والمبينة في الجدول البياني 10- 2 أدناه. كما تضم أيضاً مجموعة العشرين الاتحاد الأوروبي كعضو.

إن من أهم ما يمكن استخلاصه من هذه المتغيرات يتمثل أولاً بتنامي دور مجموعة العشرين الذي أصبح يشكل تطوراً مهماً وجيداً على الصعيد العالمي. هذا فضلاً عن كونه يسهم في استعادة بعض التوازن الاقتصادي ومعه بعض التوازن السياسي إلى الساحة العالمية، وهو التوازن الذي كان قد اختل كثيراً منذ أن انفردت الولايات المتحدة الأميركية بقيادة العالم سياسياً واقتصادياً وعسكرياً بعد انهيار الاتحاد السوفياتي والمجموعة الاشتراكية في التسعينيات من القرن الفائت.

جدول بياني 10 – 2: ترتيب دول مجموعة العشرين بحسب حجم الناتج المحلي الإجمالي

مليار دولار أميركي	
العام 2010	
الولايات المتحدة الأميركية	14,799.6
الصين	5,364.9
اليابان	5,272.9
ألمانيا	3,332.8
فرنسا	2,668.8
بريطانيا	2,222.6
ايطاليا	2,121.1
البرازيل	1,910.5
كندا	1,556.0
روسيا	1,507.6
الهند	1,367.2
استراليا	1,193.0
المكسيك	995.9
كوريا	991.1
تركيا	710.7
اندونيسيا	670.4
المملكة العربية السعودية	438.0
الارجنتين	344.1
جنوب افريقيا	329.5

المصدر: صندوق النقد الدولي

من جهة أخرى، أدى صعود البلدان النامية اقتصادياً، ولاسيما الصين والهند، وهما البلدان اللذان يمثلان وحدهما تقريباً ثلث عدد السكان في العالم، إلى بروز تحديات عالمية جديدة على الصعيد البيئي وأيضاً على صعيد الأمن الغذائي العالمي وأمن الطاقة والموارد الأخرى.

فالحقيقة أن مستوى النمو المرتفع والمستمر الذي تشهده هذه الاقتصادات أدى إلى ارتفاع مطرد في مستوى معيشة سكانها، وبالتالي إلى ازدياد سريع في

قدرتهم على الاستهلاك، كماً ونوعاً. وفي هذا الإطار يتوقع تقرير منظمة الفاو الأخير (UN Food and Agriculture Organization) ارتفاع الطلب على المواد الغذائية العالمية بنسبة 70% بين العام 2010 والعام 2050. وقد أدى هذا الأمر إلى تزايد سريع وخطير في أسعار المواد الأولية الغذائية كالقمح والذرة والسكر والمشتقات النفطية وكذلك أيضاً تلك المتعلقة بمواد البناء كالحديد والإسمنت والألمنيوم، وحتى الذهب الذي يعود الارتفاع في أسعاره لأسباب تعود إلى التخوف من ارتفاع معدلات التضخم.

والحقيقة أنه لم تنخفض أسعار تلك الموارد الأولية في العامين 2008 و2009 إلاّ بسبب الأزمة التي أثرت على معدلات النمو العالمية وتراجع مستوى الاستهلاك وكذلك حجم التجارة العالمية الذي تأثر سلباً بسبب ذلك. والخطير في ذلك أن تلك الأسعار لم تنخفض بنتيجة زيادة الاستثمارات وبالتالي بفضل زيادة الإنتاج والكميات المعروضة من تلك المواد الأولية في الأسواق العالمية. بمعنى آخر، فإن ما يمكن استخلاصه من تلك الوقائع، هو إمكانية القول إن هذا الانخفاض الذي شهدته مستويات الأسعار في المواد الأولية في العالم ليس في الحقيقة أو ربما لن يكون انخفاضاً مستداماً، بل هو ربما انخفاض حصل إثر هذه الصدمة الاقتصادية الكبيرة التي شهدتها الاقتصادات والأسواق العالمية. بناءً عليه فإن هذه الأسعار، أي أسعار المواد الأولية، قد تكون مرشحة إلى الارتفاع السريع مجدداً حالما تظهر المؤشرات الاقتصادية العالمية تحسناً مستمراً. وها نحن نشهد في الآونة الأخيرة، في الواقع، ارتفاعاً ملحوظاً في سعر القمح العالمي وكذلك في سعر النفط والحديد (الرسم البياني 10- 1 أدناه) وربما بداية تداعيات وتأثيرات ذلك على أسعار المواد الأولية الأخرى.

لقد أدى الارتفاع الكبير في أسعار المواد الأولية إلى عودة الكلام، حتى على الصعيد النظري والأكاديمي، عن مفاهيم كان قد تراجع الحديث عنها في وقت مضى كمفاهيم الأمن الغذائي أو أمن الطاقة. وهو توجّه يعيد الاعتبار إلى مبدأ تنوع وتعدد القطاعات الإنتاجية في الاقتصاد وذلك ربما بغض النظر أحياناً عن أهمية الميزة التفاضلية التي يتمتع بها هذا الاقتصاد أو ذاك.

رسم بياني 10 - 1: مؤشر أسعار بعض المواد الأولية 2003 - 2010

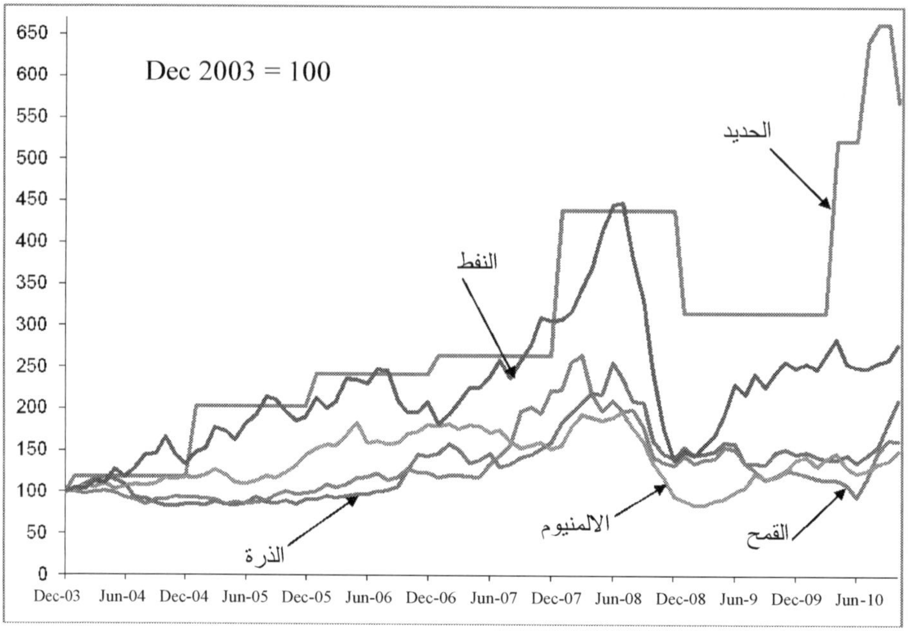

المصدر: حسابات مجمّعة

في هـــذا الإطـــار، وعلى سبيل المثال لا الحصر، لا بدّ من الملاحظة كيف أن لبـــنان، وهـــو البلد الزراعي أصلاً، قد انخفضت لديه الأهمية النسبية لهذا القطاع الحيوي والهام خلال السنوات الماضية.

لقـــد عـــانى قطـــاع الزراعة في لبنان منذ منتصف القرن الفائت من مشاكل أساســـية مـــنها تبعثر ملكية الأرض الزراعية (Fragmentation)، وغلاء سعرها، وكلفـــة العمالـــة المـــرتفعة بالمقارنة مع البلدان المجاورة وصولاً إلى مشاكل أخرى كمشاكل الريّ والنقل والتمويل والتغليف والتسويق.

والواقـــع أن إهمال القطاع الزراعي في لبنان تمّ منذ الاستقلال، وكان ذلك في المرحلة الأولى أي في الستينيات والسبعينيات من القرن الفائت بسبب التقيد الصارم بالليـــبرالية الاقتـــصادية والتركيز على القطاعات التي يتميز بها لبنان بميزة تفاضلية. وعلى هذا تراجع نصيب قطاع الزراعة من 12% من الناتج المحلي الإجمالي في العام 1964 إلى حوالي 9% من الناتج المحلي الإجمالي في العام 1974.

ثم جاءت فترة الحرب الأهلية التي شكلت بشتى آثارها وتداعياتها الاقتصادية والاجتماعـــية والمناطقية والديموغرافية ضربة قوية لمقومات الاقتصاد اللبناني وقدرته

الإنتاجية والتصديرية على صعيد كل القطاعات بما فيها الزراعة. أما بعد انتهاء الحرب، فقد كان هنالك طبعاً بعض المحاولات الجادة ومنها إنشاء مؤسسة كفالات لمعالجة إحدى المشاكل الأساسية التي تواجه هذا القطاع وغيره وهي مشكلة التمويل.

ولكن الحقيقة تبقى بأنه لم يتسن للبنان على مدى السنوات السبع وستين الأخيرة، أي منذ الاستقلال، سياسة زراعية تأخذ بعين الاعتبار طبيعة الأرض والكلفة المرتفعة، وبالتالي كيفية العمل على تطوير الإرشاد الزراعي والتواصل مع القطاع الزراعي والعاملين فيه بشكل فعّال. هذا فضلاً عن عدم النجاح بشكل كبير في التقدم على مسارات ابتداع وتطوير الأصناف التي يمكن أن يكون للبنان فيها ميزة تفاضلية ويتمكّن بالتالي من خلالها من المنافسة في الأسواق المتاحة له في الدول المجاورة والعالمية.

وفي المحصلة فالوقائع تشير إلى أنّ لبنان لا يستفيد أو يستعمل بالقدر المطلوب طاقاته وإمكاناته الزراعية في المحاصيل الملائمة وفي مجالات تأصيل البذور. وهذا أمر سيدفع ثمنه المواطنون اللبنانيون إذا لم يتم الالتفات بسرعة إلى هذا القطاع الحيوي والهام بحجة الميزة التفاضلية للبنان في القطاعات الإنتاجية الأخرى. هذا مع العلم أن لبنان قد يكون يملك القدرة على تطوير ميزات تفاضلية جديدة له في بعض الزراعات ذات القيمة المضافة العالية.

إن وجوب الالتفات بدون أي تلكؤ إلى قطاع الزراعة في لبنان وتطوير خطة لإنعاشه على الصعيد الوطني، تشكل العبرة الأهم من أزمة ارتفاع أسعار المواد الأولية في مطلع العقد الفائت. وفي هذا الإطار يجب على أي خطة وطنية لقطاع الزراعة أن تعمل على مسارات متعددة وتتصدى في آن واحد أولاً إلى معالجة مشكلة عملية الضم والفرز وتصنيف الأراضي الزراعية وحمايتها، وثانياً إلى عمليات تعزيز جهود مشاريع الري، وثالثاً إلى مسألة الإرشاد الزراعي وتوجيه المزارعين للاهتمام بالأصناف التي من الممكن أن تعوض الكلفة المرتفعة من خلال إنتاجية أعلى ونوعية أفضل وجهد مضاعف على صعيد التسميد والأدوية الزراعية، ورابعاً إلى الأمور التي تتعلق بالتغليف والتسويق، وخامساً إلى التبريد والنقل هذا فضلاً عن مجال تأصيل البذور.

في ضـــوء ذلك فإن على لبنان الانتقال وبسرعة من سياسة زراعية قائمة على أسـلوب الـدعم ومـنح الأفضليات وتوزيع الريوع (مثال دعم التبغ) بناءً على الـضغوط السياسية، إلى سياسة زراعية تقوم على الإنتاجية وتطوير الميزة التفاضلية لهـذا القطاع وتطوير قدراته على المنافسة عالمياً بالأصناف والنوعية الملائمة لبيئته ولأسواقه.

أمـا العبرة الثانية من صعود الاقتصادات الناشئة فهي ترتبط بالتقدم الصناعي والتكنولوجـي في البلدان النامية الصاعدة كمجموعة BRIC والذي سيدفعها إلى نقل تدريجي، ولكن مؤكد ومدروس، لأسواق عمالتها الداخلية نحو إنتاج محاصيل وسـلع وخدمات ذات قيمة مضافة أكثر ارتفاعاً من تكوينها الحالي. وسيدفع هذا الـتحول بلـداناً نامية أخرى إلى إعادة التموضع ما بين بلدان تركز على التصدير للأقطـاب الجدد من خلال تركيزها على الإنتاج ذي القيمة المضافة المنخفضة أو على إنتاج وتصدير المواد الأولية. وهذا في الواقع ما يظهر من خلال طبيعة النشاط المتـزايد للعلاقـات الاقتصادية ما بين بعض الدول الإفريقية والصين في ما خص استيراد الأخيرة من القارة الإفريقية للمواد الأولية.

على ذلك، سيكونُ على البلدان النامية الأخرى، ومنها لبنان، أن تعمل على التكـيف مـع هذه الحقائق الجديدة. ففيما خصّ لبنان فإنّ عليه أن يعيد تموضُعَه ولاسـيما في مجال اعتماد التكنولوجيا الحديثة وقطاع الاتصالات وتطوير أسواق عمالـته وخلـق بـنى اقتـصادية وإدارية وقانونية تساند وتحفّز على إنتاج السلع والخـدمات ذات القـيمة المضافة المرتفعة وذات الجودة العالية. إن لبنان في حال اسـتمر في التغاضي أو التخلّف عن القيام بذلك، فسيتحول أكثر فأكثر، وفي ظل انـشداد الأسـواق وارتفاع درجة المنافسة عالمياً، إلى موقع المستورد لكافة أنواع البـضائع من البلدان الصاعدة كالصين وكوريا الجنوبية وماليزيا وكذلك من تلك البلدان النامية الأخرى كفيتنام واندونيسيا والهند وغيرها.

نـتقل إلى التحول الثاني وهو الأزمة المالية العالمية التي ضربت العالم في العام 2008 ولكنها في الواقع كانت نتيجة تراكمات وسياسات شهدها العالم على مدى أكثر من ثلاثة عقود، أي منذ أن أدت ما سمي حينها بالريغانية والتاتشرية (نسبة إلى الرئيس الأميركي رونالد ريغن ورئيسة الوزراء البريطانية مارغريت تاتشر) إلى بيع

أصول القطاع العام (Privatization) وإلى تحرير سريع للأسواق، ترافقت أيضاً مع تراجع دور الدولة وهيئاتها الناظمة والرقابية.

لقد أسهمت تلك السياسات، ومن دون أدنى شك، في تشجيع المبادرة والعمل الخلاق وشجعت على تطور القطاعات كافة ولاسيما على الصعد الإنتاجية والتكنولوجية وتلك المتعلقة بقطاع الاتصالات والمعلومات. وينسحب الأمر ذاته على صعيد الأسواق والأدوات المالية والمصرفية. ومع اعترافنا بذلك فإن علينا أن ندرك أيضاً، أن هذه النظريات الاقتصادية والسياسات العملية التي اتبعت في ضوئها، أسهمت في زرع بعض بذور الأزمات المالية التي واجهها ويواجهها العالم اليوم. فالمبادرات المالية وبعض الممارسات المتفلتة أحياناً من الإشراف والرقابة والتقييم الرشيد لمستويات المخاطر دفعت بالقطاع المالي في عدد من الدول المتقدمة نحو الإضرار بذاته وبالنظام المالي العالمي، ولاسيما عندما أدت الوفرة المالية والسيولة الزائدة من جهة، والمنافسة الشديدة من جهة أخرى، إلى إقدام العديد من المصارف على منح الاعتمادات والقروض بسهولة مفرطة مستعملةً درجات عالية من الرافعة المالية أي الاستدانة المفرطة، وذلك بغية تعظيم الربحية من دون احتساب سليم ورصين ومتحسب للأخطار الكامنة وتداعياتها. والواقع أن من أهم مسببات الأزمة المالية العالمية هو ذوبان الخيط الرفيع ولكن الهام جداً الذي يفصل بين فكرة تحرير الأسواق (Liberalization) وفكرة عدم إخضاع تلك الأسواق للرقابة (Deregulation).

إن تحرير قطاعٍ معينٍ يعني المحافظة على المنافسة والتعددية والتنوع بما يؤمن التطوير والابتكار وتحسين الجودة والمنافسة الإيجابية من جهة وبما يساهم في خفض الكلفة وبالتالي الأسعار من جهة أخرى. لكن هذا لا يعني أبداً وجوب التوقف عن إخضاعه لهيئات ناظمة أو لسلطات رقابية أو الاثنين معاً وهي الهيئات والسلطات التي تعمل على انتظام عمل الأسواق ورصانة عملها وسلامتها، وكذلك التنسيق في ما بينها بما يمكّنها من أن تحفظ حقوق المستهلك أو المودع أو المستثمر من جهة، وتؤكد في المحصلة، ومن جهة ثانية، على تعزيز واستدامة الثقة والشفافية في النظام الاقتصادي والمالي ومستويات سلامته على صعيدي الملاءة والسيولة في حال التقلبات الكبيرة المحتملة.

والواقـع أن هنالك قدراً كبيراً من اللغط والخلط أحياناً على مستوى النقاش الاقتـصادي في لبنان بين هذه المفاهيم الثلاثة: الخصخصة، التحرير، وتراخي الأطر الناظمة والرقابية.

فالخصخـصة وهي انتقال ملكية الأصول في قطاعات محددة من القطاع العام إلى القطاع الخاص لا تعني بالضرورة تحرير هذه القطاعات. فعلى سبيل المثال إذا تم بـيع قطـاع الاتصالات في لبنان إلى شركة واحدة أو شركتين فقط، فهو أمر لن يؤدي بالضرورة إلى الحد من الاحتكار وإلى خفض في التعرفات، بل هو عملياً نقل الاحـتكار مـن الدولة إلى القطاع الخاص. هذا مع العلم أنه وفي تلك الآونة التي جرى الاستعانة بشركتين لمباشرة تأسيس الهاتف الخلوي في لبنان لم يكن لدى حتى الـضالعين في هذا المجال قدرة للتعرف على الإمكانات والتحولات والطاقات التي يحملـها هـذا القطـاع على أكثر من صعيد اقتصادي، اجتماعي وحتى سياسي. وبالتالي كانت هناك صعوبة في التعرف على كيفية إطلاق وإدارة مشروع الهاتف الخلـوي مـن دون التعاون مع القطاع الخاص وبالطريقة التي تستطيع أن تؤمن اهتماماً لدى هذا القطاع للمبادرة إلى إنشائه وتطويره وتحمل مخاطره التي لم تكن هـناك قـدرة واضـحة على تحديدها وكيفية التعامل معها. على هذا الأساس، وبنتـيجة لإجـراء مـزايدة عالمية، جرى الترخيص لشركتين من القطاع الخاص (Libancell, Cellis) للقيام بإنشاء هذا القطاع.

والحقـيقة أنـه وفي هذا الإطار، قد يكون من المفيد أن نفتح هلالين لنوضح الـدور المحـوري والرؤيوي الذي لعبه الرئيس الحريري على صعيد تطوير قطاع الاتـصالات في لبـنان سواء على صعيد الهاتف الثابت أو المحمول أو في ما يتعلق بالتحضير لداتا المعلومات. ولقد كانت نظرته على هذا الصعيد رؤيوية إذ كان من القلـة في العـالم العربـي الذين أدركوا أهمية هذا القطاع في الاقتصاد الحديث، وبالـتالي أدركـوا أن الاسـتثمار في تحديثه وتعزيزه هو أيضاً استثمار في مستقبل الاقتـصاد وفي الإنسان والاستثمار في إنتاجيته وتطوره وتلاؤمه مع العصر. وعلى هـذا الأساس تم الاستثمار الكبير ومنذ البداية في شبكات الاتصالات الثابتة وكان لبـنان مـن الأوائل في العالم العربـي الذي أطلق ومن خلال التعاون مع القطاع الخاص خدمة الهاتف الجوّال.

لم يكــن الهدف آنذاك نقل احتكار الدولة إلى احتكار القطاع الخاص إذ أن التحرير الاقتصادي لقطاع ما يعني في الأساس زيادة التنافسية بما يتيح خفض الكلفة وتحــسين جودة الخدمة في آن واحد. الحقيقة التي يجب الاعتراف بها أن المعايير التي اعتمدت في عملية الانتقاء لم تكن موضوعية بالكامل، ولكن ذلك كان في جانب منه متعلقاً بعدم الإلمام العميق بهذا القطاع الناشئ وعدم معرفة بالسوق وحجمه أو إدراك واع لقدرتــه وطاقاتــه الكامنة على النمو السريع، وذلك بالرغم من بعض الإدراك آنذاك لدوره وأهميته على المدى الطويل.

طــبعاً، لقــد كان من الأجدى أن تتم معالجة هذه الشوائب لاحقاً بطريقة موضــوعية مــع تكشف حقيقة ما يختزنه هذا القطاع من إمكانات وفرص هائلة. ولكــن وكالعــادة في لبنان، جرت معالجة هذه القضية بطريقة عشوائية وكيدية ومتقلبة أدت في المحصلة إلى لجم اندفاعة هذا القطاع الحيوي وشلّ مبادراته وتقييد قدرتــه علــى الــنمو والتلاؤم مع المتغيرات السريعة التي يشهدها العالم على هذا الــصعيد. وســنعرض بــشيء مــن التفصيل في الفصل اللاحق نظرتنا إلى قطاع الاتصالات في لبنان.

علــى كــل حال، إذا ما راجعنا تجربة الخصخصة في عدد من البلدان نجد أن هــذه الخصخصة لم تؤدِّ بالضرورة إلى زيادة في الإنتاجية ولا إلى مفاعيل مضاعفة (Multiplier Effects) عندما اقتصرت عملية الخصخصة على نقل الاحتكار من القطــاع العام إلى القطاع الخاص. والحالة الروسية هي من أهم النماذج التي تجسد عملية خصخصة لم تتسم بالشفافية ولم تؤدِّ بالضرورة إلى تفعيل المناخات الإيجابية في القطاعــات الإنتاجــية. في المقابل تعتبر عمليات الخصخصة التي تمت في بعض الدول الاشتراكية الأخرى كبولونيا وتشيكيا، وحتى عمليات الخصخصة في بلدان متقدمة كبريطانيا والولايات المتحدة الأميركية، تجارب ناجحة لأنها أدت في المحصلة إلى زيادة في التنافسية وتفعيل الأسواق وتطويرها وتنويعها وأدت كذلك إلى خفض الكلفة وتحسين الجودة، وهي بذلك تكون قد أنهت الاحتكار سواء من قبل القطاع العام أو من قبل القطاع الخاص.

أما في ما خص دور الدولة على صعيد عمل الهيئات الناظمة والأطر واللجان الرقابية (Supervisory and Regulatory Authorities)، فإن العبرة الأهم هي في

ما حدث على الصعيد المالي والاقتصادي العالمي مؤخراً، ولكن كذلك الأمر من خلال تجربة العديد من البلدان قبل ذلك، هي أن التحرير لأي قطاع لا يعني أبداً انحسار دور الدولة على صعيد الأطر الناظمة والرقابية. بل على العكس تماماً. فالليبرالية الحقيقية هي في خفض وانسحاب الدولة من دورها في إنتاج وتوزيع الخدمات والسلع ولكن وفي آن واحد تفعيل دورها الناظم والرقابي، الذي يضمن أن يؤدي تحرير القطاع إلى المزيد من المنافسة البناءة. وهذا ما يؤدي بدوره إلى مزيد من التطوير والابتكار، وخفض كلفة الإنتاج من خلال اعتماد الوسائل الأفضل وكذلك التحسين في نوعية الخدمة بهدف المنافسة وزيادة الحصة من السوق.

وعلى هذا الأساس لا بد أن تترافق عمليات الخصخصة مع إنشاء الهيئات الناظمة التي تضمن أن تؤدي الخصخصة، ثم إدارة القطاعات التي يتم بيعها، إلى تحقيق النتائج الأفضل للمستهلك وللاقتصاد الوطني وكذلك إلى تحسين فعالية عمل الأسواق.

ما السبب في استمرار اللغط في لبنان بين هذه المفاهيم المختلفة ولكن المترابطة، وما تأثير ذلك على اللبنانيين؟

لقد سبق وذكرنا في أكثر من سياق أن حكومات الرئيسين الحريري والسنيورة المتعاقبة لم تقدم في بداية الأمر مشاريع الخصخصة للقطاعات المختلفة وبالأخص قطاعي الطاقة والاتصالات على أنها مشاريع لتحرير هذه القطاعات بالمعنى الاقتصادي الحقيقي، أي وسيلة أساسية وفعالة لخفض كلفة الإنتاج وبالتالي خفض السعر الذي يدفعه المستهلك. كما أنها لم تُقدِّم هذه المشاريع كوسيلة لتفعيل المنافسة والإبداع والتطور بما يؤدي إلى زيادة الفعالية ورفع مستوى الخدمة، وبالتالي إلى تحقيق تأثير مباشر على مستوى الإنتاجية على صعيد الاقتصاد الوطني ككل وزيادة حجم القطاع المعني وبالتالي قدرته على إيجاد وظائف عالية المردود ومرتفعة الأجر.

لقد قدمت معظم الحكومات السابقة مسألة الخصخصة بشكل أساسي كوسيلة لخفض الدين العام وتحسين وضع المالية العامة ويعود السبب الأساسي في ذلك إلى الضغوط المالية التي كانت تعاني منها المالية العامة وبسبب تركيز الرأي العام نظره على مسألة الدين العام وانشغاله بها عن أي أمر آخر بما في ذلك زيادة

الفعالية والتنافسية في القطاعات المخصخصة. ولقد أدى ذلك إلى سوء استعمال هذه الحجة من قبل القوى التي كانت تناهض الخصخصة، أو تلك التي لم تدرك آنذاك وحتى تاريخه أهمية تحرير قطاعي الاتصالات والطاقة وخفض كلفتهما وتحسين مردودهما الاقتصادي في بلد كلبنان يقوم اقتصاده على القيمة المضافة وليس على استخراج وتصدير المواد الأولية.

وقد أدت جميع هذه العوامل وتشابكها وكذلك دخولها في حلبة الصراعات السياسية إلى تعطيل عملية الخصخصة وبالتالي إلى عدم تحرير قطاعات أساسية لا بل حيوية في الاقتصاد، ليس بكونها فقط تؤمن للمواطنين خدمة هامة ولكن أيضاً باعتبارها تدخل كأحد عناصر الإنتاج في قطاعات أخرى كالصناعة (الطاقة) وتكنولوجيا المعلومات والمعرفة (الاتصالات). وهذا الأمر هو ما حرم اللبنانيين ولا يزال من الخدمة الجيدة والكافية والمتنوعة والمنخفضة الكلفة في هذين القطاعين الحيويين، كما حرمهم من فرص العمل الإضافية التي من الممكن توفيرها إذا ما تم تحرير هذه القطاعات.

لقد أدى هذا اللغط أو سوء الفهم، ولا يزال، إلى التلكؤ في إنشاء الهيئات الناظمة أو عرقلة عملها ودورها وهي هيئات ضرورية بالمطلق، وضرورية أكثر في ضوء الدروس التي تم استخلاصها من الأزمة المالية العالمية الأخيرة. ومن مفارقات الخطاب السياسي الاقتصادي في لبنان هو أسلوب التعرض لهذه الأمور أو تناولها بطريقة لا تقارب جوهر الموضوع. وهنا نجد بعض القوى السياسية يجاهر برفضه للهيئات الناظمة على أساس أنها "تمس بصلاحيات الوزير". وهنا تكمن مفارقة غريبة فهل الهدف أساساً في العمل الوطني والحكومي على الصعيد الاقتصادي والخدماتي هو المحافظة على صلاحيات الوزير، أم أن العمل يكون من أجل توفير وتقديم الخدمة الأفضل بالسعر الأدنى للمواطن وللمستهلك؟

هذا الأمر هو جزء من لغطٍ أوسع ومقاربة مجتزأة للدور المنوط بالوزير، وأيضاً مفهوم خاطئ للدور المرتقب للدولة وأدوار المسؤولين فيها وفي الاقتصاد، وهو ما سنعرض له بتفصيل في الفصلين اللاحقين.

نصل إلى التحول الثالث، وهو أزمة الديون السيادية التي تهدد بعض البلدان الأوروبية، وقد بدأت في اليونان حيث تعطلت قدرة هذا البلد على تمديد آجال

ديونه السيادية في الأسواق المالية العالمية، ثم هددت بلداناً أخرى كايرلندا وإسبانيا والبرتغال وحتى إيطاليا قبل أن تتدخل الدول الأوروبية الأخرى وتؤمن صندوقاً مالياً تتجاوز قيمته 1000 مليار د.أ. لمساعدة هذه البلدان على مواجهة هذه الأزمة المالية التي تهدد بأن تعصف بالنظام المالي العالمي ككل.

من المفيد هنا أيضاً أن نتعرض بشيء من الإسهاب إلى كيفية وصول بلد أوروبي كاليونان إلى شفير الانهيار المالي والنقدي، والتساؤل عن الدور الذي لعبته السياسة المالية غير المنسجمة مع الظروف الداخلية والخارجية؟ وما هي العبر التي على لبنان أن يعمد إلى استخلاصها من هذه التجربة الماثلة أمامنا اليوم؟

لقد انضمت اليونان إلى الاتحاد الأوروبي في العام 1980 وهو الاتحاد الذي عملت البلدان الأوروبية على إنشائه منذ العام 1957، حين قامت السوق الأوروبية المشتركة التي أسست بدورها لخطوة العملة الأوروبية الموحدة وهو ما تم الدفع جدياً باتجاهه منذ العام 1989. ولقد شكلت اتفاقية ماسترخيت الموقعة في العام 1992 الإطار الرئيسي الذي قامت على أساس منه معايير الوحدة النقدية الأوروبية (اليورو) التي دخلت حيز التنفيذ منذ العام 2000.

والواقع أن اعتماد معايير اتفاقية ماسترخيت لم يأت بشكل اعتباطي، ذلك أن تلك الاتفاقية ركزت على أهمية تلاؤم مؤشرات الموازنة العامة والدين العام وتناغمهما لدى كل من الدول الأعضاء. فقد حددت الاتفاقية سقفاً لعجز الموازنة بنسبة 3% من الناتج المحلي الإجمالي، وحددت سقفا للدين العام بنسبة 60% من الناتج المحلي الإجمالي، إدراكاً من صانعي السياسات المالية والاقتصادية والنقدية في أوروبا آنذاك أن العجز في الموازنة وارتفاع الدين العام يشكلان العاملين الأخطر على استقرار سعر النقد. وقد تم هذا التقارب التدريجي في مؤشرات المالية العامة والدين العام لدى الدول المنتمية للاتحاد الأوروبي على مدى سبع سنوات وهي الفترة التي مهدت الطريق إلى إطلاق العملة الموحدة أو اليورو رسمياً في العام 1999. لكن تلاؤم تلك المؤشرات المالية وتناغمها لم يتضمنا بالضرورة توحيد السياسات المالية المتبعة لدى الدول المنتمية للاتحاد الأوروبي. وبالتالي لم يعنِ ذلك ان الصدمات الاقتصادية في حال حدوثها ستؤثر بالقدر نفسه وبحجم التداعيات ذاتها على الأوضاع والمؤشرات المالية في مختلف البلدان الأعضاء في الوحدة النقدية.

وبـــناءً على ذلك، وفي ضوء التجربة، فقد تبين بالفعل كيف تباعدت نسب العجز المالي إلى الناتج المحلي الاجمالي ونسب الدين العام إلى الناتج المحلي الإجمالي في مخـــتلف البلدان الأعضاء في الاتحاد النقدي الأوروبـــي عن تلك المعتمدة في اتفاقية ماســـتريخت، ولاسيما بنتيجة الأزمة المالية والاقتصادية العالمية التي بدأت في العام 2008. فقـــد ارتفـــع العجز المالي والدين العام بشكل ملحوظ في كل من اليونان، وإســـبانيا، وإيرلندا وإيطاليا على سبيل المثال، بينما حافظت في المقابل مستويات العجـــز المـــالي والدين العام على شيء من استقرارهما، في كل من ألمانيا وهولندا والنمسا.

والملاحـــظ أن البلدان الأكثر تأثراً بالأزمة المالية العالمية لناحية تزايد العجز في المالـــية العامة لديها هي البلدان التي كانت أصلاً تعاني عجزاً في الحساب الجاري. وهـــذا الحساب يمثل الميزان المتعلق بمجموع الصادرات التجارية والخدماتية ناقص المـــستوردات التجارية والخدماتية، وهو ما يساوي أيضاً صافي المدخرات الوطنية، أي الناتج المحلي الإجمالي ناقص الاستثمار والاستهلاك في القطاعين العام والخاص. فمن المتعارف عليه اقتصادياً أن العجز المالي والعجز في الحساب الجاري هما توأمان يمهـــد أحـــدهما للآخر (Twin Deficits)، إذ تشكل الدولة أكبر مستهلك وأكبر مـــستثمر في الاقتصاد، وبالتالي فإن أي تضخم في عجزها المالي الناتج عن ارتفاع الاستثمار والاستهلاك لدى القطاع العام في مقابل وارداها سيؤدي عاجلاً أم آجلاً إلى عجز في الحساب الجاري لديها.

وبالفعـــل لم تقارب اليونان وبعض الدول الأوروبية الأخرى مسألة التكامل الاقتصادي والوحدة النقدية كمحفّز لمتابعة الإصلاحات الاقتصادية والإصلاحات في المالـــية العامة، بل كوسيلة للاستدانة بكلفة أقل، وذلك في سعيها لتمويل العجز المستمر في المالية العامة. وقد أدى ذلك إلى تفاقم العجز في الحساب الجاري. ومن جهـــة أخرى أدى فقدان تلك البلدان لقدرها التنافسية النسبية تجاه بلدان أوروبية أخرى كألمانيا إلى ازدياد مطرد في العجز في الحساب الجاري.

وكانـــت بلـــدان الجـــنوب الأوروبـــي عموماً قد فقدت الكثير من قدرها التنافـــسية تجاه بلدان الشمال الأوروبـــي بسبب تقارب كلفة عوامل الإنتاج بين الجـــنوب والـــشمال ولاسيما بفضل حرية تنقل الكفاءات واليد العاملة بين بلدان

السوق الأوروبية المشتركة، في حين ظلت وما تزال مستويات الإنتاجية أكثر تطوراً وارتفاعــاً في بلدان الشمال عنها في بلدان الجنوب. ويعود ذلك لأسباب اقتصادية واجتماعــية وتاريخية وارتباط دول الشمال الأوروبــي بشكل أكبر بتطور اقتصاد المعــرفة، وبمستويات التعليم ونوعيته، وتوافر رأس المال، وعمق الأسواق المالية في دول الشمال وتنوعها بالمقارنة مع ما هو متوافر في دول الجنوب الأوروبــي.

لقــد أدى إذاً الارتفاع السريع في العجز المالي لدى الحكومة اليونانية والذي تجــاوز 12% من الناتج المحلي الإجمالي في العام 2009، وكذلك الارتفاع في حجم الــدين العام الذي تجاوزت نسبته 113% من الناتج المحلي في العام ذاته، إلى ارتفاع كــبير في فــارق كلفة خدمة الدين العام بالمقارنة بين اليونان وألمانيا، حيث تجاوز فــارق الفائــدة على سندات الخزينة ذات الآجال لمدة عشر سنوات مثلاً 4 نقاط مئوية. وبناءً على ذلك لم يكن بمقدور اليونان خفض مستويات الدين العام للناتج المحلي إذا لم يتم خفض معدلات الفائدة بشكل كبير. وهذا ما تطلب بدوره العمل على خطين متوازيين: أولاً الحصول على قروض مدعومة من الدول الأوروبية ومن صــندوق النقد الدولي، وهو ما تمّ الالتزام به بعد مفاوضات مريرة وتردد كبير من قــبل ألمانــيا، وثانياً النجاح في تحقيق تخفيض كبير وفوري بنسبة العجز المالي إلى الــناتج المحلــي. وتحــتاج عملية التخفيض هذه في نسبة العجز المالي إلى تخفيض استثنائي في عجز الحساب الجاري وهو ما يستدعي إما خفضاً كبيراً في قيمة العملة المعتمدة في اليونان أي اليورو (وهو أمر غير وارد) أو بتحقيق خفض في مستويات الأســعار المحلــية، وهذا ما يستوجب بدوره تنــزيلاً هاماً في مستويات الأجور والــرواتب في القطــاعين العام والخاص. تجدر الإشارة إلى أن مستويات الأجور والــرواتب ارتفعــت في الــيونان بنسبة 45% بين العام 1998 والعام 2008 بينما ارتفعت فقط بنسبة 2% في ألمانيا في الفترة ذاتها. وقد أسهم ذلك في تدهور القدرة التنافــسية في الــيونان بسبب عدم تحسن مستوى الانتاجية بالقدر ذاته في اليونان مقارنة بما هي عليه الحال في ألمانيا.

ولكن هل سيكون خفض الرواتب والأجور كافياً أو حتى مفيداً؟

ليس الانكماش في الأسعار أمراً محموداً في الاقتصاد على المدى الطويل. فقد عرض الاقتصادي إيرفينغ فيشر في مقالة شهيرة كتبها في العام 1933 معادلة تطور

قيمة الدين في ظل انكماش الأسعار وبيّن أثر ذلك على الحركة الاقتصادية (Debt-Deflation- Depression cycle)، والتي تبين أن انخفاضاً للأسعار في ظل وجود دين مرتفع لدى القطاع الخاص يؤدي حتماً إلى انكماش اقتصادي كبير. إذ أن الدين ذا القيمة الإسمية الثابتة يضحي عبئاً كبيراً على المؤسسات الاقتصادية في ظل انخفاض الأسعار أي عملياً في ظل ارتفاع قيمة الدين الحقيقية. ويؤدي ذلك إلى إفلاس العديد من تلك المؤسسات الاقتصادية. وتتأثر بالتالي المصارف سلباً بمحفظة الديون الجامدة أو غير القابلة للتحصيل، كما تنخفض بطبيعة الحال التسليفات والاستثمارات، وترتفع معدلات البطالة وهو ما يتسبب بدوره في دخول الاقتصاد في حلقة جديدة من خفض الأجور والأسعار وارتفاع قيمة الدين الحقيقية وبالتالي إفلاس المزيد من الشركات وتعميق حالة الانكماش في الاقتصاد.

وقد أدت تلك المعادلة لاحقاً إلى دفع الرئيس الأميركي فرانكلين ديلانو روزفلت إلى مجابهة خطر انخفاض الأسعار في زمن الانكماش الاقتصادي الكبير بالعمل على خفض قيمة الدولار بنسبة 60% مقابل الذهب في أوائل العام 1934.

لماذا نستعيد هذه الوقائع والعبر هنا؟ وماذا يعني كل هذا؟ يعني ببساطة أن اليونان، وبغياب دعم سخي وفوري ومتواصل من البلدان الأوروبية الأخرى كانت ستواجه عاجلاً أو آجلاً وضعاً تختار فيه بين قرارين أحلاهما مر: إما الانسحاب من الاتحاد النقدي الأوروبي والعودة إلى عملة يونانية جديدة وتخفيض قيمتها (وهو خيار تم استبعاده)، وإما إعلان الإفلاس المالي (ما يذكرنا بين هلالين بالخيارات المُرّة التي كان يواجهها لبنان في العام 2001 لو لم ينجح الرئيس الحريري بعقد مؤتمر باريس-II والحصول من خلاله على مساعدات هامة). وعندها، يشكل أي خيار منهما صفعة قوية لتجربة النقد الأوروبي الموحد وذلك بالرغم من سنوات الجهد الطويلة والشاقة من التحضير لتلك التجربة اقتصادياً ومالياً ومؤسساتياً. كما قد يؤدي هذا أيضاً إلى إمكانية انتقال تلك العدوى إلى دول أخرى مما يعني تعرض بلدان أخرى لديها ربما ذات العوارض وربما أيضاً القابلية كالبرتغال وإيرلندا. ليس هذا فحسب ولكن ربما أيضاً تعرّض بلدان كبيرة وأساسية ومؤثرة في الاتحاد كإسبانيا وحتى إيطاليا إلى خطر الإفلاس أو الخروج من الوحدة النقدية والعودة إلى العملات الوطنية. ولقد أدركت بعض

الدول الأوروبية ذلك، فضغطت على ألمانيا بشدة لفتح الطريق أمام إنقاذ أوروبي مشترك (ساهم به أيضاً صندوق النقد الدولي) لليونان (Bail out) من ثم ايرلندا، من خلال تأسيس صندوق بقيمة حوالي 700 مليار يورو (حوالي 1000 مليار د.أ.) لمساعدة البلدان التي تحتاج إلى تمويل ميسر بمعدلات فوائد منخفضة.

لقد شكل هذا الالتزام خطوة مهمة كونها قد تساعد على سدّ الفجوة التمويلية المتبقية لليونان في الأعوام الثلاثة المقبلة ولكنها لا تعني بأن اليونان قد خرجت كلياً من خطر الإفلاس على المدى المتوسط، وذلك في ظل استمرار ارتفاع العجز في المالية العامة لديها بينما المطلوب تخفيضه كما ذكرنا سابقاً. ومما يزيد الأمر تعقيداً أن الدعم الأوروبي المستمر، وخاصة من قبل ألمانيا، ليس أمراً مضموناً على المدى المتوسط أو حتى القريب. وكل هذه أمور شديدة التعقيد وكثيرة التداعيات على أكثر من صعيد، وتتطلب معالجات جذرية ومستدامة.

إن ما يهمنا نحن في لبنان في هذا الخصوص هو أن العبرة الأهم التي يمكن استخلاصها من أزمة اليونان وأزمات البلدان الأوروبية الأخرى هي أن التلكؤ في الإصلاح وتأجيله وعدم القيام به عندما تكون الظروف الداخلية والخارجية مؤاتية يؤدي في محصلة الأمر إلى رفع كلفته، ويجعله أكثر صعوبةً وإيلاماً عندما تنقلب الظروف المؤاتية إلى ظروف معاكسة. عندئذ سيكون القيام بالإصلاح أمراً ملزماً ومحتماً لتفادي الانهيار، ولكن وقعه على المواطنين حينذاك سيكون كبيراً لناحية الكلفة والتأثير والتبعات.

ماذا يعني كل هذا، ولماذا استفضنا في شرح الأزمة اليونانية؟

لقد كانت الأزمة المالية العالمية في العام 2008 أزمة قطاع عقاري وإسكاني في الأساس. قطاع تجاوزت مديونيته قدرته على الدفع مما أدى إلى أزمة ملاءة في القطاع المنزلي ما لبث أن تحولت إلى أزمة سيولة ثمّ أزمة ملاءة في القطاع المصرفي فأزمة ائتمان واستثمار لدى القطاع الخاص، ثمّ أزمة ركود اقتصادي في الدول المتقدمة وفي العالم.

لكن أزمة اليونان، أو أي أزمة مقبلة في العالم ستكون مختلفة، فهي ستكون بالأرجح أزمة ديون سيادية بسبب تفاقم العجز المالي وارتفاع الدين العام في العديد

من البلدان وربما أيضاً ستكون أزمة تضخم بسبب عدم قدرة حجم العرض في أسواق المواد الأولية على التلاؤم مع حجم الطلب في هذه الأسواق.

وبينما أدت الأزمة المالية العالمية في العام 2008 إلى انخفاض في معدلات الفوائد بسبب السيولة التي تم ضخها من قبل المصارف المركزية العالمية، فمن المحتمل أن الأزمة المقبلة، خاصة إذا ما كانت سيادية الطابع، ستتسبب في ارتفاع في معدلات الفوائد العالمية، وهو ما يؤثر دوماً بطريقة سلبية على البلدان النامية التي تتحدد فوائد دينها السيادي كهامش إضافي يُضاف إلى الفائدة على الدين السيادي للبلدان المتقدمة ولاسيما الولايات المتحدة الأميركية.

ماذا يعني كل هذا للبنان؟ وماذا بإمكاننا أن نستخلص؟

يعني ذلك أن الأولوية المطلقة بالنسبة للبنان اليوم، وفي ضوء هذه التحولات التي شهدها ويشهدها العالم يجب أن تكون في السير قدماً نحو إطلاق عملية الإصلاح الاقتصادي والمالي والإداري والعمل على إجراء خفض مستمر في نسبة العجز المالي وفي نسبة الدين العام إلى الناتج المحلي الإجمالي وتحقيق زيادة الفائض في الميزان الأولي. والسبيل إلى ذلك هو العمل على احتواء العجز على الصعيد المالي من جهة، والمحافظة في آن واحد على النسب المرتفعة من النمو الاقتصادي من جهة أخرى.

كيف يمكن أن يتم ذلك؟ حتماً ليس من خلال زيادة الإنفاق، بل من خلال ترشيده وخفضه وزيادة فعاليته ومردوديته في آن واحد. كذلك من خلال سعي الدولة لزيادة الإنتاجية في قطاعي الطاقة والاتصالات عبر تحريرهما والاستعانة بدور فاعل للهيئات الناظمة وللهيئات الرقابية. كما أن ذلك لا يتحقق من خلال الاستمرار بالإنفاق الاجتماعي الزبائني المنخفض الفعالية الذي يراعي التوازنات الطائفية والمناطقية، بل من خلال العمل على التمكين الاقتصادي والاجتماعي الحقيقي لمختلف فئات المجتمع من خلال التنمية المناطقية. وهذه الأمور جميعها سنعرض لها في الفصلين المقبلين، في سعينا لطرح الاقتراحات التي تؤدي إلى تفعيل الليبرالية اللبنانية وتطويرها بما يتناسب مع الأهداف الاقتصادية للبنان، آخذين بعين الاعتبار هذه التحولات الاقتصادية الكبرى على الصعيد العالمي.

الفصل الحادي عشر

الدولة والنمو المستدام

قد نكون نعبّر عن رأي صريح وواضح، وربما غير شائع، ولكن من المؤكد غير تقليدي، عندما نجزم بأن لبنان لن يستطيع أن يحقق القفزة النوعية التي بمقدورها أن تدخله في مصاف البلدان المتقدمة اقتصادياً واجتماعياً ما لم يعمد إلى تطوير وتغيير وتعديل الممارسات السياسية في تطبيق نظامه الديمقراطي وذلك بعيداً عن القيود الطائفية والمذهبية. الواقع أن هذه الممارسات، التي دُرِجَ على اعتمادها في لبنان على مدى عدة عقود واستحكمت به وباللبنانيين واشتدت وطأتها على مدى الفترة الممتدة منذ اندلاع الحرب الأهلية اللبنانية في العام 1975، عززت وتعزز المحسوبية والزبائنية على حساب الكفاءة والجدارة. كما انها تقيد العلاقة بين الدولة والمواطن بما يفرض على تلك العلاقة أن تمر عبر زعماء الطوائف والمذاهب، وهو ما يعيق الإصلاح ويعطل الإدارة ويكبل المؤسسات ويكشف البلد ونظامه واستقراره دوماً أمام الاعتبارات المحلية الضيقة وأمام التدخلات الخارجية وبالتالي يجعله هو ونظامه هشاً وعرضةً للاهتزاز. وفي المحصلة لا تسمح ولا تؤدي تلك الممارسات إلى استعمال الموارد المتاحة للبلاد بالطريقة الأمثل التي تؤمن المردود الأفضل على المديين المتوسط والطويل.

والمفارقة الحقيقية في هذا الصدد هي أن رجالات الاستقلال كانوا على ما يبدو مدركين لذلك، وهم دعوا إلى العمل على إلغاء الطائفية السياسية عندما صاغوا الدستور الأول للبلاد عام 1943 وأكدوا على أهمية الحفاظ على حيويته وتميزه وعلى أهمية الالتزام بالميثاق الوطني. وقد تكرس ذلك الميثاق بعد اتفاق الطائف (وثيقة الوفاق الوطني) ودستور العام 1989 الذي انبثق عن تلك الوثيقة والذي نص أيضاً على أهمية السعي والتقدم بحكمة وثبات نحو إلغاء الطائفية السياسية والإعداد الوطني للبنانيين لتمكينهم من التوصل إلى هذا الهدف. غير

أن الواقع المرير الذي نعيشه اليوم مع بداية العقد الثاني من القرن الحادي والعشرين، وبعد أكثر من 67 عاماً على الاستقلال، وأكثر من 20 عاماً على اتفاق الطائف، يدفعنا إلى الجزم وبكل أسى بأن لبنان أصبح أكثر طائفيةً ومذهبيةً من أي وقتٍ مضى، وذلك بدلاً من أن ينجح في التقدم على مسارات التخلص التدريجيً من عوامل وقيود تلك الممارسات الطائفية والمذهبية السياسية.

لا بدّ من التوضيح هنا، أننا من الداعين إلى الالتزام باتفاق الطائف بكل مندرجاته روحاً ونصاً ولكن قد يكون من المفيد التقدم على مسار إلغاء الطائفية السياسية، بالتوازي مع التقدم على مسار انحسار الهواجس وعناصر القلق لدى شرائح واسعة من اللبنانيين في هذا الخصوص. في هذا الإطار، لا بد من التوقف قليلاً كي نلاحظ مفارقة هامة وهي كيف تنادي بعض الأحزاب والمجموعات اللبنانية اليوم بإلغاء الطائفية المذهبية السياسية وهي أصلاً بمعظمها، وكذلك بممارساتها، قائمة على الطائفية وعلى المذهبية السياسية، وليس على عقيدة أو إيديولوجيا أو مبادئ محددة وثابتة سواء أكانت هذه المبادئ سياسية أم اقتصادية أم اجتماعية.

ليس من المفيد الدخول وفي إطار هذا الكتاب في تحديد الطريقة أو الوسائل الأفضل لإلغاء الطائفية السياسية تدريجياً، مع أنه نقاش مطلوب ومفيد وشديد الأهمية في جوهره وفي كيفية عرضه وتوقيت طرحه، ولكنه ليس النقاش أو الموضوع الذي يتصدى لمعالجته هذا الكتاب.

إن الأسئلة الاقتصادية والاجتماعية الأساسية التي نعتقد بوجوب طرحها من قبل اللبنانيين، هي التالية: ماذا ينبغي أن يكون عليه النظام الاقتصادي الأمثل للبنان نظراً إلى صعوبة تغيير الوضع القائم بسبب تجذر الطائفية والمذهبية في الحياة السياسية اللبنانية، وهو الأمر الذي لم يستطع أحد تغييره منذ الاستقلال و لم يستطع أحد أن يوقف تدهوره وانحداره التدريجي نحو السقوط في وهدة المزيد من التطييف والتمذهب؟ ما هو الدور الأكثر ملاءمة للدولة فيه؟ وما هي الوسائل الأفضل التي يمكن اعتمادها حتى تنتظم علاقة الدولة بالمواطن وبالمجتمع وبالاقتصاد؟

إن تجربة لبنان الاقتصادية منذ الاستقلال وبالأخص في فترة ما بعد اتفاق الطائف، أي في ضوء التطورات السياسية والأمنية والاقتصادية الهامة التي شهدها لبنان على مدى العقدين السابقين من جهة، وكذلك استناداً إلى الظروف والمتغيرات التي مر ويمر بها العالم من حولنا، تقودنا إلى الاعتقاد الراسخ بأن النظام الاقتصادي الليبرالي، القائم أولاً وأساساً على مبادرة القطاع الخاص، والذي تلعب فيه الدولة دوراً رقابياً وناظماً لا منتجاً أو موزعاً في القطاعات الحيوية، هو النظام الأمثل للبنان.

كيف يمكن التوصل إلى مثل هذا الاستنتاج؟

بدايةً ينبغي العودة هنا إلى التعريف الأبسط للاقتصاد والذي أتينا على ذكره مراراً وتكراراً في سياق هذا الكتاب وهو دراسة كيفية وآلية اتخاذ القرارات في ظل المحدودية. فإذا كان النظام الطائفي والمذهبي هو أحد مكونات هذه المحدودية في لبنان، وإذا كان علينا أن نحدد دوراً للدولة في ظل هذه المحدودية، وأن يحقق هذا الدور الفعالية (Efficiency) المطلوبة في كيفية استعمال الموارد المتاحة في عملية الإنتاج الاقتصادي، فإن الجواب يكون واضحاً وهو أن الدولة ذات الحجم الصغير والكفوء والفعال وليس الكبير المترهل، هي التي نحتاجها. إن الدولة التي تخنق أو تعرقل الحركة الاقتصادية في البلاد بسبب إمساكها بمعظم مفاصل تلك الحركة، وتكون في آن معاً مقيدة باعتبارات بعيدة كل البعد عن معايير الكفاءة والجدارة والفعالية الإنتاجية، ليست هي ما نحتاجه. ما نحتاجه هو الدولة الناظمة عبر قوانينها والمحفزة والمراقبة عبر مؤسساتها. إن الدولة التي لبنان بحاجة إليها هي تلك التي تكون قادرة عبر ما لها من دور محفز وناظم ورقابي وتعمل على الاستعانة بالدور الدينامي والفعال للقطاع الخاص من أجل استخدام الموارد المتاحة بالشكل الأفضل. الدولة التي لديها الإدارة الرشيقة والفعّالة والكفوءة والقائمة على معايير الإنتاجية وليس الإدارة المتخمة والبيروقراطية، تلك هي الدولة التي يمكن أن تأخذ البلاد واقتصادها نحو المستقبل.

في الواقع، فإنه لمما لا ريب فيه أن القطاع الخاص اللبناني قد أثبت عن تفوق وكذلك عن قدرة أكبر، وأسرع، وأفعل للتجاوب والتأقلم مع المتطلبات الاقتصادية والظروف والمتغيرات السياسية والأمنية على مدى العقود الماضية

وبالمقارنة مع جميع دول المحيط العربـــي. ولقد تمكن القطاع الخاص من تحقيق ذلك حـــتى في ظـــل تلك الصدمات الهائلة التي تعرّض لها لبنان. وهو حتماً أكثر قدرة وكفـــاءة علـــى الـــتعامل مع ما يمكن أن يتعرّض له لبنان واقتصاده من صدمات ومتغيرات ضمن ظروف محلية وإقليمية ودولية كثيرة التعقيد وشديدة في انعكاساتها على لبنان وأوضاعه الداخلية.

وقـــد يـــصحّ هـــذا التعميم عن تفوق القطاع الخاص في الإنتاج والإنتاجية وكـــذلك على التكيف في أي بلد، ولكن يصحّ الأمر بشكل أكبر أيضاً في لبنان، حيث تمنع الزبائنية المتلطية خلف القيود الطائفية والمذهبية عملية الإصلاح الجذري لقطاعـــات حـــيوية عديـــدة. كما أنها تقف حاجزاً أمام عملية إصلاح الإدارة، وتفعـــيلها، ونقلـــها إلى حـــيث يجب أن تكون لتقوم بالدور المناط بها كمحفزة وكمسهلة لا معيقة للتقدم الاقتصادي والاجتماعي.

هـــناك حاجة ماسة للإدراك اليوم قبل الغد، أن الحل الأمثل لمشكلات لبنان البنـــيوية، هو الحل الذي يتقاطع في الواقع مع التحولات العالمية، والذي يقضي بأن تخرج الدولة تدريجياً ولكن حتماً من عملية الإنتاج لأي خدمة أو سلعة يستطيع أن يؤمـــنها القطـــاع الخـــاص بفعالية أكبر، أي بمستوى أعلى من الجودة والمردودية وكـــذلك بالكلفة الأدنى. واستتباعاً لذلك ينبغي أن ينحصر دور الدولة عندها في إطـــار الهيـــئات الـــناظمة واللجان الرقابية التي يجب أن تتمتع بأوسع الصلاحيات والقدرات، وبقدر عال من الاستقلالية والالتزام بالمعايير المهنية ما يُخَولها أن تفرض المنافـــسة الـــشريفة ويُقْدِرُها على أن تضمن إلى حد بعيد أعلى مستويات الجودة وأدنى كلفة ممكنة للإنتاج. ويعني ذلك أيضاً أنه يتوجّب على هذه الهيئات الناظمة ضمان منع تحول احتكار الدولة إلى احتكار القطاع الخاص.

وبالطـــبع، من الممكن أن تأخذ هذه الخصخصة التدريجية وجوهاً عديدة ومختلفة مـــنها البـــيع الكلـــي للأصول ومنها أيضاً إشراك القطاع الخاص بعمليات التمويل أو الإنـــشاء أو الإدارة أو جميعها، في القطاعات المختلفة وهو ما يسعى إليه مشروع قانون الشراكة مع القطاع الخاص الذي تنبغي المسارعة إلى إقراره من قبل مجلس النواب.

ينطبق هذا النموذج المقترح بالذات على قطاعات الطاقة والاتصالات والنقل والمياه وهي القطاعات الخدماتية الأساسية بحد ذاتها، والقطاعات الحيوية التي تدخل

كعناصـــر أساسية للإنتاج في قطاعات أخرى كالصناعة والزراعة وتقديم الخدمات المتطورة.

لا بـــد لـــنا أن نلاحظ هنا أن النجاح الاقتصادي الذي تم تحقيقه على مستوى الاقتصادي الكلي والذي تظهره معدلات النمو المرتفعة في السنوات القليلة الماضية لم تـــتم تـــرجمته تمامـــاً على صعيد الاقتصاد الجزئي، وبالأخص على صعيد القطاعات الإنتاجية التقليدية (قطاعي الصناعة والزراعة) أو حتى على صعيد الإنتاج الحديث أو مـــا يسمى باقتصاد المعرفة. فلقد انْحَصَرَ معظم النمو في قطاعي الخدمات (وخصيصاً الـــسياحة) والبناء. كما أنه لم ينعكس بشكل كامل على اقتصادات مختلف المناطق اللبنانية بشكل متساو و لم يتمكن من إحداث نقلة أساسية وهامة على صعيد تحسين معـــدلات الفقـــر والبطالة بالقدر المطلوب. ويبين الجدول البياني 11- 1 أدناه توزع الـــناتج المحلي الإجمالي على مختلف القطاعات ومعدل نسبة النمو الاقتصادي الحقيقي التي تم تحقيقها في كل قطاع خلال مرحلة الأعوام 1997- 2008.

جدول بياني 11 - 1: مكونات الناتج المحلي الإجمالي في لبنان ومعدل نموها

القطاع الاقتصادي	النسبة من الناتج المحلي (نسبة مئوية)	معدل نسبة النمو السنوي من العام 1997 وحتى العام 2008 (نسبة مئوية)
الزراعة	5.6	5.1
الطاقة والمياه	-4*	-20.0
الصناعة	8.8	2.3
البناء	13	8.0
النقل والاتصالات	7.2	9.4
الخدمات	33.5	7.8
التجارة	26.6	8.1
القطاع العام	9.3	3.4
المجموع	100	3.7

المصدر: الحسابات الوطنية

* يشكل قطاع الطاقة والمياه مكوناً سلبياً من الناتج المحلي الإجمالي بسبب القيمة المضافة السلبية التي تتأتى عن بيع الكهرباء بسعر أقل من كلفة إنتاجها.

لقد فتح هذا الواقعُ البابَ أمام سجال اقتصادي أُطلِق مع مناقشة مشروع موازنة العام 2010 وهو سجالٌ من المتوقع أن تزداد حدته في الأشهر بل في السنوات القادمة عندما تظهر أكثر فأكثر حاجة لبنان لتفعيل قطاعاته الإنتاجية سواء التقليدية منها أو الحديثة، وهي القطاعات الأكثر قدرةً على خلق فرص العمل واستيعاب آلاف الطلاب المتخرجين من المدارس والجامعات وغيرهم من المنضمين إلى سوق العمل في كل عام.

كما أنه نقاش لا بد أن يحتد عندما تعاود أسعار المواد الأولية العالمية كالنفط والقمح والذرة ارتفاعها وتأثيراها الكبيرة على مواد أولية وسلع عديدة أخرى، وهو يبدو أمراً لا بد منه عاجلاً أم آجلاً، في ضوء التغيرات العالمية الجذرية التي أتينا على تفصيلها في الفصل السابق، والتي ستضع لبنان أمام مواجهة إشكاليات هامة مرتبطة بقدرته على توفير أمنه الغذائي وأمنه الطاقوي على حدّ سواء.

ومما لا شكّ فيه هو أن جملة هذه التحديات هي في الحقيقة كبيرة وشائكة ومعقدة بقدر ما هي شائكة ومعقدة التركيبة السياسية اللبنانية غير المحفِّزة للإصلاح والمسببة للبطء بل للشلل، والمؤدية إلى سوء وعدم فعالية استعمال الموارد القليلة المتاحة. هذه التركيبة هي التي جعلت، وفي غالب الأحيان، أن تكون السمة الأساسية للسياسة الاقتصادية مبنية على التعامل مع الصدمات حين حصولها (Crises Management)، وليس التعامل معها بشكل استباقي وبطريقة تهدف إلى العمل على احتواء الصدمات قبل حدوثها، وبالتالي إلى عدم القدرة على النجاح في التقليل أو الحدّ من آثارها.

إن النقاش الاقتصادي الدائر حول هذه المسائل محبذ، لا بل هو ضروري ومفيد للتوصل إلى تحاليل ورؤى مشتركة وبالتالي إلى معالجات ناجحة لتلك الأزمات المتراكمة والمتلاحقة. ولكن المقلق بأنه وككل شأن آخر في لبنان، يُستَعمل الاقتصاد كذخيرة للسجال وتسجيل النقاط بين الفئات والتجمعات السياسية المختلفة والمتنافرة بدلاً من أن يُستخْدَم الحوار الاقتصادي الموضوعي والبنّاء كوسيلة للوصول إلى النقاط والمساحات المشتركة (Consensus Building) وبالتالي إلى العمل على بناء الثقة وإطلاق ورشة العمل التنموي بهدف تحقيق التقدم والازدهار لكافة فئات المجتمع اللبناني.

والواقــع أن المنحــى الذي أصبح يأخذه هذا النقاش مؤخراً يشكل انحداراً خطــيراً في هذا الظرف الداخلي الصعب والعالمي الحرج جداً، إذ هو يثبت أنه وفي أكثر من مناسبة غيرُ قادرٍ على استخلاص الدروس والعبر الصحيحة، ليس فقط من التجارب اللبنانية، بل حتى من التجارب العالمية.

هذا ما يتجلى بوضوح في النقاش الذي رافق وتلى تقديم مشروع موازنة العام 2010 والــذي يدل على غياب شبه تام للإدراك لدى البعض، بل لدى العديدين، مــن أن الطريق الصحيح يبدأ في تسهيل عملية تصحيح دور الدولة في القطاعات الحــيوية، لا بزيادة تواجدها بشكل غير فعال. وليس أيضاً من خلال الاستسهال واللجــوء إلى القيام بالمزيد من الإنفاق واعتماده سبيلاً للارضاءات وكطريقة لحل المشاكل الطارئة. من جهة أخرى يتجلى ذلك في غياب الإدراك من أن الجهد يجب أن يــتوجه نحــو تفعيل القدرات الرقابية والناظمة للدولة من خلال إقامة الهيئات الــناظمة لا أن يــصار إلى تعطــيل قيام هذه الهيئات بحجة ضرورة الحفاظ على صــلاحيات الوزيــر، وهي الصلاحيات التي يجب الارتقاء بها إلى درجة الإشراف علــى سياســة القطــاع ككل لا الدخول والغرق في تفاصيل إدارته وإخضاعه للاعتــبارات الــسياسية. انه وعند التحول إلى النظر في صلاحيات الوزير في هذه القطاعــات علــى هذا الأساس يكون عندها للوزير هذا الدور المعتبر في وزارته. وبالتالي يترك في المقابل للهيئات الناظمة المعنية تحديد قواعد اللعبة في القطاع المعني والإشراف على عمله والتأكد من احترام المعنيين به للقواعد الموضوعة.

مــن المفيد هنا إعادة التذكير بالأسباب الموجبة التي تستعمل في علم الاقتصاد من أجل تبرير أو الدفاع عن قيام هيئة ناظمة لقطاع محدد بدلاً من إيلاء المسؤولية إلى الإدارات العامــة العادية. أهم هذه الأسباب تتركز في التعقيدات والتداخلات الــتي تطبع عمل قطاع معين بما يستوجب تضافر الكفاءات والخبرات الفنية التي لا تتوافر لدى الإدارات أو المؤسسات العامة. من جهة أخرى فإن هناك حاجة ماسة إلى وجــود درجة مرونة أعلى وصلاحيات أوسع وهو ما لا يتوفر لدى المؤسسات والإدارات العامــة بالمقارنة مع ما يمكن توفيره لدى الهيئات الناظمة وذلك لتعزيز القــدرة على التنفيذ السريع لرقابة الدولة ودورها الفعّال في قطاعات حيوية وذلك بعيداً عن التدخلات السياسية.

هـــل يخـــتلف اثنان أن هذا تماماً ما نحتاج إليه في لبنان على صعيد قطاعات الطاقة والاتصالات والنقل والمياه؟

إن إعـــادة تحديـــد علاقة الدولة بالمواطن والمجتمع والاقتصاد، هو الاستحقاق الأهـــم علـــى الصعيد الاقتصادي في المرحلة المقبلة إذا أراد لبنان أن يحقق التنمية المناطقـــية ويحـــافظ علـــى معدلات مرتفعة من النمو يحقق الاستقرار الاجتماعي والـــسياسي والأمني. بل أنه التحدي الأهم إذا ما أراد لبنان أن يتصدى للتحديات الديموغـــرافية والاجتماعـــية الداخلية والتي ستزيد الطلب على الخدمات العامة في وقـــت تعجـــز الدولة عن توفيرها اليوم بشكل تام. فكيف سيكون بإمكانها توفير احتياجات المستقبل؟ كما أنه التحدي الأهم إذا ما أراد لبنان أن يتصدى للتحديات الاقتـــصادية العالمية التي ستطرق بابه بشدة والتي لا بد أن تدفعه إلى الالتفات مجدداً إلى القطاعات الإنتاجية التقليدية التي توفر جزءاً من حاجات المواطنين وتؤمن نوعاً مـــن التأمين لحاجاته المتزايدة. هذا بالإضافة إلى قدرتها على خلق المزيد من فرص العمـــل الجديـــدة للمنضمين إلى سوق العمل دون أن يعني ذلك التقليل من أهمية الاســـتمرار في تنشيط القطاعات الأخرى التي كان للبنان ولا يزال ميزات تفاضلية أساسية فيها.

إن الهـــدف مـــن هـــذا الكتاب عموماً، ومن هذا الفصل تحديداً، هو إعادة تـــصويب الـــنقاش حول ضرورة استخلاص العبر الصحيحة من تجربتنا اللبنانية، انطلاقاً من مراحلها الأولى ووصولاً إلى المرحلة الحديثة، وأيضاً استخلاص العبر ممّا جرى ويجري حولنا في العالم.

على هذا، يجب أن ندرك، وخلافاً لما يحاول البعض تصويره، أن السبب لعدم انتقال النجاح من الكلي إلى الجزئي، ومن الاقتصاد ككل إلى القطاعات المختلفة، لـــيس الـــسياسات الاقتصادية الكلية التي تم اتباعها على مدى العقدين السابقين. الحقيقة أنّ هذه السياسات قد أعادت تثبيت ثلاثة ركائز أساسية من ركائز النظام الليبرالي اللبناني هي المبادرة الفردية ودور القطاع الخاص، حرية التجارة وتنقل رأس المـــال واستقرار سعر الصرف. السبب الحقيقي في الواقع يرتبط بعدم القدرة على العودة إلى الركيزة الرابعة ألا وهي إعادة التوازن أيضاً إلى موازنة الدولة وهو الأمر الـــذي نـــتج، بجانـــب منه، عن انـــزلاق الدولة في فترة ما بعد الحرب إلى تكبير

حجمها ودورها في الاقتصاد ولاسيما على صعيد القطاعات الحيوية كالطاقة والاتصالات والنقل. وكذلك أيضاً عجزها عن القيام بالإصلاح الإداري والقضائي الجذري الذي كان لا بد منه لمعالجة آثار الحرب وسنوات الانقسام والتردي في كفاءة وإنتاجية الإدارة ومؤسسات الدولة والتغاضي عن مسألة التعدي على استقلالية القضاء. وهذان الأمران- أي الإدارة والقضاء- عاملان أساسيان يجب التنبه إلى سلامة وكفاءة عملهما في أي نظام اقتصادي يسعى لتحقيق الاستقرار والنمو.

هنالك من يبحث اليوم عن الحلول من خلال إلقاء اللوم تارةً على السياسة النقدية التي ثَبّتت سعر الصرف ورسخت الاستقرار، وحصنت القيمة الشرائية ولاسيما لدى أصحاب المداخيل المتوسطة والصغيرة في البلاد. وتارة أخرى يوجه اللوم إلى تحويلات المغتربين أو المستثمرين والمودعين العرب الذين أتاحوا المجال لمستويات مرتفعة من الإنفاق الخاص والعام مما عزز الطلب وزاد من نسب النمو. وتارة ثالثة ينحو باللوم على السياسة الضريبية التي أتاحت المجال للدولة أن تعيد بعض قدرتها على التحديث والتطوير وكذلك إعادة التوزيع لمصلحة الفئات الأكثر حرماناً.

ليس هذا فقط بل بالإضافة إلى ذلك، فقد تم مؤخراً إثارة مسألة تقديم الموازنات في مواعيدها الدستورية وإعداد وتقديم قطع حسابات تلك الموازنات وكذلك حسابات المهمة التي جرى العودة إلى إعدادها منذ العام 1993 بعد انقطاع دام أكثر من عشر سنوات. ولقد رافق هذه الحملة عملية تضخيم وتحريف لحقيقة الأمر وذلك مجدداً بغية الاستخدام في التقاصف الكلامي والسياسي.

والواقع أن الحكومات اللبنانية المتلاحقة، وبالرغم من كل الصعوبات الناجمة عن الأحوال السياسية والأمنية الاستثنائية التي تعاقبت وتلاحقت على لبنان وعلى مدى 17 عاماً، استطاعت أن تلتزم بتقديم الموازنات السنوية العامة عن معظم سنوات هذه الفترة وفقاً للمواعيد الدستورية ولقد أقر مجلس النواب تلك الموازنات. كما أن وزارة المالية قد أعدت ثم قامت الحكومة بإحالة مشاريع الموازنات العائدة للسنوات 2006- 2007- 2008 و2009 والتي لم تتم دراستها وإقرارها في مجلس النواب بعد.

أما في ما خصّ مسألة قطع الحساب (وهو الحساب الذي يبين المقدار الفعلي المحقق لكل من نفقات الدولة وارداتها) فقد جهدت الحكومات المتلاحقة في أن تلتزم إقرار قوانين قطع الحساب في مواعيدها. وقد أمكن بالفعل إعداد قطع حسابات الموازنات اعتباراً من تنفيذ موازنة 1993 ولغاية تنفيذ موازنة العام 2003 ضمناً. وقد صدرت معظمها في أوقاتها الدستورية وبموجب قانون خاص لكل منها. أما بالنسبة لقطع حساب موازنة العام 2004 والذي كان يجب أن يدرس في النصف الثاني من العام 2005 وأن يصدر في العام 2006، فالكل يعرف الأحداث التي عصفت بالبلاد في سنتي 2005 و2006 والشلل الذي أصاب المؤسسات بما فيها مجلس النواب.

وقد انسحب هذا التأخير على الفترات اللاحقة التي كان يجب أن يتم فيها إقرار الموازنة. أما الأهم من هذا كله فإن هذه الحملة الهادفة إلى التشكيك بصدقية ونزاهة الحسابات المالية على مدى العقدين المنصرمين، فإنها تتجاهل مشروع القانون الذي بادرت إليه وأعدته حكومة الرئيس السنيورة وأقرته في تاريخ 25 أيار 2006 (مرسوم رقم 17053). ذلك المشروع أقرّ بصدوره القيام "بتدقيق حسابات جميع الإدارات العامة والمؤسسات العامة والبلديات واتحاد البلديات والمرافق العامة التابعة للدولة أو للمؤسسات العامة والمراجعة وفقاً لقواعد الدولية للتدقيق (International Auditing Standards) اعتباراً من تاريخ إقرار وثيقة الوفاق الوطني في الطائف وذلك في 1989/11/5 وحتى 2005/12/31. وذلك في ما يتعلق بالمعاملات المالية المشمولة بهذه الحسابات ونتائجها من حين عقدها إلى حين الانتهاء من تنفيذها وقيدها في الحسابات".

فلماذا لا يتم إذاً العمل على إقرار القانون إذا كان البعض يشكك بالفعل بصدقية الأرقام المالية للدولة اللبنانية خلال تلك الفترة؟

إن من يبحث عن الحلول من خلال إلقاء اللوم على كل نجاحٍ تحقق في الفترة السابقة، يفعل ذلك لأسباب تبقى في عمقها سياسية لا تسعى إلاّ إلى العمل على إدانة سياسية للحقبة السابقة وتحميلها المسؤولية. وهو يقوم بذلك بدل الاعتراف بما حققته هذه السياسة الاقتصادية من نمو وتقدم على أكثر من صعيد اقتصادي وإعماري واجتماعي. كما أنه يقوم بذلك متلهياً ومنصرفاً عن تركيز

الجهـــود علـــى إيجاد الحلول الدائمة للأسئلة المهمة والشائكة والكثيرة التي ما تزال تـــبحث عن إجابات وأخرى بحاجة إلى معالجات في ضوء ما استجد من متغيرات، والتي نذكر بعضها على سبيل المثال لا الحصر:

- كـــيف نحقق نمواً أكثر توازناً بين القطاعات، بما يساعدنا على أن يصبح الاقتـــصاد اللبناني أكثر دينامية وحيوية وأن يصبح قادراً على توليد أكبر قدر ممكن من فرص العمل الجديدة؟
- كيف نحقق التنمية المناطقية المستدامة؟
- كـــيف نجابه التحديات المقبلة على صعيد تنامي الطلب على الخدمات في ضوء النمو الديموغرافي والنمو في حجم الزائرين والسواح إلى لبنان؟
- كـــيف نـــستفيد مـــن الفرص الكامنة في القطاع الزراعي بطريقة نوعية ونطوره بما يساعدنا على ضمان ولو بشكل جزئي لأمننا الغذائي؟
- كـــيف نحقـــق أمن الطاقة؟ وكيف نحول هذا القطاع الحيوي إلى قطاعٍ مـــساندٍ للعملـــية الإنتاجـــية ومحفّز لتعزيز التنافسية في الاقتصاد اللبناني ومؤسساته الإنتاجية؟
- كـــيف نطـــور ميـــزاتنا التفاضلية الكامنة ولاسيما في القطاعات المرتبطة بـــــ "الاقتـــصاد الحـــديث" أي اقتصاد المعرفة والخدمات المتطورة من المعلوماتـــية وتكنولوجـــيا المعلومات والبرمجية وهي صناعات اليوم والغد، والقطاعـــات الأكثـــر قدرة على توليد فرص العمل الجديدة ذات الكفاءة والجودة المرتفعة وكذلك الأكثر قدرة على زيادة الإنتاجية؟

لا يمكـــن أن يكون الحل لهذه المشاكل في العودة عن السياسات التي حققت النمو وثبتت الاستقرار ودعمّت الثقة. بل العكس، لا بد أن يكون الحل في إكمال السياسات التي اعتمدناها وحققت للبنان واللبنانيين نتائج باهرة بالمقارنة مع محيطنا العربـــي. هذا مع إقرارنا بالثغرات التي عانت منها بعض تلك السياسات. كما أنه لا بـــدّ من التقدم على المسارات التي حددناها في مؤتمرات باريس-I وباريس-II وباريس-III وأيّدنا العالم وساندنا بناءًا على التزامنا بها. لا بدّ إذا أن يكون الحل في العـــودة إلى تلك الأسس التي قام عليها نظامنا الليبرالي لا الانقلاب عليها. وتكون العـــودة إلى الأسس أولاً من خلال إعادة صياغة دور الدولة في القطاعات الحيوية

بــدءاً مــن الطاقــة والاتصالات والنقل والمياه كما والعمل أيضاً على تحسين بيئة ممارسة الأعمال.

أولاً: قطاع الطاقة

يجسد قطاع الطاقة في لبنان المثل الأكثر تعبيراً عن فشل القطاع العام، والدولة عمــوماً، في تنفيذ السياسات والبرامج والإجراءات لإيجاد الحلول الناجعة والدائمة للمــشكلات والتحديات التي تنتج عن زيادة الطلب على الخدمات العامة. ويظهر هذا الفشل على ثلاثة مستويات:

1. الكلفة المرتفعة التي تتحملها خزينة الدولة اللبنانية جراء دعم هذا القطاع، ودعــم التعــرفة المعــتمدة لكافة شرائح المستهلكين، وتدني الجباية لدى مؤسسة كهرباء لبنان.
2. الكلفة الإجمالية المرتفعة التي يدفعها المواطنون نتيجة تدني الفعالية الإنتاجية والتوزيعية واضطرارهم إلى اللجوء لاستجرار الكهرباء بوسائل مكلفة عبر المولدات الخاصة أو عبر القطاع الخاص.
3. عدم حصول المستهلكين على تغذية مستمرة بالرغم من ارتفاع التكاليف المدفوعة من قبل كل من الدولة والمواطن.

ويتــبين بحسب الجدول البياني 11- 2 أدناه كيف أنّ كلفة دعم هذا القطاع مــنذ العــام 1992 قارب مجموعها حوالي 8.2 مليار د.أ. وإذا ما احتسبنا الفوائد المترتبة عن تمويل تراكم هذه الكلفة الباهظة نظراً لاضطرار الخزينة لاقتراض كامل تلك المبالغ، فإن كلفة الدعم تكون قد قاربت وحتى نهاية العام 2009 حوالي 13.8 مليار د.أ. أي ما يشكل حوالي 27% من مجموع الدين العام اللبناني لتاريخه. وعلى الــرغم من كل هذه الكلفة فإن العديد من المناطق اللبنانية بما فيها بيروت لا تزال تحصل وبشكل مستمر على أقل من 24 ساعة من التغذية في اليوم، وبعضها يحصل علــى أقل من 12 ساعة من التغذية في اليوم. ذلك مما يدفع المواطنين إلى الاستعانة بالمــولدات الخاصة، الأمر الذي يفرض عليهم أعباء مالية باهظة. هذا بالإضافة إلى التداعــيات الــسلبية لذلك على الصعيدين البيئي والصحي وفوق ذلك كله على الصعيد الإنتاجي والاقتصادي ككل.

جدول بياني 11- 2: كلفة قطاع الطاقة

السنة	كلفة الدعم (مليون د.أ.)	الكلفة التراكمية (مليون د.أ.)	معدل الفائدة (%)	كلفة الدعم مع الفائدة (مليون د.أ.)
1992	20	20	25.7	20
1993	350	371	18.77	376
1994	115	486	15.81	561
1995	139	625	19.27	789
1996	204	829	16.33	1,146
1997	100	929	13.73	1,433
1998	65	994	13.45	1,694
1999	103	1,097	12.7	2,026
2000	386	1,483	12.05	2,669
2001	188	1,671	12.05	3,178
2002	202	1,873	10.87	3,763
2003	274	2,147	8.06	4,446
2004	383	2,530	6.28	5,188
2005	646	3,176	7.29	6,159
2006	909	4,085	7.24	7,517
2007	981	5,066	7.71	9,043
2008	1,612	6,678	8.07	11,352
2009	1,499	8,176	6.79	13,766
			مجموع كلفة الدعم	$8,176
			مجموع الكلفة مع الفوائد	$13,766

المصدر: وزارة المالية وحسابات مجمّعة

في الحقــيقة يمــثل قطاع الكهرباء حاجة ماسة للمواطنين كما يشكل عنصراً أساســياً مــن عناصر الإنتاج. بناءً على ذلك يكون إصلاح قطاع الطاقة الخطوة الأهــم المطلــوبة بإلحــاح من أجل تحسين فعالية الإنتاج في لبنان، والمحافظة على معــدلات مرتفعة من النمو، وكذلك من أجل تطوير الاقتصاد. من جهة ثانية فإن

العمل على إصلاح هذا القطاع يسهم وبشكل أساسي في ترشيد الإنفاق وخفضه بما يساهم في العودة التدريجية إلى التقدم على مسار توازن الموازنة العامة التي يشكل توازنها أحد الركائز الأربعة التي قام عليها الاقتصاد اللبناني. وهي الركيزة التي لا بد من العودة إلى الالتزام بها بسرعة بهدف تعزيز الاستقرار الاقتصادي والمالي والنقدي بما يحول دون دخول لبنان مرة جديدة في متاهات التفلت المالي والتضخم وعدم الاستقرار الاجتماعي وبالتالي السياسي بما يسهم بالتالي في حماية الليبرالية الاقتصادية في لبنان وتحصينها.

لا يحتاج قطاع الطاقة إلى مزيد من الدراسات والخطط فالواقع أنه المريض الذي لم يتأخر عن معاينته الأطباء كافة، من البنك الدولي إلى مؤسسة كهرباء فرنسا إلى الصندوق العربي للتنمية إلى البنك الأوروبي للاستثمار ومؤسسة التمويل الدولية وغيرها من مؤسسات التمويل والمؤسسات الاستشارية المتخصصة. وعلى هذا الأساس، فلقد جرى تطوير خطة واضحة ومفصلة في سياق ورقة الحكومة المقدمة في مؤتمر باريس-III والتي أيدها مجتمع المانحين ومنحوها ثقتهم والتي هي طبق الأصل عن ما جرى تطويره من برامج من قبل حكومات الرئيس الحريري وبعدها من قبل حكومة الرئيس السنيورة الأولى. ومؤخراً جاءت الورقة التي تبناها مجلس الوزراء في حكومة الرئيس سعد الحريري الحالية. على أن هذه الأخيرة لم تأتِ على كل جوانب الإصلاح المنتظرة ولاسيما فيما يتعلق بعدم التطرق إلى إنشاء الهيئة الناظمة وبالتالي عدم لحظ مجالات تحفيز القطاع الخاص على المشاركة بهذا الجهد المطلوب. كذلك تجنبت الورقة مسألة اللجوء كخطوة أولى إلى الاعتماد على التمويل المتاح من الصناديق المانحة للحصول على التمويل الميسر كلفة وفترة بدلاً من اللجوء إلى التمويل المرتفع الكلفة والقصير الأجل عبر الموازنة.

يبدأ الإصلاح الجذري، ولكن الضروري لقطاع الطاقة، من خلال إقناع الرأي العام أولاً أن مصلحته الاقتصادية والاجتماعية تقضي بتنفيذ خطة تنسحب فيها الدولة تدريجياً من إنتاج وبيع الكهرباء ليتسلم تدريجياً القطاع الخاص عملية الإنتاج وصولاً إلى البيع والتحصيل. مع استمرار الدولة في قطاع النقل لأسباب تتعلق بسلامة تنفيذ كامل مراحل هذه العملية، ولعدم إمكانية القطاع الخاص تولي ملكيتها ومسؤوليتها وإن كان يمكنه إدارتها. ويتزامن ذلك أيضاً مع، بل يسبقه

تفعيل دور الدولة في الرقابة على هذا القطاع الحيوي من خلال إنشاء الهيئة الناظمة للكهرباء والمبادرة فوراً إلى وضع مراسيمها التطبيقية التي تضمن استقلاليتها وقدرتها على المراقبة شرط أن يصار إلى منح هذه الهيئة الصلاحيات الواسعة التي ينص عليها القانون.

لا حـل لمشكلة قطاع الطاقة في لبنان ما لم يقتنع المواطن اللبناني أولاً أن مصلحته تقتـضي بأن يتولى "أمن الطاقة" في المستقبل غير البعيد القطاع الخاص وذلك بالتزامن مـع إشراف ورقابة صارمة من قبل الدولة، تؤمن انتظام عمل القطاع الخاص وفعاليته وانخفـاض كلفـته النهائـية على المستهلك والاقتصاد. هذا يعني أن لا أن تتولى هذا القطـاع مؤسـسات القطاع العام غير القادرة على إصلاح ذاتها، وهي التي تحكمها الزبائنية وتقاسم الموارد وتضارب الصلاحيات. الأمر الذي أدى ولا يزال إلى شلل شبه تام، كما أنه أدى من جهة أخرى إلى الفساد والإثراء غير المشروع.

إن إمكانـية الفساد والإثراء غير المشروع ترتبط عادةً بعملية الإنتاج والتوزيع ولـيس بعملـية الرقابة واعتماد أسلوب الهيئات الناظمة. وبالتالي فإن الدولة أكثر قـدرةً على تولي الرقابة بدلاً من تولي الإنتاج والتوزيع حيث تصبح الإمكانية على تجيير المصلحة العامة للمصلحة الخاصة أكبر وأسهل. ويصح هذا الأمر في عديد من دول العـالم وهذا ما أدركته وتمارسه معظم الدول التي لجأت إلى الاستعانة بشكل متزايد بالقطاع الخاص للتمويل والتشغيل والإدارة. وهذا الأمر يصح أكثر في لبنان، حيث يعول بعض المسؤولين عن إدارة شؤون القطاع العام على الحصانة التي يؤمنها لهـم الاحتماء خلف جدار الانتماء الطائفي والمذهبـي، فيكون المرجع في حالات الضرورة زعيم الطائفة والمذهب لا المؤسسات الرقابية والقضائية المستقلة، إذ يؤمن لهـم الزعيم الجدار الواقي والحامي عند الحاجة. وعندها نرى الأمثلة الحية والكثيرة على تردي إدارة الشأن العام.

تكـون بدايـة الإصلاح إذاً مع الرأي العام، الذي لم تتح له فرصة الإطلاع وبشكل موضوعي على كل الحقائق وذلك بالشرح والتوضيح بما يمكّنه من الإسهام في عملية الاختيار سياسياً واقتصادياً وحتى خدماتياً. ان المفارقة الغريبة أن ما يحول أحـياناً كثيرة دون حصول المواطنين عملياً على أبسط حقوقهم يتم باسم الدفاع عن حقوقهم لتغطية مصالح خاصة أو فئوية.

وتكـــون الخطوة الثانية الانطلاق من تطبيق القانون الصادر بخصوص تنظيم قطـــاع الكهــرباء (قانون رقم 462 تاريخ الصادر بتاريخ 2 أيلول 2002) وتنفيذ بـــرنامج مؤتمـــر باريس-III وتطوير برنامج زمني شفاف وواضح وأكثر اندفاعاً وإســـراعاً لانـــسحاب الدولة التدريجي من مسألة الإنتاج في هذا القطاع. وهذه العملية تبدأ بتشركة مؤسسة كهرباء لبنان كمقدمة لإعادة هيكلتها وخصخصتها، ووضـــع المراســـيم التطبيقية لها بعد التشركة. ان ما تجدر الإشارة إليه أن مؤسسة كهـــرباء لبـــنان تواجه ومنذ سنوات طويلة مشكلات رئيسية على صعيد الإدارة ونوعـــية الأداء فاقمتها ظروف الأحداث وتلاشي سلطة الدولة والذي ينتج عنها خـــسائر تقنية تقدر بحوالي 15% وخسائر إدارية تقدر بحوالي 20% وخسائر على صـــعيد تحصيل الفواتير تقدر بحوالي 6%، مما يشكل خسارة إجمالية بأكثر من 40% من كلفة الطاقة المنتجة.

وللوصول إلى الغايات المرجوة من هذه الخطة الإصلاحية لهذا القطاع الحيوي، يجـــب أن تتـــزامن هذه العملية أيضاً مع فصل وظائف الإنتاج والنقل والتوزيع في قطـــاع الكهـــرباء والتـــرخيص لشركات خاصة للمساعدة على تركيب وتشغيل عـــدادات تسمح بالقراءة عن بعد، وخفض التعديات على الشبكة وفرض تحصيل جميع الرسوم بدعم من القوى الأمنية.

وعلـــى هذه الخطة أن تشمل أيضاً، تركيب طاقة إضافية في معملي دير عمار (البداوي) والزهراني وضمان وصول الغاز الكافي إليهما عبر الأنابيب مما هو متاح حالياً أو قد يصبح متاحاً بعد عدة سنوات. كذلك من خلال إنشاء معامل لمعالجة الغـــاز الـــسائل وإعـــادة تأهيل معملي الذوق والجية وتحسين فعالية معملي صور وبعلـــبك وذلـــك بإشراك القطاع الخاص وتأمين الاستثمارات الضرورية لتحسين شـــبكات التوزيع. وذلك كله مع العمل على خصخصة مؤسسة كهرباء لبنان بعد تـــشركتها وخروج الدولة نهائياً من الإنتاج في هذا القطاع. هذا ما سوف يؤدي حُكمـــاً إلى تحـــسين نوعـــية الخدمة وخفض مجمل الكلفة الحالية والمستقبلية على المواطنين.

وهـــذا مـــا سيسهم أيضاً في تفعيل النمو الاقتصادي من خلال التأثير المباشر على مستوى الإنتاجية في الاقتصاد. ويسهم أيضاً في تعزيز الميزات التفاضلية للبنان

في القطاعات الإنتاجية التقليدية حيث تحتاج الصناعة إلى توافر طاقة دائمة وبكلفة معقولة.

في هـذا الإطار، لا بدّ من التأكيد على أن الالتفات الفوري إلى قطاع الطاقة وإصلاحه هـو من أهم ما يمكن أن تقوم به الدولة لخفض كلفة الصناعة وكلفة الإنتاج والعمل في لبنان، حيث يدخل قطاع الطاقة كعنصر أساسي من عناصر الإنتاج وحيث يضطر الصناعيون والعاملون في القطاعات الإنتاجية إلى معالجة مشكلة انقطاع التيار الكهربائي بالاعتماد على المولدات الخاصة وهو ما يحملهم أكلافاً إضافية باهظة.

إن العمل على جعل القطاعات الإنتاجية في لبنان أكثر قدرة على المنافسة هو هدف هام. ولكن جعل القطاعات الإنتاجية في لبنان أكثر تنافسية يكون من خلال التقدم على أكثر من مسار ومنها تحسين الجودة والخدمة وخفض الكلفة ولاسيما كلفة الطاقة ولا يكون من خلال خفض كلفة الإنتاج عبر استحضار وسائل أخرى، ذات طبيعة مؤقتة ومكلفة، ولا تتلاءم مع طبيعة لبنان ونظامه الليبرالي في آن معاً. على هذا فإن الأصوات التي ترتفع لتطالب بمزيد من الحماية عبر رفع التعرفات الجمركية أو الوسائل الحمائية الأخرى هي أصواتٌ لا تطرح إلاّ معالجات مرحلية وغير مستدامة ولا تعالج جوهر المشكلة التي يعاني منها لبنان ألا وهي ارتفاع كلفة الإنتاج وصعوبته وهي جميعها مرتبطة أيضاً بالظروف السياسية والأمنية وأحياناً القضائية. وهي، أي الوسائل الأخرى، تتعارض مع ركائز النظام الليبرالي اللبناني وروحيته كما أنها تتعارض مع التوجهات العالمية على هذا الصعيد.

ثانياً: قطاع الاتصالات

عندما تم استحداث خدمة الهاتف الخلوي في لبنان في العام 1993 كان لبنان البلد الرائد عربياً في هذا القطاع وحتى بالمقارنة مع العديد من دول العالم آنذاك حيث لم يكن يزيد مجموع عدد المشتركين في هذه الخدمة لدى الشركة الرائدة في هذا القطاع (France Telecom) حول العالم عن 115 ألف مشترك. اليوم وبعد التطورات الهائلة التي شهدها هذا القطاع، وبعد أكثر من 17 عاماً أصبح لبنان متخلفاً عن سائر البلدان العربية على مختلف الصعد لناحية انتشار خدمة الخلوي

أو نـــسبة الاختراق (Penetration)، ولناحية كلفته، ولناحية تنوع الخدمات ونوعية ومـــستوى الخدمـــة التي يحصل عليها المستهلك اللبناني مقارنةً مع المستهلك العربـــي (جـــدول بـــياني 11- 3 أدنـــاه). والسبب في ذلك بسيط على الرغم من أن الغالبية الـــساحقة من السياسيين في لبنان لا تبدو مقتنعة به كما يدل على ذلك غياب السعي لتغيير هذا المسار: فالسبب الآن وبشكل أساسي هو أن لبنان هو من البلدان القليلة القلـــيلة المتبقية في العالم حيث تتحكم الدولة بمجمل قطاع الاتصالات من هاتف ثابت وهاتف خلوي وصولاً حتى إلى تأمين خدمة الانترنت وداتا المعلومات.

جدول بياني 11 - 3: نسبة الاختراق في قطاع الاتصالات في لبنان وبعض البلدان العربية

	استعمال الخلوي % سكان	استعمال الانترنت % سكان
	2008	2010
البحرين	133	88
العراق	48	1
الأردن	91	27
الكويت	107	39
لبنان	34	24
سلطنة عمان	100	42
قطر	156	52
المملكة العربية السعودية	107	38
سوريا	38	18
الإمارات العربية المتحدة	164	76

المصدر: Hot Telecom, InternetWorldStats

فلبنان الذي يقوم اقتصاده بالأساس على قطاع الخدمات، ولاسيما الخدمات السياحية والثقافية والمصرفية والتعليمية والاستشفائية، لا بد له أن يسعى، كما سبق وذكـــرنا في الفصل السابق، أن يطور إمكانياته في القطاعات الإنتاجية الحديثة، من صـــناعة المعرفة، والإعلام وبرمجيات الكومبيوتر. والواقع أن جميع هذه القطاعات يـــدخل فيها قطاع الاتصالات كعنصر أساسي من عناصر الإنتاج، وبالتالي لا بد للبـــنان أن يطـــور هـــذا القطاع الحيوي إذا أراد أن يكون له في هذه القطاعات

الإنتاجية ميزة تفاضلية قوية نسبةً إلى سائر البلدان العربية بل أيضاً نسبة إلى سائر البلدان النامية في إفريقيا وغرب آسيا.

إن أكثر ما يحتاجه لبنان، هو تحقيق قفزة نوعية حقيقية على صعيد قطاع الاتصالات تؤمّن له تحسناً نوعياً في مستوى ونوعية الخدمات التي يؤمنها هذا القطاع وتعزز قدرته على التطور والتلاؤم مع المتغيرات السريعة التي يشهدها هذا القطاع على الصعيد العالمي. ونعني بذلك تحقيق قفزة نوعية تخفض من كلفته جذرياً وتحسن من نوعية الخدمة، وهو ما يساهم أيضاً بخفض الكلفة وتحسين النوعية في قطاعات إنتاجية أخرى أساسية للاقتصاد اللبناني.

والسؤال هنا: هل تقدر الدولة، وهي التي تملك اليوم أصول هذا القطاع الحيوي، أن تحقق القفزة النوعية المطلوبة التي يحتاجها المواطنون والتي تحتاجها أيضاً القطاعات الاقتصادية الحديثة التي يمكن بدورها أن تخلق آلافاً من فرص العمل الجديدة للبنانيين؟ هل تستطيع الدولة أن توسع الطاقة الاستيعابية لهذا القطاع وتزيد من قدرته على تقديم الخدمات المتطورة، وتزيد من مدى الاختراق، وتزيد من حجم السوق وتطور نوعية وشمولية الخدمات المقدَّمة. وبالتالي أن تنجح في خفض كلفة التخابر وتواكب التقدم السريع الحاصل في العالم على صعيد هذا القطاع الحيوي؟

المطلوب بإلحاح اليوم قبل الغد هو تحرير قطاع الاتصالات في لبنان، والتحرير هنا يستوجب الخصخصة. وليكون واضحاً بأننا لا نعني بذلك الخصخصة التي تنقل الاحتكار من الدولة إلى القطاع الخاص، وذلك بهدف الحصول على مردود مرتفع يساهم في إطفاء جزء من الدين العام وهو هدف مطلوب ولكنه ليس الأساس ولا الوحيد. إن الأمر الأساس المطلوب هو تحقيق الخصخصة التي تؤمن مشاركة أوسع ومبادرات أكبر من القطاع الخاص الذي لا ينهي الاحتكار فقط بل ويحرر القطاع ويحقق خفضاً كبيراً في كلفته وتحسناً سريعاً وحسياً في نوعية خدمته. وتكون هذه المهام من مسؤولية الهيئة الناظمة للاتصالات التي يجب الحرص على استقلاليتها وقدرتها على ممارسة أوسع الصلاحيات بهدف تحقيق الأهداف المرجوة من هذا القطاع على الصعيد الوطني، لا أن تتحول الهيئة الناظمة إلى هيئة استشارية لدى وزير الاتصالات.

من هنا تبرز الحاجة إلى التوضيح للرأي العام اللبناني والسعي إلى إقناعه بضرورة أن تتم عملية خصخصة قطاع الاتصالات ضمن فترة زمنية محددة بهدف تحفيز النمو في الاقتصاد ككل والقطاعات الاقتصادية التي تعتمد على قطاع الاتصالات وكذلك خلق فرص العمل الجديدة أولاً وأخيراً. يجدر التأكيد هنا أن هذه العملية سوف تسهم في خفض الدين العام بحسب قانون الخصخصة ولكن ذلك كما أسلفنا ليس هو الهدف الأساسي من عملية الخصخصة بل هو أحد نتائجها الإيجابية الإضافية.

في ضوء ما تقدم بشأن هذين القطاعين، فإنه من المهم إذاً أن تتلاءم الخطوات المنفذة على صعيد قطاع الاتصالات مع تلك المنفذة على صعيد قطاع الطاقة، لناحية تحرير القطاعين وانسحاب الدولة من الإنتاج والتوزيع وحصر صلاحياتها وبفعالية بالهيئات الناظمة والرقابية.

بناءً على ذلك سيؤدي التحرير المتزامن للقطاعين إلى خفض إجمالي التكلفة التي تتحملها الدولة حيث تدفع خزينة الدولة اللبنانية في مجال الطاقة على سبيل الدعم أكثر بكثير مما تجنيه من قطاع الاتصالات. بذلك تستطيع الدولة عندها توفير جزء متزايد ممّا تتحمله من هدر وخسارة في قطاع الطاقة، وهو لزام عليها ان تقوم به، وتعوض بذلك ما قد تخسره ولو تدريجياً من واردات من قطاع الاتصالات. إن هذين الأمرين أي الطاقة والاتصالات هما في منتهى الأهمية والخطورة بحيث لا يجري في المحصلة المبادرة إلى اقتراح أي أمر فيما خصّ أحدهما دون معرفة تداعياته في أكثر من وجهة اقتصادية ومالية، وحتى لا يؤدي أي إجراء منفرد إلى إيقاع المالية العامة في مأزق إضافي يصعب الخروج منه. طبعاً، في المدى المتوسط، ستزيد عملية تحرير هذين القطاعين الحيويين من واردات خزينة الدولة وذلك عبر تأثير هذين القطاعين وبشكل إيجابي على الحركة الاقتصادية وعلى معدلات النمو وعلى فرص العمل الجديدة والعديدة التي سيتم خلقها من قبل الدور الحيوي الذي يمكن أن يقوم به القطاع الخاص في هذا المجال.

إن إعادة تموضع الدولة وتحولها من منتج وموزع إلى منظم ومراقب في قطاعات حيوية لن يكون ضرورياً لتحسين الإنتاجية وتفعيل النمو وخلق فرص العمل فحسب، بل إنه سيكون ضرورياً من أجل الاستمرار في تأمين حاجات

المواطـــنين في هذه القطاعات وفي قطاعات أخرى كالنقل والمياه والتي تشير جميع المؤشرات إلى أن الدولة لن تكون وحدها قادرة على سد الثغرة التي ستزداد اتساعاً بين الحاجات (أي الطلب) والإمكانيات (أي العرض).

ثالثاً: قطاع النقل

تقدم الخطة الشاملة لترتيب الأراضي اللبنانية، وهي الدراسة الهامة التي أَطلَقَت مــبادرة إعــدادها حكومة الرئيس رفيق الحريري، ونفذها مجلس الإنماء والإعمار، وتابعــتها وأقــرتها حكومة الرئيس فؤاد السنيورة في 2 نيسان 2009 (مرسوم رقم 2366)، تصوراً مقلقاً لتنامي الحاجات على صعد عدة، ومنها قطاع النقل. وتنطلق الخطة من توقع ازدياد عدد السكان في لبنان بنسبة 1.2 مليون نسمة إضافية بحلول العــام 2030 الأمــر الذي سيترجم بالضرورة من خلال حاجات متنامية في مجال الخدمات المختلفة.

وبالفعل فقد ازداد عدد السيارات الخاصة بسرعة في السنوات الثلاث الماضية الــتي شهدت استقراراً سياسياً ونمواً اقتصادياً مرتفعاً، وشهدت أيضاً انطلاقةً جيدةً من قبل المصارف لمنح قروض التجزئة، وهي القروض التي تعطى للأفراد لإقدارهم علــى شراء المنازل والسيارات وغيرها من الحاجات الأساسية. وهذا الأمر يدل في الواقع على ارتفاع القيمة الحقيقية للدخل لدى المواطنين وهو ما كان ممكناً بفضل نجــاح السياسات الاقتصادية الكلية التي زادت من مبادرة القطاع الخاص وشجعته علــى تلبــية حاجــات المواطنين. ولكن علينا الاعتراف أيضاً، بأنّ هذه الزيادة المتــسارعة في عدد السيارات الخاصة تعكس من جهة أخرى غياب القيود اللازمة وعــدم ممارسة الدولة لدورها الناظم والمحفز والمراقب في قطاع النقل. فلقد تمّ بيع حــوالي 100 ألــف ســيارة جديدة من بداية العام 2007 حتى مطلع العام 2010 دخلــت الــسوق اللبــناني. وهذا بالإضافة إلى عدد السيارات المستعملة التي تمّ استيرادها وبيعها في لبنان والتي تقدر بحوالي 200 ألف سيارة أي ما مجموعه حوالي 300 ألــف سيارة إضافية. وإذا ما افترضنا أن ما يقارب من ثلث هذا العدد قد تم ســحبه مــن السير فمعناه أن ما لا يقل عن 200 ألف سيارة إضافية قد أضيفت حركتها على طرق لبنان في السنوات الثلاث الأخيرة!

لا بد لأي خطة متكاملة لقطاع النقل ولمعالجة مشكلة الانتقال لدى المواطنين من أن تقارب هذا الموضوع من زواياه المختلفة: أولاً، لجهة البنى التحتية اللازمة والواجب إضافتها من شبكات طرق وأوتوسترادات دائرية ومناطقية. ثانياً، لجهة إعادة إحياء خطوط سكك الحديد ولاسيما على مسار الخط البحري الذي يصل مجمل الساحل اللبناني ببعضه بعضاً ويصله أيضاً بسوريا. وثالثاً، لجهة تفعيل النقل العام عبر الاستعانة بخبرات وإمكانات القطاع الخاص.

إن إيجاد الحلول الناجعة والمستدامة لقطاع النقل يشكل أولوية على صعيد الخدمة المباشرة للمواطنين ولكن أيضاً بكونه، تماماً كما قطاعي الطاقة والاتصالات، قطاعاً حيوياً يشكل عنصراً أساسياً من عناصر الإنتاج، إذ هو يؤثر تأثيراً مباشراً على مستوى الإنتاجية وعلى كلفة الإنتاج. إضافة إلى ذلك، فإن قطاع النقل يؤثر تأثيراً مباشراً وأساسياً على قطاع حيوي آخر (لأسباب اقتصادية واجتماعية) وهو قطاع الإسكان. وهو القطاع الذي يواجه فيه المواطنون تحديات ضخمة في ظل الارتفاع السريع لأسعار الوحدات السكنية ولاسيما في المدن وضمن التجمعات السكنية الكبرى وبالأخص في بيروت وضواحيها.

وللتذكير في هذا المجال، فالدولة قد قامت، على مدى العقدين السابقين، بالعديد من المبادرات ومنها تفعيل مصرف الإسكان وإنشاء المؤسسة العامة للإسكان. ولكن الفورة العقارية الأخيرة وما أعقبها من ارتفاع سريع في الأسعار جعل المشكلة أوسع من مشكلة تمويل فحسب، وهي في الواقع مشكلة عدم توافر العرض المناسب في حجم ونوعية الشقق التي يحتاجها ويقدر على شرائها أو استئجارها المواطنون من أصحاب الدخل المحدود والمنخفض وذلك بكميات تضمن أن يكون سعرها منخفضاً أو ضمن إمكانياتهم. ويعود ذلك أولاً إلى عدم رغبة تجار البناء في بناء هكذا مجمعات داخل العاصمة حيث يتوفر الطلب لبناء مساكن ذات مستوى وكلفة أعلى، وثانياً تعذر بناء هذه المجمعات خارج المدن بسبب صعوبة الانتقال اليومي من قبل القاطنين في تلك المجمعات إلى العمل داخل المدن والازدحام الذي يشكله ذلك على مداخل المدن والطرق المؤدية لها.

وعلى هذا، لا بد من أن تشتمل أي خطة حكومية لمعالجة مشكلة الإسكان في لبنان على جانب يتعلق بمعالجة مشكلة النقل والانتقال بمختلف جوانبها وتشعباتها.

إن الحـــل الأمثل لا بد أن يكون من خلال إيلاء القطاع الخاص دوراً أساسياً في تـــولي شـــؤون قطاع النقل العام سواء لناحية التمويل أو الإنشاء أو الإدارة أو التـــشغيل أو جميعها معاً من دون أن يعني ذلك إقصاء الدور الهام الذي ينبغي على الدولة أن تلعبه في هذا الخصوص ولاسيما في الإشراف والتنظيم والرقابة وحتى في مجـــال تـــوفير الدعم المؤقت له حتى ينطلق وينمو ويستقيم على عوده. لذلك يجب العمـــل فوراً على إنشاء هيئة ناظمة للنقل البري وسن قوانينها ومراسيمها التطبيقية وإيلاءهـــا القـــدر الأعلى من الاستقلالية والصلاحيات اللازمة على غرار ما هو معمول به في دول عديدة أخرى.

طـــبعاً علينـــا أن نأخذ بعين الاعتبار أن الانتقال من القطاع العام إلى القطاع الخاص في قطاع النقل يجب أن يكون تدريجياً نظراً إلى تشعب هذا القطاع وتأثيره المباشـــر علـــى حياة المواطنين اليومية، وعلى هذا قد يشكل مشروع الشراكة بين القطـــاعين العام والخاص الإطار المناسب لمقاربته والتطور والتقدم على أساسه نحو المسارات المحققة للنتائج المرجوة.

رابعاً: قطاع المياه

يـــسري الأمـــر ذاته على قطاع المياه حيث يقدر أن تصل حاجة المستهلكين اللبنانيين إلى 420 مليون متراً مكعباً (صافي من الهدر في الشبكات) في العام 2030 وذلـــك مقارنـــة مع الكمية الموزعة حالياً من خلال مصالح المياه والتي تقتصر على 300 ملـــيون متـــراً مكعباً والتي يصل نصفها فقط، بسبب الهدر في الشبكات، إلى المـــستهلكين الـــذين يـــتمونون بوســـائلهم الخاصة (آبار وصهاريج) لتأمين باقي احتـــياجاتهم مـــن المياه. ويستوجب العمل على ردم الهوة المتوسعة والمتفاقمة بين الطلـــب والعرض في هذا القطاع التقدم على مسارين مختلفين: أولاً زيادة الكميات المـــسحوبة والمـــوزعة من قبل مصالح المياه وثانياً اختزال وخفض الهدر الكبير في الـــشبكات. ومن دون اللجوء إلى العمل الفوري على هذين المسارين فإن عمليات ســـحب المياه الخاصة والعشوائية من الطبقات الجوفية قد تلامس مستويات خطيرة ما يشكل تهديداً لنقص الماء بشكل حاد في عدد من المناطق وخاصة في التجمعات السكنية الكبرى، وذلك بحسب ما تورده الخطة الشاملة لترتيب الأراضي.

من جهة أخرى، سيكون على لبنان أيضاً تأمين الموارد الإضافية في سبيل توفير المياه اللازمة لري الأراضي الزراعية.

وفي هذا الإطار لا بد للحكومة من أن تسعى إلى إشراك القطاع الخاص في إدارة هذا القطاع الهام وذلك من خلال منح عقود تشغيل وإدارة وصيانة، كما عليها تلزيم عملية بناء السدود والبرك الجبلية (منشآت التخزين) في إطار قانون الشراكة مع القطاع الخاص.

خامساً: بيئة ممارسة الأعمال

مما لا شكّ فيه أن تطوير القطاعات الإنتاجية التقليدية والحديثة يحتاج أيضاً إلى تحسين مستمر في بيئة الأعمال في لبنان والعمل على تبديد القيود التي تمنع المستثمرين الدخول أو تدفعهم إلى الاستنكاف عن بعض القطاعات أو الخروج منها (Ease of Entry and Ease of Exit) بسبب المصاعب التي يواجهونها في هذا السبيل. إنه ولدى معالجة هذا الأمر بشكل صحيح فإن هذاالعمل يضفي على الاقتصاد ومؤسساته المزيد من الحيوية ويحسّن مجالات الاستفادة من منافع المبادرة. من جهة أخرى، فإن لبنان يحتاج إلى تسريع عملية البت في المعاملات القضائية لتمكين أصحاب الحقوق من تحصيل حقوقهم وبالتالي فإن هناك حاجة ماسة للالتفات إلى مشكلة تفشي حالات عدم سيادة حكم القانون بصورة عامة. في هذه المجالات لا بد من الإشارة إلى ما يعاني منه لبنان من تدهور على عدد من الأصعدة مقارنة بما هو معمول به في العديد من البلدان ولاسيما البلدان العربية وهو ما يشير إليه مؤشر مؤسسة التمويل الدولية (IFC) لسهولة القيام بالأعمال (Ease of Doing Business Indicators).

هل من المقبول أن ينحدر الوضع من بلد كلبنان حتى يصبح في المرتبة 108 عالمياً على صعيد سهولة تنفيذ الأعمال؟ وكيف من الممكن أن نتوقع خلق فرص العمل لآلاف الطلاب والمنضمين إلى سوق العمل كل عام في بيئة غير مؤاتية كهذه.

وفي هذا الإطار لا يسعنا إلاّ لفت النظر إلى مشاريع القوانين التي ترمي إلى تحديث وتطوير الاقتصاد وتسهيل انضمام لبنان إلى منظمة التجارة العالمية، وهي القوانين التي أقرتها حكومة الرئيس السنيورة الأولى ولا تزال تنتظر إقرارها في مجلس النواب. ونخص بالذكر:

جدول بياني 11 – 4: ترتيب لبنان وبعض دول المنطقة في "مؤشر سهولة القيام بالأعمال" للعام 2009

البلد	الترتيب العام	سهولة بدء العمل	الحصول على رخصة العمار	سهولة التوظيف	سهولة التسجيل	الحصول على تمويل	حماية المستثمر	سهولة دفع الضرائب	التجارة عبر الحدود	تنفيذ العقود	سهولة إقفال العمل
السعودية	13	13	33	73	1	61	16	7	23	140	60
البحرين	20	63	14	13	22	87	57	13	32	117	26
الإمارات	33	44	25	50	7	71	119	4	5	134	143
قطر	39	68	28	68	55	135	93	2	41	95	33
الكويت	61	137	81	24	89	87	27	11	109	113	69
سلطنة عمان	65	62	130	21	20	127	93	8	123	106	66
تونس	69	47	107	108	59	87	73	118	40	77	34
تركيا	73	56	133	145	36	71	57	75	67	27	121
باكستان	85	63	105	146	119	61	27	143	78	158	56
اليمن	99	53	51	74	50	150	132	148	120	35	89
الاردن	100	125	92	51	106	127	119	26	71	124	96
مصر	106	24	156	120	87	71	73	140	29	148	132
لبنان	108	108	125	66	111	87	93	34	95	121	124
المغرب	128	76	99	176	123	87	165	126	72	108	67
الجزائر	136	148	110	122	160	135	73	168	122	123	51
ايران	137	48	141	137	153	113	165	117	134	53	109
الضفة الغربية/غزة	139	176	157	135	73	167	41	28	92	111	183
سوريا	143	133	131	91	82	181	119	105	118	176	87
العراق	153	175	96	59	53	167	119	53	180	139	183
السودان	154	118	139	153	37	135	154	93	142	146	183
افغانستان	160	23	148	69	164	127	183	55	183	164	183

المصدر: مؤسسة التمويل الدولية مؤشر سهولة القيام بالأعمال

أ. قانون التجارة الخارجية والإجازات (أحيل إلى مجلس النواب بموجب المرسوم رقم 16457، تاريخ 2006/2/27).
ب. قانون المنافسة (أحيل إلى مجلس النواب بموجب المرسوم رقم 1021، تاريخ 2007/11/24).
ج. حماية العلامات الصناعة والتجارة والخدمة (أحيل إلى مجلس النواب بموجب المرسوم رقم 993، تاريخ 2007/11/24).
د. التسجيل الدولي للعلامات (أحيل إلى مجلس النواب بموجب المرسوم رقم 991، تاريخ 2007/11/24).
ه. حماية الرسوم والنماذج الصناعية (أحيل إلى مجلس النواب بموجب المرسوم رقم 986، تاريخ 2007/11/24).
و. حماية الملكية الأدبية والفنية (أحيل إلى مجلس النواب بموجب المرسوم رقم 972، تاريخ 2007/11/24).
ز. حماية الأعمال الأدبية والفنية (أحيل إلى مجلس النواب بموجب المرسوم رقم 684، تاريخ 2007/8/28).

* * *

على أي حال، إن أوجه الشبه بين جميع هذه القطاعات التي تم تناولها في هذا الفصل، هي في أهميتها من جهة أولى، وفي مسألة أساسية تتعلق بعدم قدرة الدولة على تولي إدارتها بفعالية من جهة أخرى. والمفارقة أنها قطاعات هامة وحيوية ولكنها أيضاً قطاعات يسهم تردي وسوء إدارتها إلى تفاقم أكبر للمشاكل المالية التي يعاني منها لبنان. والواقع انه إذا لم يتم التنبه لهذه المسائل الأساسية والمبادرة إلى إصلاحها في الوقت المناسب فسوف يكون لذلك الكثير من التداعيات الخطيرة على أكثر من صعيد اقتصادي واجتماعي وسياسي.

وفي هذا الإطار، لا بدّ لنا من أن نلاحظ، وعلى سبيل المثال أن البرامج الإصلاحية التي عرضها الاتحاد الأوروبي وصندوق النقد الدولي على اليونان مقابل تقديم الدعم المالي لها كانت تحتوي على إصلاحات هيكلية محددة مطلوبة في قطاعات النقل والطاقة والمياه وتشتمل أيضاً على مسألة التدقيق المالي وضرورة العمل على إعادة هيكلة مؤسسات القطاع العام التي تدير هذه القطاعات، فضلاً

عن تحريرها. وهذه جميعها إصلاحات يتوجب على الحكومة في اليونان أن تسير بها إذا مـــا أرادت أن تعزز الاستقرار وأن تزيد من قدرة الاقتصاد على المنافسة وتحقيق الـــنمو المـــستدام، سواء حصلت على دعمٍ مالي من المجتمع الدولي ومن المجموعة الأوروبـــية أم لم تحصل عليه. وهذا نموذج يحصل على مقربة ومسمع ومشاهدة منا فهل من مجال للاتعاظ؟

في ضـــوء ما تقدم، يشكل قانون الشراكة بين القطاعين العام والخاص خطوةً متقدمةً على صعيد تطوير مفهوم علاقة الدولة بالاقتصاد وتوجيه دورها في الاتجاه الـــصحيح في لبنان. إن هذا المفهوم إذا ما طبق بالطريقة الملائمة والشفافة سيؤدي إلى انسحاب تدريجي للدولة من معظم القطاعات لناحية الإنتاج، وفي المقابل حصر مسؤوليتها بالأطر الفوقية من تشريع وهيئات ناظمة ولجان رقابة بما يضمن خدمات أفضل وشفافية أكثر وكلفة أقل واستعمال أحسن للموارد المتاحة في البلاد.

هـــذا هـــو الطريق الأمثل للبنان، وهذا هو النظام الأكثر ملاءمة للتعامل مع المحدوديـــة الـــتي تفرضها الممارسات وقواعد العمل السياسي في لبنان ولاسيما في ضوء صعوبة إصلاحها وجعلها على المستوى المرتجى في الوقت الراهن.

الواقع أنه وكلما تبصّرنا في تجارب البلدان الأخرى وتعلمنا منها، كلما عجلنا في الـــسير على هذا المسار، وكلما قلّت الكلفة على الدولة وعلى المواطن، وكلما انحسرت معاناة المواطنين، وزادت الإنتاجية، وتعزز النمو وتم فتح الآفاق أمام المزيد مـــن فرص العمل التي ستتوافر بفضل تعزيز الميزات التفاضلية لقطاعاتنا الإنتاجية، سواء التقليدية منها (زراعة وصناعة) أم الحديثة (اقتصاد المعرفة).

فلماذا الانتظار؟ وباسم من؟

الفصل الثاني عشر

الدولة والنمو العادل والتنمية المناطقية

يهـــدف العمل الاقتصادي من وجهة نظر القطاع الخاص إلى تحقيق الربح المالي على المديين القصير والمتوسط. طبعاً تختلف أهداف العمل الاقتصادي على صـــعيد القطـــاع العـــام، فسياسة الدولة الاقتصادية لا تبغي في الأساس تحقيق الـــربح المالي، بل تهدف إلى توفير الإطار المالي والاقتصادي والنقدي العام الذي يـــساند عمل القطاع الخاص ويحفزه على النمو والاستثمار وخلق فرص العمل الجديـــدة. والدولة، ومن خلال قيامها بذلك، تؤثر أيضاً على عاملين أساسيين يؤثـــران بـــدورهما تأثيراً مباشراً على مستوى معيشة مواطنيها ومدى تقدمهم وتطورهم.

العامـــل الأول وهو الفعالية أو الإنتاجية (Productivity) وهو العامل الذي يحـــدد إلى أي مـــدى يؤدي تدخل الدولة في الاقتصاد إلى استعمال الموارد المتاحة بطـــريقة مثلـــى، تـــساهم في تعظـــيم المردود أو تخفيض الكلفة في عملية الإنتاج الاقتصادي.

أمـــا العامـــل الثاني فهو العدالة أو الإنصاف (Equity) في كيفية توزيع هذا المـــردود علـــى مختلف الفئات الاقتصادية والاجتماعية. ومن دون أدنى شك، فإن كيفـــية توزع الدخل على مختلف فئات المجتمع تساهم في تحديد دينامية هذا المجتمع وكيفـــية تفاعلـــه مع مختلف التطورات الاقتصادية وحتى السياسية والأمنية. إذ من الواضح أن المجتمع المؤلَّف إلى حد كبير من طبقة وسطى كبيرة، هو أكثر استقراراً وقـــدرةً علـــى التكيف مع المتغيرات من المجتمع الذي توجد هوة كبيرة تفصل بين فـــئاته الميـــسورة من جهة وفئاته الفقيرة من جهة أخرى، وطبقة وسطى لا تُشكِّل نـــسبةً كبيرة من مجموع المواطنين. وهنا تكمن أهمية الطبقة الوسطى التي غالباً ما يكـــون وجـــودها الفاعل والمؤثر ضماناً لاستدامة الحيوية من جهة والاستقرار من

جهة ثانية في أي مجتمع. فالطبقة الوسطى هي تماماً الطبقة التي افتقدنا أهميتها الكبرى بسبب الحرب الأهلية وبسبب دورات التضخم الكبيرة التي شهدها وعانى منها لبنان في الثمانينيات ومطلع التسعينيات من القرن الماضي.

في ما خصّ العامل الأول، وهو الفعالية والإنتاجية، كنا قد عرضنا الموقف الداعي إلى انسحاب تدريجي ولكن مؤكد للدولة من عملية أو على الأقل من حصرية وجودها في مجال الإنتاج في القطاعات الحيوية كالطاقة والاتصالات والنقل. كما عرضنا أهمية العمل على حصر دورها وتطويره تدريجياً في الإطار الرقابي والهيئات الناظمة بشكل صارم وفعّال. وينطلق هذا الموقف من كونه يُعتَبر الوسيلة الأفضل لبلد كلبنان لكي يتمكن من استعمال الموارد المتاحة لديه بالطريقة الأكثر فعالية والأعلى مردوداً، لناحية تأمين الخدمات العامة الحيوية للمواطنين وللاقتصاد. ولكي ينجح أيضاً في توفير الظروف الأفضل للقطاع الخاص حتى ينمو ويستثمر ويخلق فرص العمل الجديدة.

أما في ما خصّ مسألة الإنصاف والتوزيع الأكثر عدلاً للموارد والفرص، فالوضع في لبنان يفرض على الدولة أن تزيد من تواجدها وتدخلها المباشر في معالجة مشكلة الفقر بمعناه الواسع، أو معالجة مشكلة التوزيع غير العادل للمردود الاقتصادي على صعيد الفئات الاجتماعية المختلفة وخصوصاً على صعيد المناطق.

نبدأ أولاً بعرض المفاهيم المختلفة للفقر الإنساني وكيف يمكن قياسه.

المفهوم الأبسط لنسبة الفقر يتمثل بنسبة المواطنين في البلد التي تعيش على أقل من مبلغ معين في اليوم الواحد وهو ما يسمى "خط الفقر". ويتم عادة تحديده بحسب غلاء المعيشة في ذلك البلد. وقد حدد التقرير الصادر عن برنامج الأمم المتحدة الإنمائي في لبنان (UNDP/Lebanon) في العام 2008 خط الفقر الأدنى في لبنان بمبلغ 2.4 د.أ. في اليوم الواحد وخط الفقر الأعلى 4 د.أ. لليوم الواحد. وعلى أساس من هذا التعريف فإن 8% من اللبنانيين يقعون تحت خط الفقر الأدنى، أي أنهم غير قادرين على تلبية حاجاتهم الأساسية من طعام. ويقع 28.5% من اللبنانيين تحت خط الفقر الأعلى، أي هم غير قادرين على تأمين مختلف حاجاتهم من طعام وكساء وأدوية... الخ، (ما يعني أن 20.5% يقعون بين هذين الخطين).

هــذا علــى صعيد مؤشر القدرة على الاستهلاك. ولكن هنالك أيضاً مفهوم أكثر تقدماً لقياس الفقر تتم مقاربته من ناحية درجة الإشباع للحاجات الإنسانية. في الواقــع فإن هذا تماماً ما تعرض له سلسلة التقارير الصادرة عن وزارة الشؤون الاجتماعــية وبرنامج الأمم المتحدة الإنمائي بهدف الاطلاع على حقيقة الأوضاع الاقتصادية والاجتماعية في المناطق اللبنانية.

لقد صدر التقرير الأول في العام 1998 فكانت أول دراسة وطنية عن أحوال المعيــشة في لبــنان تعــتمد مفهــوم "الفقــر البشري" إذ قامت بقياس درجة إشــباع حاجــات السكان الأساسية في 4 ميادين هي المسكن، المياه والصرف الــصحي، التعلــيم، والدخل، وذلك من خلال 10 مؤشرات موزعة على هذه المــيادين، وذلــك بــدلاً من قياس الفقر التقليدي من خلال مؤشرات الدخل والإنفاق وحدها.

ويعــني هذا أن الأسرة تُعَدُّ محرومة من الحاجات الأساسية إذا تعذر حصولها علــيها حتى ولو كان مستوى دخلها يؤهلها لذلك. على سبيل المثال، تعد الأسرة محــرومة من خدمات الماء والكهرباء إذا لم تستطع الحصول عليها بسبب عدم توفر تلك الخدمات أو نقصها في منطقة سكنها. ولقد وفرت هذه الخارطة بيانات مهمة عــن توزع الأسر بحسب درجة إشباع هذه الحاجات الأساسية لديها بالإضافة إلى رصد التفاوتات المناطقية.

وقد صدر التقرير الثاني عن وزارة الشؤون الاجتماعية وبرنامج الأمم المتحدة الإنمائي في العام 2007 تحت عنوان "تطور خارطة أحوال المعيشة في لبنان بين عامي 1995 - 2004" وقــد اســتَخدَمَت الدراسة المنهجية ذاتها التي استُخدِمَت لقياس الفقــر في العام 1995، بما في ذلك عدد الميادين أي 4 والمؤشرات أي 10. وتشير هــذه المقارنة إلى أن نسبة الأسر المحرومة، أي الأسر ذات الإشباع المتدني، انخفض على الصعيد الوطني، إذ تمّ تسجيل تحسن كبير في ميادين التعليم والمسكن، وتحسن طفيف في ميداني المياه والصرف الصحي.

ثم صدر في العام 2009 التقرير الثالث: "خارطة الفقر البشري وأحوال المعيشة في لبــنان- 2004" والــذي يقيس نسبة الإشباع بحسب مؤشر معدل، إذ أضاف ميدان الصحة كما أنه ضاعف عدد المؤشرات إلى 19 مؤشراً.

وعلى هذا يشتمل التقرير الأخير على الميادين والمؤشرات التالية:

- **ميدان وضع الأسرة الاقتصادي** ويشتمل على المؤشرات التالية: متوسط دخل الفرد، معدل الإعالة، الوضع الأساسي لأفراد الأسرة، ملكية الأجهزة المنزلية، ملكية وسائل النقل الخاص، عدد خطوط الهاتف.
- **ميدان التعليم** ويشتمل على المؤشرات التالية: متابعة الدراسة، الالتحاق بالروضة، المرحلة التعليمية للبالغين، إتقان اللغات الأجنبية.
- **ميدان الصحة** ويشتمل على المؤشرات التالية: التأمين الصحي، ظروف العمل، توفر الخدمات الصحية، الأمراض المزمنة، ووجود حالة صحية.
- **مبادين الماء والكهرباء والصرف الصحي** ويشتمل على المؤشرات التالية: المصدر الرئيسي لمياه الشرب ومياه الخدمة، وسيلة الصرف الصحي، وسيلة التخلص من النفايات، توفر الطاقة من الشبكة العامة، مدى توفر مياه الخدمة من الشبكة العامة.
- **ميدان المسكن** ويشتمل على المؤشرات التالية: عدد غرف المسكن، حصة الفرد من مساحة المسكن، المادة الرئيسية في أرضية المسكن، ووسيلة التدفئة الرئيسية في المسكن.

وبحسب هذا التقرير الهام، يتبين أن 30% من الاسر المقيمة في لبنان تعاني من الحرمان، أي من نسبة إشباع منخفضة. وهو بذلك يتقاطع مع الرقم الذي دلّ عليه المؤشر الآخر الذي ذكرناه أولاً والقائم فقط على مستوى الاستهلاك والذي دلّ على أنّ 28.5% من اللبنانيين يعيشون تحت خط الفقر الأعلى. ولكن ما يميز مؤشر خارطة الفقر البشري هو تفصيله لهذه النسبة بحسب مكوناتها الخمسة أي: التعليم، الصحة، المسكن، الخدمات العامة (ماء، كهرباء، صرف صحي) وأخيراً، وليس آخراً الميدان الاقتصادي. وهو يحدد بذلك نسبة العائلات اللبنانية المحرومة في كل ميدان وذلك كما يشير إليه الرسم البياني 12- 1 أدناه.

رسم بياني 12 - 1: نسبة الأسر التي تعاني من الفقر في لبنان بحسب الميدان

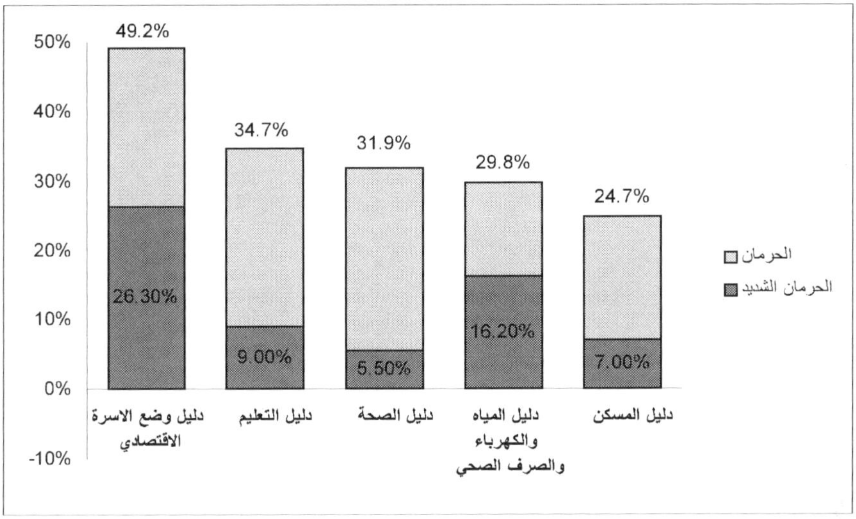

مصدر: خارطة الفقر البشري وأحوال المعيشة في لبنان (2004)

كمـــا أنه يفصل كيف تختلف كل محافظة في لبنان عن الأخرى في نسبة الفقر إذ تعـــاني محافظـــات الأطراف، أي النبطية والجنوب والشمال من نسب الحرمان الأعلى وهو ما يبينه الرسم البياني 12- 2 أدناه.

رسم بياني 12 - 2: نسبة الأسر التي تعاني من الفقر في لبنان بحسب المحافظة

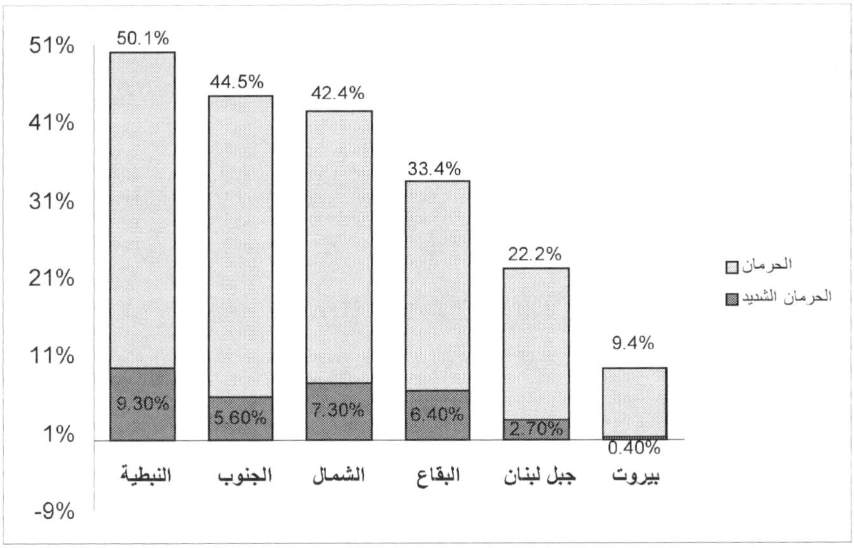

مصدر: خارطة الفقر البشري وأحوال المعيشة في لبنان (2004)

ويبين التقرير أيضاً أن الفقراء يتوزعون بشكل غير عادل على المناطق اللبنانية فيتركز معظمهم في محافظة الشمال. ويدل الرسم البياني 12-3 أدناه على حصة كل محافظة وقضاء (أو تجمع أقضية) من العدد الإجمالي للسكان الفقراء في لبنان بحسب دليل أحوال المعيشة.

إن التعـــريف الأكثر شمولية للفقر يأخذ إذاً بعين الاعتبار جوانب ثلاث: الجانب الاجتماعي (صحة، تربية، شبكة حماية)، الجانب الخدماتي (مدى الإفادة من البنى التحتية والاستثمارات العامة) والجانب الاقتصادي (توافر فرص العمل والحـــركة الاقتـــصادية في المناطق المحرومة). بناءً على هذا، يجب لأي مقاربة حكومية تهدف إلى معالجة مسألة الفقر والحرمان في لبنان، أو بمعنى أوسع، يجب علـــى أي مقاربـــة تهـــدف إلى جعل التوزيع الاقتصادي أكثر عدلاً، أن تعمل علـــى هذه المسارات الثلاثة بطريقة متوازية، وذلك من دون أن تعتبر أن التقدم علـــى صـــعيد مـــسارٍ معين يعوض عن البطء أو الشلل على صعيد المسارات الأخرى.

والواقـــع أن الدولة التي قامت بعد اتفاق الطائف، وبالأخص مع حكومات مـــا بعد العام 1992 أولت الجانب الاجتماعي، وبالأخص التربية والصحة حيزاً أساسياً من اهتمامها وهذا كما يظهر جلياً في توزيع الإنفاق المفصل أدناه. كما أنهـــا أولت الجانب الخدماتي (صرف صحي، مياه شفة، طرقات...) أيضاً حيزاً مهماً كما تشير أرقام الاستثمارات العامة المفصلة أدناه. ولكنها لم تنجح في إيلاء الجانـــب الاقتـــصادي للفقر الاهتمام الكافي وتحديداً لجهة السعي إلى خلق فرص العمـــل في المناطق المحرومة، أو أنها على الأقل لم تنجح في تحقيق تقدم كبير على هذا الصعيد. ويعود ذلك إلى كونها اعتمدت على مبادرات القطاع الخاص، الذي لم تشجعه من جهة أولى الظروف السياسية والأمنية غير المستقرة. وذلك بالرغم مـــن تقديم الدولة للقطاع الخاص حوافز مهمة بحسب قانون الاستثمار الذي أتينا على ذكره سابقاً. تجدر الإشارة هنا انه وعملياً ليس بمقدور الدولة أن تعوض عن عـــدم حمـــاس أو عدم مبادرة القطاع الخاص إلى خلق فرص العمل الجديدة. بل عليها أن تستمر في بذل الجهود اللازمة لتحفيزه وإيجاد الأجواء المؤاتية له للتقدم على هذا المسار.

رسم بياني 12 – 3: حصة المحافظات والأقضية من إجمالي الأسر الفقيرة في لبنان

أ – حصة المحافظات من إجمالي عدد الفقراء في لبنان

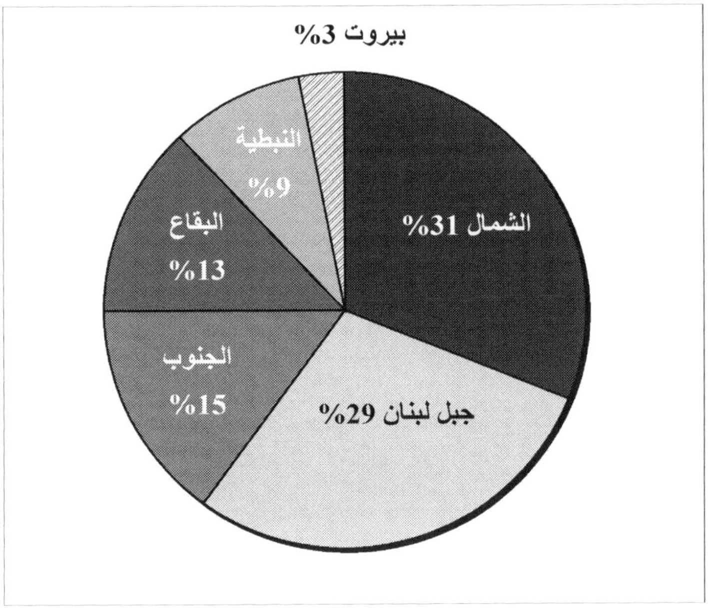

ب – حصة القضاء أو تجمعات الاقضية من اجمالي الاسر الفقيرة في لبنان (%)

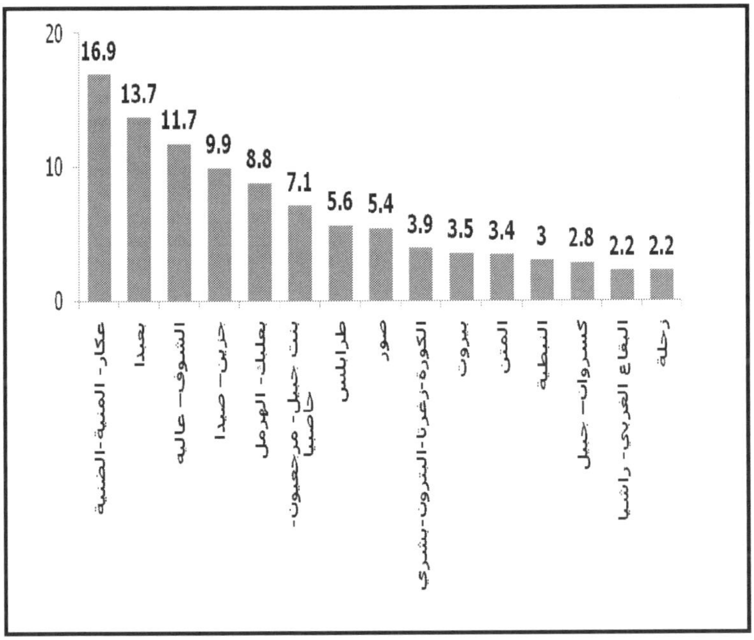

المصدر: خارطة الفقر البشري وأحوال المعيشة في لبنان (2004)

من جهة أخرى، فإن غياب الإصلاح الجذري الذي كان يجب أن تضطلع به الدولـــة، وعـــدم قيامها باستثمارات في عدد من مشاريع البنى التحتية والاقتصادية المؤثرة والفاعلة في المناطق المحرومة، وإهمالها لجانب التمكين والتدريب، هي عوامل أثـــرت جميعها أيضاً على رغبة القطاع الخاص بالقيام بالاستثمارات الضرورية على صعيد المناطق المحرومة.

علـــى أي حـــال، يمكن لنا أن نتبين ما جرى القيام به على المسارات الثلاث التالية:

المسار الأول: الشق الاجتماعي

تـــبين الأرقـــام المفصلة أن مجمل الإنفاق على الشؤون الاجتماعية من تربية، وصحة، وشبكات الحماية الاجتماعية وتعويضات نهاية الخدمة، ارتفعت من حوالي 17% من مجمل الإنفاق (ما عدا خدمة الدين) في العام 1994 إلى ما يفوق 48% في العام 2003 قبل أن تنخفض مجدداً إلى حوالي 30% في العام 2009 و25% في العام 2010. كمـــا ارتفـــع هذا الإنفاق الاجتماعي من حوالي 4.7% من الناتج المحلي الإجمـــالي في العام 1994 إلى نسب تتراوح بين 5% و8% من الناتج المحلي الإجمالي خلال الفترة ذاتها (جدول بياني 12- 1 أدناه).

ولكـــن المؤشـــرات الاجتماعـــية لا تتناسب دوماً مع مستوى الإنفاق. ففي قطاعـــي التعلـــيم والصحة على سبيل المثال تعتبر نسب الرسوب والتسرب عالية نـــسبياً، كمـــا تعتبر بعض المؤشرات الصحية كنسبة وفيات المواليد والأمهات غير مرضية تماماً.

تعترف ورقة باريس-III بأن الفرق بين مستوى الإنفاق الاجتماعي وفعاليته تـــدل علـــى أن سياسة الدولة الاجتماعية لا يزال يسودها العديد من الشوائب في لبـــنان. على هذا، فقد تم وضع خطة عمل اجتماعي كانت ركناً أساسياً ومكملاً لبرنامج الحكومة الاقتصادي ضمن ورقة باريس-III.

وقد نصت هذه الخطة على ضرورة العمل على:

- تنـــشيط اللجنة الوزارية للسياسة الاجتماعية التي تتشكل من وزارات الصحة، التربية، الشؤون الاجتماعية، العمل، الاقتصاد، والمالية. ويتلخص دور هذه اللجنة

جدول بياني 12- 1: إجمالي الإنفاق الاجتماعي المرصود في الموازنات العامة 1994- 2010 (مليارات الليرات اللبنانية)

	وزارة التربية والتعليم العالي والثقافة	وزارة الصحة العامة	وزارة الشؤون الاجتماعية	معاشات التقاعد وتعويضات نهاية الخدمة	نسبة المجموع للإنفاق الاجتماعي من نفقات الموازنة ما عدا خدمة الدين	نسبة المجموع الإجمالي للإنفاق الاجتماعي من الناتج المحلي
1994	338	124	52	200	16.67%	4.66%
1995	467	159	68	320	23.88%	5.62%
1996	408	150	88	340	25.56%	4.82%
1997	582	160	95	452	34.53%	5.63%
1998	648	261	94	520	38.92%	6.21%
1999	660	251	68	744	36.12%	6.94%
2000	707	274	93	875	44.36%	7.85%
2001	863	315	107	878	38.17%	8.51%
2002	833	290	106	900	43.22%	7.92%
2003	826	285	100	1,000	48.06%	8.09%
2004	884	345	109	1,000	45.84%	8.20%
2005	895	360	87	900	36.75%	6.80%
2006	942	347	97	935	35.48%	6.86%
2007	950	362	102	1,000	34.78%	6.39%
2008	889	375	103	1,040	35.27%	5.33%
2009	1,064	440	107	1,300	29.51%	5.53%
2010	1,320	487	143	1,400	*24.94%	5.61%

* جرى رصد مبالغ طائلة للإنفاق الاستثماري في مشروع موازنة العام 2010 مما خفض هذه النسبة بشكل معتبر.

في وضع الاستراتيجيات والأولويات العامة للقطاع الاجتماعي، ومراقبة وتقييم تطبيق الاستراتيجيات الاجتماعية ويفترض أن تكون هذه اللجنة مدعومة من قبل أمانة عامة تقنية.

- خفض التداخل في بند الخدمات الاجتماعية والتقديمات بين الوزارات، بالإضافة إلى توحيد الصناديق الاجتماعية تحت نظام واحد وإدارة شفافة ذات كفاية.
- معالجة وتحليل نتائج المسح الميداني للأسر المتعدد الأهداف للعام 2004، وتصميم آليات استهداف تساعد في تحسين تغطية وفعالية وتأثير شبكة الأمان الاجتماعي القائمة حالياً.
- استكمال التقييم لأوضاع الفقراء في كافة أنحاء لبنان، وتطبيق إجراءات ملائمة على صعيد شبكة الأمان الاجتماعي.
- توسيع تغطية الخدمات الصحية الأساسية وتحسين كفايتها ونوعيتها، والعمل على خفض نسبة وفياة المواليد والأمهات من خلال تحسين مستويات الرعاية الصحية والوقائية وزيادة نسبة التلقيح للأطفال الفقراء ولاسيما في مناطق محددة من لبنان.

لا بد إذاً من العودة إلى جوهر برنامج الإصلاح الاجتماعي الذي وضعته الحكومة في المشروع الإصلاحي الذي تقدمت به إلى مؤتمر باريس-III والذي يهدف إلى تحسين المؤشرات الاجتماعية من خلال تحسين مردودية الإنفاق ومدى فعاليته وليس بالضرورة من خلال زيادة حجمه. مع العلم أن زيادة حجم الإنفاق قد تكون ضرورية في بعض الحالات المحددة. وفي هذا الإطار، فقد شكل مشروع موازنة 2010 التي زادت من مستوى الإنفاق الاجتماعي من دون أن تزيد من فعاليته وحسن استهدافه فرصة ضائعة لجهود الإصلاح على هذا الصعيد.

المسار الثاني: الشق الخدماتي

إن التقدم المطلوب والملح على صعيد المسار الأول، يجب أن يترافق مع سعي حثيث لتأمين تساوي المناطق لناحية الحصول على الخدمات العامة، وهو المسار الثاني المطلوب والملح في عملية محاربة الفقر في لبنان والعمل على تحقيق توزيع أكثر عدلاً للموارد وللفرص.

والواقع أنه لطالما عانى لبنان وما يزال، من تفاوت في مستوى الخدمات العامة بين مناطقه. ولذلك فهو كان حتماً بحاجة إلى القيام باستثمارات كبيرة على هذا الصعيد حتى قبل الحرب في العام 1975. طبعاً، لم تحصل استثمارات عامة جدية ولا كافية، خلال 17 سنة أي خلال الفترة الممتدة من العام 1975 وحتى العام 1992. ويعود السبب في ذلك إلى ظروف الحرب المستعرة والدائرة آنذاك في أغلب المناطق اللبنانية والتي لم تكن تسمح عملياً بذلك. في المقابل وعلى الرغم من الهجرة الكبيرة التي عانى منها لبنان، فقد كان عدد السكان في لبنان ينمو بشكل مضطرد. وبالتالي كانت الحاجات والتوقعات تزداد وتتطور في طبيعتها ونوعيتها وحجمها. وتجدر الإشارة هنا إلى أن العديد من منشآت الخدمات العامة، غير المكتملة أساساً، تعرضت لأضرار كبيرة، سواءً على صعيد المؤسسات والتجهيزات أو الإدارات المعنية بهذه الخدمات أو أنها تقادمت أو أصبحت غير كافية. كذلك فقد طرأت تغيرات هائلة في أمكنة الإقامة للكثير من المواطنين وكذلك في مراكز ومواضع النشاط الاقتصادي وظهرت مراكز اقتصادية وسكنية جديدة. في المقابل لم تواكب الخدمات العامة هذه التغيرات و لم تتلاءم معها إلا بشكل محدود.

لذلك، فقد كان على الدولة اللبنانية، ومنذ مطلع التسعينيات، أن تواجه في مجمل ما تواجهه، التحديات الناجمة عن مرحلة الحرب وكذلك التعويض عن مرحلة ما قبل الحرب، وأن تسعى أيضاً لكي تلبي تلك الحاجات المتراكمة، وأن تستبق ازدياد الطلب على الخدمات العامة مستقبلاً. وعلى ذلك فقد اعتمدت الدولة خيار التأهيل العاجل لمنشآت الخدمات العامة المتضررة، والاهتمام الفوري بالقطاعات ذات الطابع الوطني على أن يتبع ذلك الاهتمام بتلبية بقية الحاجات.

ولقد كان الهدف من ذلك كله العمل على تمكين لبنان من النهوض والعمل على إطلاق عجلة النشاط الاقتصادي الذي كان بأمسّ الحاجة إلى خدمات الكهرباء والاتصالات والمطار والمرافئ والاوتوسترادات والصرف الصحي ومعالجة النفايات الصلبة وإلى تعزيز الخدمات التعليمية والصحية وغيرها. لائحة طويلة لا تنتهي من الطلبات والتوقعات في ظل أوضاع سياسية شديدة الدقة والحراجة وأوضاع مالية شديدة الصعوبة والخطورة في آن معاً.

ومـــع ذلـــك بـــادرت الحكومة إلى خوض غمار القيام بأكبر قدر ممكن من المشاريع الوطنية والمناطقية.

علـــى هذا الأساس بلغت قيمة المشاريع الوطنية المنفذة من قبل مجلس الإنماء والإعمار من العام 1992 حتى العام 2008، 4316 مليون د.أ. (أو ما يعادل حينها حوالي 6589 مليار ليرة لبنانية) كان أهمها في المجالات التالية:

- **الكهـــرباء**: حـــيث بلغت قيمة العقود المنفذة حوالي 1380 مليون دولار أميركـــي لإضافة ما يعادل 1200 ميغاوات جديدة من خلال إنشاء معامل الـــبداوي والزهراني وبعلبك وصور وكذلك لتمويل إعادة تأهيل المعامل القائمة وتأهيل وتطوير شبكات النقل والتوزيع وإنشاء مركز التحكم.
- **الاتـــصالات**: بلغت قيمة العقود المنفذة حوالي 726 مليون دولار أميركي خصّـــصت لإنـــشاء الشبكات الثابتة والسنترالات في كل المناطق اللبنانية والتي زاد حجمها ليصل إلى أكثر من مليون خط هاتفي أرضي.
- **المطار**: بكلفة حوالي 561 مليون دولار أميركي للإنشاء والتجهيز وحوالي 140 مليون دولار أميركي للتشغيل والصيانة.
- **الأوتوسترادات الدولية**: بكلفة حوالي 457 مليون دولار أميركي.
- **المدينة الجامعية**: بكلفة حوالي 250 مليون دولار أميركي للإنشاء والتجهيز وحوالي 59 مليون دولار أميركي للتشغيل والصيانة.
- **دعم الإدارات وإدارة المشاريع**: بكلفة حوالي 216 مليون دولار أميركي.
- **مياه الشرب والصرف الصحي**: بكلفة حوالي 130 مليون دولار أميركي.
- **المدينة الرياضية**: بكلفة حوالي 71 مليون دولار أميركي.
- **المباني الحكومية**: بكلفة حوالي 67 مليون دولار أميركي.
- **قطاعات ومشاريع أخرى**: بكلفة حوالي 259 مليون دولار أميركي.

وبالإضافة إلى هذه المشاريع الوطنية الطابع، أي التي يستفيد منها المواطنون في جميع المـــناطق اللبنانية، تم تنفيذ مشاريع مناطقية موزعة على المناطق كافة من قبل مجلس الإنماء والإعمـــار والمؤســـسات الحكومـــية الأخرى وذلك بين العام 1992 والعام 2008، بما مجمـــوعه 7377 مليار ليرة لبنانية أي حوالي 4894 مليون د.أ. وهي جميعها أي المشاريع الوطنية والمناطقية موزعة وفق الجهات المنفذة كما يشير الجدول البياني 12- 2 أدناه.

جدول بياني 12 – 2: ملخص بالمشاريع المناطقية والوطنية المنفذة (1992 – 2008) وفق الجهات المنفذة

الإدارة	قيمة المشاريع الاستثمارية المناطقية (مليار ل.ل.)	قيمة المشاريع الاستثمارية الوطنية (مليار ل.ل.)	القيمة الإجمالية للمشاريع الاستثمارية (مليار ل.ل.)
مجلس الإنماء والإعمار	4,820	6,589	11,409
مجلس الجنوب	1,025	0	1,025
الصندوق المركزي للمهجرين	401	0	401
وزارة الأشغال العامة والنقل	557	0	557
وزارة الطاقة والمياه	549	0	549
مؤسسة كهرباء لبنان	0	114	114
مؤسسة مياه بيروت وجبل لبنان	23	0	23
مؤسسة مياه لبنان الجنوبي	2	0	2
مجموع	7,377	6,703	14,080

المصدر: مجلس الإنماء والإعمار

ملاحظة: لا يشمل هذا الملخص مشاريع النفايات الصلبة الممولة عن طريق الصندوق البلدي المستقل كما لا يتضمن دعم الكلفة التشغيلية لمؤسسة كهرباء لبنان.

ولقـــد تـــوزعت هذه المشاريع المناطقية على مختلف القطاعات ولكن الحصة الأكبر كانت لقطاع النقل البري ومياه الشفة والصرف الصحي كما يشير الجدول البياني 12- 3 أدناه.

جدول بياني 12 - 3: ملخص بالمشاريع المناطقية المنفذة 1992 - 2008 وفق القطاع

	المجموع مليار ل.ل.	**النسبة المئوية من المجموع**
قطاع النقل البري	1,959	26.6%
قطاع مياه الشفة	1,799	24.4%
الصرف الصحي	884	12%
قطاع التربية	825	11.2%
البنى التحتية	500	6.8%
قطاع الصحة	440	6%
قطاع المباني الحكومية	122	1.7%
قطاع الإسكان	123	1.7%
قطاع الرياضة والشباب	106	1.4%
قطاع الزراعة والري	98	1.3%
قطاع الثقافة والتعليم العالي	33	0.5%
قطاعات أخرى	488	6.4%
المجموع	**7,377**	**100**

المصدر: مجلس الإنماء والإعمار

ملاحظة:

1. لا يـــشمل هـــذا الملخص المشاريع ذات الطابع الوطني كالكهرباء والهاتف والمطار والأتوسترادات الدولية والمدينة الجامعية والمدينة الرياضية.
2. لا يـــشمل هذا الملخص مشاريع النفايات الصلبة الممولة من الصندوق البلدي المستقل ولا يتضمن دعم الكلفة التشغيلية لمؤسسة كهرباء لبنان.

وعلى هذا الأساس يكون مجموع ما تم إنفاقه على توفير الخدمات العامة على الـــصعيدين الـــوطني والمناطقـــي منذ العام 1992 وحتى نهاية العام 2008 يتجاوز 14,080 ملـــيار ليرة أي 9.3 مليار د.أ. وهذه المبالغ قد جرى تمويل معظمها عن طريق الاقتراض أكان ذلك عبر الصناديق العربية والدولية أم كان عبر الموازنة العامة

وهـــي أيضاً كما هو معروف كانت تعاني من عجز مزمن مما كان يعني في المحصلة زيادة في الاقتراض وبالتالي زيادة في الكلفة السنوية لخدمة الدين العام.

كـــان هـــنالك إذاً جهد جدي ومتواصل على صعيد العمل لتوفير الخدمات الاجتماعية. وقد ساهمت الاستثمارات العامة المحققة في التخفيف من حدة التفاوت بـــين المـــناطق في مستوى الخدمات الأساسية المتوفرة وأسهمت في تحسين مجالات الفرص المتاحة من أمام المواطنين القاطنين في المناطق خارج العاصمة والمدن. لكنها وبالـــرغم من ذلك لم تتوصل بعد إلى تحقيق المستوى الجيد والمطلوب من التكافؤ على هذا الصعيد.

مـــن جهة أخرى فلربما أسهمت بعض الثغرات ذات الطابع العام التي اعترت عملـــية توزيع بعض الاستثمارات العامة المنفذة خلال السنوات الفائتة بعدم زوال هـــذا التفاوت المناطقي بشكل كامل. ومن هذه الثغرات عدم الوضوح الكافي لهذه الاســـتثمارات على مستوى السياسات القطاعية، وعدم مواكبة النجاح المحقق في تنفـــيذ الـــشق المـــادي للمشاريع مع نجاح مماثل على المستوى المؤسسي لإدارتها وتـــشغيلها وصـــيانتها. فضلاً عن أنه لم يتم القيام بجهد كاف للتواصل بشأنها مع المواطـــنين في مختلف المناطق ناهيك بالإعلام والحديث عنها بطريقة ملائمة وفعالة تمكّـــن المواطـــنين من الإطلاع على فحواها ومنافعها ومن ثمّ تبنيها والدفاع عنها بهدف تحسين مستوى إدارتها ومردوديتها.

ويظهر هذا التفاوت في القطاعات ذات الطابع المحلي كالمياه ومعالجة مسألتي الـــصرف الـــصحي والـــنفايات الـــصلبة. أما في القطاعات الأخرى كالكهرباء والاتصالات والنقل والتربية والصحة، فإن المشكلات الأساسية تتصل أحياناً بحجم ونوعية الخدمة على المستوى الوطني أكثر مما تتصل بتفاوتها مناطقياً.

لقـــد فصّلنا في الفصل السابق رؤيتنا الداعية إلى تغيير جذري لدور الدولة في القطاعـــات الحـــيوية وبالأخص في قطاعات الطاقة والاتصالات والنقل وضرورة الاعـــتماد على دور فاعل من قبل الهيئات الناظمة والهيئات الرقابية، على أن تتركز صـــلاحيات الوزير بإعـــداد الـــرؤية العامـــة لهذه القطاعات وتحديد توجهاتها الإســـتراتيجية ومتابعة الإنجازات على مسارات الخطط الموضوعة. ويتحقق التلاؤم مـــن خلال الفصل بين عملية التخطيط التي تتولاها الوزارة المختصة والتنفيذ الذي

يتولاه القطاع الخاص والمراقبة التي تتولاها الهيئات الناظمة لتحقيق الأهداف المرجوة لناحية تحسين نوعية الخدمة وخفض كلفتها. بما يساهم أيضاً بتحريك القطاعات الإنتاجية وفي خلق فرص العمل الجديدة وتعزيز معدلات النمو والتنمية المناطقية، وفي محصلة الأمر في عملية تخفيض نسب الفقر في لبنان.

انه يقتضي على الدولة، بناءً على ذلك، التمهيد للانسحاب التدريجي من عملية الإنتاج في هذه القطاعات الحيوية. على أن يترافق ذلك أيضاً مع دور أكبر لها، أي للدولة، في عملية التمكين الاقتصادي، أي تسهيل وإتاحة المجال لتحقيق قفزة نوعية للحركة الاقتصادية في المناطق ولاسيما المحرومة أي في الشمال والبقاع والجنوب. ذلك من خلال تحسين مستويات التعليم والتدريب والتحفيز للقطاع الخاص على الاستثمار في المناطق اللبنانية كافة وهي أمور لا يمكن أن تتحقق بشكل جيد وكفؤ دون تعزيز مستويات الاستقرار الأمني والسياسي وفرض هيبة وسلطة القانون أينما كان في لبنان.

المسار الثالث: الجانب الاقتصادي للفقر

تدلّ نتائج خارطة الفقر البشري وأحوال المعيشة في لبنان، وبوضوح، على أن الفقر في لبنان هو في معظم المناطق حالة اقتصادية أكثر منه حالة خدماتية، وذلك رغم تدني مستوى الخدمات في العديد منها. كما يظهر من جهة ثانية أنه حالة مناطقية إذ تتفاوت بشكل واضح معدلات الفقر والحرمان بين منطقة وأخرى من مناطق لبنان.

بناءً على هذا، فإن عملية التصدي لمشكلة الحرمان في لبنان يجب أن تتزامن مع العمل على تحقيق الإنماء المتوازن بالمعنى الاقتصادي الواسع.

لقد شكل التفاوت المناطقي في مستوى التنمية بكافة ابعادها، إحدى السمات المميزة لتطور المجتمع اللبناني منذ ما قبل الاستقلال وحتى الوقت الراهن. كما أنه شكل ولا يزال أحد العوامل التي أسهمت في زيادة حدة النزوح من الريف إلى المدينة وأيضاً في الحضّ على الهجرة من لبنان إلى الخارج بحثاً عن فرص العمل الجديدة وذلك على مدى عقود طويلة ماضية وفي محطات هامة من تاريخ لبنان الحديث والمعاصر. ولقد أسهم التفاوت المناطقي والعوامل الاقتصادية والإدارية غير

الايجابية وغير المؤاتية التي ولّدته أو غذته، في رسم صورة لبنان الراهن. ويتضح ذلك من حيث تركّز توزّع السكان على مناطق معينة على مساحة الوطن، وإلى تركّز النشاط الاقتصادي والإداري في مناطق محددة، وكذلك من تشكيل نسق التوسع المديني والعمراني وكيفية تشكل المدن والضواحي... الخ. وقد أسهم هذا التفاوت في توليد أو تغذية توترات اجتماعية وسياسية حادة في مراحل عدة من تاريخ لبنان المعاصر وفي إيجاد العديد من جيوب الفقر في الأرياف والمدن ونشوء أحزمة الفقر حول عدد من المدن اللبنانية مما فاقم من حال النقمة وأدى إلى تعميق حالة عدم الاستقرار. ولربما شكل هذا التفاوت أحد مكونات الخلفية الاجتماعية للحرب اللبنانية في العام 1975 كما سبق وذكرنا. وهو ما يزال يشكل حتى اليوم، أساساً لمطالب سياسية واجتماعية واقتصادية يتقدم بها المواطنون في المناطق كافة من الدولة المركزية. وبناءً على ذلك، فقد كان موضوع "الإنماء المتوازن"، بصفته الجواب أو الحل المطلوب لمعالجة مشكلة التفاوت، أحد البنود الأساسية التي نوقشت على طاولة اتفاق الطائف، وهذا ما جعله قضية وطنية ودستورية أساسية.

غير أن المفارقة تكمن في التفسير الشائع للإنماء المتوازن الذي يجعل منه أحياناً تقاسماً للإنفاق بدلاً من كونه إنماء متوازناً. إذ يحوله في حالات عدة إلى صيغة لتوزيع الخدمات والإنفاق على أساس مبدأ المحاصصة السائد في لبنان، والذي يغلب فيه الطابع الزبائني- الطائفي بدلاً من توجيهه لكي يصبح وسيلة للإقدار والتمكين الاقتصادي لكافة المناطق اللبنانية. وعلى ذلك فقد أصبح يُنظرُ إلى الإنماء المتوازن، وفق هذه النظرة، باعتباره مقتصراً على توفير الخدمات والمرافق العامة والمشاريع وبشكل حصص متوازية بين المناطق المختلفة. ويتم ذلك بغض النظر عن طبيعة الحاجة الفعلية لتلك المناطق وقدرتها الاستيعابية، وبغض النظر عن الأولويات المختلفة لكل منطقة استناداً إلى طبيعة وحجم الحاجة الحقيقية وليس انطلاقاً من الميزات التفاضلية التي تتمتع بها تلك المناطق والقابلة للتطوير.

فالإنماء المتوازن بمعناه الصحيح هو الإنماء الذي يحرك ويطلق قوى العرض والطلب في مختلف المناطق اللبنانية مما يساهم بتفعيل الحركة الاقتصادية فيها، ويفسح المجال أمام فرص الاستثمار والنمو وخلق فرص العمل الجديدة ولاسيما

مـــن قـــبل القطاع الخاص. وهذه الأخيرة أي خلق فرص العمل هي الوسيلة التي أثبـــتت في كـــل مكان في العالم، أنها الوسيلة الأفضل والأنجع للقضاء على الفقر والحرمان.

والواقـــع أن الـــرئيس رفيق الحريري كان مدركاً لذلك، وهو عمل بجدٍّ بعد عـــودته إلى الحكم في العام 2000 على الإعداد والتحضير لقانون تشجيع الاستثمار في لبـــنان ولاســـيما في المناطق المحرومة. وبالفعل فقد صَدَرَ في شهر آب من العام 2001 القانون رقم 360 (تشجيع الاستثمارات في لبنان) والذي يمنح حوافز ضريبية هامـــة، ويخفـــض مـــن رسوم العمل والسكن وتراخيص البناء كما يسهل عملية الحصول عليها، ويعطي إعفاءات وحوافز أخرى، ولاسيما للاستثمارات التي تتم في المـــناطق المحـــرومة. وقد تم تقسيم المناطق اللبنانية إلى ثلاث فئات، يتم التدرج في نسبة الإعفاءات والتسهيلات التي تحصل عليها بحسب نسبة حرمانها. وقد حصلت محافظـــات الـــبقاع والجـــنوب والشمال بموجب هذا القانون على أفضل الحوافز لتشجيع الاستثمار فيها.

وبالـــرغم مـــن ذلك، وبعد حوالي عشر سنوات على إقراره، لم يؤدِّ قانون تشجيع الاستثمار إلى نتائجه المرجوة. ويعود ذلك، إلى الظروف السياسية والأمنية الـــتي مرت بها ولا تزال تعاني منها البلاد، والتي تؤخر قيام الدولة القوية والقادرة على توفير الأمن وإعلاء سلطة القانون فوق كل شيء. بل على العكس من ذلك، فالـــذي نشهده يشكل في الواقع ظروفاً معاكسة تؤدي إلى المزيد من تلاشي سلطة الدولة وفقدان هيبتها وقدرتها على فرض الأمن والنظام والاستقرار. وهي في ذلك لا توحـــي بالثقة للقطاع الخاص لكي يقوم بدوره في الاستثمار وإيجاد فرص العمل الجديدة وتحسين مستويات ونوعية العيش في لبنان.

هـــنا نعـــود إلى المحدودية التي يفرضها النظام السياسي وكذلك الممارسات الـــسياسية في لبـــنان والتي تسهم في تقويض عمل المؤسسات، وتحدّ من فعاليتها، وتقلـــل من حظوظ نجاح الإصلاح الاقتصادي والقضائي والإداري. وهي جميعها تشكل عوامل وأموراً أساسية وضرورية لتحفيز المستثمر ودفعه إلى الاستثمار وخلق فـــرص العمل في المناطق التي هي بأمس الحاجة لكل جهدٍ إضافي يسهم في تفعيل حركتها الاقتصادية.

في ظـــل هذه المحدودية التي يفرضها النظام السياسي، نجد لزاماً علينا أن نطور مفهوم دور الدولة على صعيد التمكين الاقتصادي والاجتماعي إضافة إلى التمكين الـــصحي والتعليمـــي بغية تحقيق أهداف القضاء على الفقر وتحقيق التوزيع الأكثر عدلاً للموارد والفرص.

علـــى هذا الأساس، وانطلاقاً من هذه المعطيات، عمل الرئيس السنيورة وفريقه الاقتصادي على إعداد وطرح رؤية إنمائية مناطقية قدمت مقاربة جديدة للدولة ودورها لناحـــية تطبيق مبدأ الإنماء المتوازن بمعانيه الاقتصادية الواسعة والقائمة على إقدار مختلف المناطق اقتصادياً. ويتم ذلك عبر تطوير مشروعية اقتصادية خاصة في كل منطقة بطريقة تتلاءم مع ميزاتها التفاضلية وظروفها مما يجعل تلك المشاريع والمجالات تختلف في حيثياتها وطبيعـــتها واهتماماتها بين منطقة وأخرى. وقد حازت هذه الرؤية على موافقة حكومة الـــوحدة الوطنـــية التي انبثقت بعد اتفاق الدوحة في صيف العام 2008، فشكل ذلك ســـابقة في تـــاريخ لبـــنان الحديث حيث تم طرح رؤية اقتصادية إنمائية تمت دراستها والتصويت عليها بالإجماع وجرى اعتمادها من قبل مجلس الوزراء في 26 أيار 2009.

انطلقت الرؤية من تحديد المعوقات الوطنية والمعوقات المناطقية التي تؤخر تقدم عملية الإنماء المتوازن للمناطق. وهي مختصرة في الجداول اللاحقة.

لقـــد أكـــدت هـــذه الرؤية الإنمائية المناطقية على أهمية الدفع قدماً بالبرنامج الاســـتثماري العـــام، وتـــصويبه حيـــثما يقتضي الأمر نحو الأولويات الاقتصادية والإنمائـــية. كمـــا أنها اقترحت أيضاً أن تحدد الدولة الاتجاه اللازم لتمكين القطاع الخـــاص من المساهمة المباشرة في تمويل وإنشاء وإدارة مشاريع قطبية جرى الإشارة إلى بعـــض منها علماً أنه من الممكن بل من الواجب النظر في مشاريع أخرى والتي يجـــب أن تـــتلاءم جمـــيعها مع مشروع ترتيب الأراضي الذي أقرته أيضاً حكومة الـــوحدة الوطنية المنبثقة بعد اتفاق الدوحة. هذه المشاريع مجتمعةً تسهم في إضفاء المـــشروعية الاقتـــصادية على المناطق، وتسمح في محصلة الأمر بتوفير فرص العمل الجديـــدة للقاطنين في تلك المناطق، كما تسهم في تنميتها ونموها الاقتصادي فضلاً عـــن كـــونها تفـــسح في المجـــال لإنشاء عدد من المشاريع المستندة على مبادرات المؤسسات الصغيرة والمتوسطة للقطاع الخاص، والتي تستفيد وتتعزز من وجود تلك المشاريع القطبية والمؤثرة.

جدول بياني 12 – 4: معوقات التنمية على الصعيد الوطني

على الصعيدين السياسي والأمني	على الصعيد المؤسسي	على صعيد الخدمات العامة	على الصعيدين الاقتصادي والمالي	على الصعيد الاجتماعي
• عدم الاستقرار في النظام السياسي. • عدم استقرار الأوضاع الأمنية لفترات طويلة ومستمرة • عدم تزامن مراحل الاستقرار السياسي والأمني في لبنان مع مراحل الفورات النفطية في دول الخليج العربي لتحقيق مستويات الاستفادة المطلوبة ولذلك خسر لبنان عملياً، ثلاث فرص اقتصادية هامة كانت متاحة أمامه • انعكاس أجواء عدم الاستقرار على صورة لبنان الخارجية • عدم قدرة لبنان، في ظل الأحداث التي سادته على مواكبة التبدلات والتحولات الحاصلة في محيطه الإقليمي وتحسين مستويات التكيف معها	• ضعف إدارة قطاعات الخدمات العامة (كهرباء، مياه، صرف صحي، نفايات صلبة) لاسيما لجهة التشغيل والصيانة واسترداد الكلفة • عدم وضوح بعض السياسات القطاعية والارتباك في تبنيها • انخفاض فعالية مؤسسة تشجيع الاستثمارات (إيدال) • ضعف مستوى تطبيق قوانين التنظيم المدني والتلكؤ في تطبيق قواعد خطة ترتيب الأراضي حتى عهد قريب • الافتقار للأطر المؤسسية الفاعلة للتنمية المناطقية • عدم وجود الآليات اللازمة لمتابعة تنفيذ برامج التنمية المناطقية بطريقة متناغمة ومتناسقة تحفز على الالتزام بتلك البرامج • التأخر في تأسيس شركة اتصالات لبنان وعدم تشركة مؤسسة كهرباء لبنان	• عدم كفاية وموثوقية خدمات الكهرباء والمياه والصرف الصحي والنفايات الصلبة • ضعف مستوى تأهيل وصيانة شبكة الطرق • ضعف قطاع النقل العام وسوء تنظيمه • ضعف الخدمات المتعلقة بتكنولوجيا المعلومات (Information Technology)	• تركز معظم الأنشطة في منطقة بيروت الكبرى، وكذلك تركز التسليفات المصرفية • بطء الإصلاح الهيكلي ولاسيما في المجالات والقطاعات التي تساعد على جذب الاستثمارات الخاصة • التأخر في خصخصة قطاع الاتصالات	• ضعف المردود الاجتماعي والخدماتي للإنفاق العام في القطاعات الاجتماعية • تفاوت مستوى ونوعية خدمات التربية والصحة بين المناطق • التفاوت المناطقي في نسبة متخرجي الجامعات ومستوى التحصيل العلمي والمهني

جدول بياني 12 – 5: معوقات التنمية على الصعيد المناطقي

المنطقـــــة	أبرز معوقات التنمية في المنطقة	ملاحظـــــــــــات
البقاع وبعلبك الهرمل	• وجود معوقات تمنع تحقيق التنمية الزراعية (إرشاد، تمويل، تسويق، صغر الحيازة الزراعية، مسائل الضم والفرز) بشكل عام وضعف تكوين التربة في مناطق البقاع الشمالي وعدم توفر مصادر مياه الري بشكل كاف. • ضعف شبكة المواصلات. • الاكلاف المرتفعة للبنى التحتية بسبب طول المسافات. • عدم توفر التسهيلات اللازمة للصناعة (تمويل، إرشاد، تسويق) ضعف الاستثمار الموظف من أجل تطوير الميزات السياحية (بعلبك، البقاع الغربي، جبل الشيخ...) وقطاع الخدمات. • ضعف الخدمات المدينية في بعلبك وضعف عملية إبراز صورتها السياحية. • تراجع مستوى التحصيل العلمي والمهني وانعكاسه على أسواق العمل. • تراجع مستوى الخدمات الصحية.	– تتفاوت خصائص الهجرة بين المناطق وبالتالي يتفاوت حجم التحويلات من المغتربين إلى أهاليهم ومناطقهم وبالتالي مساهمتهم في الحدّ من توسع انتشار الفقر في المناطق.
الجنوب والنبطية	• عدم الاستقرار الأمني نتيجة الاعتداءات الإسرائيلية. • معوقات التنمية الزراعية. • ضعف شبكة المواصلات. • ضعف الاستثمار من أجل تطوير الميزات السياحية (صيدا، صور...) وقطاع الخدمات. • عدم توفر التسهيلات اللازمة للصناعة. • تراجع مستوى التحصيل العلمي والمهني وانعكاسه على أسواق العمل.	– تلعب شبكات الأمان الاجتماعية التي يتولاها المجتمع المدني دوراً في الحد من أسباب الفقر وذلك بشكل متفاوت من منطقة إلى أخرى.
جبل لبنان (خارج بيروت الكبرى)	• معوقات التنمية الزراعية. • ضعف استثمار الميزات الطبيعية والسياحية. • ضعف شبكة المواصلات. • عدم توفر التسهيلات اللازمة للصناعة.	

المناطق الزراعية سهل البقاع، سهل عكار، سهلا صيدا وصور، سهول مرجعيون، حاصبيا وراشيا وبساتين جبل لبنان	• ارتفاع كلفة المواد المستوردة المستخدمة في الإنتاج. • صغر حجم الحيازات الزراعية. • ارتفاع أسعار الأراضي. • عدم تنظيم شبكات الإنتاج والتوزيع. • ضعف ارتباط عمليات الإنتاج بالأبحاث الزراعية. • ضعف التوجيه والإرشاد الزراعي. • ضعف التسليف الزراعي. • سوء السبل المعتمدة للري.	– تشكل هذه المناطق الزراعية ثلث مساحة لبنان تقريباً. – يواجه الإنتاج الزراعي منافسة خارجية شديدة. – هناك علاقة واضحة بين ارتفاع مؤشرات الفقر وارتفاع درجة اعتماد المناطق على الزراعة. – يتفاوت مدخول الأسر من الإنتاج الزراعي بسبب تدخل الدولة عبر دعم بعض الزراعات دون سواها.
طرابلس	• تراكمات ساهمت في إضعاف روابط المدينة مع محيطها. • ضعف شبكة المواصلات التي تربط المدينة بالمناطق الأخرى. • عدم وضوح العلاقة بين دور مرفأ طرابلس ودور مرفأ بيروت (علاقة تكاملية أم تنافسية) علماً أنه بإمكانها أن تكون تكاملية. • عدم الاستفادة، بشكل فعال، من مزايا المدينة (المعرض، التراث السياحي، التجارة...). • عدم إعطاء تسهيلات كافية للصناعة. • تراجع مستوى التحصيل العلمي والمهني وانعكاسه على أسواق العمل. • تراجع مستوى الخدمات الصحية.	– تتفاوت خصائص الهجرة بين المناطق وبالتالي يتفاوت حجم التحويلات من المغتربين ومساهمتهم في الحدّ من انتشار الفقر في المناطق. – تلعب شبكات الأمان الاجتماعية التي يتولاها المجتمع المدني دوراً في الحد من أسباب الفقر إلا أن ذلك يتفاوت من منطقة إلى أخرى.
الشمال وعكار	• معوقات التنمية الزراعية. • ضعف استثمار الميزات السياحية. • ضعف شبكة المواصلات مع طرابلس وبيروت والبقاع. • انعكاس تراجع وزن طرابلس الاقتصادي على هذه المناطق. • تراجع مستوى الخدمات الصحية. • تراجع مستوى التحصيل العلمي وانعكاسه على أسواق العمل وتلاؤمه معها.	

تشكل الرؤية الإنمائية المناطقية التي تم التوافق عليها من قبل حكومة الوحدة الوطنية فرصة للدولة اللبنانية كي تعيد طرح مشاريع تم التداول ببعضها سابقاً إلا أنه لم يصار إلى ترجمتها إلى مشاريع محددة قابلة للتنفيذ. ولم تسمح الظروف السياسية والأمنية التي سادت على مدى السنوات الماضية لتنفيذ أو لتطوير البعض الآخر من تلك المشاريع التي تمثل مجموعة قابلة للتعديل والزيادة.

ثمّة عقبة أخرى تتمثل في افتقاد هذه المشاريع وغيرها من مشاريع مستقبلية ظروفَ التمويل اللازم والمتاح من قبل الدولة اللبنانية التي لا تستطيع تأمين الحاجات التمويلية لها من مواردها الخاصة. فضلاً عن ذلك فإن مثل هذه المشاريع لا تتوفر لها الإمكانات والقدرات والكفاءات أو الأدوات الملائمة لتشغيلها وإدارتها من قبل الدولة اللبنانية ومؤسساتها. لذا فإنه يكون ممكناً بل مستحباً وملائماً أن يجري تأمين مصادر التمويل وإمكانات الإدارة والتشغيل من خلال اعتماد صيغة الشراكة مع القطاع الخاص. لذا، شكلت هذه الرؤية التنموية المناطقية فرصة لطرحها وطرح مشاريع أخرى جديدة، وهي جميعها مشاريع قادرة عند القيام بتنفيذها عبر القطاع الخاص على الإسهام بشكل جدي في تحريك اقتصادات المناطق وتحفيز نشوء الكثير من المؤسسات الصغيرة والمتوسطة التي تستفيد وترفد نشاطات المشاريع الكبرى أو المشاريع القطبية. إلى جانب ذلك فإنه من المقدر لهذه المشاريع أن تسهم في تفعيل قوى العرض والطلب الخاصة بها لجهة قدرتها على تكوين استثمارات موازية وحركة اقتصادية مواكبة ومكملة لها. وسيسهم هذا الأمر في إيجاد فرص عمل جديدة بما يسمح للبنانيين أن ينعموا بفرص التقدم والنمو حيث هم. وفي هذا الإطار، تسعى هذه الرؤية إلى طرح المشروع المناسب في المنطقة المناسبة بما يتناسب مع الميزات التفاضلية لكل منطقة من جهة، وبما يمكّن كل منطقة من مواجهة التحديات الاقتصادية والاجتماعية والبيئية الواجب التصدي لها. وعلى ذلك ستساعد هذه الخطوات أيضاً في أن يكون للمشروع المعني فرصة حقيقية للإسهام في تأمين التنمية المتوازنة والنمو المستدام لتلك المناطق.

بالإضافة إلى ما تقدم، فإن فكرة طرح هذه المجموعة من المشاريع القطبية في آن واحد، وبطريقة مترابطة، وهو ما تقدمه الرؤية التنموية المناطقية كمجموعة واحدة متكاملة ولكن ليست نهائية، سيسهم في تأمين تفاعل كبير يزيد من الوقع

الاقتصادي والاجتماعي والسياسي الإيجابي في كل منطقة، ويسهم في إيجاد حالة من التعاون والتنافس الإيجابي بين المناطق كافة (جدول بياني 12-6 أدناه).

إن دخول الدولة كشريك في تنفيذ هذه المشاريع من خلال إشرافها على العملية ككل، ومن خلال تقديمها مثلاً للأرض أو للحوافز والإعفاءات، هو أمرٌ ضروريٌ للتعويض عن جزء من المخاطر التي يواجهها المستثمر في ظل ضعف قدرة الدولة على فرض الأمن والقانون بشكل صارم على كامل الأراضي اللبنانية.

ولا بدّ من التأكيد مجدداً هنا على أن الضوابط الصارمة التي يرسمها ويفرضها مستوى العجز المرتفع في الموازنة وحجم الدين العام، يوجبان العمل على الالتزام بتوجه اقتصادي لا يزيد من حجم الأعباء الملقاة على كاهل الخزينة التي تئن من حجم الدين العام الحالي ونسبته المرتفعة إلى مجموع الناتج المحلي. وهذا ما يحد من قدرة القطاع العام على تدبير التمويل اللازم لإقامة هذه المشاريع ناهيك عن عدم قدرته على التلاؤم مع متطلبات إدارتها وتشغيلها. وهذا ما يدعو إلى أن تسعى الحكومة إلى إشراك القطاع الخاص بحمل لواء تنفيذ هذه المشاريع القطبية وتمويلها وإدارتها وتشغيلها ضمن الأطر التي تحددها الدولة ومنها قانون الشراكة بين القطاعين العام والخاص، وضمن إطار الهيئات الناظمة، وهي الواجب إيجادها في المجالات حيث يمكن إنشاء هيئات ناظمة وبما يعود على لبنان بمناطقه وشعبه بالمنفعة العامة من استثمارات وفرص العمل الجديدة والتنمية المتوازنة والنمو المستدام.

إن هذه الرؤية التي تمّ إقرارها من قبل حكومة الوحدة الوطنية للرئيس السنيورة في 26 أيار 2009 تشكل باباً هاماً لولوج مسألة الإنماء المتوازن كوسيلة للتمكين الاقتصادي والاجتماعي. وهي تشكل أيضاً فرصة للدولة لكي تعيد صياغة دورها وتطويره بما يتناسب مع دروس الماضي وتحديات المستقبل.

***

لقد فَصَّلْنا، في سياق عرضنا للنموذج الليبرالي الحديث الذي نقترح إتباعه في لبنان، بين هدفي استدامة النمو وعدالته.

ولم يكن هذا الفصل اعتباطياً، بل على العكس من ذلك؛ كان متعمداً لا بل لازماً، لأننا أردنا أن نبين الفرق بين دور الدولة في جعل النمو الاقتصادي مستداماً وذلك من خلال خروجها التدريجي من عمليتي الإنتاج والتوزيع في القطاعات الحيوية

جدول بياني 12 -6: المشاريع المناطقية القطبية بحسب الرؤية الإنمائية المناطقية

التطوير العقاري وترتيب الأراضي	التطوير السياحي والخدماتي	التطوير الصناعي	التطوير التجاري والخدماتي
– مشروع إعادة ترتيب مدخل بيروت الجنوبي: مشروع أليسار	– مركز بيروت للمؤتمرات	– المدينة الصناعية في الزهراني	– مدينة الإعلام: (منطقة القريعة)
– مشروع إعادة ترتيب مدخل بيروت الشمالي: لينور	– مدينة العلاج والعناية (Care and Cure Health Centers) في منطقة القريعة	– المدينة الصناعية في شمال بعلبك	المنطقة الاقتصادية الخاصة في طرابلس
– مشروع تطوير الواجهة البحرية لمدينة صيدا بما يلائم تاريخ المدينة وتطورها الاقتصادي والسياحي وتنظيف وتعميق مرفأها الحالي وكذلك إنشاء المرفأ التجاري الجديد جنوب المدينة	– منتجعات التزلج والاستجمام في جبل الشيخ والأرز	– المدينة الصناعية في رياق	
	– المرفأ السياحي في جونيه	– تطوير إمكانات الصناعات الغذائية في مناطق الشمال والبقاع والجنوب	
		– محطة تحويل الغاز السائل إلى غاز في منطقة الزهراني لزوم محطة الكهرباء والمنطقة الصناعية	
		– إفساح المجال لعودة تشغيل أنابيب النفط العراقي وكذلك لمد الغاز العراقي إلى شمال لبنان	

كالطاقة والاتصالات والنقل وحتى بعض القطاعات الخدماتية الأخرى كالمياه، وتركيزها في المقابل على تعزيز دورها الناظم والرقابي الذي يفعّل المنافسة فيحسّن الإنتاجية ويعزز النمو ويضمن استدامته. ويبدو الفرق كذلك مع تبلور دور الدولة أكثر فأكثر لجهة جعل النمو أكثر عدلاً وإنصافاً وهو ما يستوجب منها كما عرضنا في هذا الفصل، أن يتخطى دورها الإطار التشريعي والناظم والرقابي، لتدخل مباشرة كشريك رئيسي وفاعل في تعزيز الإنماء المناطقي المتوازن؛ بمعنى إقدار المناطق اقتصادياً والتشجيع على خلق فرص العمل عبر القطاع الخاص، على الأقل حتى تستطيع هذه المناطق أن تجذب وحدها الاستثمارات الأجنبية المباشرة. وهذا الأمر يستدعي أولاً قيام الدولة القوية الفارضة لسلطتها وهيبتها على الصعيد الأمني، وإعلاء سلطة القانون فوق جميع الأراضي اللبنانية بما لذلك كله من قدرة تحفيزية لدور القطاع الخاص في إيجاد فرص العمل الجديدة والمجدية.

لكن الحقيقة الأساسية تبقى وهي أن الارتباط وثيق جداً بل متداخل وعضوي بين التوصيفين الجوهريين والمتكاملين لعملية النمو، ونعني بذلك النمو المستدام والنمو العادل. فالنمو العادل هو شرطٌ أساسي لجعل النمو مستداماً على المدى الطويل، وذلك من خلال شبكة الأمان التي يؤمّنها لعملية لاستقرار الاجتماعي ويؤمّن بالتالي فرصاً أفضل لتحقيق الاستقرار السياسي والاستقرار الاقتصادي وهما في الحقيقة شديدا الائتلاف ويشكلان وجهين لعملة واحدة.

على هذا لا يمكن للنمو المستدام إلاّ أن يكون نمواً عادلاً أولاً. قد تكون هذه العبرة الأهم ممّا سمي بـ "المرحلة الذهبية" في تاريخ لبنان الاقتصادي خلال مرحلة ما قبل الحرب الأهلية، والتي حقق خلالها لبنان مستويات مرتفعة من النمو كانت محط اهتمام الكثير من البلدان النامية الأخرى. ولكنه كان كذلك نمواً سادته بعض الشوائب حيث تشير الكثير من المعطيات بأنه لم يكن عادلاً بتوزيعه بما يكفي. وهذا الأمر قد يكون أو قد لا يكون من المسببات الحقيقية والمباشرة للحرب، ولكن من المؤكد أنه جعل احتمالات قيامها أكبر وجعل من تداعياتها أشد إيلاماً.

خاتمة

"وقُمْ فَلَسَوْفَ تطيلُ المنَام".

عمر الخيام

في أواخـــر العام 2002، كانت البرازيل، وهي أكبر دولة في أميركا اللاتينية، علـــى حافة الانهيار المالي والنقدي. وكانت الحكومة البرازيلية واقعة بين نارين: نار وطـــأة العجـــز المرتفع في ماليتها العامة من ناحية، ومن ناحية أخرى نار المطالب الاجتماعـــية الملحة، حيث كان حوالي 28.5% من الشعب يرزح تحت خط الفقر ومـــن أصـــلهم حوالي 17% من الشعب يعيش في فقر مدقع أي أنه كان غير قادر على تدبّر قوته اليومي وإطعام نفسه.

وكانت الحكومة البرازيلية تحضّر آنذاك للدورة الثانية من الانتخابات الرئاسية بين المرشح اليساري لولا دا سيلفا والمرشح اليميني خوسيه سيرا وهو الذي كانت تفضله الأسواق المالية وتعتبره أكثر قدرة على لجم التدهور المالي الذي تشهده البلاد سيما وأن هذا الأخير وعد بتطبيق سياسة مالية تقشفية تحقق زيادة مطردة في فائض الميزان الأولي.

كانـــت النتيجة انتصار الرئيس لولا، فتوقع الكثيرون تدهوراً سريعاً للبرازيل، إذ ظنوا بأن البرازيل سوف تسير على خطى جارتها فنـــزويلا، حيث أدت السياسة الاقتـــصادية الشعبوية التي اعتمدتها الحكومة الفنـــزويلية إلى تدهور مطرد في المالية العامـــة وارتفاع في مستويات الدين العام لديها (وذلك بالرغم من ارتفاع أسعار الـــنفط العالمي)، من دون أن يؤدي ذلك إلى انخفاض في معدلات الفقر لدى هذه الدولة.

وعلـــى وقـــع هذه التوقعات المتشائمة بعد فوز الرئيس لولا، تدهورت قيمة الـــدين السيادي البرازيلي وارتفعت فوائده، وباشر المستثمرون الأجانب بوقف أو بـــسحب اســـتثماراتهم من البلاد وتسارعت التحضيرات في صندوق النقد الدولي تحضيراً للتدخل السريع لإنقاذ محتمل للبرازيل.

واليوم، أي بعد 8 سنوات من حكمه، يسلم الرئيس لولا البرازيل لخلفه بلداً مخـــتلفاً عن ذاك الذي ورثه. يسلم الرئيس لولا بلداً مزدهراً واعداً وهو البلد الذي يـــشكل مع الصين والهند وروسيا ما أصبح يعرف بمجموعة BRIC وهي مجموعة

الاقتصادات الصاعدة التي تكتسب وزناً وثقلاً على صعيد الاقتصاد العالمي. وها قد أصبحت البرازيل تحتل اليوم المركز الثامن في العالم لناحية حجم اقتصادها، متقدمة بـذلك عن كلّ من كندا واستراليا، حيث ارتفع ناتجها المحلي الإجمالي من حوالي 550 مليار د.أ. عندما تسلم الرئيس لولا الحكم في أواخر العام 2002 إلى أكثر من 1900 مليار د.أ. عندما يسلّم الرئيس لولا الحكم إلى خليفته في أواخر العام 2010. ولقد أدى نجاح البرازيل في تحقيق نسب مرتفعة من النمو الاقتصادي إلى زيادة الناتج المحلي للفرد من حوالي 2800 د.أ. في العام 2002 إلى حوالي 8600 د.أ. في العام 2008.

كانت الأسواق مخطئة عندما اعتبرت أن نجاح الرئيس لولا سيكون كارثة على الوضع الاقتصادي البرازيلي وكذلك كان تخوّف صندوق النقد الدولي في غير محله. ولقد حققت البرازيل في ظل حكم الرئيس لولا معدلات مرتفعة من النمو، ولكنه لم يكن نمواً على حساب الفقراء والمعوزين، بل العكس، إذ نما دخل الفئة الـ 10% الأكثر فقراً بنسبة 15% سنوياً ونما دخل الفئة الـ 10% الأكثر غنىً بنسبة 1.5% سنوياً.

وعلى هذا الأساس انخفضت نسبة الفقراء في البرازيل من 28.5% في العام 2002 إلى ما دون 16% في العام 2008، كما انخفضت نسبة الجياع من 17% في العام 2002 إلى 8.8% في العام 2008. وأصبحت الطبقة الوسطى، وهي الطبقة المسؤولة عن تقدم الاقتصاد وتطوره وأيضاً من حصانته ومنعته، تشكل 52% من مجموع الشعب البرازيلي في العام 2008 مقارنة بحوالي 44% في العام 2002.

كيف حقق الرئيس لولا، الرجل الذي بدأ حياته المهنية كعاملٍ في مصانع الحديد ثم نقابياً ثم زعيماً يسارياً، القفزةَ النوعية التي كانت تحتاجها بلاده لدخول نادي البلدان المتقدمة، وتصبح في مرتبة الاقتصاد الثامن في العالم، في وقت كانت الأسواق وكان المستثمرون يتخوفون منه ويتوقعون انهياراً مالياً ونقدياً، وفي وقت كان الفقراء يشكلون ثلث عدد سكان البرازيل؟

الجواب في الواقع بسيط جداً: انه الإصلاح الجريء الذي يتطور ويتفاعل مع المتغيرات العالمية ويبتعد عن الإيديولوجيا الجامدة والخطاب السياسي الشعبوي. فالعامل النقابي الذي قاد في شبابه مظاهرات ضد صندوق النقد الدولي، وطالب

بطـــرد الصندوق من البرازيل وإغلاق مكاتبه ووقف التعامل معه، هو ذاته الرئيس المـــسؤول الذي قام بسداد جميع ديون البرازيل إلى الصندوق، وأصبحت البرازيل خلال عهده دائنةً لصندوق النقد الدولي وليست مدينة له.

اعتمد الرئيس لولا "اليساري" في سياستيه الاقتصادية والاجتماعية، على ثلاثة مـــسارات إصـــلاحية واضحة كانت أكثر وفاءً لليبرالية الاقتصادية الحديثة بمعناها الواسع والمتقدم.

أولاً: الإصلاح المالي وخفض العجز واعتماد أهداف لتحقيق فائض في الميزان الأولي أشـــد صرامةً من تلك التي كان ينصح بها صندوق النقد الدولي، وحتى تلك التي كان يتهيأ منافسه لتطبيقها.

وعلـــى هذا انخفضت نسبة الدين العام إلى الناتج المحلي الإجمالي من 66% في العـــام 2002 إلى 37% في أواخر العام 2008. كما انخفض العجز المالي من 4.6% إلى 1.3% من الناتج المحلي.

ثانـــياً: اعـــتماد سياسات مشجعة على النمو الاقتصادي من خلال تشجيع الاستثمارات الأجنبية وتحرير الأسواق الداخلية وإزالة العقبات من أمام المستثمرين الأجانب والمحليين.

ثالـــثاً: اعـــتماد سياسة اجتماعية هادفة إلى خفض معدلات الفقر وذلك من خـــلال إنشاء مبادرة Bolsa Familia وهي شبكة حماية تمنح مساعدات نقدية إلى العـــائلات الفقـــيرة بـــشرط إبقاء أولادها في المدارس واحترام مواعيد تلقيحهم ومـــراقبتهم الصحية. أي ربط المساعدات النقدية والعينية بأهداف تنموية مرتبطة بالتمكين والإقدار. وهذه المبادرة تعتبر من أنجح المبادرات عالمياً على صعيد خفض نسبة الفقر والتمكين الاقتصادي والاجتماعي. وهي حققت نتائج استثنائية بالرغم مـــن ضـــخامة حجمها، إذ هي تطال حوالي 12 مليون عائلة برازيلية تحصل على المـــساعدة. كما أنها دلت على أنه من خلال التمكين الاقتصادي للفئات المهمشة، يرتفع الطلب ويزيد النمو الاقتصادي. وعلى ذلك فقد خرج 20 مليون برازيلي من خانـــة الفقر خلال عهد الرئيس لولا وانخرطوا في أسواق العمل والطلب فتحسنت أحـــوالهم وازدادت إمكانـــاتهم فابـــتاعوا المـــزيد من السلع الاستهلاكية المعمرة كالأدوات الكهربائية والسيارات وغيرها.

أعـــاد الرئيس لولا صياغة دور الدولة في الاقتصاد والمجتمع وذلك من خلال ترشـــيد الإنفاق وتفعيل الإدارة والقيام بالإصلاحات الجريئة والرؤيوية من دون أن يكون ذلك على حساب الفقراء والمعوزين بل العكس، إذ أدت سياساته إلى تحقيق نظامٍ أكثر فعالية وتوزيعاً أكثر عدلاً للموارد المتاحة.

أما الأهم من ذلك كُلّه، فقد اختار لولا وهو الرئيس الأكثر شعبيةً في العالم، كمـــا سمّاه الرئيس باراك أوباما، احترامَ الدستور، فلم يستفد من نسبة شعبيته التي تتخطى 80% ليسعى إلى تعديل الدستور بما يتيح له الترشح مرة ثالثة لأربع سنوات إضـــافية. بل على العكس من ذلك، فقد التزم بما نصّ عليه الدستور وحافظ على المؤسسات وعلى مبدأ تداول السلطة.

يـــسلم اليوم الرئيس لولا لخليفته أمةً، لا بلداً فحسب، أمةً لها ثقلها ودورها. يسلم نظاماً ثابتاً ومستقراً ويسلم اقتصاداً واعداً ويسلم مجتمعاً أكثر تماسكاً ومَنَعَةً.

***

بالرغم من اختلاف حجمهما وموقعها الجيوسياسي، فإن نقاط التقارب بين لبـــنان والبرازيل عديدة، ومنها النظام السياسي الديمقراطي والتعقيدات البيروقراطية وكذلك بعض المؤشرات الاجتماعية والاقتصادية كنسبة الفقر والناتج المحلي للفرد، وأيضاً الوضع الاجتماعي الضاغط والمعقد. وعلى هذا تشكل تجربة البرازيل وغيرها من التجارب التي أتينا على ذكرها فرصة للبنان لاستخلاص الدروس والعبر والكف عن إضاعة الفرص.

إنّ الـــدرس الأهم ممّا جرى في اليونان من جهة، وفي البرازيل من جهة أخرى وغيرها من البلدان على مدى السنوات الأخيرة، هو حقيقة أن في عملية الإصلاح بعـــض الكلفـــة ولكن الكلفة، تكون أكثر إيلاماً وأشد وطأةً إذا ما جرى تأخير الإصلاح إلى لحظة ما قبل الانهيار التام.

ولا يغربّن عن البال ختاماً أنّ لبنان يتميز عن اليونان وعن البرازيل ليس بمحدودية الحجم والموارد وحسب بل بمحدودية إضافية تتمثل بطبيعة الانقسام السياسي والطائفي والمذهبـــــي الذي لطالما عانى منه لبنان والذي يبدو اليوم بعد أكثر من 67 عاماً على الاســـتقلال، وأكثـــر مـــن 20 عاماً على وثيقة الوفاق الوطني "الطائف"، أكثر حدةً وخطورةً وتأثراً وانعكاساً للانقسامات الإقليمية والعالمية المتفجرة.

ما استطعنا حتى اليوم أن نتفق على مسائل أساسية كلبنانيين ترتبط بنوعية نظامنا السياسي وكيفية ممارسته ودور المؤسسات السياسية كافة فيه. ولكن أن لا نكون قادرين على الاتفاق على هذه الأمور الجوهرية لا يعني بالضرورة ألاّ نكون قادرين على الاتفاق على كيفية تنظيم أمورنا الاقتصادية والاجتماعية والحياتية. فالحقيقة أن اللبنانيين درجوا على تسييس كل الأمور، وربطها بعضها ببعض، لدرجة أن الأمور الحياتية والشؤون الاقتصادية التي تخص كافة المواطنين، وتؤثر على مستوى ونوعية عيشهم، بل حتى تلك التي تسعى لتسهيل ظروف هذا العيش، باتت أكثر فأكثر تعقيداً ويجري ربطها وتعليقها بمسائل إقليمية ودولية بل كونية أحياناً.

فهل يجوز وهل من الممكن الاستمرار على هذا المنوال؟

أليس من الحكمة، بل من المفيد تناول المواضيع بطريقة ممنهجة تؤمّن معالجتها والعمل على إيجاد الحلول الشافية لها دون أن يصار إلى ربط كل الأمور بعضها ببعض، حيث يصبح حلها أمراً مستعصياً إن لم يكن مستحيلاً. لا يغيب عن بالنا التذكير هنا بأن مجتمعاً متنوعاً كالمجتمع اللبناني، لا بدّ وأن يحفل بقضايا يصعب أحياناً حلها بسرعة وتكون قائمة على التباينات في الرؤى وفي طرق المعالجات. فما العمل في هذه الحالات؟ لا بدّ في هذا الإطار من العمل على فصل معالجات أمور عن معالجات أمور أخرى بما يخدم الصالح العام بدلاً من تعطيل الأمور كلها وإبقائها جميعاً رهينة إشكالات تتعلق بغيرها.

إن التصدي للتحديات التي تواجهنا والتي من الطبيعي أن تتزايد بحكم التطورات الداخلية والعالمية، يفترض بنا أولاً أن نتوقف عن إلقاء اللوم على من تحمل أو يتحمل المسؤولية ماضياً وراهناً، وأن نكفَّ عن التعاطي مع الشؤون الاقتصادية والاجتماعية على أساس كيدي بهدف تسجيل النقاط والاستغلال السياسي. فالنقاط الوحيدة التي يجب أن تحتسب هي لصالح المجتمع لا لصالح فريق معين فيه، وهي أيضاً النقاط التي تقيس مدى تقدم وتطور قدرة المواطنين على تأمين الظروف اللائقة والعيش الكريم لهم ولعائلاتهم ناهيك بفرص تقدمهم الاقتصادي والاجتماعي المتكافئ. فاللبنانيون ما عادوا يتحملون المزيد من تفويت الفرص وهدر الوقت وإضاعة العمر.

لقد حاولنا في هذا الكتاب وضع المعطيات الاقتصادية في إطاريها التاريخي والسياسي. كما سعينا كي نبين خيارات الماضي وأخطاءه ونجاحاته وتعثراته بعيداً عن الآراء المسبقة، والتي لطالما اختلطت بالتحليل الاقتصادي في لبنان، فصعّبت بذلك على المواطن التمييز بينها، وحالت بالتالي بينه وبين تبين الخيط الأبيض من الخيط الأسود.

لقد أردنا من تناولنا بالعرض والنقد الحقبة الماضية بنجاحاها وإخفاقاها، وبالمجال الذي فتح أمامها، مثلما بالانسدادات والعوائق التي واجهتها، أن نستفيد من دروس الماضي، لا أن ننكأ جراحاته، وأن نستخلص منه ومن الحاضر الراهن العبرَ المناسبة لا أن نغوص في غمار نقاشات عقيمة ومتشنجة لا تغني ولا تسمن من جوع.

إن نشر هذا الكتاب يتزامن للأسف مع حملات متجددة ومتجنية تسعى إلى محاكمة مرحلة الرئيس رفيق الحريري، وبعده الرئيس فؤاد السنيورة، وذلك بطريقة كيدية وأحادية الرؤية وغير منصفة ولا موضوعية، لأنها بذلك، تستعيد منظومة الممارسات الكيدية التي اعتمدت خلال فترة 1998 - 2000 وما بعدها التي أدت إلى نتائج كارثية على الوضعين المعيشي والاقتصادي.

والمفارقة التي تستوقف المراقب أن هذا الهجوم الداخلي المنسق يتم في وقت يتلقى فيه لبنان الثناء من المجتمع الدولي على ما حققه من نمو اقتصادي وتحسن مطرد في اطر سياساته المالية والنقدية والمصرفية. كما أنه جزء من حملة تأخذ أشكالاً مختلفة ولكن الهدف واحد وهو التعطيل والتفشيل. وللأسف يحدث ذلك وكأن فريقاً واحدا هو من يتحمل مسؤولية ما توصلنا إليه. بينما الواقع أن من يقوم بالهجوم اليوم يتحمل بطريقة أو بأخرى مسؤولية ما توصلنا إليه من شلل في المؤسسات وبطء في الإدارة وغياب للإصلاح.

على كل حال، هذا كله لا يلغي حقيقة أننا ارتضينا جميعاً، العيش معاً، ولنا مصلحة مشتركة في حماية هذا النموذج الفريد في العيش المشترك. وبالتالي لا بدّ أن نواجه تحدياتنا معاً. فقد يكون ممكناً أن يكون هنالك منتصر في السياسة ومنتصر في الأمن. ولكن المنطق العام وتجارب المجتمعات المعاصرة تعلمنا ان هذه المقولة لا تنطبق بالضرورة على الاقتصاد حيث ثمة قاعدة ذهبية مفادها: إما أن ينتصر الجميع

وإمـــا أن يخـــسر الجمـــيع. فالتضخم ضريبة تدخل إلى بيوت جميع المواطنين دون اســـتئذان، والجـــوع لا يعرف طائفة، والمرض لا يعرف مذهباً، والبطالة لا تعرف ديناً.

لقد قدمنا وجهة نظر واضحة لا تقبل الالتباس مفادها أن على لبنان أن يسرّع في القـــيام بعملـــية الإصلاح الاقتصادي والاجتماعي. الإصلاح الذي يأخذ بعين الاعتـــبار صـــعوبة الإصلاح السياسي الجذري حالياً، ولكنه يحاول أن يلتف عليه مؤقتاً بما يتيح العودة إليه في ظروف أكثر ملاءمة. انه الإصلاح الذي حلم به الآباء المؤسسون في العام 1943، وحلم به المؤسسون الجدد في العام 1989، والذين عملوا علـــى تنفيذ هذا الاتفاق ومكوناته الاقتصادية ابتداءً من العام 1992 والذي يقول بـــضرورة الانـــتقال إلى الدولة المدنية. إلى الدولة غير الطائفية؛ وإلى المجتمع المدني الحديث، لا إلى المجتمع المذهبـــي والزبائني.

وبالـــرغم من المعوقات الحالية للإصلاح السياسي التي وللأسف ترتبط بواقع المـــنطقة والعـــالم والانقسامات الحادة التي تنعكس على الداخل اللبناني، فإنه من الممكـــن الـــتعويض وإلى حد بعيد عن غياب هذا الإصلاح السياسي النوعي من خـــلال الإصلاح الاقتصادي والاجتماعي الذي يعيد رسم دور الدولة في الاقتصاد وعلاقتها مع المواطن والمجتمع. فتكون هذه الدولة خارج عملية الإنتاج والتوزيع في القطاعات الحيوية في وقت يتفعّل دورها على صعيد الهيئات الرقابية والناظمة. كما أنّ المطلـــوب مـــنها في الوقت ذاته أن تكون أكثر فعالية على الصعيد الاجتماعي لتدخل شريكاً أساسياً في عملية الإنماء المناطقي وتتشارك مع القطاع الخاص بحمل لوائه بطريقة عصرية وفعالة لا بالوعود والكلام فقط.

إن الطرح الأساسي في هذا الكتاب هو ضرورة الالتزام بالأسس الليبرالية التي قـــام عليها لبنان والعودة السريعة إلى جميع مكوناتها وبالأخص العمل على اعتماد مـــبدأ التقدم على مسار العودة إلى توازن الموازنة من جديد والمحافظة على الزيادة المطّـــردة في فائض الميزان الأولي، وذلك عن طريق ترشيق الإدارة وترشيد الإنفاق وإعـــادة صياغة دور الدولة في الاقتصاد. كما يجب أن يتلازم ذلك مع تفعيل دور الدولـــة في المجتمع وتطوير مفهوم الدولة الراعية (Welfare State) التي تعمل على الإقـــدار الاقتصادي بقدر ما تعمل على الإقدار الاجتماعي، إذ لا يمكن للنمو أن

يكـــون مـــستداماً إذا لم يكـــن في الأساس عادلاً. ولعل هذه هي إحدى الدروس الأساسية من إخفاقات فترة ما قبل حرب 1975.

إن الإصـــلاح الاقتـــصادي والاجتماعي ضرورة بحد ذاته لمواجهة التحديات الكبيرة والكثيرة التي نواجهها والتي ما تزال تتكدس في الأفق. ولكنه أيضاً، أي هذا الإصـــلاح الاقتصادي والاجتماعي، سيكون مُسرِّعاً ومُسَهِّلاً، لا بل يشكل بعداً طبيعياً للإصلاح السياسي الذي نحتاجه لنحقق القفزة النوعية فندخل نادي البلدان المـــتقدمة. فالعمل على ترسيخ مفهوم المجتمع المنتج، والمجتمع القائم على قيم العمل والجدارة والإنتاج لا بد أن يتطور بعيداً عن التبعية والزبائنية.

تتوافـــر الـــيوم جملـــة من العناصر الداخلية التي تحثنا على الإسراع في عملية الإصلاح: مستويات مرتفعة من النمو الاقتصادي، توافر السيولة في النظام المصرف اللبـــناني، استمرار الاستقرار النقدي، وارتفاع احتياطي مصرف لبنان من العملات الأجنبية.

كمـــا أن الظـــروف العالمية تبدو أيضاً متوفرة وبالأخص من خلال معدلات الفوائد المنخفضة وأسعار المواد الأولية المعتدلة وهو الأمر الذي لن يدوم طويلاً.

ثمّـــة نافـــذة مشرعة لتحقيق فرص الإصلاح، ولكن نافذة الفرصة هذه تضيق كلمـــا تغيرت الظروف الداخلية والظروف الخارجية والتي تدل جميعها على بداية تجمـــع للسحب السوداء سياسياً وأمنياً ناهيك عن تجمعها مالياً وبيئياً وديموغرافياً. وكلمـــا ضـــاقت الـــنافذة، كلمـــا زادت الكلفة وكلما قلّت احتمالات النجاح المستقبلي.

في هـــذا الإطار بالذات، علينا إذاً ان نسأل أنفسنا الأسئلة التالية: إذا لم يتم هـــذا الإصلاح اليوم فمتى؟ وبأي كلفة؟ وما هي الأوضاع الاقتصادية والخدماتية والاجتماعـــية والبيئـــية الـــتي سنـــسلمها إلى الأجيال القادمة؟ بل ترانا أي بلدٍ سنسلمهم؟

الرسوم البيانية
والجداول البيانية

الرسوم البيانية

صفحة

الجداول البيانية

صفحة

الملحق الأول

أهم التطورات والأحداث اللبنانية

1989 - 2009

1989

16 أيار: اغتيال المفتي حسن خالد

30 أيلول: 62 نائبا لبنانيا يجتمعون في مدينة الطائف في المملكة العربية السعودية ويوقعون على اتفاق لوضع حد للحرب الأهلية، عُرف باتفاق الطائف

4 تشرين الثاني: العماد عون يعلن حل مجلس النواب بموجب الدستور ويدعو إلى انتخابات في كانون الثاني بينما يدعو الرئيس حسين الحسيني لجلسة انتخاب رئيس للجمهورية في القليعات

5 تشرين الثاني: يعقد النواب 3 جلسات في مطار القليعات بحضور اللجنة العربية وسفراء الدول الكبرى. يتم التجديد فيها لحسين الحسيني كرئيس لمجلس النواب في الجلسة الأولى. يقر كل بنود الطائف برفع الأيدي في الجلسة الثانية. وينتخب رينيه معوض رئيساً للجمهورية في الجلسة الثالثة

22 تشرين الثاني: اغتيال الرئيس رينيه معوض في ذكرى الاستقلال

24 تشرين الثاني: انتخاب الياس الهراوي رئيسا للجمهورية

25 تشرين الثاني: تسمية الرئيس سليم الحص لرئاسة الحكومة

28 تشرين الثاني: تكليف الجنرال إميل لحود قيادة الجيش

1990

25 كانون الثاني: الأستاذ نبيه بري والأستاذ وليد جنبلاط تعهدا للرئيس الهراوي دعم القوى الشرعية

31 كانون الثاني: بداية حرب جديدة هي الأعنف مسيحيا

8 حزيران: وساطات سورية-إيرانية لوقف القتال المحتدم بين حزب الله وحركة أمل في إقليم التفاح

20 حزيران: جـولة عـربية يقوم بها الرئيس الياس الهراوي يرافقه الرئيس الحـص شملت مصر وليبيا وتونس سعياً للحصول على مزيد مـن الـدعم لإخراج لبنان من أزمته ولمساعدة السلطة على بـسط سيادتها على كل الأراضي اللبنانية من خلال تسليح الجـيش واستكمال تنفيذ اتفاق الطائف والعمل على إنشاء "الـصندوق الـدولي لمساعدة لبنان" ووضعه موضع التنفيذ السريع والعمل على تنفيذ القرار 425

26 تموز: تظاهرة حاشدة في صور تندد بالغزو الإيراني للبنان

21 أب: 48 نائبا أقروا الإصلاحات الدستورية

13 تشرين الأول: سـرب مـن الطيران الحربـي السوري يقصف قصر بعبدا ووزارة الدفاع في اليرزة والقوات العسكرية السورية تسيطر على وزارة الدفاع

إعـدام حوالي 120 ضابطا وجنديا لبنانياً واعتقال المئات من عناصـر الجيش اللبناني ونقل العديد منهم إلى سوريا وقائد الجيش إميل لحود يصل إلى قصر بعبدا

بعـد 45 دقـيقة علـى الهجـوم العـسكري يعلن العماد عـون عـن وجوده في السفارة الفرنسية في الحازمية معلنا استسلامه

20 تشرين الأول: الرئيـسان الـسوري حافظ الأسد واللبناني الياس الهراوي يعقـدان جلـستي محادثـات في دمشق تركزان على إلغاء المليشيات اللبنانية

21 تشرين الثاني: اغتيال رئيس حزب الوطنين الأحرار داني شمعون وعائلته في منـزلهم بأسلحة مزودة بكواتم صوت

6 تشرين الثاني: حزب الله وحركة أمل يوقعان اتفاقا برعاية وزيري خارجية سوريا وإيران يقضي بوقف القتال بينهما

25 كانون الأول: تسمية الأستاذ عمر كرامي لرئاسة الحكومة

1991

9 كانون الثاني: مجلس النواب يمنح الحكومة الثقة بأكثرية 38 صوتا مقابل 3 أصوات

3 آذار: تسلم وزارة الدفاع العمل في غرفة الملاحة البحرية في مرفأ بيروت

15 آذار: إعادة فتح مرفأ بيروت

21 آذار: تعرض وزير الدفاع ميشال المر لمحاولة اغتيال بتفجير سيارة مفخخة في منطقة انطلياس مما أدى إلى مقتل ثمانية أشخاص وجرح عشرين آخرين

27 آذار: إعلان قائد الجيش إميل لحود عن جهوزية الجيش لتنفيذ أي قرار سياسي سواء على صعيد حل الميليشيات أو استلام المرافئ غير الشرعية

29 آذار: قرر مجلس الوزراء حل الميليشيات وأرفق القرار بتمديد المهل لتسلم السلاح وانتشار الجيش في مناطق وجود الميليشيات

5 أيار: مجلس النواب يقر قانون الانتخابات المعدل والذي يجيز للحكومة ملء المقاعد النيابية الخالية والمحدثة في المجلس النيابي بالتعيين ولمرة واحدة

22 أيار: التوقيع على معاهدة الأخوة والتعاون والتنسيق بين لبنان وسوريا

30 أيار: قرر مجلس الوزراء استيعاب عشرين ألف عنصر ميليشياوي مناصفة بين المسلمين والمسيحيين على ثلاث دفعات على أن يتم البدء باستيعاب ستة آلاف في الدفعة الأولى في الجيش وقوى الأمن

5 حزيران: الطائرات الإسرائيلية تغير على منطقة شرق صيدا موقعة 9 قتلى و40 جريح

7 حزيران: الحكومة تعين 40 نائبا لملء المراكز الشاغرة والمستحدثة في المجلس النيابي

21 حزيران: ممثل حركة فتح في لبنان يؤكد أن الموقف السياسي للمنظمة هو تأييد اتفاق الطائف والخطوات الآيلة لبسط سلطة الدولة اللبنانية على كافة الأراضي اللبنانية

1 آب: زيـــادة الأجور بنسبة 60% للقطاع العام، إضافة إلى الزيادة الأولى وقدرها 60% أيضا

15 آب: اقـــر مجلـــس الوزراء مشروع العفو العام الذي شمل العماد ميشال عون لتمكينه من السفر

30 آب: مغـــادرة الجنرال عون إلى فرنسا برفقة اللواء عصام أبو جمرة واللواء إدغار معلوف

18 تشرين الأول: انعقـــاد الاجـــتماع الأول للمجلس الأعلى اللبناني السوري الذي قرر:

- لا مفاوضـــات ثنائـــية مع إسرائيل قبل الانسحاب من الجنوب والجولان
- تطبق القرار 425 مفصولا عن قضية المنطقة
- حـــدد البيان الختامي للمجلس مطلع تشرين الثاني موعدا لإعادة انتشار القوات السورية العاملة في لبنان

1992

16 شباط: الطـــيران الإسرائيلي يغتال أمين عام حزب الله السيد عباس الموسوي

15 نيسان: إضـــراب عـــام وشامل في كل المناطق اللبنانية اعتراضا على ارتفاع سعر الدولار الأميركي

6 أيار: إضـــراب عـــام وشامل تخلله أعمال شغب واعتداءات على مؤسسات وتحطيم منازل وزراء

13 أيار: استقالة الرئيس عمر كرامي

16 أيار: تسمية الرئيس رشيد الصلح لرئاسة الحكومة

13 تموز: قـــوى المعارضـــة المـــؤلفة من الكتلة الوطنية، الوطنيين الأحرار، والقوات اللبنانية تنفذ إضراب شمل المنطقة الشرقية ومناطق الشمال والجنوب احتجاجاً على إجراء الانتخابات وفق القانون المُقّر

29 تموز: إضراب عام وشامل احتجاجا على استمرار ارتفاع الدولار الأميركي مقابل الليرة

15 تشرين الأول: استقالة الرئيس رشيد الصلح

20 تشرين الأول: انتخاب الأستاذ نبيه بري رئيساً لمجلس النواب بأكثرية 105 أصوات مقابل 14 لمحمد يوسف بيضون

31 تشرين الأول: تسمية الأستاذ رفيق الحريري رئيساً للحكومة بأكثرية 83 نائبا

1993

3 كانون الثاني: القوات الإسرائيلية تقصف مخيم المبعدين الفلسطينيين

31 كانون الثاني: البنك الدولي يقرض لبنان 175 مليون دولار أميركي ويتخلى عن شرط إشراف لجنة دولية على الصرف

1 شباط: مجلـــس الوزراء يقر تخصيص مبلغ 660 مليون دولار أميركي لمشروع ضواحي بيروت

5 شباط: المجموعة الأوروبية تمنح لبنان قرضاً بمبلغ 37.5 مليون دولار أميركي

14 شباط: أكثر من 160 قذيفة إسرائيلية تلهب محاور الجنوب وإسرائيل تعلن حالة التأهب القصوى تحسبا لهجمات في ذكرى اغتيال الأمين العام لحزب الله السيد عباس الموسوي

18 شباط: مجلـــس النواب يقر مبلغ 60 مليار ليرة لدعم الجنوبيين ويرفع الحـــصانة عن المستخدمين ويخصص 101 مليار ليرة سلفات لمجلس الجنوب والإنماء الإعمار

1 آذار: مجلس برنامج الأمم المتحدة للإنماء يوافق على البرنامج الثالث للبنان وقيمته 25 مليون دولار أميركي

10 آذار: لبنان يتسلم دعوة إلى مفاوضات السلام

17 آذار: مجلس الوزراء يقر اعتماد 163 مليار ليرة للمتقاعدين

20 أيار: الدفعة الأولى من تعيينات الفئة الأولى تشمل 80 منصبا أبرزها تعيين الأستاذ رياض سلامة حاكما لمصرف لبنان

23 حزيران: الرئيس الحريري في الكويت يلتقي المسؤولين الكبار. قروض كويتية للإسكان والمهجرين ولمياه بيروت واستثمارات إسكانية وإعمارية وعودة الطيران وتعاون نفطي

5 تموز: وزراء الخارجية العرب يقرون مبلغ 400 ألف دولار أميركي للجنوب

15 تموز: قروض سعودية بقيمة 130 مليون دولار أميركي لتمويل 11 مشروعا

25 تموز: الجيش الإسرائيلي يشن عملية عسكرية كبيرة على لبنان تستمر أسبوعاً بعد مقتل عدد من الجنود الإسرائيليين. العملية التي لم يسبق لها مثيل منذ اجتياح 1982 تسفر عن سقوط 132 شهيدا و500 جريح بين اللبنانيين وتهجير أكثر من 40 ألف شخص من الجنوب

26 تموز: لبنان يشكو إسرائيل إلى مجلس الأمن وواشنطن تبرر العدوان وإسرائيل تتعهد بنزع سلاح حزب الله

1 آب: الأمم المتحدة توافق على طلب لبنان نشر الجيش في منطقة تواجد القوات الدولية

9 آب: الجيش ينتشر في القطاعين الغربي والأوسط من منطقة تواجد القوات الدولية وسط فرحة عارمة للجنوبيين

23 آب: المرحلة الأولى من جولة الرئيس الحريري وعصمت عبد المجيد الأمين العام للجامعة العربية تشمل سوريا والبحرين قطر وعمان وتثمر مساعدة بقيمة 64 مليون دولار أميركي

29 آب: الوفد اللبناني يصل إلى واشنطن للمشاركة في مفاوضات السلام

9 أيلول: الرئيس الحريري ينهي جولته الخليجية والمساعدات المقدرة 400 مليون دولار أميركي

181 مبعدا إلى مرج الزهور يعودون إلى فلسطين بعد أبعاد استمر 260 يوما

23 أيلول: للمرة الأولى منذ 20 عام مجلس الوزراء يقر مشروع موازنة 1994 ضمن المهلة الدستورية

13 تشرين الأول: اقتحام الجيش اللبناني مبنى وزارة المالية في وسط بيروت

17 تشرين الثاني: مجلس الوزراء يقر رفع الحد الأدنى للأجر من 118 ألف ليرة إلى 200 ألف ليرة

2 كانون الأول: ملف التطهير الإداري يقفل بإقالة 500 موظفا مرتشياً وإحالة 100 على المجلس التأديبي وصرف 1805 منقطعين وتأهيل 1500 اعتبروا فائضين

20 كانون الأول: تفجير بيت الكتائب في محلة الصيفي يوقع قتيلين ونحو 130 جريح بينهم أعضاء في المكتب السياسي

1994

6 كانون الثاني: سقوط كاتيوشا في إسرائيل للمرة الأولى منذ 7 أشهر

27 شباط: تفجير كنيسة سيدة النجاة

23 آذار: مجلس الوزراء يقرر حل حزب القوات اللبنانية ووقف النشرات والبرامج السياسية في وسائل الإعلام المرئي والمسموع الخاص

16 آذار: تراجع الاكتتاب في سندات الخزينة للمرة الأولى منذ تشرين الثاني الماضي

5 أيار: انعقاد الجمعية العمومية الأولى لشركة سوليدير

21 أيار: كومندوس إسرائيلي يخطف أحد قادة أمل المقاومة المؤمنة مصطفى الديراني من منزله في بعلبك

11 آب: انخفاض سعر سوليدير للمرة الأولى منذ بدء تداوله

10 أيلول: الرئيس الهراوي يرعى المصالحة المسيحية- الدرزية في الجبل

18 أيلول: ميريل لينش تسوق أول إصدار لسندات حكومية لبنانية بالدولار الأميركي

19 تشرين الثاني: بدء محاكمة قائد القوات اللبنانية الدكتور سمير جعجع في جريمتي انفجار كنيسة سيدة النجاة واغتيال داني شمعون

23 أيلول: وضع الرئيس الياس الهراوي في ساحة الشهداء حجر الأساس لإعادة بناء وسط مدينة بيروت

27 أيلول: أعلن الرئيس الحريري في لندن نجاح إصدار سندات الدولة وزيادته من 150 مليون دولار أميركي إلى 300 مليون دولار أميركي ومن ثمّ رفعه إلى 400 مليون بعد الطلب الضخم على السندات والحريري يرى في ذلك تعبيراً واضحاً عن الثقة بمستقبل لبنان وبرنامجه الإعماري.

10 تشرين الثاني: وضع الرئيس الحريري حجر الأساس لبناء مستشفى بيروت الحكومي الجامعي في بئر حسن

1 كانون الأول: الرئيس رفيق الحريري يقدم استقالته شفهيا بعد جلسة عاصفة

21 كانون الأول: انفجار يهز الضاحية الجنوبية لبيروت

1995

7 كانون الثاني: توقيع العقود لإنشاء معملين لإنتاج الكهرباء في دير عمار (البداوي) والزهراني بقيمة 536 مليون دولار أميركي

16 كانون الثاني: الطيران الإسرائيلي يشن ثلاث غارات على مرتفعات تلال الناعمة على بعد خمسة كيلومترات من مطار بيروت

12 شباط: إسرائيل تحاصر الشواطئ اللبنانية

15 آذار: إسرائيل تمطر الجنوب اللبناني بحوالي 200 قذيفة والمقاومة تدمر آليات قرب الشقيف

15 آذار: مجلس الوزراء اللبناني يعقد جلسة في محافظة النبطية في اليوم التضامني مع الجنوب والبقاع الغربي

27 آذار: إسرائيل تحاصر الشواطئ اللبنانية مجدداً

10 أيار: مجلس الوزراء يقر سلفة 25 مليار ليرة لصندوق المهجرين ومليارين لمجلس الجنوب

20 أيار: الرئيس الحريري يقدم استقالته من الحكومة

22 أيار: الرئيس الهراوي يكلف الرئيس الحريري تشكيل الحكومة الجديدة

26 أيار: الرئيس رفيق الحريري يشكل حكومة جديدة من 30 وزير بينهم 16 عادوا واحتفظوا بحقائبهم السابقة و10 جدد و4 مخضرمون

7 حزيران: حكومة الرئيس الحريري تنال الثقة من مجلس النيابي بثقة 76 صوتاً

12 حزيران: مجلس الوزراء يقرر إنشاء مؤسسة عامة لإعادة ترتيب الضاحية الجنوبية لمدينة بيروت وتطويرها

28 تموز: الرئيس الحريري يوقع بروتوكول مالي مع فرنسا بقيمة 500 مليون فرنك فرنسي

15 آب: غارات إسرائيلية على منطقة الناعمة تؤدي إلى إصابة مدنيين

23 آب: مجلس الوزراء اللبناني يوافق على سلسلة الرتب والرواتب من دون تعديل

30 آب: رئيس مجلس النواب نبيه بري يهدد بتقديم استقالة وزرائه من الحكومة إذا اقر مشروع قانون تنظيم أصول البث الفضائي للتلفزيونات العاملة في لبنان

31 آب: اغتيال رئيس جمعية المشاريع الخيرية الإسلامية الشيخ نزار الحلبي

26 أيلول: وزير الدولة للشؤون المالية فؤاد السنيورة يفتتح بورصة بيروت

28 أيلول: مجلس الوزراء اللبناني يقر مشروع موازنة العام 1996

17 تشرين الأول: رئيس الجمهورية اللبنانية الياس الهراوي يوقع على مشروع قانون تعديل المادة 49 من الدستور اللبناني لتمديد ولايته

19 تشرين الأول: مجلس النواب يمدد لرئيس الجمهورية مدة ثلاثة سنوات

3 تشرين الثاني: الحكومة اللبنانية توقع مع البنك الإسلامي للتنمية مشروع قرض لإنشاء خطوط التوتر العالي 220 ك.ف.

9 تشرين الثاني: مجلس الوزراء يوافق على مشروع قانون مُعجل يرمي إلى إنشاء المؤسسة العامة للإسكان

10 تشرين الثاني: إطلاق مشروع قرض البنك الدولي لتمويل برنامج التأهيل الإداري

24 تشرين الثاني: مجلس الوزراء اللبناني يقر مشروع قانون التجديد للعماد إميل لحود قائدا للجيش اللبناني لفترة ثلاث سنوات إضافية

8 كانون الأول: موافقة مجلس الوزراء اللبناني على مشروع قصر المؤتمرات ومشروع الاوتوستراد العربي ومشروع الاوتوستراد الدائري

19 كانون الأول: السلطات الأمنية تعتقل منفذي جريمة اغتيال الشيخ نزار الحلبي

1996

3 كانون الثاني: مجلس الوزراء يجيز للجيش اقتحام مخيم عين الحلوة لاعتقال الفلسطيني أبو محجن المتهم في اغتيال نزار الحلبي

4 كانون الثاني: وزير الاقتصاد ياسين جابر يعلن بدء التسعير بالليرة اللبنانية

22 كانون الثاني: عودة التداول في بورصة بيروت بعد توقف 13 عاما

12 شباط: الوكالة الأميركية للتنمية الدولية تمنح لبنان 55 ألف دولار أميركي لدعم أعمال وزارة الإصلاح الإداري

27 شباط: مجلس الوزراء يكلف الجيش مهمات الأمن لثلاثة أشهر

11 نيسان: الطيران الإسرائيلي يجتاح لبنان ويغير على بعلبك والجنوب والضاحية الجنوبية في بيروت

16 نيسان: تعرض إسرائيلي لطائرة الرئيس الحريري مما اضطره إلى النزول في دمشق

18 نيسان: إسرائيل ترتكب مجزرة في مركز للقوة الدولية في قانا فتقتل 111 مدنيا وتسقط 120 جريحاً

26 نيسان: الرئيس الحريري ينجح في التوصل إلى اتفاق لوقف العدوان الإسرائيلي الجوي والإعلان عن "تفاهم نيسان" في وقت واحد من جانب رئيس الوزراء الإسرائيلي ووزير الخارجية الأميركي في القدس والرئيس الحريري ووزير الخارجية الفرنسي في بيروت

7 أيار: الأمم المتحدة تنشر تحقيقا عن مجزرة قانا يظهر أن المدفعية الإسرائيلية قصفت المركز الدولي عمدا مع معرفتها بمن لجأ إليه من المدنيين

21 تموز: تبادل حزب الله وإسرائيل لرفات جنديين إسرائيليين و17 أسيرا من جيش لبنان الجنوبي في مقابل رفات 123 مقاوما و45 أسيرا في سجن الخيام بوساطة ألمانية

12 آب: إعلان الرئيس الحريري ترشحه للانتخابات النيابية في بيروت

2 أيلول: فوز لائحة الرئيس الحريري 14 مقعدا في البرلمان

22 تشرين الأول: إعادة انتخاب الرئيس نبيه بري رئيساً لمجلس النواب والأستاذ إيلي الفرزلي نائبا له

7 تشرين الثاني: صدور مراسيم تشكيل الحكومة الجديدة برئاسة الرئيس رفيق الحريري

27 تشرين الثاني: الحكومة الجديدة تنال الثقة بمئة وصوتين

1997

14 شباط: إسـرائيل تعرض مقايضة جديدة وتعرض تعليق غاراتها على لبـنان إذا أوقـف حزب الله استخدام العبوات الناسفة ضد دورياتها في الجنوب

11 آذار: مجلس الوزراء يعتمد المخطط التوجيهي العام للكسارات بعد تـشريعها ويقـرر مـنع استيراد المنتوجات الزراعية ودعم الزراعات وتشجيع الاستثمارات

16 آذار: وزيـر الدولـة للشؤون المالية فؤاد السنيورة يفتتح الاختبار الأول للنظام الجمركي ألمعلوماتي "نجم" في مرفأ بيروت وهو الأول في المنطقة والعالم العربـي

24 آذار: إعـدام ثلاثة من قتلة الرئيس السابق لجمعية المشاريع الخيرية الإسلامية الشيخ نـزار الحلبـي

4 نيسان: بروز ملامح أزمة جديدة بين الرئيس الياس الهراوي والرئيس رفيق الحريري في ضوء سحب الحكومة مشروع تعديل قانون البلديات

10 أيار: زيارة البابا يوحنا بولس الثاني إلى لبنان واكبتها أكبر تظاهرة في تاريخ البلاد وانتهت بتوقيعه الإرشاد الرسولي

21 أيار: افتـتاح المؤتمـر الثالث لأسواق رأس المال العربية في بيروت بمشاركة 400 رجل أعمال وشخصية عربية

30 تموز: وزيـرة الخارجية الأميركية مادلين أولبرايت تعلن قرار رفع الحظر على سفر الأميركيين إلى لبنان

3 آب: الجـيش اللبناني يتصدى لمحاولة إنـزال نفذها أربع طوافات إسرائيلية بين بلدتي الكفور وتول في قضاء النبطية

4 أيلول: الجيش والمقاومة يحبطان عملية إنـزال إسرائيلية في أنصارية نفذها وحدة كومندوس أنـزلت بمروحيات

10 أيلول: حـزب الله يوافق على وساطة الصليب الأحمر الدولي لمبادلة رفـات جـنود إسرائيليين قتلوا في عملية أنصارية بمعتقلين وأسرى لبنانيين

23 أيلول: انقسام في مواقف الرؤساء الثلاثة ووزراء يعارضون خطة الإنفاق الإنمائي المعروفة بخطة المليار دولار أميركي ما أدى إلى سقوطها في مجلس الوزراء بغالبية 13 صوتاً

21 تشرين الأول: الرئيس الهراوي يعلن عزوفه عن التمديد ثانيةً

27 تشرين الأول: انفجار عبوة في حرم الجامعة الأميركية في بيروت بعد إعلان رئيس الجامعة جون واتر بوري أنه سيقيم فيها

28 تشرين الأول: نائب وزير الخارجية الروسي فيكتور بوسوفاليوك يزور بيروت سراً في مسعى روسي لمنع عملية إسرائيلية واسعة في لبنان

10 تشرين الثاني: لقاء في بعبدا للرؤساء الثلاثة من اجل معالجة التطورات البقاعية والتفاهم على بدء تنفيذ مشروع بقيمة 150 مليار ليرة المخصصة للبقاع وعكار

11 تشرين الثاني: الرئيس الأميركي بيل كلنتون يعلن سحب اسم لبنان وسوريا من اللائحة السوداء للدول المتهمة بدور أساسي في إنتاج المخدرات وتسهيل الاتجار بها

1998

4 كانون الثاني: للمرة الأولى منذ عشرين عاما، أعلنت إسرائيل قبولها القرار 425 إلا أنها قرنته بشروط وتفسيرات وربطت تنفيذه بترتيبات أمنية وأبقت باب المناورة مفتوحا

1 شباط: مواجهات دامية بين الجيش اللبناني وأنصار الشيخ صبحي الطفيلي أدت إلى وقوع عشرات الضحايا

24 نيسان: مجلس الوزراء يقر مشروع سلسلة الرتب والرواتب للعاملين في القطاع العام

4 أيار: مجلس الوزراء يقر 476 مليار ليرة لسلسلة الرتب والرواتب لسنة 1999

18 حزيران: انفجار سيارة في الدورة في بيروت أدى إلى مقتل شخصين

21 حزيران: استهداف السفارة الأميركية في بيروت بثلاث قذائف

23 حزيران: قرر الرئيس الأميركي بيل كلنتون رفع الحظر المفروض على خدمات النقل في لبنان بما يسمح للأميركيين وغير الأميركيين في الولايات المتحدة شراء تذاكر سفر إلى لبنان

25 حزيران: أنجزت المرحلة الأولى من عملية مبادلة أشلاء جندي إسرائيلي ورفات 40 مقاوما بين إسرائيل ولبنان بعد تسعة أشهر من المفاوضات

20 آب: تدشين السراي الكبير بعد ترميمه

8 تشرين الأول: مهد مجلس الوزراء في جلسته برئاسة الرئيس الياس الهراوي الطريق لانتخاب قائد الجيش العماد اميل لحود رئيسا للجمهورية بإقرار مشروع قانون لتعديل المادة 49 من الدستور بما يجيز لمرة واحدة وبصورة استثنائية انتخاب القضاة وموظفي الفئة الأولى للرئاسة من دون أن يستقيلوا

13 تشرين الأول: مجلس النواب اقر تعديل المادة 49 من الدستور، ونشر في ملحق خاص من الجريدة الرسمية

15 تشرين الأول: انتخب مجلس النواب بإجماع 118 نائبا قائد الجيش اميل لحود رئيسا للجمهورية في جلسة حضرها حشد ديبلوماسي

28 تشرين الأول: أقر قانون سلسلة الرتب والرواتب في جلسة مجلس النواب بعد 4 سنوات من الأخذ والرد ومن دون إقرار بنود الإصلاحات الواردة في المشروع

24 تشرين الثاني: جرت عملية التسلم والتسليم بين الرئيسين الياس الهراوي وإميل لحود

29 تشرين الثاني: بلغت أزمة التكليف ذروتها بإعلان رئيس الحكومة المستقيلة رفيق الحريري اعتذاره عن عدم قبول التكليف، وذلك بسبب

الخـــلاف على تفويض 31 نائبا رئيس الجمهورية إميل لحود في الاســـتشارات تسمية رئيس الحكومة المقبل، الأمر الذي اعتبره الحريري مخالفة دستورية

2 كانون الأول: نـــال الـــرئيس الحص 95 صوتا في الاستشارات النيابية التي أجراها رئيس الجمهورية إميل لحود وكلفه تأليف الحكومة

4 كانون الأول: شـــكل الـــرئيس ســـليم الحـــص الحكومة الأولى في العهد الجديد

1999

7 كانون الثاني: مجلـــس الوزراء يقرّ الإعفاءات الإدارية التي شملت 19 مدير عاما ورؤساء مجلس إدارة وأعضاء فيها

10 كانون الثاني: اعتـــبر الـــرئيس الـــسابق رفيق الحريري قرارات الإعفاءات الإدارية بأنها مخالفة للقانون

13 كانون الثاني: أقـــر مجلس الوزراء تعيينات إدارية لملء الشواغر التي أحدثتها قـــرارات الإعفـــاء التي اتخذت سابقا وعين 24 مديرا عاما وموظفا واقتصرت الإعفاءات على 3 مديرين عامين ورئيس مجلس إدارة

9 شباط: وافق البنك الدولي على تقديم قرض بقيمة 600 مليون دولار أميركـــي لـــثلاث سنوات بواقع 200 مليون دولار أميركي سنوياً في إطار برنامج عمل تعده الحكومة لتمويل مشروعات أساسية في قطاعات الصحة والتعليم والبنى التحتية

25 آذار: وجـــه الرئيس الحص كتابا إلى النيابة العامة في ديوان المحاسبة طالبا إجراء تحقيق في نفقات معقودة دون توافر الإعتمادات اللازمة وقيمتها 1130 مليار ليرة

29 آذار: أحال النائب العام التمييزي عدنان عضوم على قسم المباحث الجنائـــية ملفـــين تسلمهما القضاء أخيرا لإجراء التحقيقات

الأولـــية، يتعلق الأول بمخالفات بيئية، والثاني بنقل أثاث من القصر الحكومي سابقاً في الصنائع

31 آذار: حمّـــل تقريـــر ديوان المحاسبة المتعلق بأموال البلديات رئيس الوزراء السابق رفيق الحريري وثلاثة من الوزراء السابقين في حكومـــته المسؤولية القانونية المباشرة في إنفاق هذه الأموال، وهم فؤاد السنيورة وباسم السبع واغوب دمرجيان

7 نيسان: أنجزت الحكومة مشروعها لموازنة 1999

5 أيار: طلب المحامي العام التمييزي القاضي أمين أبو نصار الاستماع إلى ثلاثة وزراء سابقين هم: أغوب دمرجيان وفؤاد السنيورة وباســـم الـــسبع بصفتهم شهوداً في إطار تحقيقاته في أموال البلديات

7 حزيران: شـــهدت منطقة الأوزاعي مواجهة بين قوى الأمن الداخلي وأصحاب المنازل المشيدة في محيط مستشفى بيروت الحكومي الـــتي تجري الاستعدادات لإخلائها وأصيب عشرة أشخاص بجروح

4 حزيران: صـــدور مذكـــرة وجاهية بتوقيف رئيس مجلس إدارة مرفأ بـــيروت سابقا مهيب عيتاني في دعوى شركة "سارمولم" في قضية سرقة معدات ومخالفة قرار قضائي

8 حزيران: هـــاجم مـــسلحان قصر العدل في صيدا مطلقين النار بغزارة فأوديا بحياة 4 قضاة على الفور وأصابوا خمسة آخرين

10 حزيران: تم إقـــصاء القيادة الأمنية في الجنوب وعناصر الأمن في مخفر قصر العدل في صيدا أثر المجزرة

13 حزيران: اتخـــذ الجيش إجراءات أمنية لافتة حول مخيم عين الحلوة بعد مجزرة صيدا التي أودت بحياة القضاة الأربع

14 حزيران: انهـــيار الهدنـــة السياسية مع صدور البيان الشهير في الوكالة الوطنية الذي عرف ببيان المصادر الوزارية وفيه هجوم عنيف على الرئيس السابق رفيق الحريري

16 حزيران: محاولة سطو على مصرف في الدامور قام به فلسطينيان ينتميان إلى عصبة الأنصار التي يترأسها أبو محجن وقتل أحد المهاجمين واعتقل الأخر أثر اشتباك مسلح مع القوى الأمنية وأصيب فيه ستة عناصر أمنية بجروح

10 أيلول: أعلن رئيس الوزراء الإسرائيلي ايهود باراك أن الانسحاب الإسرائيلي من الجنوب سيتم قبل السابع من تموز عام 2000

12 تشرين الأول: توصل المحقق العدلي في التحقيق في جريمة قصر العدل في صيدا ريمون عويدات إلى كشف الملابسات التي أحاطت بالجريمة وتم تحديد هوية اللذين نفذوها

14 تشرين الثاني: حصول انفجار ناجم عن قنبلة في كنيسة مار مخايل في القبة

7 كانون الأول: رفع مجلس النواب الحصانة عن النائب حبيب حكيم تمهيدا لمحاكمته في ملف محرقة برج حمود

8 كانون الأول: أقر مجلس النواب قانون الإثراء غير المشروع وحصر مهمة التنصت بوزارة الداخلية

2000

2 كانون الثاني: معارك بين الجيش اللبناني وجماعات مسلحة منشقة عن تنظيمات إسلامية في جرود الضنية

الرئيس الحريري يدين الهجوم على الجيش اللبناني

3 شباط: مجلس النواب يقر الموازنة العامة بموافقة 68 صوتا مؤيدا و31 معترضا

7 شباط: غارات إسرائيلية على محطات الجمهور وبعلبك ودير نبوح وواشنطن تبدأ اتصالاتها لتهدئة الوضع

10 شباط: رئيس وزراء الحكومة الإسرائيلية إيهود باراك يعلن أن وجود الجيش الإسرائيلي في الجنوب اللبناني مأساة لم تكن لدينا الجرأة الكافية على وقفها في وقت مضى

2 آذار:	زيارة ولي العهد السعودي الأمير عبد الله بن عبد العزيز ال سعود إلى لبنان حيث قدم دعما بقيمة 130 مليون دولار أميركي
4 آذار:	لقاء بين وزير خارجية إسرائيل ديفيد ليفي وأمين عام الأمم المتحدة كوفي أنان في جنيف، أبلغت إسرائيل بموجبه الأمم المتحدة رسميا قرارها بالانسحاب من جنوب لبنان
18 آذار:	تظاهرة لطلاب التيار العوني في المتحف أدت إلى سقوط عشرين جريحا
4 أيار:	لبنان يتسلم رسالة دولية من الأمم المتحدة تطرح فيها شروطا لضمان الانسحاب
5 أيار:	غارات إسرائيلية على المنشآت المدنية والكهربائية تدمر محطة دير عمار بكاملها والخسائر بملايين الدولارات
12 أيار:	مذكرة لبنانية إلى كوفي أنان تؤكد حق لبنان بمزارع شبعا
22 أيار:	كوفي أنان يستثني مزارع شبعا من الانسحاب
24 أيار:	الجنوب اللبناني يتحرر. إسرائيل تنسحب من الشريط الحدودي والقرى تعود للوطن الواحد تلو الأخرى. الميليشيات تنهار كليا وتستسلم للدولة
25 أيار:	لبنان يحتفل بيوم التحرير. زحف بشري إلى القرى المحررة
3 أيلول:	بدء الجولة الثانية من الانتخابات النيابية في بيروت والجنوب. الرئيس رفيق الحريري يكرس زعيما لبيروت بعد أن حصد ثمانية عشر مقعدا من أصل تسعة عشر
20 أيلول:	صدور بيان لمجلس المطارنة الموارنة دعا فيه إلى إعادة الانتشار السوري تمهيداً للانسحاب النهائي عملا بالقرار 520 وباتفاق الطائف
17 تشرين الأول:	أعاد المجلس النيابي تسمية الرئيس بري رئيسا لمجلس النواب وإيلي الفرزلي نائبا له
23 تشرين الأول:	تكليف الرئيس الحريري تشكيل حكومة

31 تشرين الأول: محادثــات بــين الرئيس رفيق الحريري والرئيس بشار الأسد تركزت حول تطوير العلاقات الاقتصادية

6 تشرين الثاني: نالت حكومة الرئيس الحريري الثقة بأكثرية 95 صوتاً وعودة الوزير السنيورة وزيراً للمالية

7 تشرين الثاني: دعــا وليد جنبلاط خلال مناقشة البيان الوزاري إلى التكافؤ الاقتصادي والسياسي مع سوريا

29 تشرين الأول: مجلــس الــوزراء يلغي الرسوم الجمركية على المواد الأولية للصناعة الوطنية

6 كانون الأول: مجلس الوزراء يشكل لجنة لتسلم الموقوفين من سوريا

13 كانون الأول: السيد نصر الله يجدد شروط المقاومة لإطلاق سراح الأسرى الإسرائيليين

مجلــس الــوزراء أقر مشروع قانون اكتساب غير اللبنانيين الحقوق العقارية

2001

كانون الثاني: زيــارة رئــيس البنك الدولي جيمس ولفنسون الذي أطلق إنــذارات واضحة ونصائح سياسية بوجوب سد الثقوب في الــسفينة اللبنانــية عــبر تحقيق سلام داخلي مقرون بوقف الاســتدانة. ويعود سبب هذه التصريحات إلى أن لبنان أصبح في طريقه إلى التربع في أعلى درجة البلدان الأكثر مديونية بين بلدان العالم نسبة إلى عدد السكان

20 آذار: اقتحم موضوع الوجود السوري مجلس النواب للمرة الأولى وعلى نحو مفاجئ مما عكس اتجاه الأوضاع نحو تصعيد غير اعتيادي

27 آذار: اســتقبال شعبــي للبطريرك صفير على أثر عودته من جولة دولــية الــذي سعى من خلالها لدعم دولي من أجل إعادة انتــشار الجيش السوري في لبنان ووقف التدخل السوري في الشؤون اللبنانية

نيسان: ارتفـاع وتـيرة السخونة على جبهة مزارع شبعا حيث قام حزب الله بعملية جديدة أدت إلى مقتل إسرائيلي. وعمدت إسـرائيل إلى تـبديل جوهري في ردها إذ أغار طيرانها على موقع الرادار السوري في ضهر البيدر

15 أيار: ولادة لقاء قرنة شهوان

30 أيار: انفجـار قـضية التنصت في مجلس النواب على لسان باسم السـبع لتـضع مجددا الرئيس الحريري وكذلك رئيس مجلس الـنواب نبيه بري في مواجهة سافرة مع الأجهزة الأمنية وفي مـواجهة ضمنية مع رئيس الجمهورية الراعي لهذه الأجهزة التي ترتبط به أكثر من مرجع آخر

14 حزيران: قـيام الجيش السوري بتنفيذ إخلاءات في بيروت وضواحيها والمتن الجنوبـي وبضعة مواقع في المتن الشمالي

حزيران: انفجـار الصراع بين الرئيس الحريري وحزب الله في جلسة المناقشة المتأخرة لموازنة 2001 في مجلس النواب

تموز: حـزب الله يـصعد عملـياته على جبهة شبعا ورد الجيش الإسرائيلي بضرب محطة الرادار السورية في سرعين

20–23 تموز: أصـدر صـندوق الـنقد الدولي تقريرا حول الإصلاحات الاقتصادية في لبنان أمهل الحكومة حتى نهاية الصيف للإيفاء بالتزاماتها الإصلاحية

أصـدر أمين عام الأمم المتحدة كوفي أنان تقريره إلى مجلس الأمـن حول التمديد للقوة الدولية متضمنا طلبا صارما بنشر الجيش اللبناني على الحدود مع إسرائيل

26 تموز: قـام مجلـس النواب بالتصويت بإجماع 81 نائبا على قانون أصول المحاكمات الجزائية كما وضعه المجلس وأسقط تاليا رد الرئيس لحود للقانون ولم يأخذ بالأسباب

13 آب: عـاد مجلس النواب وصوت على تعديل لقانون رفضه سابقا وأدخـل مواد طالب بها رئيس الجمهورية من شأنها توسيع

صلاحيات المدعي العام التمييزي في مرحلة التحقيقات الأولية وذلك بعد أسبوعين من تصويته خلافاً لذلك

3–5 آب: زيارة تاريخية للبطريرك الماروني مار نصر الله بطرس صفير إلى الجبل وجزين وتوجت العلاقة بين جنبلاط وبكركي وفتحت الباب واسعا لإتمام المصالحات في الجبل

7 آب: اعتقال أكثر من 200 شخص منضوين تحت "التيار الوطني الحر" و"القوات اللبنانية" بسبب هتافات طالت رئيس الجمهورية

10 آب: بعد مواجهات اتسمت بالقسوة والغبن في التعامل مع المعتصمين في قصر العدل، أصبحت تحركات كل من "التيار الوطني الحر" و"القوات اللبنانية" ممنوعة

2002

8 كانون الثاني: تقديم 12 نائبا لدى المجلس الدستوري مراجعة طعن في قانون الضريبة على القيمة المضافة، طالبين إبطاله لمخالفته أحكام وثيقة الوفاق الوطني والدستور

10 كانون الثاني: وقع لبنان اتفاق الشراكة مع أوروبا في بروكسل

14 كانون الثاني: شدد وفد الكونغرس الأميركي الذي يزور لبنان على ضرورة محاربة الإرهاب واتهم حزب الله بالقيام بأعمال إرهابية. وطلب الحكومة اللبنانية تسليم أعضاء من الحزب متهمين بعمليات ضد الولايات المتحدة

23 كانون الثاني: هاجم حزب الله المواقع الإسرائيلية في مزارع شبعا

24 كانون الثاني: اغتيال الوزير السابق الياس حبيقة في تفجير سيارة ملغومة قرب منزله في الحازمية

28 كانون الثاني: شن النائب وليد جنبلاط، من جلسة مجلس النواب لمناقشة الموازنة، حملة عنيفة على الحكم كما هاجم القضاء مشيراً إلى أن مزارع شبعا سورية، ما لم يتم ترسيم الحدود

31 كانون الثاني: رد المجلس الدستوري مراجعة الطعن في قانون الضريبة على القيمة المضافة وأعلن إبطال بعض مواده التي تتعلق بصلاحيات وزارة المال وتعيين موظفين

1 شباط: بدأ تطبيق قانون الضريبة على القيمة المضافة

14 شباط: ألغى مجلس الوزراء الحماية الحصرية عن الوكالات التجارية وشرع استيراد الدواء، وأباح استيراد جميع المواد النفطية والغاز ومشتقاقما

16 شباط: اعتبرت مجموعة العمل المالية "غافي" أن لبنان بات شريكا في الحملة الدولية لمكافحة تبيض الأموال، بعد التقدم الذي حققه منذ وضع اسمه على اللائحة السوداء قبل عام وثمانية أشهر

3 آذار: وصول الرئيس السوري بشار الأسد في أول زيارة رسمية له منذ توليه الرئاسة الزيارة هي الأولى لرئيس سوري منذ العام 1970

27 آذار: افتُتحت أعمال القمة العربية الرابعة عشرة في بيروت. كاد سوء تفاهم مع الوفد الفلسطيني يفجرها بفعل تغييب كلمة رئيس السلطة الفلسطينية ياسر عرفات

28 آذار: وافقت القمة العربية على المبادرة السعودية

3 نيسان: أعادت القوات السورية انتشارها في بيروت وضواحيها والجبل إلى المديرج بطريقة مفاجئة، وأدرج الإعلان الرسمي هذه الخطوة في إطار تنفيذ اتفاق الطائف

30 نيسان: اللجان النيابية المشتركة أقرت مشروع قانون الاتصالات

3 أيار: كشف المكتب الإعلامي للرئيس الحريري أن هناك تبايناً بين الرئيس رفيق الحريري ورئيس الجمهورية اميل لحود حول خصخصة الهاتف الخليوي

4 أيار: استمرار الأزمة بين الرئيسين تكلف مصرف لبنان قرابة 350 مليون دولار أميركي دعما لليرة اللبنانية

13 أيار:	أثمرت المساعي لحل مسألة الخليوي اتفاقاً يتضمن تعجيل عملية الخصخصة بموجب مزايدة علنية أو استدراج عروض مناقصة
20 أيار:	وجدت جثة المهندس رمزي عيراني، مسؤول مصلحة الطلاب في القوات اللبنانية، المختفي منذ 13 يوما داخل صندوق سيارته
30 أيار:	مر قانون الخليوي بغالبية 60 صوتا في مقابل معارضة 11 نائبا صوتوا ضده
14 حزيران:	قدم 12 نائبا طعنا أمام المجلس الدستوري لإبطال القانون الصادر حول الخليوي
17 حزيران:	وقع وزير الخارجية والمغتربين اتفاق الشراكة الأوروبية المتوسطية في لوكسمبوغ
21 حزيران:	شطبت مجموعة العمل الدولية لمكافحة تبيض الأموال اسم لبنان من اللائحة السوداء للدول والمناطق غير المتعاونة
26 حزيران:	عطل مئات من سكان منطقة الاوزاعي في حضور مسؤولي "حزب الله" ونواب حركة أمل حفل وضع حجر الأساس لإقامة مشروع جسر الاوزاعي
3 تموز:	رد المجلس الدستوري مراجعة الطعن في قانون الخليوي واعتبره غير مخالف للدستور
11 تموز:	استشهاد ثلاثة عناصر من الجيش خلال عملية مداهمة منزل أحد المطلوبين الفلسطينيين في صيدا. وكان سبق الحادث متفجرة استهدفت منزل المعاون في الشرطة القضائية في مفرزة صيدا علي نعمة
	أقر مجلس الوزراء آلية خصخصة الهاتف الخليوي
15 تموز:	تسلم الجيش بديع حمادة الملقب بأبي عبيدة المتهم بقتل العسكريين الثلاثة في صيدا
3 آب:	أعلنت شركة "سيليس" أنها أعادت النظر في موقفها السلبي السابق من تشغيل قطاع الخليوي لتنضم بذلك إلى "ليبانسيل"

8 آب: تمت إحالة محطة "أم.تي.في." على القضاء

13 آب: اندلعت اشتباكات في مخيم عين الحلوة بين مسلحين إسلاميين وعناصر من حركة فتح

31 آب: انتقل الخلوي إلى الدولة وبدأ تنفيذ الاتفاق التشغيلي مع الشركتين الأمر الذي يوفر إيرادات هذا القطاع إلى الدولة اعتبارا من أيلول

4 أيلول: أقفلت القوى الأمنية محطة "أم.تي.في." تنفيذا للحكم الصادر بحقها من محكمة المطبوعات

19 أيلول: قرر لقاء قرنة شهوان تعليق حضور نوابه نشاطات مجلس النواب لمدة شهر بعد تقديم استجواب للحكومة في قضية الحريات الإعلامية

30 أيلول: قرر الكونغرس الأميركي تجميد مساعدة لبنان المقدرة بحوالي 10 ملايين دولار أميركي إلى حين انتشار الجيش على الحدود مع إسرائيل

4 تشرين الثاني: قرر المجلس الدستوري إبطال نيابة غبريال المر وأعلن فوز غسان مخيبر بالنيابة عن المقعد الشاغر في المتن

18 تشرين الثاني: استقبل الرئيس الأميركي جورج بوش الرئيس رفيق الحريري

23 تشرين الثاني: قرر مؤتمر باريس-2 تقديم تسهيلات مالية إلى لبنان بلغ مجموعها 4.4 مليار دولار أميركي

28 تشرين الثاني: وافق مجلس الوزراء على مستند انتقال ملكية الهاتف الخليوي فيما بقي مبلغ بقيمة 600 مليون دولار أميركي المتوجب على شركتي الخليوي للدولة إلى حين صدور نتيجة التحكيم

10 كانون الأول: أقر مصرف لبنان آلية خفض الفوائد ابتداءً من مطلع السنة المقبلة

12 كانون الأول: وقعت شركة ليبانسيل اتفاق نقل ملكية القطاع إلى الدولة

2003

14 كانون الثاني: تطـــيير جلـــسة مجلس الوزراء بسبب خلاف الرئيسين لحود والحريري على جدول الأعمال

15 كانون الثاني: تظاهرة للاتحاد العمالي العام غلب عليها الطابع الحزبـــي

20 كانون الثاني: وصول رئيس الوزراء الماليزي مهاتير محمد الى بيروت

23 كانون الثاني: البرلمان الأوروبـــي يصادق على اتفاق الشراكة مع لبنان

24 كانون الثاني: المـــرجع الـــشيعي السيد محمد حسين فضل الله ينتقد إيران لموقفها من المرجعية الشيعية

8 شباط: مصرف لبنان يرفع السرية المصرفية عن حسابات 12 شخصا في بنك المدينة للاشتباه بضلوعهم في تبيض الأموال

15 شباط: تظاهرة حاشدة في بيروت رفضا للحرب على العراق

18 شباط : الإعلان عن إعادة انتشار الجيش السوري في الشمال

تظاهرة حاشدة في صيدا رفضا للحرب على العراق

25 آذار: تظاهـــرة حاشـــدة في بيروت استنكارا للحرب على العراق ومواجهات أمام السفارة البريطانية

5 نيسان: نجـــت منطقة نهر الموت من كارثة على اثر اكتشاف سيارة مفخخة في مطعم "ماكدونالدز" وانفجار عبوة صغيرة داخله

15 نيسان: الرئيس الحريري يقدم استقالة حكومته الرابعة

17 نيسان: ولادة الحكومة الخامسة للرئيس الحريري

23 نيسان: محكمة التمييز ترد استئناف تلفزيون "ام.تي.في" وإذاعة "جبل لبنان"

3 أيار: تظاهرة لأنصار العماد عون ووقوع عشرات الجرحى

12 أيار: الرئيس الإيراني محمد خاتمي يزور لبنان

15 أيار: الجـــيش يكشف شبكة إرهابية كانت تخطط للقيام بأعمال تخريب

30 أيار: عـــودة القسم القنصلي الأميركي إلى لبنان بعد غياب استمر 19 سنة

5 حزيران: تعليق جلسة مجلس الوزراء بعد خلاف الوزيرين مروان حمادة وكريم بقردوني حول تمثيل لبنان في البنك الدولي

15 حزيران: هجـــوم صـــاروخي علـــى مبنى تلفزيون المستقبل أدى إلى أضرار

1 تموز: مجلس النواب يوافق على إنشاء محافظتي عكار وبعلبك

13 تموز: البدء بتنفيذ حجوزات ضخمة على ممتلكات أصحاب "بنك المدينة" و"بنك الاعتماد المتحد"

15 تموز: القـــوات الـــسورية تبدأ مرحلة إخلاءات جديدة في الشمال وجبل لبنان

16 تموز: إخلاءات سورية للمرة الأولى في البقاع

2 آب: اغتـــيال مسؤول في حزب الله،علي صالح، بانفجار سيارة في الضاحية

13 آب: مجلس الوزراء يكلف الجيش قمع مخالفات الكهرباء

25 آب: إسرائيل تسلم رفات اثنين من شهداء حزب الله

5 أيلول: اشتباك بين حركة أمل وحزب الله في الضاحية وسقوط قتيل وعدد من الجرحى

11 أيلول: فوز هنري الحلو في الانتخابات الفرعية لملء المقعد الماروني في دائرة بعبدا-عالية الذي شغر بوفاة والده بيار حلو، والمرشح العوني حكمت ديب يحل ثانيا

16 أيلول: توقيف إبراهيم أبو عياش في ملف بنك المدينة

17 أيلول: العمـــاد عـــون يدلي بشهادته أمام الكونغرس الأميركي في موضوع قانون محاسبة سوريا

23 أيلول: تعرض منـــزل النائب أحمد فتفت لانفجار بعبوة ناسفة

28 أيلول: وزير المال فؤاد السنيورة يقدم موازنة العام 2004

4 تشرين الأول: مجمـــوعة غافي لمكافحة تبيض الأموال تقرر إنهاء مدة المراقبة التي وضعت فيها لبنان

11 تشرين الأول: تأزم العلاقة مجدداً بين الرئيسين إميل لحود ورفيق الحريري

17 تشرين الأول: حزب الله يمنع موكبا للسفارة الأميركية من زيارة منطقة حدودية في الجنوب

18 تشرين الأول: اعتقال ممثل القاعدة في لبنان اليمني معمر عبد الله العوامة

24 تشرين الأول: إصدار مذكرة توقيف غيابية بحق الجنرال عون

3 تشرين الثاني: صدور القرار الظني بالسجن للجنرال عون حتى 15 سنة بسبب شهادته أمام الكونغرس

4 تشرين الثاني: تحريك ملفي وزير المال فؤاد السنيورة والوزير شاهي برصوميان

10 تشرين الثاني: توقيف رنا قليلات اثر استجوابها في ملف بنك المدينة

17 تشرين الثاني: إطلاق رنا قليلات بكفالة

22 تشرين الثاني: عرض عسكري بمناسبة عيد الاستقلال غاب عنه الرئيس الحريري

1 كانون الأول: عودة التشنج إلى العلاقات بين الرئيسين إميل لحود ورفيق الحريري

3 كانون الأول: مصرف لبنان ينشر لائحة العقارات التي سيلها في ملف "بنك المدينة"

4 كانون الأول: الرئيس البرازيلي لويس لولا داسيلفا يزور لبنان في أول زيارة لرئيس برازيلي للمنطقة منذ 133 عاما

6 كانون الأول: توقيف رئيس مجلس إدارة "نيو.تي.في" تحسين الخياط بتهمة التعامل مع إسرائيل

7 كانون الأول: إطلاق سراح تحسين الخياط بعد 25 ساعة من توقيفه

16 كانون الأول: مجلس النواب يبرئ وزير المال فؤاد السنيورة من ملف محرقة برج حمود ويشكل لجنة تحقيق في قضية الوزير السابق شاهي برصوميان المتعلقة بالرواسب النفطية

26 كانون الأول: لبنان يفجع بسقوط طائرة مدنية في بينين، غرب إفريقيا تودي بحياة 133 مغتربا لبنانياً

2004

15 كانون الثاني: توقيف رنا قليلات في ملف مخالفة قانون النقد والتسليف

22 كانون الثاني: السجن لوزير الزراعة السابق علي عبد الله بتهمة اختلاس في مشروع التعاون الزراعي-الامبركي

29 كانون الثاني: تبادل أسرى بين إسرائيل وحزب الله

12 آذار: تظاهرة عونية في ساحة الشهداء في ذكرى حرب التحرير ومواجهات مع العناصر الأمنية

18 آذار: عودة الخلاف العلني بين الرئيس لحود والرئيس الحريري

24 آذار: عقدة مشروع صنين السياحي انتهت بعد تسجيل الممتلكات في زحلة

7 نيسان: بيروت تشهد يوما قمعيا طويلا وإصابة رئيس الحزب الشيوعي خالد حدادة بعد التصدي لتظاهرة عمالية

8 نيسان: مجلس الوزراء يقر مناقصة الخليوي

18 أيار: الكشف عن تحقيقات مع موقوفين بتهمة العمالة مع إسرائيل ومحاولة اغتيال السيد حسن نصر الله

27 أيار: مواجهات في حي السلم في الضاحية بين الجيش والمتظاهرين وسقوط 5 قتلى وإحراق وزارة العمل

1 حزيران: بدء تشغيل الهاتف الخليوي بعد تسلم الشركتين الجديدتين

3 حزيران: منظمة أوبك تختم مؤتمرها في بيروت وتقرر زيادة إنتاج النفط

17 حزيران: مجلس الوزراء يقرر إجراء عملية "السواب" على الديون

30 حزيران: ختم التحقيق في ملف المشتقات النفطية وتوقيف 5 أشخاص

5 تموز: إطلاق وزير الزراعة السابق علي عبد الله بعد سبعة أشهر على توقيفه

14 تموز: النيابة العامة تطلب الإذن بملاحقة نحو 20 موظف في ملف الفيول

19 تموز: اغتيال غالب عوالي احد كوادر "حزب الله" بتفجير سيارته في الضاحية

20 تموز: اشتباكات بين حزب الله والجيش الإسرائيلي في الجنوب ومقتل إسرائيليين وسقوط مقاوم

5 آب: مجلس الوزراء يقر مشروع ضمان الشيخوخة

28 آب: مجلس الوزراء يقر تعديل المادة 49 من الدستور

2 أيلول: صدور القرار 1559 ومجلس الأمن يحذر سوريا من التدخل في شؤون لبنان

3 أيلول: التمديد للرئيس لحود ثلاث سنوات

6 أيلول: استقالة الوزراء فارس بويز ومروان حمادة وعبد الله فرحات وغازي العريضي احتجاجا على التمديد للرئيس لحود

18 أيلول: القوات السورية تعلن عن بدء عملية إعادة انتشار في لبنان بدأتها بانسحاب من بيروت

22 أيلول: توقيف شبكتين إرهابيتين خططتا لتفجيرات من ضمنها السفارة الإيطالية

1 تشرين الأول: نجاة النائب مروان حمادة من محاولة اغتيال في رأس بيروت ومقتل مرافقه

16 تشرين الأول: أعضاء في الكونغرس الأميركي يطالبون بتجميد أموال مسؤولين لبنانيين وسوريين للضغط على سوريا ولبنان

20 تشرين الأول: استقالة الرئيس الحريري

21 تشرين الأول: تكليف الرئيس عمر كرامي تأليف الحكومة

25 تشرين الأول: زيارة المدير العام لصندوق النقد الدولي رودريغو دوناتو

26 تشرين الأول: تشكيل حكومة جديدة من 30 وزيرا

6 تشرين الثاني: حكومة الرئيس كرامي تنال ثقة 59 نائبا

30 تشرين الثاني: تظاهرة رافضة للقرار 1559 يشارك فيها 100 ألف

10 كانون الأول: إزالة العوائق من أمام منزل وليد جنبلاط مما يطرح تساؤلات حول سلامته

13 كانون الأول: لقاء البريستول المعارض يطلق وثيقة يطالب فيها بإسقاط الحكومة ووقف تدخل الأجهزة

18 كانون الأول: إعادة انتشار المفارز الأمنية السورية في بيروت والشمال

2005

9 كانون الثاني: اشتباكات في مزارع شبعا ومقتل ضابط إسرائيلي وعنصر من حزب الله إضافة إلى ضابط فرنسي في لجنة مراقبة الهدنة

23 كانون الثاني: وزير خارجية سوريا فاروق الشرع يعلن أن الجيش السوري باق في لبنان لمدة سنتين

29 كانون الثاني: الجنرال عون يعلن أنه سيعود إلى لبنان قبل الانتخابات

30 كانون الثاني: البطريرك نصر الله صفير يدعو اللبنانيين إلى تأييد القرار 1559

7 شباط: لقاء في عين التينة يدعو إلى رفض القرار 1559

12 شباط: استدعاء 4 أعضاء في جمعية بيروت للتنمية الاجتماعية التابعة للرئيس الحريري لدورهم في توزيع هبات من الزيت

14 شباط: اغتيال الرئيس رفيق الحريري في انفجار في السان جورج. الانفجار أدى إلى مقتل أكثر من 20 شخصا وإصابة النائب باسل فليحان بجروح خطيرة

16 شباط: تشييع الرئيس الحريري في مأتم ضم مئات الألوف

22 شباط: 140 مثقفا سوريا يدعون الرئيس الأسد إلى الانسحاب من لبنان

25 شباط: لجنة تقصي الحقائق الدولية في اغتيال الرئيس الحريري تبدأ مهمتها في بيروت

27 شباط: وزارة الداخلية وقيادة الجيش تقرران منع التظاهر والمعارضة تتمسك بالاعتصام في ساحة الشهداء

28 شباط: استقالة حكومة الرئيس كرامي

2 آذار: المعارضة تطالب بإقالة المسؤولين عن الأجهزة الأمنية وانسحاب الجيش السوري

8 آذار: تظاهرة إلى ساحة رياض الصلح مؤيدة لسوريا دعا إليها حزب الله

10 آذار: تكليف الرئيس كرامي تشكيل حكومة جديدة

14 آذار: لبنان يشهد أضخم تظاهرة في تاريخه بمناسبة مرور شهر على اغتيال الرئيس الحريري

18 آذار: انفجار في الجديدة يؤدي إلى سقوط جرحى وأضرار

22 آذار: انفجار في الكسليك يؤدي إلى أضرار مادية و3 قتلى و8 جرحى

26 آذار: انفجار في البوشرية يؤدي إلى سقوط جرحى وأضرار مادية

3 نيسان: اتفـــاق تاريخي بين الأمم المتحدة وسوريا على انسحاب كل القوات السورية من لبنان في 30 نيسان

7 نيسان: مجلـــس الأمن يقرر تأليف لجنة تحقيق دولية في اغتيال الرئيس الحريري

12 نيسان: تقديم اقتراح قانون لإصدار عفو عن الدكتور سمير جعجع

13 نيسان: الرئيس كرامي يعتذر عن تأليف الحكومة

15 نيسان: تكليف الوزير نجيب ميقاتي تأليف الحكومة

18 نيسان: غياب النائب باسل فليحان

19 نيسان: الرئيس نجيب ميقاتي يشكل الحكومة

20 نيسان: الأستاذ سعد الحريري يتولى مسؤولية متابعة مسيرة والده

23 نيسان: انسحاب آخر جندي سوري من لبنان

27 نيسان: حكومة الرئيس ميقاتي تنال ثقة قياسية

3 أيار: الـــرئيس لحود يوجه رسالة إلى مجلس النواب مطالبا بقانون انتخابـــي متوازن

7 أيار: عودة الجنرال عون من منفاه بعد أن أمضى 14 سنة

18 أيار: العماد عون يزور الدكتور سمير جعجع في سجنه

23 أيار: فـــريق التحقيق الدولي يؤكد انسحاب الجيش السوري من لبنان باستثناء دير العشائر

29 أيار: فوز كاسح للوائح الشهيد رفيق الحريري في انتخابات بيروت

2 حزيران: اغتيال الصحافي سمير قصير

12 حزيران: فـــوز ميشال عون واللوائح المدعومة من قبله في الانتخابات النيابية

13 حزيران: لجنة التحقيق الدولية برئاسة القاضي ديتليف ميليس تبدأ التحقيقات في جريمة اغتيال الرئيس الحريري

21 حزيران: اغتيال الأمين العام السابق للحزب الشيوعي اللبناني جورج حاوي

30 حزيران: تكليف الوزير فؤاد السنيورة تشكيل حكومة جديدة

9 تموز: سوريا تقفل حدودها مع لبنان في البقاع وتواصل التضييق في العبودية

10 تموز: النائب ميشال عون يزور النائب سعد الحريري في قريطم

12 تموز: محاولة اغتيال الوزير الياس المر

18 تموز: العفو عن الدكتور سمير جعجع

19 تموز: الرئيس السنيورة يشكل حكومة جديدة

22 تموز: انفجار في الاشرفية وسقوط 12 جريا

26 تموز: إطلاق سراح الدكتور سمير جعجع

30 تموز: حكومة الرئيس السنيورة تنال الثقة

31 تموز: الرئيس السنيورة يزور دمشق

1 آب: سوريا تنهي أزمة إقفال الحدود مع لبنان

6 أب: أزمة الحدود بين سوريا ولبنان تتجدد

9 آب: الوزير حمادة يقطع خطوط الهاتف الخلوي المجانية

16 أب: السماح بإعادة فتح محطة "أم.تي.في" وتبرئه الوزير السابق شاهي برصوميان

27 آب: الرئيس الأسد يعلن أن لجنة التحقيق تستطيع الاستماع إلى أي شخص

30 آب: توقيف قادة الأجهزة الأمنية الأربعة للاشتباه بهم في جريمة اغتيال الرئيس الحريري

8 أيلول: الرئيس السنيورة يزور القاهرة

12 أيلول: رئيس لجنة التحقيق الدولية ديتلف ميليس يزور دمشق

16 أيلول: انفجار في الاشرفية يوقع قتيلا و25 جريح

20 أيلول: الرئيس السنيورة يدعو الرئيس لحود إلى الاستقالة

25 أيلول: محاولة اغتيال الإعلامية مي شدياق

26 أيلول: الوزير المر يكشف عن تلقيه تهديدات من العميد السوري رستم غزالي

29 أيلول: مجلس الوزراء يرجئ تعيين قادة للأجهزة الأمنية بعد سجالات حادة

1 تشرين الأول: محاولة اغتيال القاضي ناظم الخوري

10 تشرين الأول: مجلس الوزراء يطلب تمديد مهمة القاضي ديتلف ميليس

16 تشرين الأول: السلطات الفرنسية تعتقل زهير الصديق الشاهد السوري في جريمة اغتيال الرئيس الحريري

20 تشرين الأول: القاضي ميليس يكشف تورط الاستخبارات السورية واللبنانية في اغتيال الرئيس الحريري

28 تشرين الأول: مذكرة توقيف غيابية بحق رنا قليلات

31 تشرين الأول: قرار مجلس الأمن 1636 لمطالبة سوريا بالتعاون مع لجنة التحقيق الدولية

1 تشرين الثاني: الرئيس السنيورة يعلن عن تبادل الرسائل مع نظيره السوري لترسيم الحدود

6 تشرين الثاني: بدء البحث في موضوع تشكيل محكمة دولية

10 تشرين الثاني: 10 وزراء من حركة أمل وحزب الله ينسحبون من جلسة مجلس الوزراء احتجاجا على مناقشة خطاب الرئيس السوري الذي تعرض فيه لرئيس الحكومة اللبنانية

11 تشرين الثاني: لجنة التحقيق الدولية تستمع إلى إفادة الرئيس لحود في بعبدا

17 تشرين الثاني: مجلس الوزراء يقرر دعم صفيحة المازوت

25 تشرين الثاني: دمشق توافق على استجواب لجنة التحقيق الدولية 5 من ضباطها في فيينا

29 تشرين الثاني: تعرض قصر بيت الدين لعملية لسطو مسلح هي الأولى من نوعها

1 كانون الأول: مجلس الوزراء يطلب التمديد 6 أشهر للجنة التحقيق الدولية

5 كانون الأول: لجنة التحقيق تبدأ استجواب الضباط السوريين في فيينا

6 كانون الأول: القاضي ميليس يقرر التنحي عن رئاسة لجنة التحقيق

12 كانون الأول: اغتيال النائب جبران تويني
وزراء حركة أمل وحزب الله يعلقون مشاركتهم في الحكومة بعد طلب مجلس الوزراء تشكيل محكمة دولية

17 كانون الأول: إقفال الخط العسكري على الحدود اللبنانية السورية في المصنع

2006

7 كانون الثاني: سوريا ترفض طلب لجنة التحقيق الدولية الاستماع إلى الوزير فاروق الشرع

11 كانون الثاني: تعيين المحقق البلجيكي سيرج براميرتس رئيسا للجنة التحقيق الدولية خلفا للقاضي الألماني ديتليف ميليس

27 كانون الثاني: النائب سعد الحريري يزور واشنطن ويلتقي الرئيس الأميركي جورج بوش

1 شباط: وزراء حركة أمل وحزب الله يعودون إلى الحكومة بعد اعتكاف دام شهرين

5 شباط: تظاهرة إلى منطقة الاشرفية حيث مقر القنصلية الدنماركية بسبب إساءة إحدى الصحف الدنماركية إلى الإسلام تحولت إلى أعمال شغب خشيه منظميها إحداث فتنة عبر التعرض إلى كنيسة مار مارون. وقد أوقفت القوى الأمنية مئات المتورطين كانوا بمعظمهم سورين وفلسطينيين. وعقب أعمال الشغب قدم وزير الداخلية حسن السبع استقالته كإجراء فوري

6 شباط: انعقاد أول لقاء بين رئيس كتلة التغيير والإصلاح النائب ميشال عون وأمين عام حزب الله السيد حسن نصر الله في

كنيسة مار مخايل تخلله إعلان ورقة تفاهم مشتركة بين الطرفين

13 شباط: الرئيس السنيورة يزور الرياض

14 شباط: لبنان يحي الذكرى الأولى لاستشهاد الرئيس الحريري

16 شباط: لقاء البريستول يطلق حملة لإقالة رئيس الجمهورية إميل لحود

18 شباط: مجلس الوزراء يقرر نقل جلساته إلى المقر المؤقت لمجلس الوزراء في المتحف في سياق مطالبة قوى 14 آذار بعدم عقد جلسات في المقر الرئيسي في بعبدا في ظل الدعوة لإسقاط الرئيس لحود

23 شباط: وزراء قوى 14 آذار يقاطعون جلسة مجلس الوزراء في بعبدا

1 آذار: الوزير المر يدعو الرئيس لحود إلى الاستقالة

2 آذار: التئام طاولة الحوار الوطني للمرة الأولى بدعوة من رئيس مجلس النواب نبيه بري ومشاركة الأمين العام لحزب الله السيد حسن نصر الله

12 آذار: توقيف رنا قليلات في البرازيل

21 آذار: الأمم المتحدة توصي بمحكمة مختلطة في قضية الرئيس الحريري

23 آذار: سجال داخل مجلس الوزراء على خلفية حضور الرئيس لحود القمة العربية في الخرطوم وإلقائه كلمة لبنان، ومطالبة عدد من الوزراء رئيس الحكومة بتحمل مسؤولياته في هذا المجال

28 آذار: مشادة في القمة العربية في الخرطوم بين الرئيسين لحود والسنيورة

2 نيسان: الرئيس بري يرى أن التغيير يتطلب قبول الرئيس لحود بالتنحي

3 نيسان: مذكرات جلب سورية بحق الوزير مروان حمادة والنائب وليد جنبلاط والصحافي فارس خشان

13 نيسان: مجلس الوزراء يقر اعتماد مراجعة حسابات الدولة والمؤسسات العامة منذ العام 1989

18 نيسان: الرئيس السنيورة يزور واشنطن ويلتقي الرئيس بوش

21 نيسان: خلال مؤتمر صحفي عقب لقائه مع الأمين العام للأمم المتحدة كوفي أنان، الرئيس السنيورة يتساءل عن ما هو مطلوب كي يتم الاعتراف بلبنانية مزارع شبعا وبخضوعها للسلطة اللبنانية

25 نيسان: القاضي براميرتس يلتقي الرئيس الأسد في دمشق

26 نيسان: واشنطن تجمد عائدات المشتبه في اغتيالهم للرئيس الحريري

10 أيار: تظاهرة نقابية تحولت إلى سياسية في بيروت بدعم من حزب الله وحركة أمل والتيار الوطني الحر

17 أيار: مجلس الوزراء يدعو سوريا إلى ترسيم الحدود مع لبنان

23 أيار: مذكرات الجلب السورية تفجر جلسة مجلس النواب وتؤدي إلى انسحاب الرئيس نبيه بري

26 أيار: اغتيال الأخوين محمود ونضال المجذوب القياديين في حركة الجهاد الإسلامي بتفجير عبوة ناسفة في مدينة صيدا

31 أيار: الهيئة الوطنية المشكّلة من قبل مجلس الوزراء تنجز مشروع قانون انتخاب جديد

1 حزيران: تظاهرات احتجاج في بيروت والمناطق بعد تناول الأمين العام لحزب الله في برنامج تلفزيوني

26 حزيران: الرئيس السنيورة يصل إلى ايطاليا

29 حزيران: مؤتمر الحوار يعقد جلسة لمناقشة الإستراتجية الدفاعية

12 تموز: عقب اشتباكات بين حزب الله والجيش الإسرائيلي في خراج عيتا الشعب حيث أقدم الحزب على خطف جنديين إسرائيليين، قام جيش الدفاع الإسرائيلي بشن أوسع عدوان على لبنان استمر 33 يوماً

19 تموز: بدء إجلاء الرعايا الأجانب

24 تموز: وزيرة الخارجية الأميركية كوندليزا رايس في بيروت

25 تموز: السعودية تقدم مليار دولار أميركي وهبة 550 مليون دولار أميركي لإعادة الاعمار

26 تموز: مؤتمر روما يفشل في التوصل إلى وقف إطلاق النار في لبنان الرئيس السنيورة يطلق في مؤتمر روما الدولي خطة النقاط السبع، داعـــيا إلى وقف إطلاق النار وبسط سلطة الدولة على أراضيها كاملة وإعادة مزارع شبعا وتعزيز القوة الدولية وزيادة عديدها

27 تموز: مجلس الوزراء يتبنى خطة السنيورة أمام مؤتمر روما

30 تموز: إسرائيل ترتكب مجزرة ثانية في قانا ومحتجون يقتحمون مبنى الاسكوا في بيروت

1 آب: قمـــة روحية في بكركي تدعو الدولة إلى بسط سلطتها على كامل أراضيها

7 آب: مجلس الوزراء يقرر إرسال 15 ألف جندي إلى الجنوب

11 آب: مجلس الأمن يصدر القرار 1701 الذي يدعو إلى وقف القتال

14 آب: بدء تطبيق قرار وقف الأعمال العدائية

15 آب: الرئيس السوري يصف قوى 14 آذار بأنها منتج إسرائيلي

17 آب: الجيش اللبناني ينتشر في الجنوب بعد 30 عاما

21 آب: زيارة أمير قطر الشيخ حمد بن خليفة آل ثاني إلى لبنان

28 آب: الأمين العام للأمم المتحدة كوفي أنان في بيروت

31 آب: افتتاح "مؤتمر دعم لبنان وإعادة إنعاش اقتصاده" في العاصمة السويدية ستوكهولم بدعوة وتنظيم من دولة السويد

5 أيلول: محاولـــة اغتـــيال نائب رئيس فرع المعلومات في قوى الأمن الداخلي المقدم سمير شحادة

7 أيلول: إسرائيل تعلن رفع الحصار الجوي عن لبنان

11 أيلول: الـــرئيس طوني بلير يصل إلى بيروت ويعلن من خلال مؤتمر صحافي مع الرئيس السنيورة أن بريطانيا ستقدم إلى لبنان 40 مليون جنيه إسترليني

12 أيلول: السيد نصر الله في حديث تلفزيوني يقول أن الحكومة اللبنانية لم توقف العدوان الإسرائيلي ولا حمت لبنان

13 أيلول: الحكومة الألمانية توافق على إرسال قوات قبالة السواحل اللبنانية للمساهمة في القوة المؤقتة الدولية (اليونيفل) المعززة، الأمر الذي شكل أول تدخل ألماني مسلح في منطقة الشرق الأوسط منذ الحرب العالمية الثانية

22 أيلول: السيد نصر الله يعلن في مهرجان النصر الإلهي أن حزب الله لن يسلم سلاحه

1 تشرين الثاني: إسرائيل تنسحب من جنوب لبنان وتحتفظ بالجزء اللبناني من قرية الغجر

10 تشرين الثاني: رئيس وزراء الايطالي رومانو برودي يزور لبنان

13 تشرين الثاني: الرئيس السنيورة يتسلم كتب استقالة وزراء أمل وحزب الله ويعلمهم برفضه الاستقالة داعيا إياهم إلى تولي مهماتهم ومسؤولياتهم

مجلس الوزراء يقر مسودة مشروع المحكمة الدولية

الرئيس لحود يعلق على جلسة مجلس الوزراء التي انعقدت برئاسة السنيورة: الحكومة أصبحت فاقدة للشرعية الدستورية وأي اجتماع في ظلها باطل ورئيس الجمهورية أصبح بحل كلي من الالتزام بأي مهلة دستورية

21 تشرين الثاني: اغتيال الوزير بيار الجميل

25 تشرين الثاني: الحكومة توافق على إنشاء المحكمة الدولية

1 كانون الأول: تظاهرة حاشدة في بيروت بقيادة "حزب الله" وحركة أمل والتيار الوطني الحر تنتهي بخطة انقلابية لإسقاط الرئيس السنيورة وحكومته عبر الإعلان عن بدء اعتصامها المفتوح في وسط بيروت

11 كانون الأول: الرئيس السنيورة يواصل استقبال الوفود الشعبية المؤيدة له ولحكومته

2007

1 كانون الثاني: رئيس الوزراء التركي رجب طيب أردوغان في بيروت

12 كانون الثاني: 71 نائبا من 14 آذار يطالبون بفتح دورة استثنائية لمجلس النواب

23 كانون الثاني: إضراب المعارضة يتحول إلى اضطرابات داميه تؤدي إلى تعليقه

25 كانون الثاني: فرض منع التجول في بيروت بعد اشتباكات مذهبية وسقوط ضحايا. انعقاد مؤتمر باريس III الذي قدم 7.6 مليار دولار أميركي إلى لبنان

8 شباط: الجمارك اللبنانية تصادر شاحنة سلاح تابعة لحزب الله في الحازمية

13 شباط: تفجير أوتوبيس في عين علق يودي بثلاثة أشخاص ويجرح أكثر من 20

14 شباط: لبنان يحي ذكرى اغتيال الرئيس الشهيد رفيق الحريري

16 شباط: نصر الله يؤكد تمسكه بالسلاح استنادا إلى الشرائع السماوية

17 شباط: الادعاء على 3 موقوفين غير لبنانيين ينتمون إلى فتح الإسلام

20 شباط: الرئيس بري يعلن رفضه عقد جلسة لمجلس الوزراء مع الحكومة البتراء إلا وهي مكتملة

الرئيس السوري يعلن في مقابلة مع "فرانس برس" أن سوريا لن تتنازل عن سيادها وترفض رفضا قاطعا أن يحال أي سوري على المحكمة الدولية

6 آذار: دمشق هدد بإقفال الحدود مع لبنان أذا نشرت عليها قوات دولية

13 آذار: توقيف مرتكبي جريمة عين علق وتوقيف 4 سوريين من فتح الإسلام

26 آذار: ترسيخ الانقسام مع مشاركة لبنان بوفدين رسميين في القمة العربية في الرياض

28 آذار:	القمة العربية التي انعقدت في الرياض أكدت الاعتراف العربي والدولي بشرعية حكومة السنيورة
2 نيسان:	زيارة المستشارة الألمانية أنجيلا مركل ورئيسة مجلس النواب الأميركي نانسي بيلوسي لبيروت
3 نيسان:	71 نائبا يرسلون إلى الأمم المتحدة رسالة تحثها على قيام المحكمة الدولية
9 نيسان:	السيد حسن نصر الله يعلن رفضه لنظام المحكمة الدولية
10 نيسان:	السعودية تمنح لبنان 100 مليون دولار أميركي وسلطنة عمان تقدم 50 مليون دولار أميركي
26 نيسان:	العثور على الشابين زياد قبلان وزياد غندور مقتولين في بلدة جدرا
5 أيار:	حزب الله ينكر الإجماع على النقاط السبع
20 أيار:	مقتل 23 عسكريا من الجيش اللبناني و15 عنصرا من فتح الإسلام في معارك في الشمال. الرئيس السنيورة يعطي التوجيهات اللازمة للقيادات الأمنية بالرد سريعا وبفاعلية وحزم على محاولات زعزعة الأمن والاستقرار في البلاد وذلك لدرء الفتنة ومنع انتشارها في مناطق أخرى في لبنان
21 أيار:	انفجار في فردان بعد ساعات من انفجار في الاشرفية
23 أيار:	انفجار في عالية
25 أيار:	السيد نصر الله في كلمة بمناسبة الذكرى السابعة للتحرير: الجيش خط احمر وكذلك مخيم نهر البارد
30 أيار:	مجلس الأمن يصدر قرارا بإنشاء المحكمة الدولية
6 حزيران:	واشنطن ترفع جزئيا الحظر على الرحلات الأميركية إلى بيروت
7 حزيران:	انفجار في زوق مصبح واعتقال خلية إرهابية في برالياس
13 حزيران:	اغتيال النائب وليد عيدو وابنه
20 حزيران:	سوريا تقفل الحدود في منطقة القاع
21 حزيران:	الوزير الياس المر يعلن انتهاء المعارك في نهر البارد

22 حزيران: سقوط مبادرة جامعة الدول العربية لحل الأزمة في لبنان

24 حزيران: مقتل 6 جنود أسبان من اليونيفل بانفجار في مرجعيون

28 تموز: مجلس الوزراء يوافق على تشكيل قوة عسكرية لضبط الحدود مع سوريا

27 آب: مجلس الوزراء يكلف الأجهزة الأمنية معالجة مسالة الشبكة الهاتفية لحزب الله

7 أيلول: رفع يد القاضي الياس عيد عن ملف اغتيال الرئيس الحريري

10 أيلول: الرئيس السنيورة يفتتح في السراي الحكومي مؤتمر ممثلي الدول والمؤسسات العربية والدولية المانحة من أجل إطلاق حملة الاكتتاب لإعادة اعمار وإغاثة مخيم نهر البارد ومحيطه من القرى اللبنانية المحاذية والمتضررة

19 أيلول: اغتيال النائب أنطوان غانم

11 تشرين الأول: الرئيس الأسد يستبعد الاستقرار في لبنان

30 تشرين الأول: النائب سعد الحريري يكشف محاولة سورية لاغتياله والرئيس السنيورة

13 تشرين الثاني: تعيين الكندي دانيال بلمار رئيسا للجنة التحقيق الدولية

23 تشرين الثاني: انتهاء عهد الرئيس إميل لحود من دون انتخاب رئيس للجمهورية

2 كانون الأول: قوى 14 آذار ترشح العماد ميشال سليمان لرئاسة الجمهورية

22 كانون الأول: اغتيال مدير العمليات في الجيش العميد فرنسوا الحاج

24 كانون الأول: مجلس الوزراء يوافق على تعديل المادة 49 من الدستور وعلى فتح دورة استثنائية لمجلس النواب

2008

5 كانون الثاني: وزراء الخارجة العرب في القاهرة أجمعوا على صيغة اتفاق قضت بالدعوة إلى انتخاب قائد الجيش العماد ميشال سليمان فورا وفقا للأصول الدستورية وان يكون له الكفة الراجحة في حكومة وحدة وطنية تؤلف في العهد الجديد

8 كانون الثاني: انفجـــار عبوة ناسفه تابعه للقوات الدولية العاملة في جنوب لبنان ما أدى إلى إصابة عنصرين من اليونفل بجروح

9 كانون الثاني: الأمـــين العام لجامعة الدول العربية عمرو موسى يبدأ زيارة رسمـــية إلى لبـــنان مكلفـــا من وزراء الخارجية العرب للقاء المـــسؤولين اللبنانيين والبحث معهم في مقررات مجلس وزراء الخارجية العرب

19 كانون الثاني: الرئيس بري يرفض تفسير موسى للمبادرة العربية

25 كانون الثاني: استـــشهاد النقيب وسام عيد ومرافقيه وأربعة مدنيين آخرين غبر انفجار عبوة ناسفة

13 آذار: الـــرئيس الـــسنيورة يحضر القمة 11 لمؤتمر القمة الإسلامية المنعقدة في عاصمة السنغال دكار

28 آذار: الرئيس السنيورة في كلمة إلى اللبنانيين والأشقاء العرب عشية القمـــة العربية في دمشق يعلن تمسك الحكومة برغبتها إقامة علاقات تعاون أخوية وصحية مع سوريا على أن ترتكز على أســـس ثابتة من الاحترام المتبادل لسيادة واستقلال كل من البلدين

14 نيسان: قائـــد الجيش العماد ميشال سليمان يعلن رفضه المطلق فكرة تولي رئاسة حكومة انتقالية

2 أيار: الـــنائب ولـــيد جنـــبلاط يكـــشف عن وثيقة تبين وجود مستوعبات مشبوهة على الطريق بين المطار ومنطقة الاوزاعي وفي إحداها كاميرا مراقبة للمدرج 17 ودوريات أمنية مكثفة في هذا الإطار

3 أيار: النائب وليد جنبلاط يدعو إلى طرد السفير الإيراني من لبنان وإقالة رئيس أمن المطار

5 أيار: مجلـــس الوزراء يقرر اعتبار شبكة الاتصالات الهاتفية التابعة لحـــزب الله غير شرعية وغير قانونية ويكلف الإدارات العامة والقـــوى الأمنية معالجة الوضع القائم كما قرر إعادة جهاز

امـــن المطار إلى ملاك الجيش والتأكيد على استكمال متابعة قضية الكاميرات لمرقبة المدرج الرئيسي للمطار

7 أيار: مجمـــوعة مـــن المسلحين المدججين بالرشاشات والقاذفات الـــصاروخية انتـــشروا في أحياء بيروت وشوارعها ما دفع الاتحـــاد العمالي العام إلى تعليق الإضراب الذي كان قد دعا إلـــيه وقد حصلت مواجهات عنيفة في أرجاء المدينة وعزل مطـــار الرئيس رفيق الحريري الدولي بإقفال طريقه بالسواتر الترابية وفرض أنصار حزب الله حصارا محكما عليه مع بروز اتجـــاه إلى تمديد فترة تعطيله وحديث عن إقامة اعتصام حوله شبيه بالاعتصام في وسط بيروت

10 أيار: الـــرئيس السنيورة يطرح في كلمة إلى اللبنانيين صيغة مرحلية للانـــتقال إلى الحلـــول: القراران الصادران عن الحكومة لم يـــصدرا بعـــد وسيصار إلى وضعهما في عهدة قيادة الجيش وعليه يمكن الانطلاق إلى الخطوة الثانية

11 أيار: مجلـــس جامعة الدول العربية يقرر في اجتماعه الطارئ على مستوى الوزاري في القاهرة إرسال لجنة وزارية برئاسة رئيس الوزراء القطري وزير الخارجية الشيخ حمد بن جاسم بن جبر آل ثـــاني والأمـــين العـــام للجامعة العربية عمرو موسى إلى بـــيروت فوراً في محاولة لاحتواء الموقف المتفجر وإيجاد سبيل للخروج من الأزمة

14 أيار: وصـــول وفد اللجنة الوزارية العربية الى مطار الرئيس رفيق الحريري الدولي

مجلـــس الـــوزراء يوافـــق على اقتراح قائد الجيش المتضمن إلغـــاء القرارين المتعلقين بأمن المطار وشبكة اتصالات حزب الله

15 أيار: أمـــير قطر الشيخ حمد آل ثاني يفتتح مؤتمر الحوار الوطني في فندق شيراتون في الدوحة

25 أيار: قائد الجيش ميشال سليمان يُنتخب رئيسا للجمهورية اللبنانية بأغلبية نيابية مطلقة (118 صوتاً)

28 أيار: الرئيس سليمان يكلف الرئيس السنيورة تشكيل الحكومة الجديدة. وقد سمى 68 نائبا الرئيس السنيورة لرئاسة الحكومة

11 حزيران: تشكيل حكومة الوحدة الوطنية

23 حزيران: انعقاد مؤتمر الدول المانحة في فيينا لإعادة اعمار مخيم نهر البارد وتقرر تقديم 122 مليون دولار أميركي وإعلان 4 دول خليجية عربية عن مساهمتها التي تصل إلى حدود 50% في نفقات إعادة اعمار المخيم

13 تموز: الرئيس سليمان يؤكد بعد لقائه الرئيس الأسد على هامش قمة الاتحاد من أجل المتوسط أن مزارع شبعا ستعاد وتحرر بالدبلوماسية أولا قبل أي عمل عسكري

16 تموز: عودة الأسرى المحررين ورفات الشهداء من المعتقلات والسجون الإسرائيلية إلى أرض الوطن من بينهم الأسير سمير القنطار

28 آب: في حادث خطير من نوعه أُجبرت مروحية تابعة للجيش اللبناني على الهبوط في منطقة إقليم التفاح في الجنوب بعد تعرضها لإطلاق نار ما أدى إلى استشهاد الضابط الطيار سامر حنا وجرح آخرين

29 أيلول: تفجير إرهابي لعبوة ناسفة قرب محطة البحصاص عند مدخل الجنوبي لمدينة طرابلس لدى مرور حافلة عسكرية تقل جنودا من منطقة أكروم إلى بيروت ما أسفر عن سقوط ستة شهداء وثلاثين جريحا

الرئيس بشار الأسد يقول أن شمال لبنان بات قاعدة حقيقية للتطرف تشكل خطرا على سوريا

15 تشرين الأول: صدور البيان اللبناني-السوري المشترك الذي وقعه وزيرا الخارجية البلدين فوزي صلوخ ووليد المعلم في مقر وزارة

الخارجية السورية، للإعلان عن ترسيم العلاقات الدبلوماسية بين لبنان وسوريا الخطوة التي لقيت ترحيبا لبنانيا وعربيا ودوليا

30 تشرين الثاني: الرئيس السنيورة يلتقي الأمين العام للأمم المتحدة على هامش مشاركتهما في مؤتمر المتابعة لتمويل التنمية في الدوحة ويبحثا خطوات الانسحاب الإسرائيلي من مزارع شبعا وانطلاق المحكمة الدولية

20 كانون الأول: مجلس الوزراء يعين أول سفير للجمهورية اللبنانية في الجمهورية العربية السورية

2009

12 كانون الثاني: مجلس الوزراء يكلف شركتي "أوراسكوم" و"زين" إدارة الهاتف الخليوي

26 كانون الثاني: انعقاد الجلسة الرابعة للحوار في بعبدا

29 كانون الثاني: انفجار الخلاف بين الرئيسين نبيه بري وفؤاد السنيورة على موازنة مجلس الجنوب

31 كانون الثاني: اتهام مصادر في قوى الأمن الداخلي الوزير جبران باسيل بحجب المعلومات عنها

8 شباط: انتهاء مهلة الأيام العشرة من دون إيجاد حل لأزمة مجلس الجنوب

12 شباط: خطف المواطن جوزف صادر قرب مطار بيروت

15 شباط: مقتل لطفي زين الدين وجرح آخرين باعتداءات على المشاركين في ذكرى اغتيال الرئيس رفيق الحريري

1 آذار: بدء عمل المحكمة الخاصة بلبنان في هولندا

2 آذار: انعقاد الجلسة الخامسة للحوار في بعبدا

11 آذار: لقاء الرئيسين نبيه بري وفؤاد السنيورة في بعبدا

5 نيسان: "تيار المستقبل" يعلن تحوله تنظيماً سياسياً
7 نيسان: عودة تلفزيون "أم.تي.في" بعد توقف سبع سنوات
8 نيسان: مصر تتهم "حزب الله" بالإعداد لأعمال عدائية في أراضيها
28 نيسان: انعقاد الجلسة السادسة للحوار في بعبدا
29 نيسان: إطلاق الضباط الأربعة المحتجزين في قضية اغتيال الرئيس الحريري
15 أيار: السيد حسن نصر الله يعلن 7 أيار يوماً مجيداً
26 أيار: الحكومة تعيّن الأعضاء الخمسة الباقين في المجلس الدستوري
7 حزيران: أجراء الانتخابات النيابية واحتفاظ قوى 14 آذار بالأكثرية
12 حزيران: مجلس الوزراء يقرّ مشروع الموازنة
19 حزيران: لقاء النائب وليد جنبلاط والسيد حسن نصر الله
20 حزيران: بدء ولاية مجلس النواب الجديد
25 حزيران: إعادة انتخاب الرئيس نبيه بري رئيساً لمجلس النواب
26 حزيران: لقاء النائب سعد الحريري والسيد حسن نصر الله
27 حزيران: تكليف النائب سعد الحريري تأليف حكومة جديدة
2 آب: وليد جنبلاط يعلن طلاقه مع قوى 14 آذار
4 آب: زيارة وزير الإعلام والثقافة السعودي عبد العزيز خوجة
20 آب: حزب الكتائب يعلق مشاركته في الأمانة العامة لقوى 14 آذار
22 آب: سجال بين الوزيرين إبراهيم نجار وجبران باسيل في شأن محطة الاتصالات في الباروك
4 أيلول: القاضي سعيد ميرزا يعلن أن الإدعاء سيصدر في شأن إفلاس رجل الأعمال صلاح عز الدين
7 أيلول: الرئيس المكلف سعد الحريري يقدم تشكيلته الحكومية إلى الرئيس ميشال سليمان
10 أيلول: اعتذار الرئيس المكلف سعد الحريري عن تأليف الحكومة
16 أيلول: تكليف الرئيس المكلف سعد الحريري تأليف الحكومة للمرة الثانية

8 تشرين الأول: تدهور الوضع الأمني في طرابلس بعد سقوط قذائف في بعل محسن والتبانة

10 تشرين الأول: لقاء النائب وليد جنبلاط والسيد حسن نصر الله

15 تشرين الأول: فوز لبنان بمقعد غير دائم في مجلس الأمن

4 تشرين الثاني: إســـرائيل تعلن مصادرة سفينة في المتوسط تنقل أسلحة من إيران إلى "حزب الله"

9 تشرين الثاني: تأليف الحكومة برئاسة الرئيس سعد الحريري

30 تشرين الثاني: "حزب الله" يصدر وثيقته السياسية الجديدة

8 كانون الأول: وزارة الخارجـــية تتسلم الإستنابات القضائية السورية في حق عدد من الشخصيات اللبنانية

10 كانون الأول: الحكومة تنال ثقة قياسية بلغت 122 نائباً

14 كانون الأول: الرئيس ميشال سليمان يلتقي الرئيس الأميركي باراك أوباما في البيت الأبيض

19 كانون الأول: الرئيس سعد الحريري يزور دمشق ويلتقي الرئيس السوري بشار الأسد

26 كانون الأول: انفجار غامض في مركز لحركة "حماس" في الضاحية الجنوبية

الملحق الثاني

البيانات المالية والاقتصادية

2009 - 1992

1998	1997	1996	1995	1994	1993	1992	
1,507.5	1,507.5	1,552	1,596	1,647	1,711	1,838	*سعر الصرف نهاية السنة*
1,507.5	1,537.7	1,571.4	1,621.4	1,680.1	1,741.4	1,712.8	*سعر الصرف معدل السنة*
3.6%	4.0%	4.0%	6.5%	8.0%	7.0%	4.5%	نمو الناتج المحلي الإجمالي الحقيقي
17.35	15.93	13.16	11.30	9.29	7.67	5.17	الناتج المحلي الاجمالي الاسمي (مليار د.أ.)
5,066	4,744	3,997	3,500	2,938	2,473	1,700	الناتج المحلي الاجمالي الاسمي للفرد
4.5%	7.8%	9.0%	10.9%	11.8%	4.6%	110.0%	نسبة التضخم نهاية السنة
2.95	2.61	2.25	1.87	1.33	1.07	0.66	مجموع الإيرادات (مليار د.أ.)
							منها:
1.17	1.02	1.04	0.81	0.47	0.38	0.19	الواردات الجمركية
							الضريبة على القيمة المضافة
							تحويلات واردات الاتصالات
17.01%	16.37%	17.10%	16.56%	14.35%	13.89%	12.86%	الإيرادات الى الناتج المحلي
5.24	5.96	4.60	3.61	3.10	1.73	1.30	مجموع النفقات (مليار د.أ.)
							منها:
1.56	1.60	1.44	1.15	1.02	0.74	0.39	اجور ورواتب وتعويضات
0.06	0.10	0.20	0.14	0.12	0.35	0.20	كلفة دعم مؤسسة كهرباء لبنان
2.22	2.20	1.69	1.16	0.89	0.45	0.30	مدفوعات الفوائد
30.24%	37.41%	34.95%	31.97%	33.33%	22.59%	25.07%	النفقات الى الناتج المحلي
2.29	3.35	2.35	1.74	1.76	0.67	0.63	عجز الموازنة المحقق (مليار د.أ.)
13.22%	21.04%	17.85%	15.41%	18.98%	8.70%	12.21%	نسبة العجز إلى الناتج المحلي الاجمالي
-0.07	-1.15	-0.66	-0.58	-0.88	-0.22	-0.33	الميزان الأولي (مليار د.أ.)
-0.40%	-7.24%	-5.02%	-5.18%	-9.45%	-2.83%	-6.36%	نسبة الميزان الأولي الى الناتج المحلي
18.56	15.56	13.01	8.86	6.45	3.72	2.53	الدين العام الاجمالي (مليار د.أ.)
14.39	13.13	11.10	7.52	5.68	3.39	2.2	منه بالليرة اللبنانية
4.18	2.43	1.91	1.34	0.77	0.33	0.33	منه بالدولار الأميركي
1.43	0.93	2.46	1.63	1.43	0.68	0.00	ودائع القطاع العام لدى القطاع المصرفي
17.13	14.63	10.54	7.23	5.01	3.04	2.53	صافي الدين العام (مليار د.أ.)
107.01%	97.69%	98.88%	78.44%	69.38%	48.49%	48.93%	نسبة الدين العام الى الناتج المحلي
98.77%	91.86%	80.15%	63.97%	53.96%	39.69%	48.93%	نسبة صافي الدين العام الى الناتج المحلي
662	643	1,020	824	544	451		صادرات البضائع (مليون د.ا.)
7,069	7,467	7,575	5,466	2,825	2,215		مستوردات البضائع (مليون د.ا.)
-6,408	-6,824	-6,555	-4,642	-2,282	-1,764		الميزان التجاري (مليون د.أ.)
36.94%	42.85%	49.82%	41.10%	24.55%	23.00%		نسبة عجز الميزان التجاري الى الناتج المحلي
-5011	-4973	-1317	-1071	-562	-460		الحساب الجاري (مليون د.أ.)
28.89%	31.23%	10.01%	9.48%	6.05%	6.00%		نسبة عجز الحساب الجاري الى الناتج المحلي
-487.6	419.8	786.4	256	1130.5	1169.5	53	ميزان المدفوعات (مليون د.أ.)
1,135	1,800	80	35	23	7	18	الإستثمار الأجنبي المباشر (مليون د.أ.)
6.45	6.01	5.89	4.49	3.84	2.22	1.45	احتياطي مصرف لبنان من العملات الأجنبية (مليار د.أ.)
36.505	29.884	23.958	18.205	14.745	10.993	7.962	موجودات المصارف (مليار د.ا.)
210.46%	187.65%	182.12%	161.17%	158.67%	143.34%	154.06%	نسبة موجودات المصارف الى الناتج المحلي
12.392	10.119	8.175	6.466	4.736	3.447	2.614	تسليفات القطاع الخاص (مليار د.أ.)
30.59	25.26	19.77	14.96	12.36	9.24	6.62	ودائع القطاع الخاص (مليار د.أ.)
2.40	1.98	1.25	0.72	0.41	0.26	0.14	راس مال المصارف (مليار د.ا.)

2009	2008	2007	2006	2005	2004	2003	2002	2001	2000	1999
1,507.5	1,507.5	1,507.5	1,507.5	1,507.5	1,507.5	1,507.5	1,507.5	1,507.5	1,507.5	1,507.5
1,507.5	1,507.5	1,507.5	1,507.5	1,507.5	1,507.5	1,507.5	1,507.5	1,507.5	1,507.5	1,507.5

9.0%	9.3%	7.5%	0.6%	1.0%	7.5%	3.2%	3.4%	4.0%	1.3%	-0.5%
34.50	29.93	25.05	22.44	21.86	21.79	20.08	19.15	17.65	17.26	17.40
8,945	7,861	6,663	5,969	5,823	5,804	5,421	5,237	4,890	4,846	4,980
3.4%	5.5%	9.2%	7.2%	0.50%	1.7%	1.3%	1.8%	-0.4%	-0.4%	0.2%

8.43	7.00	5.80	4.85	4.91	4.99	4.41	3.88	3.08	3.16	3.23
1.77	1.05	0.83	0.71	0.84	1.07	1.09	1.07	1.08	1.16	1.30
1.92	1.71	1.33	1.10	1.12	1.17	0.90	0.66			
1.36	1.15	1.10	0.86	0.97	0.87	0.72	0.52	0.43	0.43	
24.43%	23.39%	23.17%	21.63%	22.47%	22.88%	21.98%	20.25%	17.46%	18.29%	18.58%
11.39	9.92	8.35	7.88	6.77	6.99	7.03	6.73	5.89	7.05	5.61
3.27	2.63	2.38	2.19	2.12	2.05	2.05	2.00	1.98	1.93	1.83
1.50	1.61	0.98	0.91	0.65	0.38	0.27	0.20	0.19	0.39	0.10
3.84	3.29	3.11	2.88	2.34	2.67	3.23	3.07	2.86	2.78	2.40
33.01%	33.15%	33.34%	35.12%	30.96%	32.09%	34.99%	35.12%	33.37%	40.82%	32.24%

2.96	2.92	2.55	3.03	1.86	2.01	2.61	2.85	2.81	3.89	2.38

8.58%	9.76%	10.16%	13.49%	8.49%	9.21%	13.01%	14.87%	15.91%	22.53%	13.66%

1.10	0.37	0.57	-0.15	0.49	0.66	0.62	0.22	0.05	-1.11	0.03
3.19%	1.22%	2.27%	-0.68%	2.23%	3.03%	3.09%	1.14%	0.29%	-6.40%	0.16%

51.09	47.04	42.02	40.37	38.46	35.88	33.37	31.36	28.29	25.20	22.37
29.83	25.88	20.81	20.04	19.33	17.49	17.81	16.78	18.72	18.02	16.84
21.26	21.17	21.21	20.33	19.13	18.38	15.56	14.58	9.57	7.18	5.53
6.98	5.49	3.00	2.95	3.71	2.89	2.01	1.97	1.27	1.75	2.65
44.11	41.55	39.02	37.42	34.76	32.98	31.35	29.39	27.02	23.45	19.72
148.10%	157.16%	167.78%	179.90%	175.95%	164.64%	166.13%	163.74%	160.28%	146.00%	128.58%
127.86%	138.80%	155.79%	166.76%	158.99%	151.37%	156.12%	153.48%	153.09%	135.89%	113.36%

3,484	3,480	2,817	2,283	1,880	1,748	1,524	1,046	890	715	677
16,242	16,142	11,819	9,401	9,343	9,400	7,171	6,447	7,294	6,230	6,207
-12,758	-12,662	-9,002	-7,117	-7,463	-7,653	-5,646	-5,401	-6,404	-5,515	-5,530
36.98%	42.30%	35.94%	31.72%	34.14%	35.12%	28.11%	28.20%	36.28%	31.95%	31.79%
-7,519	-4,103	-1,605	-1,116	-2,715	-4281.7	-2612	-2664	-3344	-2918	-3232
21.79%	13.71%	6.41%	4.98%	12.42%	19.65%	13.01%	13.91%	18.95%	16.91%	18.58%

7899.1	3461.5	2036.6	2794.5	747.2	168.5	3386	1564.2	-1168.9	-289.1	265.5
4,804	4,333	3,376	3,132	3,321	2,484	2,860	1,336	1,451	964	872

28.30	19.73	12.39	12.97	11.66	11.48	12.18	6.95	4.4	5.7	7.6

115.250	94.255	82.255	74.271	68.538	67.786	60.115	52.561	47.665	45.034	40.445
334.06%	314.89%	328.41%	331.00%	313.52%	311.09%	299.32%	274.44%	270.06%	260.91%	232.50%
24.259	21.062	17.752	15.318	14.460	15.934	15.148	15.208	14.721	14.755	13.927
95.80	77.80	67.30	60.70	56.90	54.80	48.70	42.90	40.10	37.63	33.94
7.95	7.10	6.26	5.78	4.25	3.85	3.65	3.33	2.96	2.90	2.67

الصحفة الأخيرة

	1992	2000	2009
الناتج المحلي الإجمالي الإسمي (مليار د.أ.)	5.17	17.26	34.5
الناتج المحلي الإجمالي الإسمي للفرد (د.أ.)	1,700	4,846	8,945
نسبة التضخم نهاية السنة (نسبة مئوية)	110	0.4-	3.4
سعر الصرف الأعلى في السنة (مقابل د.أ.)	2,420	1,507.5	1,507.5
إيرادات الخزينة (مليار د.أ.)	0.66	3.16	8.43
نفقات الخزينة (مليار د.أ.)	1.30	7.05	11.39
الإيرادات إلى الناتج المحلي (نسبة مئوية)	12.9	18.3	24.4
النفقات إلى الناتج المحلي (نسبة مئوية)	25.1	40.8	33.0
العجز إلى الناتج المحلي (نسبة مئوية)	12.2	22.5	8.6
الميزان الأولي إلى الناتج المحلي (نسبة مئوية)	6.4–	6.4–	3.1
الدين العام إلى الناتج المحلي (نسبة مئوية)	49	146	148
صادرات البضائع (مليون د.أ.)	*451	715	3,484
مستوردات البضائع (مليون د.أ.)	*2,215	6,230	16,242
ميزان المدفوعات (مليون د.أ.)	53	289-	7,899
الاستثمار الأجنبي المباشر (مليون د.أ.)	18	964	4,804
احتياطـــي مصرف لبنان من العملات الأجنبية ما عدا الذهب (مليار د.أ.)	1.5	5.7	28.3
موجودات المصارف (مليار د.أ.)	8	45	115
ودائع القطاع الخاص (مليار د.أ.)	6.6	37.6	95.8
تسليفات القطاع الخاص (مليار د.أ.)	2.6	14.7	24.3
عدد غرف الفنادق	6,630	12,485	***15,526
عدد المسافرين في المطار	1,093,000	2,343,387	4,985,499
عدد الرحلات الجوية	14,943	29,707	57,543
عدد السواح القادمين	180,076	741,678	1,851,081
عدد طلاب المدارس	770,599	877,120	943,391
عدد طلاب الجامعات	85,495	119,487	180,850
عدد أسرة المستشفيات	7,690	13,779	**13,200

* أرقام العام 1993

** رقم تقديري من العام 2007

*** رقم العام 2008

فهرس عام

ح

خ

ذ

ر

ز

س

ش

ص

ض

ط

ع

غ

ف

ق

ك

ل

ن

هـ